대명률직해 2

대명률직해 2

한상권 구덕회 심희기 박진호 장경준 김세봉 김백철 조윤선 옮김

한국고전번역원

일러두기

1. 이 책은 명(明)의 법률서인 《대명률(大明律)》을 조선에서 이두(吏讀)로 번역하여 1395년(태조4)에 간행한 《대명률직해(大明律直解)》를 역주한 것이다.
2. 이 책의 번역 대본은 《교감표점(校勘標點) 대명률직해(大明律直解)》(한국고전번역원, 2018)이다.
3. 《교감표점 대명률직해》의 저본은 고려대학교 만송문고(晩松文庫) 소장본(만송 B7-A118B 1-5)이다.
4. 《대명률》 조문의 연혁과 성격에 대한 이해를 돕기 위해 7율과 30편의 첫머리에 해설을 붙이고, 460개의 조 중 필요한 경우 율문 이해에 도움을 주기 위한 해설을 덧붙였다. 자세한 설명이 필요한 경우 보충 해설을 추가하였다.
5. 《대명률직해》는 한문으로 작성된 율문(律文)과 율주(律註), 그리고 이두로 작성된 직해문(直解文)으로 구성되어 있다. 한문과 이두 각각의 문체와 특성을 충실히 살려 번역하고, 원문에 없는 표현이지만 내용 이해에 꼭 필요한 요소는 보충 번역하였다.
6. 법전이라는 특성을 살려 법률이나 제도와 관련된 용어는 그대로 사용하고, 설명이 필요한 부분은 주석으로 처리하였다. 가능한 한 명대(明代) 주석서를 역주(譯註)에 반영하되, 명률 주석서에 참고할 만한 것이 없으면 《당률소의(唐律疏議)》 등 명대 이전에 발간된 주석서와 명대 이후에 발간된 《대청률집주(大清律輯註)》 등의 주석서를 참조하였다. 해석이 주석서 사이에서 엇갈릴 경우에는 상이한 점만 기술하였다.
7. 조문의 시제는 현재형으로 번역하는 것을 원칙으로 하였다.
8. '범(凡)', '약(若)', '기(其)'는 항(項)을 나누거나 항 안에서 율문을 구분하는 역할로 쓰였을 경우 번역하지 않았다.
9. 딸・손녀・오빠의 개념이 같이 포함되어 있는 자(子)・손(孫)・형(兄) 등은 41조 칭기친조부모(稱期親祖父母)에 따라 남자를 대표로 하여 번역하였다.
10. 한자는 각 조의 번역문과 각주에서 처음 나오는 곳에 넣는 것을 원칙으로 하였다. 통용자의 경우(예 : 准과 準) 교감표점서에서는 저본의 글자(准)를 반영하고 역주서에서는 현대에 주로 쓰는 글자(準)를 반영하였다.
11. 각주의 전거(典據)는 자주 인용되는 문헌은 〈인용 문헌 약어표〉에 따랐고, 일반

사전류일 때는 밝히지 않았다. 사전은 단국대학교 동양학연구소 편《한한대사전(漢韓大辭典)》을 주로 참조하였다.

12. 대명률 조문에 대한 참조 주석은 책 권수, 조문 번호, 조문명으로 처리하였다. (예 : ① 93 別籍異財)

13. 독자의 편의를 위해 부록으로《대명률집해부례(大明律集解附例)》에 있는 육장도(六贓圖), 오복에 관한 도해, 복제,《대명률》의 서문과 본 역주팀에서 작성한〈명률 조문별 일련번호〉,〈명률과 당률의 비교〉,〈대명률직해 판본 목록〉,〈보충 해설 목록〉을 실었다.

15. 이 책에서 사용한 부호는 다음과 같다.

( ) : 번역어의 원어를 묶는다.

〔 〕: 번역문의 원문을 묶는다.

“ ” : 인용문을 묶는다.

‘ ’ : “ ” 안의 재인용 또는 강조 부분을 묶는다.

「 」: ‘ ’ 안의 재인용을 묶는다.

《 》: 책명 및 각주의 전거를 묶는다.

〈 〉: 책의 편명 및 작품의 제목을 묶는다.

…… : 각주 표제어와 각주 인용 원문에서 생략되는 말을 표시한다.

- : 조문 번호에서 조문의 내용을 구분한 항을 표시한다. (예 : 123-1)

○ : 율문과 직해문의 항 구분을 표시한다.

(○) : 율문은 항을 나누었으나 직해문은 항을 나누지 않은 경우를 표시한다.

- - : 율주의 시작과 끝을 표시한다.

【 】: 각주에서 인용한 원문의 소주(小註)를 표시한다.

{ } : 각주에서 인용한 원문에 오류가 있을 경우 바로잡아야 할 글자와 보충한 내용을 묶어 표시한다. (예 : 而依仍{仍依}原定者)

爲旀 : 이두(吏讀)를 나타내는 데 쓴다.

인용 문헌 약어표

서명	인용 문헌 약어	
	약칭	표기
《譯註 唐律疏議》	《당률》	《당률 ○조 조문명》
《律解辨疑》	《변의》	《변의 ○쪽》
《律條疏議》	《소의》	《소의(상)/(하) ○쪽》
《大明律講解》	《강해》	《강해 ○쪽》
《大明律釋義》	《석의》	《석의 권○ ○장》
《讀律瑣言》	《쇄언》	《쇄언 ○쪽》
《大明律附例》	《부례》	《부례(상)/(하) ○쪽》
《大明律附例注解》	《주해》	《주해 ○쪽》
《大明律集說附例》	《집설》	《집설 권○ ○장》
《大明律集解附例》	《집해》	《집해 ○쪽》
《大明律附例箋釋》	《전석》	《전석 권○ ○장》
《大明律例諺解》	《언해》	《언해 권○ ○장》
《大明律例譯義》	《역의》	《역의 ○쪽》
《律例對照定本明律國字解》	《국자해》	《국자해 ○쪽》
《大明律直引》	《직인》	《직인 ○쪽》
《唐明律合編》	《합편》	《합편 ○쪽》
《大明會典》	《회전》	《회전 권○ 조문명》
《六部成語註解》	《육부》	《육부 ○쪽》
《大淸律例》	《청률》	《청률 조문명》
《大淸律輯註(上)(下)》	《집주》	《집주(상)/(하) ○쪽》
《大淸律例彙輯便覽》	《휘집》	《휘집 권○ ○장》
《增輯訓點淸律彙纂》	《휘찬》	《휘찬 권○ ○쪽》
《讀例存疑重刊本》	《존의》	《존의 조문명》
《The Great Ming Code》	《GMC》	《GMC ○쪽》
《The Great Qing Code》	《GQC》	《GQC ○쪽》
《吏文輯覽》	《이문》	《이문 문서 번호》
《唐令拾遺》	《습유》	《습유 ○쪽》
《譯註 日本律令5・6・7・8》	《율연》	《율연○ ○쪽》

인용 문헌 약어표 서지 사항

- 《唐律疏議》：〔唐〕長孫無忌 撰，653，《譯註 唐律疏議》名例編・各則(上)・各則(下)，金鐸敏・任大熙 主編，한국법제연구원，1994・1997・1998.
- 《律解辨疑》：〔明〕何廣 撰，1386，楊一凡・田濤 主編，中國珍稀法律典籍續編 第4冊，黑龍江人民出版社，2002.
- 《律條疏議》：〔明〕張楷 撰，1467，楊一凡 整理，中國律學文獻 第1輯 第2冊・第3冊，黑龍江人民出版社，2004.
- 《大明律講解》：未詳，15세기 중엽，서울대학교 규장각한국학연구원 영인，2001.
- 《大明律釋義》：〔明〕應檟 撰，1543(嘉靖28年 刻本)，楊一凡 整理，中國律學文獻 第2輯，藏日本尊經閣文庫，黑龍江人民出版社，2005.
- 《讀律瑣言》：〔明〕雷夢麟 撰，1557，懷效鋒・李俊 點校，中國律學叢刊，法律出版社，2000.
- 《大明律附例》：〔明〕舒化 撰，未詳(1585 이후)，서울대학교 규장각한국학연구원 영인，2001.
- 《大明律附例注解》：〔明〕姚思仁 撰，1585，北京大學校出版社，1993.
- 《大明律集說附例》：〔明〕馮孜 撰，劉大文 輯，1591，東京大學校 東洋文化研究所 所藏.
- 《大明律集解附例》：〔明〕衷貞吉・高擧 等撰，1597，臺灣學生書局，明代史籍彙刊 第2輯 所收，中華民國 75年 再版.
- 《大明律附例箋釋》：〔明〕王樵 私箋，王肯堂 集釋，1612，東京大學校 東洋文化研究所 所藏.
- 《大明律例諺解》：榊原篁洲，1694，日本 國立國會圖書館 デジタルコレクション.
- 《大明律例譯義》：高瀬喜樸，1720，小林宏・高鹽博 共編，創文社，1989.
- 《律例對照定本明律國字解》：荻生徂徠 外 2人，未詳(1720 이후)，創文社，1966.
- 《大明律直引》：〔明〕未詳，1526(嘉靖5年 刊本)，楊一凡 整理，中國律學文獻 第1輯 第1冊，黑龍江人民出版社，2004.
- 《唐明律合編》：薛允升 輯，1901，懷效鋒・李鳴 點校，中國律學叢刊，法律出版社，1999.
- 《大明會典》：〔明〕李東陽 等纂，1587(萬曆15) 重修.
- 《六部成語註解》：未詳，清朝末葉，內藤乾吉 校，大安出版社，1962.

- 《大淸律輯註(上)(下)》:〔淸〕沈之奇 註, 1715, 懷效鋒・李俊 點校, 中國律學叢刊, 法律出版社, 2000.
- 《大淸律例》:〔淸〕未詳, 1740, 田濤・鄭秦 點校, 《中華傳世法典 : 大淸律例》, 法律出版社, 1999.
- 《大淸律例彙輯便覽》: 傳善成堂, 1872, 日本 國立國會圖書館 デジタルコレクション.
- 《增輯訓點淸律彙纂》: 沈書城, 1874, 日本 國立國會圖書館 デジタルコレクション.
- 《讀例存疑重刊本》: 薛允升 元著(1905), 黃靜嘉 點校(1911), 中文硏究資料中心硏究資料叢書, 成文出版社, 1970(民國59).
- 《The Great Ming Code》: translated by JIANG YONGLIN, University of Washington Press, 2005.
- 《The Great Qing Code》: translated by William C. Jones, Cheng Tianguan, Jiang Yonglin, Clarendon Press, 1994.
- 《吏文輯覽》: 박재연 교주, 선문대학교 중한번역연구소, 2001.
- 《唐令拾遺》: 仁井田陞, 東方文化學院, 1933.
- 《譯註 日本律令5・6・7・8》: 律令硏究會 編, 東京堂出版, 1979~1996.

차례

제4권 호율 戶律

호역 戶役

제5권 호율 戶律

전택 田宅

제6권 호율 戶律

혼인 婚姻

제7권 호율戶律

창고 倉庫

제8권 호율 戶律

과정 課程

제9권 호율 戶律

전채 錢債

제10권 호율 戶律

시전 市廛

제11권 예율 禮律

제사 祭祀

제12권 예율 禮律

의제 儀制

대명률직해

제4권 호율戶律 호역戶役

호역 戶役

〈호율(戶律)〉이 처음 나타난 것은 한(漢)의 《구장률(九章律)》에서이다. 북제(北齊)에서는 〈호율〉에 혼사(婚事)를 더하여 〈혼호(婚戶)〉라 하였다. 수(隋) 개황(開皇) 연간(581~600)에 호(戶)를 앞으로 하여 〈호혼(戶婚)〉으로 바꾸었고, 당(唐)에서도 그대로 따랐다.

명대에 이르러 당률(唐律)을 취하여 호구(戶口)와 차역(差役)에 관계되는 조문을 모아 별도로 편목(篇目)을 세웠다. 당률 150조 탈호(脫戶), 161조 상모합호(相冒合戶), 153조 이정관사망탈루증감(里正官司妄脫漏增減), 152조 주현불각탈루증감(州縣不覺脫漏增減) 등을 81조 탈루호구(脫漏戶口)로 합쳤으며, 당률 158조 입적위법(立嫡違法)과 157조 양자사거(養子捨去)를 84조 입적자위법(立嫡子違法)으로 만들었다. 당률 162조 비유사첩용재(卑幼私輒用財)는 94조 비유사천용재(卑幼私擅用財)로 고쳤고, 당률 155조 자손부득별적이재(子孫不得別籍異財)는 93조 별적이재(別籍異財)로 바꾸었다. 그 밖에 호역과 관계없는 것은 모두 삭제하였고, 82조 인호이적위정(人戶以籍爲定), 85조 수류미실자녀(收留迷失子女), 86조 부역불균(賦役不均), 88조 은폐차역(隱蔽差役) 등을 추가하였다. 이들을 묶어서 〈호역〉이라 명명하였다. 모두 15조이다.

81
호적에서 호구를 누락함
脫漏戶口

81-1 한 호가 전부 호적에 오르지 않았는데[1] 그 누락된 호가 부역(賦役)[2]이 있으면 가장(家長)은 장 100이고[3] 부역이 없으면[4] 장 80이다.[5] 그 누락된 호를 호적에 올리고[6] 역에 차정한다.

81-2 타인을 자기 호에 숨겨 두고 보고하지 않거나, 서로 거짓으로 꾸며

1 전부……않았는데 : 가(家)를 세어 말할 때에는 호(戶)라 일컬으며, 한 호 모두를 호적에 올리지 않는 것을 탈호(脫戶)라고 한다. 사람을 세어 말할 때에는 구(口)라 일컬으며, 호는 호적에 올라 있으나 인정(人丁) 중에 호적에 오르지 않은 자가 있으면 누구(漏口)라고 한다.〔計家而言謂之戶 一戶全不附籍謂之脫戶 計人而言謂之口 戶已立籍而人丁有不附籍者謂之漏口〕《집설 권3 4장》

2 부역(賦役) : 부(賦)는 토지에서 생산되는 곡식을 세금으로 내는 것이고, 역(役)은 백성을 일에 차정하는 것이다.〔賦者田産稅糧 役者當差〕《집해 540쪽》 명 초에 부에 따라서 역을 정하였으며, 10년마다 황책(黃冊)을 대대적으로 만들었다. 호는 상·중·하 3등급으로 나누었으며, 역에 차정하는 것은 황책을 살펴서 정하였다.〔國初因賦定役 每十年 大造黃冊 戶分上中下三等 差役照冊僉定〕《회전 권20 賦役》

3 가장(家長)은 장 100이고 : 그 토지가 가장으로 말미암은 것이기 때문에 가장이 홀로 처벌받는 것이다.〔以其田由家長 故獨坐家長〕《집설 권3 1장》

4 부역(賦役)이……없으면 : 부역이 있으면 부(賦)에 따라 역에 차정하고, 부역이 없으면 잡역(雜役) 인정으로 차정한다.〔有賦役者 依賦當差 無賦役者 亦當雜汎人丁差役〕《집설 권3 1장》 이미 도첩을 발급한 승이나 도사는 토지에 부과할 만한 세량이 있으면 황책에 편입시켜 이장(里長)·갑수(甲首)로 하여금 세량을 징수하고 역에 차정하게 한다. 토지에 부과할 만한 세량이 없으면 별도로 관리하는 기령(畸零)에 편입한다.〔已給度牒僧道 如有田糧者 編入黃冊 與里甲納糧當差……無田糧者 編入帶管畸零下作數〕《회전 권20 黃冊》《明史 卷78 賦役》 부역이 없다는 것은, 토지에 부과하는 세량은 없고 인정을 각종 잡역에 차정만 하는 것을 말한다.〔無賦役 謂無田糧 止當本身雜汎差役者也〕《집해 540쪽》《明史 卷78 賦役》

5 장 80이다 : 가장을 처벌하는 것은 집안일을 모두 가장이 주관하기 때문이다.〔竝坐罪家長 蓋家事皆由家長主之故也〕《집설 권3 4장》

6 호적에 올리고 : 원문 적(籍)은 호적이다. 부적(附籍)은 인정을 호적에 적어 넣는 것이다.〔籍謂冊籍 附籍謂附寫人丁于冊也〕《집해 540쪽》

대어 자기 호에 합쳐 호적에 올렸을 경우, 부역이 있으면 본호의 가장은 장 100이고, 부역이 없으면 또한 장 80이다. 별거하는 친속[7]을 자기 호에 숨겨 두고 보고하지 않거나, 서로 거짓으로 꾸며 대어 자기 호에 합쳐 호적에 올리면 각각[8] 2등급을 줄인다.[9] 숨겨진 사람[10]도 모두 숨긴 사람과 더불어 같은 죄이다.[11] 바로잡아 호를 세우고 별도의 호적에 올려[12] 역에 차정한다.

81-3 동종(同宗)의 백부·숙부·형제·조카·사위로서 본래부터 나뉘어 살지 않았으면 이 규정을 적용하지 않는다.[13] 현재 관아에서 부림을 받아 일하고 있으면 비록 누락된 호일지라도 단지 누구(漏口)한 법에 따른다.[14]

7 별거하는 친속 : 외척과 인척을 겸하여 하는 말이다.〔另居親屬 兼外姻言〕《집해 540쪽》

8 각각 : 부역이 있는 것과 부역이 없는 것을 가리킨다.〔各減二等各字 指有賦役無賦役言〕《집설 권3 5장》

9 2등급을 줄인다 : 숨기고 속인 폐단은 비록 한가지이지만 친속은 서로 용은(容隱)할 수 있는 정이 있어서 타인과 같지 않기에, 각각 타인을 은폐하거나 속인 죄에서 2등급을 줄인다. 부역이 있는 친속이면 본호(本戶) 가장은 장 80이고, 부역이 없는 친속이면 본호 가장은 장 60이다.〔但其隱冒之弊 雖一而得相容隱之情 終與他人不同 故各減隱蔽冒他人罪二等 如有賦役者 本戶家長杖八十 無賦役者 本戶家長杖六十也〕《집설 권3 2장》

10 숨겨진 사람 : 타인 및 별거하는 친속이다.〔以上所隱之人 卽是他人及另居親屬〕《집설 권3 2장》

11 더불어 같은 죄이다 : 숨겨진 사람이 타인이면 전과하고, 친속이면 2등급을 감하므로, 더불어 같은 죄라고 한 것이다. 역시 가장을 처벌한다.〔所隱之人 如係他人 亦照上全科 如係親屬 亦照上減科 故曰與同罪 其法亦坐家長〕《집해 542쪽》

12 바로잡아……올려 : 누락된 호가 본가에 있으면 호적에 적어 넣고, 타인이나 별거하는 친속에 있으면 바로잡아 호를 세운다.〔所脫之戶 在本家 則令附籍 在他人及另居親屬 則令改正立戶〕《집해 542쪽》

13 동종(同宗)의……않는다 : 동종의 백부·숙부·형제·조카·사위가 나뉘어 살지 않으면, 별거하는 친속과는 차이가 있다. 호를 나누어 호적에 올리는 것을 허용하고, 단죄하거나 개정하는 규정은 적용하지 않는다.〔其同宗伯叔弟姪及女壻 不曾分居 則與另居親屬有間 許其別戶附籍 不在斷罪改正之限〕《집해 542쪽》

14 단지……따른다 : 비록 탈호(脫戶)를 범하였더라도 역을 지고 있고 관에 이름이 올라 있으면 완전히 탈호한 것과는 차이가 있다. 그러므로 다만 누구(漏口)한 법에 따라 처벌하며, 그 집에서 역을 지지 않은 사람의 수를 헤아려 과죄한다.〔雖犯脫戶 而已有役在身 有名在官 卽與全脫戶者有間矣 故止依漏口法科斷 將其家中未役之人 計口科罪也〕《집설 권3 2장》

81-4 자기 호의 성정(成丁)[15] 인구(人口)를 숨기거나 누락하여 호적에 올리지 않거나, 나이를 더하거나 줄이고 거짓으로 노유(老幼)나 폐질(廢疾)로 만들어 역의 차정을 면하면,[16] 가장은 1~3구의 경우 장 60이고 3구마다 1등급을 더하되 죄는 장 100에 그친다. 성정이 아니면[17] 3~5구는 태 40이고 5구마다 1등급을 더하되 죄는 장 70에 그친다. 숨기거나 누락한 인구를 호적에 올리고 성정은 역에 차정한다.

81-5 타인의 성정 인구를 숨기고 호적에 올리지 않아도 죄가 또한 같다.[18] 숨겨진 사람도 더불어 같은 죄이다. 본래 호에 돌려보내 호적에 올리고 역에 차정한다.

81-6 이장(里長)이 호구 조사를 제대로 하지 못하여 누락된 호가 발생하면 1~5호는 태 50이고 5호마다 1등급을 더하되 죄는 장 100에 그친다. 누락된 인구가 발생하면 1~10구는 태 30이고 10구마다 1등급을 더하되 죄는 태 50에 그친다. 본현의 제조(提調) 정관(正官)·수령관(首領官)·이전(吏典)이 조사를 제대로 하지 못하여 누락된 호가 발생하면, 10호에 태 40이고 10호마다 1등급을 더하되 죄는 장 80에 그친다. 누락된 인구가 발생

15 성정(成丁) : 성인이 된 남자로서 역을 담당하는 연령을 말하는데, 시대에 따라 차이가 있다. 수대(隋代)에는 21세, 당대(唐代)에는 23세 이상을 성정이라 하였다. 송대(宋代)에는 15세 이상을 성정이라 하고, 60세가 되면 파로(破老)라 하여 직접 군역을 담당하지 않았다. 명대에는 나이가 4세가 되면 호적에 섞어 넣는데, 16세 이상을 성정이라 하고 역에 차정한다. 15세 이하는 불성정(不成丁)이라 하여, 70세 이상의 노(老) 및 폐질(癈疾)과 더불어 모두 역에 차정되는 것을 면한다. 이로부터 나이를 증감하거나 신체 상태를 속이는 폐단이 생겨났다.〔人年四歲附籍 十六歲以上曰成丁 始有差役 十五歲以下曰不成丁 與老疾俱免差役 此增減年狀之弊所由起也〕《집해 540쪽》

16 나이를……면하면 : 70세가 되지 않은 사람의 나이를 늘려 70세 이상으로 만들거나, 15세 이상인 사람의 나이를 줄여 14세 이하로 만들거나, 본래 폐질이 아닌 사람을 폐질이라 속여 역의 차정을 면하는 것이다.〔如將未及七十之人 增作七十以上 或將十五歲以上之人 減作十四歲以下 或將本無癈疾之人 詐作癈疾 以免差役者〕《집설 권3 2장》

17 성정이 아니면 : 성정이 아니면 역에 차정되지 않으므로, 비록 은루(隱漏)는 하였으나 본래 역을 피하려고 한 것은 아니다.〔是不應差役者 雖有隱漏 原無避役之情〕《집설 권3 2장》

18 죄가 또한 같다 : 자기의 성정·불성정 인구를 은폐하였을 때 처벌하는 율을 적용한다.〔罪亦如前隱蔽自己成丁不成丁人口律科罪〕《집설 권3 2장》

하면, 10구에 태 20이고 30구마다 1등급을 더하되 죄는 태 40에 그친다. 사정을 알았으면 모두[19] 범인과 더불어 같은 죄이다.[20] 재물을 받았으면 장(贓)을 계산하여 왕법(枉法)으로 보되, 무거운 쪽으로 논한다.[21] 관리가 일찍이 세 차례나 문안을 만들어 조사하였고, 이장에게 문서로 요구하고 또 거듭 간곡히 깨우쳐 주었는데도 일이 발생하면 이장을 처벌한다.[22]

직해 부역자가 있는 한 호를 호적에 전부 올리지 않으면 가장이 장 100이고, 부역자가 없는 한 호를 호적에 올리지 않으면 가장이 장 80이다. 그리고 호적을 시행하고 역을 정한다.

(◯) 다른 호의 사람을 집 안에 숨기고 신고하지 않거나, 다른 호의 부역이 있는 자를 농간을 부려 자기 호에 합치면 가장이 장 100이다. 부역이 없는 자를 농간을 부려 자기 호에 합치면 또한 장 80이다. 떨어져 살던 친속을 집 안에 숨기고 보고하지 않거나, 하나의 호인 것처럼 농간을 부려 자기 호에 합쳐 호적에 올리면 각각 2등급을 줄인다. 숨겨진 사람도 모두 같은 죄로 논하고, 다시 호적을 시행하고 역을 정한다.

(◯) 동종의 백부・숙부나 형제・조카나 사위와 본래 동거한 자는 이 규

19 모두 : 이장과 관리를 이른다. 실감(失勘)의 죄는 이장과 관리가 다르지만 지정(知情)의 죄는 이장과 관리가 같다. 이장과 관리는 높고 낮은 지위 차이는 있으나, 탈호(脫戶)나 누구(漏口)의 실정을 알면서도 눈감아 주면 안 되는 것은 마찬가지이기 때문이다.

20 사정을……죄이다 : 만약 관리나 이장이 소민(小民)의 탈호・누구한 실정을 분명히 알고 함께하였으면, 이는 고의로 묵인한 것이므로 모두 탈호・누구한 범인과 죄가 같다. 탈호하였으면 부역 유무에 따라 범인과 똑같이 과죄하며, 누구하였으면 성정・불성정 여부에 따라 범인과 똑같이 과죄한다.〔若官吏里長 明知小民脫戶漏口之情 通同脫漏者 是有心故縱 竝如前脫戶漏口之犯人同罪 如脫戶者 有賦役無賦役 同科 漏口者 分成丁不成丁 同科〕《집설 권3 3장》

21 무거운 쪽으로 논한다 : 장죄(贓罪)가 가벼우면 탈호・누구의 본율에 따르고, 장죄가 무거우면 수재왕법(受財枉法)의 중죄(重罪)로 과단한다.〔謂贓輕則從脫漏本律 贓重則授{受}財枉法之重罪科斷也〕《집설 권3 3장》 ④ 367 官吏受財

22 관리가……처벌한다 : 관리는 직책을 다하였는데, 이장이 마음을 써서 검증하여 심사하지 않거나 고의로 묵인하거나 또는 재물을 받아 탈호・누구한 것이니, 탈호・누구의 일이 드러나면 이장의 죄만 처벌하고 관리는 추궁을 면해 준다.〔是官吏之職已盡矣 而里長猶不行用心檢勘 或故縱及受財 以致脫漏者 事發 止坐里長之罪 官吏免究〕《집설 권3 3장》

정을 적용하지 않는다. 발각될 당시 관사에 몸을 드러내어 부역을 하였으면 비록 호적에 올리지 않았어도 오직 누구(漏口)의 예로 논한다.

(◯) 장정인 사람을 호적에 올리지 않거나 나이·몸의 상태를 가감하거나 거짓으로 노약·질병을 칭하여 부역을 회피하게 하면, 1～3구는 가장이 장 60이고 3구마다 1등급을 더하되 장 100을 한도로 한다. 나이가 적어 장정이 아니면 3～5구는 태 40이고 5구마다 1등급을 더하되 장 70을 한도로 한다. 그리고 호적에 올리고 역을 정한다.

(◯) 다른 호의 사람을 숨기고 호적에 올리지 않은 사람은 죄가 같고, 앞의 숨겨진 사람은 본고장으로 돌려보내 역을 정한다.

(◯) 이장이 추고를 게을리하여 호구를 누락하면 1～5호는 태 50이고 5호마다 1등급을 더하되 장 100을 한도로 하고, 1～10명을 탈루하면 태 30이고 10명마다 1등급을 더하되 태 50을 한도로 한다. 본 주·현의 장관, 막하관(幕下官) 및 인리(人吏) 등이 10호를 탈루하면 태 40이고 10호마다 1등급을 더하되 장 80을 한도로 하고, 10명을 탈루하면 태 10이고 30명마다 1등급을 더하되 태 40을 한도로 한다. 사정을 알고 있던 사람은 범인과 같은 죄를 준다. 재물을 받으면 장물의 수를 계산하여 왕법으로 보되, 무거운 쪽으로 논한다. 그런데 이장에게 거듭 가르침을 주면서 관리에게 제출할 보고 문서를 거듭 받은 형적이 명백하면, 관리는 죄주지 않고 이장만 죄준다.

해설

호적에서 호나 구를 누락한 데 대한 처벌 규정이다. 호적에서 가호(家戶)를 누락시키는 탈호(脫戶)는 자기 호를 누락시키는 경우, 타인 호를 누락시키는 경우 두 가지이다. 후자는 다시 타인 호를 은폐하여 자기 집에 두고 호적에 올리지 않는 경우와 타인과 서로 거짓으로 꾸며 대어 호를 합하여 자기 호적에 올리는 경우로 구분하여 처벌하였다. 탈호의 죄를 범하면 모든 집안일을 주관하는 가장을 처벌하고, 호적에서 인정(人丁)을 숨기거나 빠뜨리는 누구(漏口) 역시 역을 징발하는 대상인 성정(成丁)을 숨기거나 누락하는 경우와 징발 대상이 아닌 미성정(未成丁) 인구를 숨기거나 누락하는 경우 두 가지로 나누어 처벌하였다. 이상은 가장에 대한 규정이고, 이장이나 관리는 탈루의 죄를 제대로 조사하지 못하거나, 탈루의 실정을 알고도 눈감아 주거나, 재물을 받고 탈루의 죄를 눈감아 준 경우로 나누어 다스렸다.

82

인호는 판적으로써 역을 정함

人戶以籍爲定

82-1 군호(軍戶)·민호(民戶)·역호(驛戶)·조호(竈戶)·의호(醫戶)·복호(卜戶)·공호(工戶)·악호(樂戶) 등 각종 인호(人戶)는 모두 판적(版籍)[1]으로써 역(役)을 정한다. 속이거나 거짓으로 꾸며[2] 본래의 역에서 빠져나가 무거운 역을 피해 가벼운 역을 지려 하면 장 80이다. 본래의 역에서 빠져나오거나 판적을 변조하여 어지럽히는 것을 해당 관사가 함부로 인준하면 죄가 같다.

82-2 각 위(衛)의 군인을 사칭하면서 본래의 군역이나 민역을 지지 않으면[3] 장 100에, 변방 먼 곳으로 보내어 충군(充軍)한다.[4]

직해 군·민·역자(驛子)·염간(鹽干)·의약(醫藥)·점복(占卜)·공장(工匠)·악공(樂工) 등 각종 인호는 모두 호적으로 실체를 정한다. 농간을 부려 역을 면하려고 무거운 역을 피하여 가벼운 역을 지려 한 자는 장 80이

1 판적(版籍) : 호적(戶籍)이다. 옛날에는 나무 판에 토지의 경계를 그림으로 그려서 여기에 호구(戶口)를 기록하였다. 《주례(周禮)》〈천관총재 상(天官冢宰上) 소재(小宰)〉에 나오는 판(版)이 바로 이것이다.〔版籍ハ卽戶籍也 古ハ版ニ土地經界ノ圖ヲ畫テ戶口ヲ籍ス 故ニ戶籍ヲ版ト云 周禮小宰職云 聽閭里以版圖 註云 版是戶籍圖也〕《언해 권7 11장》

2 속이거나 거짓으로 꾸며 : 군호인데 민호라 하거나, 민호인 것처럼 꾸며 장호(匠戶)에서 빠지는 것과 같은 따위이다.〔詐冒 如詐軍作民 冒民脫匠之類〕《집해 546쪽》

3 각……않으면 : 군인이라 속여 민역을 피하고 또 군역도 지지 않는 것이다.〔不當軍民差役 謂詐爲軍人以避民差 又不當軍也〕《집해 547쪽》

4 충군(充軍)한다 : 위(衛)의 군인을 사칭한 경우, 탈호율(脫戶律)(② 81 脫漏戶口)에 의거하면 장 100에 그쳐야 하나 충군으로 처벌하는데, 이는 명 건국 초에 군(軍)은 강하고 민(民)은 약하였기 때문이다. 군이라고 일컬었다면 강한 것에 의지하려는 뜻이 있는 것이므로 특별히 무겁게 처벌한다. 또 그가 군인이라고 속이려 하였다면 충군의 벌을 더하는 것도 역시 마땅하다.〔詐稱軍人 據脫戶律 止杖一百 而罪坐充軍者 以國初軍强民弱 旣稱是軍便有倚强之意 故特重之 且彼旣欲詐爲軍 則加以充軍亦宜也〕《집설 권3 6장》

다. 담당 관원이 잘못인 줄을 알고서도 역을 면하게 하거나 호적을 고쳐 어지럽히면 죄가 같다.
(○) 각 위의 군인인 것처럼 거짓으로 칭하면서 군역이나 민역을 수행하지 않으면 장 100에 먼 지방에 충군한다.

해설
군인이나 백성, 역참(驛站)에서 일하는 자, 소금 굽는 자, 의원(醫員), 점치는 자, 공장, 악공 등 여러 가지 역을 지는 사람의 호(戶)는 모두 원래 보고한 호적에 따라 역의 차정에 응해야 함을 규정한 조문이다. 81조 탈루호구(脫漏戶口)에서는 호구의 탈루를 금하였고, 여기서는 인호(人戶)의 역이 바뀌는 것을 금하였다. 탈호(脫戶)・누구(漏口)를 통하여 역을 지지 않으려고 하는 죄는 81조에서 말하였기 때문에, 여기서는 단지 자신의 호적을 속여 무거운 역을 피하여 가벼운 역을 지려 하는 경우와, 관사에서 이를 묵인하거나 호적을 변조하여 어지럽히는 죄만을 말하였다. 특히 각 위의 군인을 사칭하여 군역이나 민역을 피하려고 한 경우는 탈호의 경우보다 더 무겁게 처벌한다.

83
사사로이 암자나 도원을 창건하거나 승이나 도사가 되게 함
私剏庵院及私度僧道

사찰・도관(道觀)・암자・도원(道院)[1]은 현재 있는 곳[2] 외에는 사사로이 창건하거나 증설하는 것을 허락하지 않는다. 이를 어기면 장 100에 환속(還俗)시키되, 승(僧)이나 도사(道士)는 변방 먼 곳으로 보내어 충군(充軍)하고, 여승(女僧)이나 여관(女冠)은 관에 들여 노비로 삼는다.[3] 승이나 도사[4]가 도첩(度牒)[5]을 발급받지 않고[6] 사사로이 승이나 도사가 되면[7] 장

1 암자・도원(道院) : 승이나 도사들이 함께 있는 곳이다. 사찰・도관보다 작은 것을 말한다.〔庵と院とは僧道ともにあることなり寺觀より小さきを云なり〕《국자해 174쪽》

2 현재 있는 곳 : 관부의 장부에 기재되어 있는 사찰・도관・암자・도원을 말한다.〔見在處所と云は 官府の帳面につきてある寺觀庵院を云〕《국자해 174쪽》 사찰・도관・암자・도원은 모두 승・도사・여관・여승이 거주하는 곳이다. 이단의 교법은 반드시 금해야 한다. 이단에 유입되는 백성이 늘어날 것을 우려하여 이 율을 두었다. 그러나 일시에 모두 혁파하면 혹시 난이 일어날 것을 우려하여, 엄격하지 않게 한 것이다.〔寺觀庵院 皆僧道女冠尼僧所居 蓋異端之敎法 所必禁 但恐一時盡革或致起亂 使不嚴爲之防 又慮民之流入於異端者衆 故設此律〕《집설 권3 7장》

3 환속(還俗)시키되……삼는다 : 먼저 환속시킨 후에 충군하거나 노비로 삼는다. 이 무리들은 출가하였으므로 일단 원적(原籍)에서 제명되었고 몸가짐이나 차림이 이단의 습성을 답습하고 있기 때문이다. 그러므로 먼저 환속하여 호적에 들이게 하고, 승과 여승은 승복을 버리고 머리를 기르게 하며, 도사와 여관은 비녀를 부러뜨리고 관을 찢은 후에 군오(軍伍)에 나아가거나 역에 종사하게 한다. 이렇게 하면 수자리에 보낼 사람은 파견하기에 편하고 노비로 삼은 사람은 부리기에 편하며, 설사 도망하였더라도 원적에 보충하는 데 편하다.〔先還俗而後充軍爲奴者 以此輩旣已出家 則原籍旣已除名 而體飾尙沿異習 故先令還俗入籍 使其毁緇蓄髮斷簪裂冠 然後就伍從役 庶遣戍者便于差操 爲奴者便于驅使 而設有脫逃 亦便于原籍句補耳 此正法也〕《집설 권3 7장》 이들을 충군하거나 노비로 삼았다면 사찰이나 도관의 터와 자재는 모두 관에 들인다.〔人旣充軍爲奴 則地基材料皆合入官矣〕《집설 권3 8장》

4 승이나 도사 : 여승과 여관도 해당된다.〔此但言僧道 其尼僧女冠同〕《집해 551쪽》

5 도첩(度牒) : 승이나 도사가 출가할 때 관부에서 발급받는 신분증명서이다.

6 도첩을 발급받지 않고 : 승과 도사는 군호(軍戶)・민호(民戶)・장호(匠戶)・조호(竈戶)에

80이다. 가장이 가족을 사사로이 승이나 도사가 되게 하면 가장이 죄를 받는다.[8] 사찰이나 도관의 주지나 수업사(受業師)[9]가 사사로이 승이나 도사가 되게 하면[10] 더불어 같은 죄이다. 모두 환속시킨다.[11]

직해 사찰·도관·암자·도원은 비보 사사(裨補寺社)[12] 외에 사사로이 영을 어기고 늘려 설치하면 장 100에 환속시킨다. 환속한 승이나 도사는 먼 지방에 충군하고 여승과 여관은 관에 들여 천민으로 삼는다. 승이나 도사가 도첩 없이 비녀를 꽂거나 머리를 깎으면 장 80이다. 가장이 지휘하면 가장이 죄를 받는다. 사찰이나 도관의 주지나 사승(師僧)이 사사로이 도첩을

서 벗어나 있으므로 도첩을 발급받으면 정전(丁錢)을 면제받는다. 그러므로 승과 도사가 많으면 자연히 호구는 적어진다. 따라서 사찰·도관의 수를 정해 두고, 도첩을 발급할 때는 연한을 두며, 반드시 도첩을 발급받아야 비로소 도사나 승이 되는 것을 허락한다.〔僧道本在軍民匠竈等之外 一給度牒卽免丁錢 故僧道多則戶口少 自然之勢也 所以寺觀有定數 開度有年限 必曾給度牒 方許簪剃〕《전석 권4 6장》

7 승이나 도사가 되면 : 도사가 되는 것을 잠(簪), 승이 되는 것을 체(剃)라 한다. 도사는 머리카락이 있고 도관(道冠)을 쓴다.〔簪剃とは 道士になるを簪と云 僧になるを剃と云 道士は有髮にて道冠をかむるばかりなり〕《국자해 174쪽》

8 가장이 죄를 받는다 : 가장을 처벌하면 승이나 도사가 된 자는 처벌하지 않고〔旣罪家長 卽私入道者不坐〕《당률 154조 私入道》 환속시키기만 한다.〔僧道但令還俗〕《집해 551쪽》

9 수업사(受業師) : 사찰이나 도관에서 직접 경전·교리를 이어받아 스승으로 삼기에 합당한 자이다.〔受業師 謂於寺觀之內 親承經敎 合爲師主者〕① 45 稱道士女冠

10 사사로이……하면 : 관사에 요청하지 않고 도첩 없이 출가시키는 것을 사도승도(私度僧道)라고 한다.〔官司ニ不請シテ度牒ナクテ出家サスルヲ私度僧道ト云〕《언해 권7 16장》 사찰·도관의 주지나 수업사가 절차를 거쳐서 도첩을 발급받지 않고 함부로 다른 사람으로 하여금 도사·승이 되게 하는 것을 사도(私度)라고 한다. 도첩 없이 자신이 멋대로 도사·승이 된 자와 더불어 같은 죄로 역시 장 80이다.〔其寺觀住持及受業師 非經開度給有度牒 而擅自與簪剃者 謂之私度 與本人同罪 亦杖八十〕《전석 권4 6장》

11 모두 환속시킨다 : '모두'는 스스로 도첩 없이 도사·승이 된 자, 남을 사사로이 도사·승이 되게 한 주지·수업사를 다 가리킨다.〔竝還俗 指自簪剃及私度而言也〕《전석 권4 6장》〔本人連住持業師 亦同杖八十 竝令還俗入籍當差〕《집설 권3 7장》〔住持僧道與簪剃之人 竝還俗〕《집주(상) 194쪽》〔竝字 指不給度牒之僧道及住持與業師言〕《언해 권7 18장》

12 비보 사사(裨補寺社) : 각처 명산에 사사(寺社)를 세우면 국운(國運)을 돕는다는 도참설(圖讖說)과 불교 신앙에 의해서 세운 사찰을 말한다.

내주면 더불어 같은 죄이다. 모두 환속시킨다.

해설

승이 사는 사찰과 도사가 사는 도관은 함부로 새로 세우거나 증축할 수 없으며 멋대로 승이나 도사가 될 수 없음을 규정한 조문이다. 홍무제는 종교 관리에 관련한 정비를 통해 승과 도사의 증가 및 사찰과 도관의 증설을 막으려고 하였으나 철저히 금지할 수 없게 되자, 《대명률》에 관련 처벌 조항을 두어 통제하고자 하였다. 사찰 · 도관 · 암자 · 도원은 승 · 도사 · 여관 · 여승이 거주하는 곳으로서 국가 통제에서 벗어나면 결사(結社)의 우려가 있었기 때문에 철저히 금단하여 백성이 이단에 유입될 여지를 차단하려 한 것이다. 승과 도사에 관한 규정을 〈호율 호역〉에 둔 것은 종교인이 되면 국가 입장에서 세금과 역을 부과하기 어려워져 국가 부역 체계에서 벗어나기 때문이다. 승과 도사에 대한 국가의 관리 제도는 《대명회전(大明會典)》에 자세하다.

84
적자를 세울 때 법을 어김
立嫡子違法

84-1 적자(嫡子)[1]를 세울 때 법[2]을 어기면 장 80이다.

84-2 적처(嫡妻)가 50세가 넘었는데 아들이 없으면 서출(庶出) 중의 장자[3]를 후사로 세울 수 있다. 장자를 세우지 않으면 죄가 또한 같다.

84-3 동종(同宗)의 사람[4]을 수양(收養)하여 아들로 삼았는데 양부모에게 아들이 없는데도 양자가 버리고 가면[5] 장 100이고, 양부모에게 보내어 데

1 적자(嫡子) : 정처가 낳은 아들이다.〔嫡子 謂正妻所生之子〕《집설 권3 10장》

2 적자(嫡子)를……법 : 후사(後嗣)를 세울 때, 적자가 서자보다 나이가 많으면 순리대로 적자를 세우며, 비록 서자가 나이가 많고 적자가 어려도 적자를 후사로 세운다. 이것이 이른바 "적자를 세우는 데는 귀함으로 하고 나이 많음으로 하지 않는다."라는 것이다. 만약 똑같이 적자이면 장자를 후사로 세운다. 이것이 이른바 "적자를 세우는 데는 나이로 하고 현명함으로 하지 않는다."라는 것이다.〔凡立後者 若嫡子年長於庶子 固以順而立嫡 雖庶子年長而嫡子年幼 猶當以嫡子立之 所謂立子以貴不以長也 若同爲嫡子則當以其長子立之 所謂立嫡以長不以賢也 此立嫡子之法也〕《집설 권3 8장》 대명령에 입사(立嗣) 규정이 있다. 아들이 없으면 동종(同宗)의 소목(昭穆)이 서로 같은 조카로 하여금 승계하게 한다. 먼저 동부(同父)·주친(周親)에서 찾고, 다음으로 대공·소공·시마에 미치고, 모두 없으면 비로소 먼 족친이나 동성(同姓) 중에서 골라 세워 후사로 삼을 수 있다. 만약 후사를 세운 뒤에 친아들을 낳게 되면 그 재산은 원래 후사로 세운 아들과 고르게 나눈다. 이성(異姓)을 걸양(乞養)하여 후사로 삼아 종족을 어지럽혀서는 안 된다. 동성을 세우더라도 존비(尊卑)의 순서를 잃어 소목을 어지럽혀서는 안 된다.〔大明令 凡無子者 許令同宗昭穆相當之姪承繼 先儘同父周親 次及大功小功緦麻 如俱無 方許擇立遠房及同姓爲嗣 若立嗣之後 却生親子 其家産 與原立子均分 竝不許乞養異姓爲嗣 以亂宗族 立同姓者 亦不得尊卑失序 以亂昭穆〕《전석 권4 8장》

3 서출(庶出) 중의 장자 : 여러 첩이 낳은 자식들 중 맏아들이다.〔庶長子 謂衆妾所生之長子也〕《집설 권3 10장》

4 동종(同宗)의 사람 : 동성 중 고조(高祖)가 같은 친족 집단을 동종이라 한다. 동종 중 존비가 상응하는 사람만 입양할 수 있다.《언해 권7 73~74장》

5 버리고 가면 : 길러 준 은혜를 배반하는 것이므로 장 100이다.〔是背養育之恩也 故杖一百〕《집설 권3 9장》

리고 살게 한다.[6] 양부모에게 친히 낳은 아들이 생기거나 본생부모(本生父母)에게 아들이 없어 돌아가고자 하면 들어준다.[7]

84-4 이성(異姓) 의자(義子)를 걸양(乞養)[8]하여 종족(宗族)을 어지럽히면[9] 장 60이다.

84-5 아들을 이성인 사람에게 주어 그 후사가 되게 하면[10] 죄가 같다. 그 아들은 본래의 종족으로 돌려보낸다.

84-6 버려진 어린아이로 나이가 세 살 이하이면[11] 비록 이성이라도 수양을 허락하고, 곧 수양한 사람의 성을 따르게 한다.[12]

6 양부모에게 보내어……한다 : 이는 본생부모에게 아들이 있을 때이다.〔此謂本生有子者言耳〕《집해 555쪽》

7 양부모에게 친히……들어준다 : 양자가 본생부모에게 돌아가기를 원하면 들어주는 조건으로 현재 본생부모에게 아들이 없기만 하면 가능한가와 본생부모에게 아들이 없는 데다가 양부모에게 친생자가 생기는 조건까지 필요한가에 대해 주석서의 의견이 갈린다. 《집설 권3 9장》·《GMC 71쪽》은 전자의 입장이고, 《집해 555쪽》·《집주(상) 196쪽》, 직해 등은 후자의 입장이다.

8 걸양(乞養) : 타인의 자녀를 자기 자녀로 데려다 기르는 것으로, 수양(收養)이라고도 한다. 종법(宗法)으로 가계(家系)를 계승하는 문화적 풍토에서 걸양이라고 하면 특히 이성인 자녀의 입양을 뜻하여, 걸양자(乞養子)에게 가계를 계승하게 하지 않는다. 이런 취지가 51조 관원습음(官員襲蔭)의 율문 '若將異姓外人乞養爲子 瞞昧官府 詐冒承襲者 乞養子杖一百 發邊遠充軍'에 드러나 있다. 이성의 양자를 의자(義子)라 한다.〔乞養とは異姓の子をもらひて養子にすることなり義子は異姓の養子なり〕《국자해 175쪽》

9 종족(宗族)을 어지럽히면 : 성을 바꾸어 후사로 삼아서 종족을 어지럽혀야 처벌하는 것이므로 성을 바꾸지 않고 길러서 양자로 삼는 것은 율문에서 금하는 바가 아니다. 이는 동족의 변별을 엄격히 한 것이다.〔然惟改姓亂族者 坐罪 則不改姓而養爲養子 律所不禁矣 此嚴族類之辨〕《집해 556쪽》

10 아들을……하면 : 이 또한 다른 사람의 종족을 어지럽히는 것으로, 이성을 걸양한 것과 같이 장 60이다.〔是亦亂人之宗族也 罪與乞養異姓同 亦杖六十〕《집설 권3 9장》

11 세 살 이하이면 : 3세라고만 하였으므로 4세 이상을 수양하면 85조 수류미실자녀(收留迷失子女)로 논한다.〔小兒但言三歲 則收養四歲以上者 自當以收留迷失子女論之〕《집설 권3 10장》

12 비록……한다 : 버려진 3세 어린아이는 어려서 목숨을 보전하기 어려운 데다가 자기 성도 모르는 것이 가련하므로, 수양하여 수양한 사람의 성을 따르도록 허락한다. 그러나 종족을 어지럽힐 수 있으므로 후사로 삼아서는 안 된다.〔遺棄三歲小兒 憐其幼小軀命難保 且不知其姓 故許收養從姓 然終不可爲嗣 恐其亦亂宗族也〕《집설 권3 10장》 만일 버려진 아이의 부모

84-7 타인의 아들을 후사로 세웠는데 비록 동종이라 하더라도 항렬의 높고 낮음에 순서를 잃으면[13] 죄가 또한 같다.[14] 그 아들은 본종(本宗)으로 돌려보내고, 후사를 잇기에 마땅한 사람으로 고쳐 세운다. 서민의 집에서 노비를 두어 기르면 장 100이고, 바로 풀어 주어 양인이 되게 한다.[15]

직해 적자를 후사로 세운다. 이를 어기면 장 80이다.

○ 단, 적처가 나이 50 이상인데 후사가 없으면 첩의 장자를 적자로 삼는다. 이와 같이 하지 않으면 죄가 같다.

○ 동종의 사람을 거두어 자식으로 삼아 길렀을 때, 수양부모가 다른 자식이 없는데도 은혜를 배반하여 버리고 간 자는 장 100에 수양부모에게 되돌려 준다. 수양부모가 이미 친자식이 있으며, 본생부모가 다른 자식이 없는데 친자식이 되돌아가기를 바라면, 되돌려 주는 것을 허락한다.

○ 이성인 사람의 자식을 거두어 길러 자식으로 삼아 종족을 어지럽히면 장 60이다.

○ 친자식을 이성인 사람에게 거두어 기르도록 건네주면 죄가 같고, 그 자

가 나중에 와서 알아보고 자기 자식이라고 주장하면 본생부모에게 돌려보내되, 아이를 잃어버린 집에서는 아이를 양육한 값을 치러야 한다.〔如是父母遺失 於後來識認 合還本生 失兒之家 量酬乳哺之直〕《당률 157조 養子舍去》

13 동종이라……잃으면 : 예를 들어 손자가 할아버지의 뒤를 잇게 하거나, 아우가 형의 뒤를 잇게 하거나, 조카가 있는데도 질손(姪孫)을 취하여 뒤를 잇게 하는 따위이다.〔如以孫禰祖 以弟嗣兄 或有姪而取姪孫繼嗣之類〕《집설 권3 9장》

14 죄가 또한 같다 : 이성(異姓) 의자(義子)를 걸양하여 후사로 삼아 종족을 어지럽히는 경우에 적용하는 율(이 조문 4항)과 같이 양부와 생부 각각 장 60이다.〔尊卑失序者 罪亦如養異姓義子以亂宗族律 養父生父各杖六十〕《집설 권3 9장》

15 서민의……한다 : 서민은 신분이 낮고 천하여 본디 부지런히 힘써 일해야 하므로 노비를 두어 기르면 안 된다. 공신(功臣)의 집에만 노비가 있다. 서민이 노비를 두어 기르면 이는 분수에 넘치는 것이므로 장 100이며, 그 데리고 기른 남녀 종은 즉시 풀어 주어 양민이 되도록 한다. 이는 귀천의 등급을 구별하는 것이다.〔庶民下賤 本當服勤致力 不得存養奴婢 惟功臣家有之 庶人而存留畜養 是僭分矣 故杖一百 其存養男女卽放從良 此別貴賤之等〕《집해 557쪽》 서민의 집에서는 노비를 두어 기르지 못하나, 관직이 있는 자 이상은 모두 금하지 않는다.〔瑣言謂 庶民之家不許存養奴婢 則有官者而上 皆所不禁矣〕《집설 권3 10장》 이 부분은 직해하지 않았다.

식은 부모에게 되돌린다.

(◯) 단, 버려진 어린아이는 세 살 아래이면 비록 이성이더라도 거두어 기르는 것을 허락해 주고 곧바로 그 성을 따르게 한다. 버려진 어린아이란 친생부모(親生父母)가 기르기 곤란하여 버려 둔 어린아이인데, 버려질 때 부모가 모두 살아 있고 재산도 넉넉한 사람들이 이익을 탐하려고 제 자식을 다른 집에 억지로 데려다 두고 버려진 어린아이라고 속여 일컫는 것은, 풍속을 훼손하고 어지럽히는 일이므로 이 규정을 적용하지 않는다.[16]

(◯) 비록 동종의 사람을 자식으로 삼아 후계가 되게 하여도 손위와 손아래의 차서가 부당하면 죄가 같다. 그 자식은 부모에게 되돌리고 차서가 적당한 사람으로 후사를 고쳐 세운다.

해설

적장자(嫡長子)를 후사로 세우는 것에 대한 조문이다. 적자를 세우는 법을 어기면 처벌하여 적서(嫡庶)의 구분을 명확히 하고, 수양된 자식이 양부모를 버리면 처벌하여 은의(恩義)를 드러내고자 하였다. 성이 다른 의자(義子)를 양자로 들여 후사로 삼거나, 자식을 성이 다른 사람에게 주어서 그 후사가 되게 하면 처벌하였는데 족류(族類)의 변별을 엄격히 하려는 의도이다. 세 살 이하의 아이가 버려지면 성이 달라도 수양하도록 하여 나이 어린 고아를 돌보도록 하고, 타인의 자식을 후사로 세울 때 항렬의 높고 낮음에 순서를 잃으면 역시 처벌하여 소목(昭穆)의 차례를 바로잡고자 하였다.

16 버려진 어린아이란……않는다 : 이 부분은 율문에 없는 내용이다.

85
길 잃은 자녀를 거두어 데리고 있음
收留迷失子女

85-1 타인의 길 잃은 자녀를 거두어 데리고 있다가, 관사에 보내지 않고[1] 팔아 노비가 되게 하면 장 100 도 3년이다.[2] 처・첩이나 자・손이 되게 하면 장 90 도 2년 반이다.[3] 길 잃은 노비를 얻어서 팔면 각각[4] 양인을 판 죄에서 1등급을 줄인다.[5] 팔린 사람은 처벌하지 않고,[6] 부모에게 돌려주어 함께 모여 살게 한다.

1 관사에 보내지 않고 : 아래 2항의 원문 수류재도(收留在逃)와 3항의 은장재가(隱藏在家) 두 절과도 이어지는 말이다.〔不送官司句 通下二節收留在逃隱藏在家而言〕《집해 560쪽》

2 팔아……3년이다 : 노비는 양인에 비해 천하므로 양인을 팔아 노비가 되게 하면 그 죄가 유독 무겁다.〔奴婢比良爲賤 故賣良爲奴婢者 其罪獨重〕《석의 권4 7장》

3 팔아……반이다 : 관사에 보내지 않고 함부로 팔면 사람을 불쌍히 여기는 마음이 없고 자신의 이익을 도모한 것이므로 그 죄는 용서받을 수 없다. 처벌에 차등이 있는데, 남의 집에 팔아 노비가 되게 하면 천대하고 욕보이는 것이 심하므로 장 100 도 3년이지만, 남에게 팔아 넘겨 처・첩이나 자・손이 되게 하면 그나마 그로 하여금 살 곳을 얻도록 하였기에 장 90 도 2년 반이다.〔若不送官司而擅賣焉 則其無憐人之念 又爲利己之圖 其罪不容逭也 但有差等耳 故賣與人家爲奴婢者 是因其厄而賤辱之已甚矣 杖一百徒三年 賣與人爲妻妾子孫者 猶爲使之得所 杖九十徒二年半〕《집설 권3 12장》 팔아서 처・첩이나 자・손이 되게 하면 여전히 양인이므로 장 90 도 2년 반이다.〔爲妻妾子孫 猶爲良也 故杖九十徒二年半〕《집해 561쪽》

4 각각 : '각(各)' 자는 팔아 노비가 되게 한 것과 처・첩이나 자・손이 되게 한 것을 가리킨다. 팔아 노비가 되게 하면 장 90 도 2년 반이고, 팔아 처・첩이나 자・손이 되게 하면 장 80 도 2년이다.〔各字 指賣爲奴婢爲妻妾子孫而言 謂賣爲奴婢者 杖九十徒二年半 賣爲妻妾子孫者 杖八十徒二年〕《소의(상) 364쪽》

5 길……줄인다 : 여기서 길 잃은 사람은 원래 천한 부류이므로 각각 길 잃은 양인 자녀를 판 죄에서 1등급을 줄이는 것이다. 팔아서 노비가 되게 하면 장 90 도 2년 반이고, 팔아서 처・첩이나 자・손이 되게 하면 장 80 도 2년이다.〔是迷失之人 原係賤類 故各減賣迷失良家子女罪一等 如賣爲奴婢者 杖九十徒二年半 賣爲妻妾子孫者 杖八十徒二年〕《집설 권3 12장》

6 팔린……않고 : 길을 잃어버린 것은 무지에서 비롯한 것이므로 팔린 사람은 처벌하지 않는다.〔迷失本於無知 故被賣之人 不坐〕《석의 권4 8장》

85-2 타인의 도망한 자녀를 거두어 데리고 있다가 팔아 노비가 되게 하면 장 90 도 2년 반이다. 처・첩이나 자・손이 되게 하면 장 80 도 2년이다.[7] 도망한 노비를 얻어 팔면 각각 양인을 거두어 데리고 있다가 판 죄에서 1등급을 줄인다.[8] 도망하였다가 팔린 사람은 또 각각 1등급을 줄인다.[9] 도망한 죄가 무거우면 무거운 쪽으로 논한다.[10]

85-3 길을 잃었거나 도망한 타인의 자녀나 노비를 자신이 거두어 데리고 있으면서 노비, 처・첩, 자・손으로 삼으면 판 것과 죄가 또한 같다.[11] 숨

7 타인의……2년이다 : 도망한 남의 집 양인 자녀를 거두어 데리고 있다가 관사에 보내지 않고 함부로 팔면, 자기 이익을 꾀할 줄만 알고 전혀 다른 사람을 위하는 배려가 없는 것이다. 그 죄 또한 회피하기 어려우며 다만 길을 잃어버린 경우와 비교할 때 조금 차이가 있을 뿐이다. 그러므로 다른 사람에게 팔아 노비가 되게 하면 장 90 도 2년 반이고, 다른 사람에게 팔아 처・첩이나 자・손이 되게 하면 장 80 도 2년이다.〔或不送官司而擅賣焉 則徒知私己之謀 全無爲人之慮 其罪亦難逃也 但較迷失者 稍有間耳 故賣與人爲奴婢者 杖九十徒二年半 賣與人爲妻妾子孫者 杖八十徒二年〕《집설 권3 12장》

8 도망한 노비를……줄인다 : 도망한 사람이 천한 부류이므로, 도망한 양인 자녀를 판 죄에서 각각 1등급을 줄인다. 가령 팔아 노비가 되게 하면 장 80 도 2년이고, 팔아 처・첩이나 자・손이 되게 하면 장 70 도 1년 반이다.〔若收留得在逃奴婢而賣者 是在逃之人亦係賤類 故各減賣在逃良家子女罪一等 如賣爲奴婢 杖八十徒二年 賣爲妻妾子孫者 杖七十徒一年半〕《집설 권3 12장》

9 각각 1등급을 줄인다 : 각각 1등급을 줄인다는 것은 이 절만을 받는다. 도망한 사람을 거두어 데리고 있다가 판 죄에서 또 줄임을 말하는 것이지, 줄이고 또 줄임을 말하는 것이 아니다.〔又各減一等句 止承本節 謂又減收留在逃而賣者之罪 非減而又減之謂也〕《집해 560쪽》 도망하였다가 팔린 사람은 이미 배역(背逆)의 죄가 있어 길 잃은 사람에 비할 바가 아니므로, 또 1등급을 줄여 과죄한다. 가령 노비가 되면 장 70 도 1년 반이고, 처・첩이나 자・손이 되면 장 60 도 1년이다.〔其被賣在逃之人 已有背逆之罪 非迷失者比 故又減一等科罪 如爲奴婢者 杖七十徒一年半 爲妻妾子孫者 杖六十徒一年〕《집설 권3 12장》

10 도망한 죄가……논한다 : 도망한 자의 죄가 팔려 감등된 죄보다 무거우면 원래 범한 무거운 죄에 따라 과단한다.〔若在逃者之罪 重于被賣減等之罪者 又自從原犯罪重科斷〕《집설 권3 13장》 부모에게 돌려주어 함께 모여 살게 한다고 하지 않은 것은, 도망한 자는 유배를 보내어 법을 바로잡아야 하거나 이혼시켜 본종(本宗)에 돌려보내야 하므로 함께 모여 살게 하기에 합당하지 않기 때문이다.〔不言給親完聚者 以在逃之人 或應遣配正典 或應離異歸宗 而有不當完聚者在也〕《집설 권3 13장》

11 자신이……같다 : 자신이 거두어 데리고 있으면서 노비나 처・첩, 자・손으로 삼으면, 이는 팔아 다른 사람에게 넘기는 것과 다르지 않다. 그러므로 그 사람이 길을 잃었으면 길

겨서 집에 머물게 하면 모두 장 80이다.[12]

85-4 길을 잃었거나 도망한 타인의 자녀나 노비를 사들인 자와 중개인이 그러한 사정을 알았으면, 이들을 판 범인의 죄에서 1등급을 줄이고, 값은 몰수하여 관에 들인다.[13] 사정을 몰랐으면 둘 다 처벌하지 않고,[14] 값은 몰수하여 주인에게 돌려준다.

85-5 양인을 노비라고 거짓으로 주장하면[15] 장 100 도 3년이다. 처·첩이나 자·손이라고 거짓으로 주장하면 장 90 도 2년 반이다.[16]

잃은 사람을 판 죄로 처벌하고, 도망하였으면 도망한 사람을 판 죄로 처벌한다. 그러므로 "죄가 또한 같다."라고 한 것이다.〔若自收留爲奴婢妻妾子孫 則與賣與人者無異 故其人如係迷失 則以賣迷失各罪 坐之 如係在逃 則以賣在逃各罪 坐之 故曰罪亦如之〕《집해 563쪽》

12 숨겨서……80이다 : 숨겨서 집에 둔 것은 사사로이 거두어들이지 않았고 거짓으로 주장한 실정이 없으며 다만 관사에 보내지 않았을 뿐이다. 그러므로 감경하여 장 80의 죄로 처벌하는 데 그친다.〔其隱藏在家者 亦未私收 且無冒認之情 但不送官而已 故又一概減輕 止坐杖八十之罪也〕《집설 권3 14장》

13 값은……들인다 : 돈을 준 쪽이나 받은 쪽 모두 죄가 되는 장(贓)이기 때문이다.〔彼此俱罪之贓也〕《집해 564쪽》 ① 23 給沒贓物

14 둘……않고 : 이들이 길을 잃거나 도망한 사람인 줄을 알지 못한 채 팔거나 중개하였으면, 그 죄를 처벌하지 않는다.〔若不知係是迷失及在逃之人 而買之及爲牙保者 不坐其罪〕《소의(상) 367쪽》

15 거짓으로 주장하면 : 원문의 모인(冒認)은 남의 물건을 자기 물건이라고 거짓으로 주장하는 것이다.〔冒認 是妄認他人物爲己物也〕《부례(하) 189쪽》

16 양인을……반이다 : 타인의 자녀를 노비나 처·첩, 자·손이라 거짓으로 주장하면 모호하게 거짓으로 속이는 것이니, 길 잃은 사람을 거두어 머물게 하여 판 것과 다르지 않다. 그러므로 그 죄로 처벌하는 것이다.〔若冒認他人子女爲奴婢及爲妻妾子孫者 則朦朧妄冒 與收留迷失而賣者 何異 故卽以其罪坐之〕《집해 564쪽》 양인을 노비라고 사칭하면, 미실(迷失)인지 재도(在逃)인지 구분하지 않고 과죄한다. 타인의 노비를 자기 노비라고 거짓으로 주장하면, 미실과 재도를 구분하지 않을뿐더러 또 노비로 삼았는지 처·첩이나 자·손으로 삼았는지도 구분하지 않고 모두 장 100이다. 거짓으로 주장한 것은 아직 사사로이 거두어들인 것이 아니며, 그 일을 행하기는 했으나 완성된 것이 아니므로 죄를 감경해야 한다. 다만 양인을 노비라고 거짓으로 주장하면 귀함이 천함이 되어 그들의 명분(名分)이 낮아지고, 양인을 자기 처·첩이나 자·손이라고 거짓으로 주장하면 소원한 이가 가까운 이가 되어 그들의 명분이 어그러진다. 거짓으로 속인 실정이 증오할 만하기에 미실과 재도를 구분하지 않고 똑같이 양인을 사사로이 판 율(③ 298 略人略賣人)에 비추어 장형과 도형으로 처벌한다.〔但其罪不分迷失在逃 而冒認他人奴婢者 又無有爲奴婢妻妾子孫之別 且只杖一百 何也

85-6 타인의 노비를 자기의 노비나 처·첩, 자·손이라고 거짓으로 주장하면 장 100이다.[17]

직해 다른 사람들이 잃어버린 자녀들을 관청에 보고하지 않고 노비라 하여 팔아 버린 자는 장 100 도 3년이다. 처·첩이나 자·손으로 삼으면 장 90 도 2년 반이다. 남의 잃어버린 노비를 팔아 버리면 양인을 판 죄에서 1등급을 줄이며, 팔려 간 사람은 죄를 묻지 않고 곧바로 부모에게 돌려준다.

(○) 도망한 타인의 자녀들을 붙어살게 하고 노비라 하여 팔아 버리면 장 90 도 2년 반이고, 처·첩이나 자·손으로 삼으면 장 80 도 2년이다. 도망한 타인의 노비를 팔아 버리면 양인을 판 죄에서 1등급을 줄이고, 팔려 간 도망인은 각각 1등급을 줄인다. 도망하였을 때의 죄가 무거우면 무거운 죄로 논한다.

(○) 집 안에 붙어살게 하여 노비로 부리거나 처·첩이나 자·손으로 삼은 사람들은 팔아 버린 자와 죄가 같다. 주인으로서 집 안에 숨겨 두면 장 80이다.

(○) 산 사람이나 보증을 선 사람이 사정을 알고 있었으면 범인의 죄에서 2등급을 줄이고, 몸값은 추징하여 관에 몰수한다. 사정을 알지 못하고 거래하였으면 논죄하지 않고, 몸값은 추징하여 산 사람에게 돌려준다.

蓋冒認者 尙未私收 其事行而未成 其罪本當輕減 但冒認良人爲奴婢 則以貴爲賤 而彼之名分卑矣 冒認良人爲妻妾子孫 則以疎爲戚 而彼之名分戾矣 其詐冒之情可惡 故不分迷失在逃 均照私賣良人律 坐杖徒也〕《집설 권3 14장》

17 타인의……100이다 : 노비는 원래 타인의 집안에 본디부터 있는 자녀가 아니고 명분도 본래 비천하므로, 그를 자신의 노비로 사칭한다 하더라도 노비에게 해가 되지 않으며, 타인의 노비를 자신의 처·첩이나 자·손으로 사칭하면 천인을 양인으로 대하는 것이므로 더욱 지장이 없다. 또 거짓으로 주장한다고 하였으므로 그렇게 사칭하는 데 불과할 뿐, 사사로이 몰래 팔거나 거두어들이는 것과 차이가 있다. 그러므로 노비로 삼았는지 처·첩이나 자·손으로 삼았는지를 따지지 않고 다만 장 100의 죄로 처벌한다. 만약 이를 거짓으로 주장한 이후 사사로이 몰래 팔거나 거두어들이면 다시 본래의 죄명으로 과단한다.〔若奴婢原非人家自有之子女 其分本卑 以之認爲奴婢 則名色相類 固于彼無妨 而認爲妻妾子孫 則以賤爲良 尤爲無礙 且謂之曰冒認 不過認之而已 尙與私賣私收者有間 故不問其爲奴婢爲妻妾子孫 而止坐杖一百之罪也 若從此冒認之後 而私賣焉私收焉 又以本等罪名科斷矣〕《집설 권3 14장》

(○) 양인을 노비라고 거짓으로 칭하여 부리면 장 100 도 3년이고, 처·첩이나 자·손으로 삼으면 장 90 도 2년 반이다.
(○) 남의 노비를 자기 노비인 것처럼 거짓으로 칭하면 장 100이다.

해설

길을 잃은 타인의 자녀나 도망 중인 노비는 관사에 보내야 함을 규정한 조문이다. 길을 잃어버린 타인의 자녀나 노비, 도망 중인 타인의 자녀나 노비를 거두어들여 관에 보내지 않고 사사로이 몰래 팔아 노비나 처·첩 및 자·손이 되게 하면 처벌하였으며, 이들을 집 안에 숨겨 두거나 중개해도 처벌하였다.

86
부역이 고르지 않음
賦役不均

86-1 유사(有司)가 세량(稅糧)을 과징하거나 각종 역을 차정할 때,[1] 각각 판적(版籍) 내의 호구와 전량(田糧)[2]을 조사해서 등급을 정하여 부과하거나 차정한다.

86-2 부유한 자를 면해 주고 가난한 자를 차정하거나, 등급을 바꾸어 폐단을 일으키면,[3] 피해를 입은 빈민이 관할 해당 상급 관사에 나아가 아래에서 위로[4] 진고(陳告)하는 것을 허락한다. 해당 관리는 각각 장 100이다.

1 유사(有司)가……때 : 율문의 과징세량급잡범차역(科徵稅糧及雜汎差役)에 대해 본 번역서는 과징세량과 잡범차역을 병렬로 보았으나, '세량급잡범차역을 과징하다'로 보는 견해도 있다. 후자의 견해도 다시 둘로 나뉜다. 《소의》·《GMC》는 세량과 잡범차역의 병렬로 보았고, 《쇄언》·《집해》·《언해》·《집주》는 세량과 잡범의 병렬로 보아 '세량차역과 잡범차역'의 의미로 파악하였다. 《쇄언》·《집해》·《언해》·《집주》의 설을 요약하면 다음과 같다. 차역(差役)을 편정(編定)하는 방식에는 세량차역과 잡범차역의 두 가지가 있다. 세량차역은 세량의 액수에 따라 '10석 또는 100석당 몇 명' 하는 식으로 역을 징발하는 것이다. 잡범차역은 호구의 다과에 따라 '10호 또는 100호당 몇 명' 하는 식으로 역을 징발하는 것이다. 81조 탈루호구(脫漏戶口)에서 유부역자(有賦役者)라고 한 것은 세량차역에 해당하고 무부역자(無賦役者)라고 한 것은 잡범차역에 해당한다. 둘 중 세량차역이 많기 때문에 이 조의 조문명에서는 부역(賦役)만 언급하였다. 이 조에서 부세(賦稅)·세량을 언급하고 있기는 하나, 이 조가 〈호역(戶役)〉에 들어 있으므로 중점은 역에 있다. 《소의(상) 368쪽》《집해 566~568쪽》《집주(상) 206~207쪽》

2 전량(田糧) : ② 96 欺隱田糧

3 부유한……일으키면 : 역을 차정할 때에는 반드시 호적 내의 호구와 세량의 많고 적음을 살펴 상·중·하의 등급을 정하여 역의 차정을 가볍거나 무겁게 해야 한다. 만약 부자를 면해 주고 가난한 자를 차정하거나, 등급을 바꾸어 폐단을 일으키면, 부역의 경중이 고르지 않게 될 것이다.〔差役必須驗其籍內戶口稅糧之多寡 定立上中下等 以爲差役之輕重 若放富差貧 挪移等則作弊 則輕重不得其平矣〕《집해 567쪽》

4 아래에서 위로 : 가령 현(縣)에서는 부(府)가 관할 상급 관청이므로, 현의 백성은 부로 가서 진고해야 하며, 만약 안찰사(按察司)나 포정사(布政司)에 진고하면 월소(越訴)가 된다.〔自下而上 詳見越訴條 如以縣而視府 卽謂之拘該上司 凡縣民 止許自縣而赴府陳告 若在兩

86-3 상급 관사에서 진고를 수리하지 않으면 장 80이다. 재물을 받으면[5] 장(贓)을 계산하여 왕법(枉法)으로 보되,[6] 무거운 쪽으로 논한다.

직해 각사(各司)의 소재관(所在官)이 공세(貢稅)나 군량(軍糧)을 받거나 각종 명목의 잡역(雜役)을 차정할 때에, 각각 호적 안의 인구의 많고 적음과 토지・세량의 수효로써 등급의 차이를 매겨 차정한다.

○ 그럴 때 사사로운 정리로 부자는 방면하고 빈자를 차정하고서 양쪽을 뒤바꾸어[7] 폐단을 일으켰을 때, 피해 입은 빈민이 소속 관사의 장관에게 소장을 바치면 해당 관원과 아전은 각각 장 100이다.

(○) 장관이 소지(所志)[8]를 받고 추고하지 않으면 장 80이다. 그 과정에서 재물을 받으면 장물의 수효를 계산하여 왕법으로 보되, 무거운 쪽으로 논한다.

해설

담당 관리가 토지세나 각종 역을 부과할 때 호적에 의거하여 공정하게 부과해야 함을 규정한 조문이다. 담당 관리가 부자의 부역을 면제해 주고 가난한 사람에게 부과하거나 등급을 바꾸어 폐단을 일으키면 가난한 백성에게 해를 끼치게 되므로, 피해를 입은 백성은 상급 관사에 호소하도록 하고, 불공정하게 처리한 관리는 처벌하였다. 이때 상급 관사에서 이러한 호소를 수리하지 않으면 처벌하였고, 특히 재물을 받으면 무겁게 처벌하였다.

司 遂爲越訴]《집설 권3 15장》④ 355 越訴

5 재물을 받으면 : 해당 관리와 상급 관사를 겸하여 하는 말이다.〔受財 兼當該官吏上司而言〕《집해 567쪽》 뇌물을 공여한 자는 행구율(行求律)(④ 370 有事以財求請)로 과단한다.〔財ヲ賂テ差役ヲ免ントスル富人ハ行求ノ律ニ依テ罪ヲ科斷ス〕《언해 권7 40장》

6 장(贓)을……보되 : ④ 367 官吏受財

7 양쪽을 뒤바꾸어 : 율문의 '나이(挪移)'를 직해에서는 빈부를 뒤바꾸는 것으로 해석하였다.

8 소지(所志) : 백성이 관부(官府)에 올리는 소장(訴狀)・청원서・진정서이다.

87
정부의 차견이 공평하지 않음
丁夫差遣不平

87-1 정부(丁夫)[1]나 잡장(雜匠)[2]을 차견(差遣)해야 하는데 차견이 공평하지 않으면[3] 1인에 태 20이고 5인마다 1등급을 더하되 죄는 장 60에 그친다.

87-2 정부나 잡장이 차견되었는데도 시간을 끌면서 역에 착수하지 않거나, 역에 종사할 날짜를 채웠는데도 해당 관사에서 돌려보내지 않으면, 1일에 태 10이고 3일마다 1등급을 더하되 죄는 태 50에 그친다.

1 정부(丁夫) : 당나라 때는 정역(正役)에 복무하는 사람을 정(丁), 잡요(雜徭)에 복무하는 사람을 부(夫)라 하였다.〔丁謂正役 夫謂雜徭〕《당률 461조 丁夫雜匠亡》 정부는 정(丁)과 전(田)을 계산하여 징발하는 인부(人夫)를 일컫는데, 원래 정해진 각종 신역에 차정된 사람으로서 관에 나아가 일에 종사하는 사람이 모두 이에 해당한다. 《당률소의》에서는 정정(正丁)이라 하였으며 《쇄언》에서는 장정(壯丁)이라 하였다. 《부례》에서는 수로나 육로의 역참(驛站)에서 근무하는 자와 같은 따위라고 하였으나 《집설》에서는 그들은 정부가 아니라고 하였다.〔丁夫 謂計丁田起派之夫 卽原定雜汎差役中人 在官應承差使者 俱是 疏議謂正丁 瑣言謂壯丁 如水馬驛站之類 非也〕《집설 권3 16장》 정부를 정과 부로 나누어서 파악하는 견해도 있으나 《언해》는 그것을 지나치게 자구에 얽매인 설이라고 비판하였다.〔寶鏡云 丁夫謂各衙門編泒差使之役 俗ニ人足ト云是也丁ト夫トヲ分テ說ハ泥リ〕《언해 권7 46장》

2 잡장(雜匠) : 각종 장인(匠人)과 기예인이다. 관에서 공작(工作)을 맡으며, 교대로 근무하는 장인이다.〔雜匠 謂百工技藝之人 在官當直工作 卽今之輪班人匠〕《집설 권3 16장》

3 공평하지 않으면 : 정부나 잡장을 관장하는 사람이 차견할 때 수고하는 사람은 항상 수고하도록 하고 편안한 사람은 항상 편안하도록 하는 것을 말한다.〔若主掌夫匠之人有所差遣 而使勞者常勞 佚者常佚 是謂不平〕《집해 571쪽》 86조는 백성들에게 역을 부과하는 것을 다루는 데 비해, 87조는 이미 역을 부과한 백성들 가운데 뽑은 정부에게 주장(主掌) 관리가 관의 일을 시킬 때 힘들고 편한 것이 공평하지 않은 것을 다룬다. 전자에 비해 후자의 해가 작기 때문에 형량도 가볍다.〔上ノ條ニハ夫役ヲ民ニワリカクルコトヲ云此條ニハ既ニワリカケテ民ヨリ出サセタル丁夫ヲ主掌ノ官吏カ官事ニ役使スル時ニ差遣スコト勞逸均平ナラサルノ罪ヲ云也 會解云 上條不均 是泒徵于民 不均之害大 此見役於官 不平之害小 故杖各別〕《언해 권7 45~46장》

직해 역에 차정됨이 합당한 민부(民夫) 및 여러 공장인(工匠人) 등을 공평하고 균등하게 차정하여 보내지 않으면 일을 맡은 관리를 처벌한다. 부당하게 처리한 인원이 1인이면 태 20이고 5인마다 1등급을 더하되 장 60을 한도로 한다.
(○) 민부 및 여러 공장인도 역에 나아가기를 게을리하거나, 또는 역에 나아가 기한이 이미 지났는데도 놓아주지 않는 관원은 모두 1일에 태 10이고 3일마다 1등급을 더하되 태 50을 한도로 한다.

해설
관리가 정부나 잡장을 뽑아 보낼 때에 역을 공평하게 부여하지 않은 경우에 대한 처벌 규정이다. 토지세나 각종 신역(身役)을 등급을 나누어 부과할 때 공정하지 않은 경우를 다룬 86조 부역불균(賦役不均)과 달리, 이 조는 신역을 부과한 후에 관에서 구체적으로 일을 시키는 경우를 다루었다. 정부나 잡장을 뽑아 보낼 때에 불공평하거나, 정부나 잡장이 착수 시기를 미루거나, 해당 관사에서 기한이 다 찼는데도 돌려보내지 않으면 처벌하였다.

88
역의 차정을 은밀히 회피함
隱蔽差役

88-1 호민(豪民)[1]이 아들 · 손자 · 동생 · 조카로 하여금 관원[2]을 수행하게 하여 역의 차정을 은밀히 회피하게 하면[3] 가장(家長)[4]은 장 100이다. 관원이 용은(容隱)[5]하면 더불어 같은 죄이다. 재물을 받으면 장(贓)을 계산하여 왕법(枉法)으로 보되,[6] 무거운 쪽으로 논한다. 관원을 수행한 사람은 장죄(杖罪)는 면해 주되[7] 충군(充軍)한다.[8]

88-2 공신(功臣)이 용은하면 초범은 죄를 면해 주되 부과(附過)하고, 재범은 봉급의 절반을 지급 정지하며, 3범은 봉급 전부를 지급하지 않으며,[9]

1 호민(豪民) : 토지나 노비를 많이 소유하여 재산이 많고 권세가 있는 사람이다.

2 관원 : 관할하는 관원 및 현임 관원만 가리키는 것이 아니라, 세력이 있는 관원도 이에 해당한다.〔官員不專指本管及見任 曰官員者 見其有勢力也〕《집해 573쪽》

3 역의……하면 : 이는 빈민에게 누를 끼칠 뿐만 아니라 또한 관의 법령을 어기는 것이다.〔非惟貽累貧民 抑且有違官法〕《집설 권3 17장》

4 가장(家長) : 호민이다.〔家長卽豪民〕《집해 573쪽》

5 용은(容隱) : 그 사람을 받아들여 머물게 하고 그 역의 차정을 은밀히 회피하도록 하는 것이다.〔容隱 謂容留其人 而隱蔽其差役也〕《집해 573쪽》

6 장(贓)을……보되 : ④ 367 官吏受財

7 장죄(杖罪)는 면해 주되 : 충군(充軍)되어 변방으로 보내져 수자리를 살게 될 것이기 때문에 다시 장죄로 다스리지는 않는 것이다.〔免罪者 以旣當遣戍 不復坐杖也〕《집설 권3 17장》 만약 자기 스스로 관원을 수행하였으면, 이 조문 1항의 첫 문장으로 의의(擬議)하여 장 100이다.〔若自己跟隨者 仍擬本律 杖罪〕《전석 권4 17장》

8 충군(充軍)한다 : 관원을 수행한 사람이 민역(民役)에 차정되는 것을 속여 회피하였으므로, 충군하여 엄히 금함으로써 감히 다시 범하지 못하게 한 것이다.〔充軍者 以其欺隱民差 卽令充當軍差 嚴禁之 使不敢犯也〕《집설 권3 17장》

9 3범은……않으며 : 3범 이전의 공신은 비록 부과하거나 봉급 지급을 중지하더라도, 공신에게 자제를 맡긴 가장 역시 장 100이고, 공신의 수행인도 역시 충군한다.〔其三犯以前功臣 雖附過住俸 家長亦杖一百 跟隨之人亦充軍〕《집해 574쪽》

4범은 율(律)에 따라 논죄한다.[10]

직해 권세 있는 사람들이 아들·손자·동생·조카로 하여금 관원의 반당(伴倘)[11]으로 뒤따르면서 역의 차정을 몰래 피하여 역을 지지 않게 하면 가장은 장 100이다. ○[12] 관원도 알면서 숨겨 주면 더불어 같은 죄이다. 재물을 받은 자는 장물 수효를 계산하여 왕법으로 보되, 무거운 쪽으로 논한다. 반당으로 부려진 사람들은 죄를 면해 주고 충군한다.

○ 단, 공신들이 앞서 언급한 사람들을 알면서 숨겨 주면 초범은 죄를 면해 주고 죄명을 기록한다. 재범이면 녹봉(祿俸)을 반으로 줄여 지급하고, 3범이면 녹봉 전체를 지급하지 않고, 4범이면 율에 따라 논죄한다.

해설

호민이 역의 징발을 은폐하는 것을 막고자 한 조문이다. 호민이 그 아들·손자·동생·조카를 관원의 수행원으로 삼아서 호내(戶內)의 역 징발을 은폐하면, 이는 빈민에게 손해를 끼칠 뿐만 아니라 또한 법도를 우롱하는 것이 된다. 관원이 이를 용은해 주면 호민과 같은 죄이나, 공신의 경우에는 용은하더라도 3범까지는 죄명을 기록하거나 녹봉 지급을 정지하는 정도로 가볍게 처벌하였다.

10 4범은……논죄한다 : 반드시 4범 이후에야 논죄하는 것은 그가 팔의(① 3 八議)에 해당되는 사람이기 때문이다.〔必四犯然後論罪者 以其爲應議之人也〕《집해 573쪽》 4범인 후에야 용은(① 31 親屬相爲容隱)이나 수재왕법(④ 367 官吏受財)의 율로 다스려 고신(告身)을 일체 추탈하고 공신록에서 이름을 빼며 서용하지 않는다.〔四犯然後依容隱及受財枉法之律 一體追奪除名不敍〕《집설 권3 17장》

11 반당(伴倘) : 서울의 각 관아에서 부리는 사환(使喚)이다. 처음에는 왕자·공신·당상관을 우대하기 위하여 개인별로 차급(差給)하였다. 병조에서 임금에게 아뢰어 차임하되, 황해도·평안도·영안도(永安道)에 사는 사람은 반당으로 차임하지 않았다. 반당을 배정받은 사람이 죽으면 그 반당은 3년 후 다른 신역(身役)을 배정하였는데, 종친·공신·위(尉)·부위(副尉)의 경우는 처가 살아 있으면 처에게 그대로 반당을 지급하여 주었다.《經國大典 兵典 伴倘》

12 ○ : 율문에는 없고 직해에만 있어 잘못 들어간 것인 듯하다.

89
주보나 소이장을 금지하고 혁파함
禁革主保里長

89-1 각처의 인민(人民)은 매 100호에 이장(里長) 1명과 갑수(甲首) 10명을 협의하여 두고,[1] 해마다 번갈아 역을 맡아 전량(錢糧)을 고지하여 징수하고[2] 공무를 처리한다.[3] 주보(主保)・소이장(小里長)・보장(保長)・주수(主首) 등의 명색(名色)을 거짓으로 칭하며 사달을 일으켜 백성을 괴롭히면[4] 장 100에 천사(遷徙)한다.[5]

1 각처의……두고 : 주・현의 백성들이 각 이(里)마다 1년에 이장 1명을 두고 갑수 10명을 관할하게 하는데, 10년이면 이장이 10명이고 갑수가 100명이 된다. 여기서 말하는 100호란 갑수의 수를 말한다.〔州縣之民 每里 一年設里長一名 管甲首十名 十年則里長十名甲首一百名 輪年應役 此言一百戶 蓋言甲首之數也〕《석의 권4 12장》

2 전량(錢糧)을 고지하여 징수하고 : 원문의 최(催)는 납세 의무자에게 세액(稅額)을 고지하는 것이고, 징(徵)은 세금을 징수하는 것이다.〔每年納稅義務者{糧戶花戶}に稅額を告知し{催}それを徵收し{徵}〕《浜島敦俊, 明代前期の社會と經濟, 中國史4 : 明・淸, 山川出版社, 1999, 135쪽》 최판(催辦)은 과세액을 정리하여 때에 맞춰 납부하게 하는 것이다.〔催辦ハモヨホシトトノヘテ時ニ應シテ納シムル也〕《언해 권7 51장》

3 공무를 처리한다 : 원문의 구섭(句攝)은 공무를 처리하다와 체포하다의 두 가지 의미가 있다. 이에 따라 구섭공사(句攝公事)를 일반 공무를 처리하는 것으로 보는 견해도 있고,《전석 권4 16장》 죄범(罪犯)이 있어 공무에 관련된 사람을 체포하는 것으로 보는 견해도 있다.《국자해 180쪽》《언해 권7 51장》

4 사달을……괴롭히면 : 단지 주보 등의 명색을 거짓으로 칭하였을 뿐 사달을 일으켜 백성을 괴롭힌 실제의 행적이 없으면 410조 불응위(不應爲)의 사안이 중하면 장 80으로 처벌하는 율을 적용하면 충분하고, 천사(遷徙)로 의정(擬定)하기는 어렵다. 이장・갑수가 전량을 고지하여 징수하고 공무를 처리하는 것 외에 주보 등을 거짓으로 칭하지 않았어도 혹 사달을 일으켜 백성을 괴롭히면 역시 이 죄로 다스린다.〔此條專主生事擾民而言 若但妄稱主保等項名色 無生事擾民實跡者 止問不應足矣 難擬遷徙 里長甲首 除催辦錢糧 句攝公事外 卽不妄稱主保等項而或生事擾民 亦坐此罪〕《집설 권3 18장》

5 천사(遷徙)한다 : 거짓으로 칭한 사람을 천사한다. 관사의 죄를 묻지 않는 것은 주보 등을 거짓으로 칭한 것이어서 관사가 설립한 것도 아니고 또 관사가 알 수 있는 것도 아니기 때문이다.〔此指妄稱之人 不著官司之罪者 旣曰妄稱 則非官司所設立 且非官司所得知也〕《전

89-2 기로(耆老)[6]를 두어야 할 때에는 반드시 그 고을에서 나이가 많고 덕이 있어 많은 사람이 받들고 따르는 사람 가운데서 선발하여 충당하며, 퇴직한 한가한 이졸(吏卒)이나 허물이 있는 사람을 뽑아 충당하여 일을 보게 하는 것을 허락하지 않는다. 어기면 기로에 충당된 자는 장 60이고, 해당 관리는 태 40이다.[7]

직해 각 도의 주・부・군・현의 인민들을 대상으로, 100호 내에 이장 1명, 색장(色掌) 10명을 의논해 정하여 매년 서로 번갈아 돌아가면서 공물(貢物)・잡역(雜役) 등을 독촉하며 모든 공무를 담당하도록 한다. 그중 각종 색장인 것처럼 거짓으로 칭하며 사달을 일으켜 백성을 어지럽히면 장 100이고 마을에서 쫓아낸다.

○ 함께 설치하는 노인직(老人職)은, 이전에 허물이 있는 사람은 제외하고 그 고을 안에서 나이가 많고 덕이 있어 여러 사람이 우러러보기에 합당한 사람으로 선발하여 충당해야 한다. 이를 어기고 선발되면 장 60이고, 일을 맡은 관리는 태 40이다.

석 권4 16장》

6 기로(耆老) : 이(里)마다 1인을 두는데 60세를 기(耆)라 하고 70세를 노(老)라 하며 합쳐서 기로라 한다. 나이가 많고 덕망이 있는 사람이다.〔耆老亦每里一人 六十曰耆 七十曰老 總名曰耆老 卽年高德望之稱〕《집설 권3 19장》 기로는 백성을 교화하고 풍속을 선하게 하는 책임이 있는데, 옛날 교화를 관장하던 향삼로(鄕三老)의 유풍(遺風)이다.〔耆老責在化民善俗 卽古鄕三老之遺意〕《집주(상) 210쪽》

7 퇴직한……40이다 : 퇴직한 한가한 이졸이나 허물이 있는 사람은 백성들을 복종시키지 못할 뿐 아니라 또한 백성들에게 해를 끼치는 것을 면할 수 없다. 그러므로 점검하여 가려내지 못하고 용인하여 내버려 둔 것에 대한 책임을 물어 해당 관리까지 태 40으로 처벌하는 것이다.〔此等人不惟不能服衆 且不免貽民之害 故併當該官吏竝罪之 亦欲選充之得其人耳〕《집설 권3 19장》〔當該僉點官吏 各笞四十 以責其容縱也〕《집설 권3 18장》 만약 재물을 받고 함부로 충원하도록 하였으면 당연히 왕법(枉法)으로 보되, (④ 367 官吏受財) 무거운 쪽으로 논죄하고〔官吏雖笞四十 若受財而容其濫充 則當以枉法從重論矣〕《집해 577쪽》 돈을 낸 사람은 행구율(行求律)(④ 370 有事以財求請)로 과죄한다.〔錢ヲ出ス人ハ行求ノ律ヲ以テ罪ヲ科ス〕《언해 권7 53장》

해설

주보나 이장을 함부로 일컬어 사달을 일으켜 백성들을 번거롭게 하는 폐해에 대한 조문이다. 각 이(里)에 이장 1명과 갑수 10명을 두고, 그 밖의 직책을 사칭하는 것을 금지하였고, 마을에서 기로를 뽑을 때에는 나이가 많고 덕망이 높은 사람을 추대해야 하며, 퇴직한 이졸이나 죄과가 있는 사람을 뽑아서는 안 됨을 규정하였다.

•••

명의 이갑제와 주보 · 소이장 · 보장 · 주수

110호(戶)가 1리(里)인데, 그중 10호가 이장호(里長戶), 100호가 갑수호(甲首戶)로, 매년 1명의 이장과 10명의 갑수가 정역(正役)을 담당한다. 그러나 이 110호 외에 기령호(畸零戶), 즉 토지가 없어 세량(稅糧) 납부 능력이 없는 호도 하나의 이(里) 속에 편제되어 있으므로, 1리의 호수가 꼭 110호인 것은 아니다.

"홍무 14년(1381) 천하에 조칙을 내려 부역황책(賦役黃冊)을 엮게 하였다. 110호를 1리로 하고 인정(人丁)과 세량이 많은 10호를 장으로 추대하고 나머지 100호를 10갑(甲)으로 삼는다. 갑은 모두 10인으로 해마다 돌아가며 이장 1인과 갑수 1인을 맡아, 1리와 1갑의 일을 관장하게 한다. 그 선후는 인정 · 세량의 많고 적음으로써 순서를 삼고, 모두 10년을 하나의 주기로 하는데, 이를 배년(排年)이라 한다. 성안에 있는 것을 방(坊), 성 가까이에 있는 것을 상(廂), 향(鄕) · 도(都)에 있는 것을 이(里)라 한다. 이(里)에서 엮어 책을 만드는데, 책머리에 총괄적으로 하나의 그림을 싣고, 홀아비 · 과부 · 고아 · 독거노인으로서 역(役)을 맡지 않은 자는 10갑 뒤에 붙여 기령(畸零)으로 한다. 승(僧)이나 도사에게 도첩을 주는데, 전답이 있는 자는 책 속에 엮어 일반 백성과 같이 세금을 매기고, 전답이 없는 자는 역시 기령으로 한다. 10년마다 유사(有司)가 그 책을 고쳐서, 인정 · 세량의 증감에 따라 올리고 내린다. 책은 모두 4개로, 하나는 호부(戶部)에 올리고, 3개는 포정사(布政司) · 부(府) · 현(縣)에서 각각 1개씩 보존한다. 호부에 올리는 것은 책 표지가 누런 종이로 되어 있어 이를 황책(黃冊)이라 한다."《明史 卷77 食貨志1 戶口田制屯田莊田》

향리(鄕里)는 지역에 따라 보(保), 사(社), 향(鄕), 우(圩 특히 장강 삼각주 지역) 등 다양한 명칭으로 불렸으며, 지역 공동체의 지도자도 주보(主保), 보장(保長), 주수(主首) 등으로 다양하게 불렸다.

명 건국 후 이갑제(里甲制)가 실시됨에 따라 약 110호 단위로 이(里)를 설정하고 각 이마다 이장을 두었는데, 이는 단순한 행정촌(行政村)이 아니라 그 이전의 자연촌(自然村)을 바탕으로 한 것이었다. 따라서 하나의 지역 공동체에 2명의 지도자가 공존하는 일이 생기게 되었는데, 새로 선임된 이장은 국가가 공인한 직책이지만 주보・보장・주수 등은 각 지역의 전통적인 지도자일 뿐 국가에서 공인한 것은 아니다. 이 둘이 공존하면서 백성들에게 폐해를 일으킬 수 있어서 후자를 혁파하고 금지하는 조치를 취한 것이다.

"보(保)는 지키는 것이니, 곧 출입할 때 서로 사귀고, 지키고 보초서는 일을 서로 돕고, 질병이 들었을 때 보살펴 준다는 뜻이다. 그러므로 보라고 일컬은 것이다. 혹은 보라는 것은 향사(鄕社)를 일컫는데, 지금의 향리 가운데 보・사(社)・향(鄕)이라고 칭하는 것과 같이 지역마다 같지 않다. 주보는 한 보의 일을 주관하는 자이고, 소이장(小里長)은 이장의 다음이며, 보장(保長)은 한 보의 우두머리이다. 주수(主首)는 여러 수령(首領)을 주관하는 사람이다. 혹 여러 갑수 가운데 우두머리에 해당하는 이 따위가 바로 이것이라고 한다. 이상은 모두 이장의 이칭이다."《집설 권3 19장》

90
역의 차정을 도피함
逃避差役

90-1 민호(民戶)[1]가 인접한 지역의 주・현으로 도망가서[2] 역의 차정을 피하면 장 100에[3] 원적으로 돌려보내어 본래의 역을 지게 한다.

90-2 친관 이장(親管里長)[4]이나 제조(提調) 관리가 고의로 묵인하거나, 인접한 지역의 주・현에 사는 인호(人戶)가 숨겨 주어 자신에게[5] 머물도록 하면 각각 더불어 같은 죄이다.[6] 이장이 알고도 쫓아 보내지 않거나, 원래 관할하는 관사에서 행이(行移)하여 돌아오게 하지 않거나, 행이하여 돌아오게 하였는데도 도망간 인호의 소재지 관사에서 잡아 두고[7] 내주지 않으면 각각 장 60이다.[8]

1 민호(民戶) : 인호(人戶)라는 말과 같다. 민인(民人)이라 하지 않고 민호라고 한 것은 가족 전체가 함께 도망가는 경우가 있기 때문이다.〔民戶猶言人戶 不言民人而言民戶 以其有合家共逃者也矣〕《집설 권3 21장》

2 민호(民戶)가……도망가서 : 이 조에서의 도피죄는 수범과 종범을 나누지 않는다. 만약 자수하거나 본디 있던 곳에 되돌아오면 24조 범죄자수(犯罪自首)에 따라 2등급을 줄인다.〔此逃避罪不分首從 若自首及還歸本所者 依名例律 減罪二等〕《집설 권3 21장》

3 민호(民戶)가……장 100에 : 이는 간민(姦民)이므로 장 100이다.〔是謂姦民 杖一百〕《집설 권3 19장》

4 친관 이장(親管里長) : 명대에는 대략 110호를 1리로 설정하고 그중 10호를 이장호(里長戶)로 삼았다. 이장의 역이 무거우므로 10호의 이장은 윤번으로 돌아가면서 1년씩 이장의 역을 진다.(② 89 禁革主保里長) 도망 민호가 발생한 당시 이장 일을 맡아보고 있던 이장이 친관 이장이다.《언해 권7 53장》

5 자신에게 : 자신의 집뿐 아니라 자신이 머무는 이(里)나 주・현일 수도 있다.

6 더불어 같은 죄이다 : 이는 간민과 같으므로 원적지 이장과 제조 관리, 인접한 지역의 인호는 각각 도피한 사람과 더불어 똑같이 장 100이다.〔是同姦也 故原籍里長提調官吏隣境人戶各與逃避之人 同杖一百之罪〕《집설 권3 20장》

7 잡아 두고 : ① 9 應議者之父祖有犯

90-3 홍무 7년(1374) 10월 이전에 다른 고을로 흘러 들어가 그 지역 호적에 편입되어 역에 차정되었으면 논하지 않는다. 그 후[9]에 도망하는 것은 율(律)대로 논한다.[10 11]

90-4 정부(丁夫)·잡장(雜匠)[12]으로서 현재 역을 지고 있는 자[13]와 공장(工匠)[14]·악인(樂人)[15]·잡호(雜戶)[16]가 도망하면 1일에 태 10이고 5일마다 1등급을 더하되 죄는 태 50에 그친다.[17]

8 잡아……60이다 : 이는 간민을 용납하는 것이므로 인접한 지역의 이장, 원래 관할하는 관사, 인접한 지역의 관사는 각각 장 60이다.〔是容姦也 故隣境里長原管官司隣境官司 各杖六十〕《집설 권3 20장》

9 그 후 : 1374년(홍무7) 11월 판적(版籍)이 정해진 이후이다.〔如洪武七年十一月版籍以定之後 卽謂之限外也〕《집설 권3 20장》

10 그 후에……논한다 : 1374년 11월에 《대명률》이 처음 반포되어 판적이 정비되었으므로, 《대명률》 반포 전에 새로 정착한 곳의 판적에 등록된 이주 민호를 논외로 하려고 이런 율문이 만들어진 것이다. 《언해 권7 55장》

11 홍무……논한다 : 이 부분은 직해하지 않았다.

12 정부(丁夫)·잡장(雜匠) : ② 87 丁夫差遣不平

13 정부(丁夫)……자 : 정부와 잡장에 대해서만 재역(在役)이라고 하였는데, 재역은 이들이 순번으로 돌아가며 관청에 나와 사역하는 날을 가리킨다. 이들은 교대로 역을 지기 때문에 공장·악인·잡호처럼 늘 관청에 머물면서 역을 지는 자와 같지 않다.〔丁夫雜匠獨言在役者 謂其輪該在官聽使之日也 蓋此等人更替應役 與工樂雜戶常川在官廳役者 不同〕《집해 580쪽》

14 공장(工匠) : 근무지에서 항시 일하는 장인으로서, 잡장이 교대로 징발되는 것과는 같지 않다. 공부가 관장한다.〔工是工部所管住坐匠人 與前雜匠輪差者 不同〕《집설 권3 21장》

15 악인(樂人) : 궁중 음악을 관장하는 관서인 교방사(敎坊司)에 소속된 사람이다. 예부가 관장한다.〔樂是禮部所管敎坊司樂人〕《집설 권3 21장》

16 잡호(雜戶) : 역참에서 일하는 역호(驛戶), 소금 만드는 조호(竈戶), 의원인 의호(醫戶), 점쟁이인 복호(卜戶) 등을 말한다.〔雜戶 謂驛竈醫卜等戶〕《집해 579쪽》

17 공장(工匠)……그친다 : 공장·악인·잡호는 늘 국가의 부역이나 징집에 응하는 사람으로, 모두 하루라도 도망가서는 안 된다. 만일 도망가는 사람이 있으면, 비록 인호가 모두 도피하는 것과는 같지 않으나 또한 법을 경시하고 일을 그르친 것이므로 날짜를 계산하여 죄를 정한다.〔此又常川應役之人 均之不可一日逃者也 如有逃者雖與人戶全然逃避 不同 亦屬玩法誤事 故計日定罪〕《집설 권3 20장》 단, 이 세 부류의 역은 늘 관에 있으면서 사역하며 쉬거나 교체함이 없으므로 '재역(在役)'을 말하지 않은 것이다.〔但此三項人役則是常川在官役使 無有歇替者 故不言在役〕《집설 권3 21장》

90-5 제조 관리[18]가 고의로 묵인하면 각각 도망간 자와 더불어 같은 죄이다. 재물을 받으면 장(贓)을 계산하여 왕법(枉法)으로 보되, 무거운 쪽으로 논한다. 도망한 것을 알아채지 못하면, 5인에 태 20이고 5인마다 1등급을 더하되 죄는 태 40에 그친다.[19] 5명에 미치지 못하면 죄를 면해 준다.

직해 각 주·부·군·현의 인민들이 인접한 주·현에 도망하여 역을 피하면 장 100에 본역(本役)으로 돌려보낸다.

○ 관장하는 이장 및 관리들이 고의로 놓아주거나, 인접한 지역 사람들도 도망온 이들을 집 안에 숨기고 머무르게 하면 죄가 같다.

○ 도망간 마을의 이장도 알면서 쫓아 보내지 않거나, 본고장의 관원도 문서를 보내 도망한 이가 나아오도록 하지 않거나, 문서를 보내어 추고하였는데 인접한 지역 관원이 숨겨 두고 되돌려 보내지 않으면 각각 장 60이다.

○ 여러 장인 및 공장(工匠)·악인(樂人), 여러 잡인(雜人) 등이 역을 피하여 도망하면, 1일은 태 10이고 5일마다 1등급을 더하되 태 50을 한도로 한다.

(○) 담당 관리가 고의로 놓아주면 죄가 같다. 재물을 받았으면 재물의 수효를 계산하여 왕법으로 보되, 무거운 쪽으로 논한다. 도망할 당시에 관리가 알지 못하였으면, 5인은 태 20이고 5인마다 1등급을 더하되 죄는 태 40에 그친다. 5명이 안 되면 죄를 면해 준다.

해설

역의 징발을 회피하는 행위에 대한 조문이다. 토지를 받고 호적에 오른 각 주·현의 민호는 각각 본적에 따라 역의 징발에 응해야 하며, 부역이나 노

18 제조 관리 : 민력(民力)을 헤아려 부세와 과역(課役)을 차정하는 일을 담당하는 관리를 말한다. 《언해 권7 53장》

19 도망한……그친다 : 도망한 것을 깨닫지 못한 것은 고의로 묵인한 것과 차이가 있으므로 도망한 사람 수를 계산하여 태죄로 논한다.〔不覺逃者 與故縱有間 故計人論笞〕《집해 582쪽》

역(勞役)에 교대로 복무하는 정부·잡장, 국가 기관에 소속되어 있는 공장·악인·잡호는 하루라도 근무지를 이탈하여 도망가서는 안 됨을 규정하였다.

91
옥졸을 지명하여 차정함
點差獄卒

각처의 옥졸(獄卒)[1]은 일을 맡을 만하고 숙달된 사람 가운데에서[2] 지명하여[3] 차정해서 역을 지게 한다. 다른 사람으로 하여금 대체하게 하면 태 40이다.[4]

직해 각처의 옥졸들은 능숙하여 합당한 사람 가운데에서 차정하여 역을 지도록 한다. 다른 사람을 대신 역을 지게 하면 태 40이다.

해설
옥졸은 감옥을 지키고 죄수를 방비하기에 맡은 책임이 매우 중요하므로 반드시 합당한 사람을 지명하여 뽑아야 한다. 대신 역을 지는 사람이 마땅한 사람이 아니면 방비에 소홀하여 죄수를 놓치거나 뇌물을 받고 놓아줄 우려가 있으므로 특별히 처벌하여 다른 사람으로 대신할 수 없음을 규정하였다.

1 옥졸(獄卒) : 감옥 안에서 죄수를 관리하는 예졸(隸卒)이다.〔獄卒者 牢獄內看管罪囚之隸卒〕《소의(상) 379쪽》

2 일을……가운데에서 : 반드시 나이와 힘이 그 일을 맡을 만하고 옥사(獄事)에 숙달된 사람 가운데에서 지명하여 차정해서 역에 응하게 해야 한다.〔必須於丁力相應及慣熟獄事之人內點差應役〕《집설 권3 22장》

3 지명하여 : 원문의 점차(點差)에서 점(點)은 이름을 지목하는 것이다. 어떤 사람을 옥졸로 삼고자 하여 이름을 지목하여 역을 할당하는 것이다. 《국자해 182쪽》

4 다른……40이다 : 소홀하여 잘못을 저지를까 염려하기 때문에 태 40으로 다스리는 것이고, 또한 아직 일어나기 전에 삼가는 뜻이다.〔恐有疏虞之患 故坐笞四十之罪 亦謹于未然之意也〕《집설 권3 22장》 직접 근무하지 않아서 만약 대신 근무한 자가 소홀히 한 잘못이 발생하여 일을 그르치면 당연히 416조 주수불각실수(主守不覺失囚)에 따라 의단한다.〔其不親 若有疏虞誤事 自依不覺失囚條擬斷〕《집해 584쪽》

92
부민이나 정부·잡장을 사사로이 부림
私役部民夫匠

92-1 유사관(有司官)[1]이 부민(部民)[2]을 사사로이 부리거나, 감공관(監工官)[3]이 정부(丁夫)나 잡장(雜匠)을 100리 밖으로 내보내 사사로이 부리거나,[4] 오랫동안 집에 데리고 있으면서 부리면[5] 1명에 태 40이고 5명마다 1등급을 더하되 죄는 장 80에 그친다.[6] 1명당 하루에 고공전(雇工錢) 60문(文)을 추징하여 부림을 당한 사람에게 지급한다.[7]

92-2 길흉사(吉凶事)가 있거나, 집에서 잠시 데려다 잡역(雜役)에 부리

1 유사관(有司官) : 포정사(布政司)와 지부(知府)·지주(知州)·지현(知縣)의 관원이다.《언해 권7 59장》

2 부민(部民) : 관할하는 백성이다.

3 감공관(監工官) : 공조(工造)하는 일을 감림(監臨)하고 제독(提督)하는 관원이다.《언해 권7 59~60장》

4 100리……부리거나 : 100리 밖으로 내보낸다고 하였으므로 가까이에서 부리는 것은 금하지 않는다.〔稱出百里之外 則役于近者無禁〕《집설 권3 23장》

5 오랫동안……부리면 : 오랫동안이라고 하였으므로 잠시 부리는 것은 금하지 않는다. 3일을 넘기지 않으면 논하지 않는다.〔稱久占在家 則役于暫者無禁 卽不過三日 勿論也〕《집설 권3 23장》

6 오랫동안……그친다 : 부민을 사사로이 부리면 농사를 방해하고, 정부·잡장을 사사로이 부리면 그들의 본래 업무에 지장이 생기기 때문에, 사람 수를 계산하여 과죄한다.〔未免妨其農事 廢其藝業 故計名以科其罪〕《집설 권3 22장》

7 고공전(雇工錢)……지급한다 : 역을 담당한 사람의 수고를 보상해 주는 것이다.〔所以酬當役者之勞也〕《집설 권3 22장》 한편 일반 백성이 아니라 주·현을 돌아다니며 죄인을 체포하는 궁병(弓兵)이나 거리를 순찰하는 포병(鋪兵)을 사사로이 부리면 모두 고전(雇錢)을 추징하여 관에 들인다.(③ 247 私役弓兵) 부민과 정부·잡장은 본래 관에 있으면서 늘 역을 지는 사람이 아니고, 궁병·포병은 관에 있으면서 부리는 사람이므로, 한쪽은 고전을 추징하여 그 사람에게 지급하고, 한쪽은 추징하여 관에 들이는 것이다.〔按私役弓兵舖兵 竝追雇錢入官 如此追給不同者 部民夫匠 本非在官常役之人 若弓兵舖兵 則在官役使者 故一則追給其人 一則追收入官也〕《집해 586쪽》

는 것은 논하지 않는다.

92-3 부리는 사람의 수는 50명을 넘을 수 없으며, 1명당 3일이 넘도록 부릴 수 없다.[8] 어기면 사사로이 부린 죄로 논한다.[9]

직해 감림관(監臨官)이 관장하는 곳 안의 백성을 사사로이 부리거나, 공장 감역관(工匠監役官)도 사사로이 공장들을 부려 100리 밖에 차역(差役)하거나, 사가(私家)에서 여러 날 부리면 태 40이며, 5명마다 1등급을 더하되 장 80을 한도로 한다. 품삯을 1인당 하루 60문씩으로 징수하여 부림을 당한 이에게 지급한다.

(○) 그 가운데 사사로운 길흉사가 있거나 집에서 임시로 빌려 일을 부린 것은 논죄하지 않는다.

(○) 부리는 자의 수효는 50명을 넘지 못하며, 1인당 부리는 것은 3일을 넘기지 못한다. 이를 어기면 백성이나 공장을 사사로이 부린 죄로 논한다.

해설

관원이 고을의 백성을, 공사를 감독하는 감공관이 정부·잡장을 사사로이 부리는 것을 금한 조문이다. 사사로이 부린 사람의 수나 날짜를 헤아려 처벌하고, 다시 임금을 추징하여 부민이나 정부·잡장에게 주도록 하였다. 단, 길흉 대사에 데려다 일을 시키거나 잠시 데려다가 집안의 허드렛일을 시키는 것은 예외로 하였다.

8 부리는……없다 : 부리는 사람은 이 조문 2항의 두 가지 경우, 즉 길흉사나 잡역에 잠시 부리는 사람이다. 인원수와 날짜를 각각 별도로 계산하는데, 비록 50명이 넘지 않더라도 중간에 몇 명을 3일 넘도록 부리거나, 비록 3일을 넘지 않더라도 1~2일 사이에 50명 넘게 부리면 모두 논죄한다.〔其所使一句 承上兩意看 人數日數 各另算之 雖不過五十名 而中間有數人使過三日 或雖不過三日 一二日間 已使過五十 皆當論罪〕《집설 권3 23장》

9 어기면……논한다 : 50명 외에 추가로 부린 사람이 몇 명인지 계산하여 인원수에 비추어 과죄하고, 3일 외에 추가로 부린 날이 며칠인지 계산하여 일수에 비추어 고공전을 추징하여 지급하되, 앞서 규정한 사사로이 부린 죄에 대한 규정대로 한다.〔計五十名之外 多役幾人 照名科罪 三日之外 多役幾日 照日 追給雇工錢 如前私役之法〕《집설 권3 22장》

93
호적을 따로 만들거나 재산을 나눔
別籍異財

조부모[1]나 부모가 살아 있는데 아들이나 손자가 호적을 따로 만들거나 재산을 나누면[2] 장 100이다.[3]-반드시 조부모나 부모가 직접 고소해야만 처벌한다.-[4] 부모상(父母喪) 중에 형제가 호적을 따로 만들거나 재산을 나누면 장 80이다.[5]-반드시 기친(期親) 이상의 존장(尊長)[6]이 직접 고소해야만 처벌한다.-[7]

직해 조부모나 부모가 살아 있는데 아들이나 손자들이 가호(家戶)를 따로 세우거나 재산을 나누어 가지면 장 100이다. 부모가 직접 고소해야만 처벌한다. 부모상을 치르는 중에 형제들이 가호를 따로 세우거나 가산을 나누

1 조부모 : 조부모라 일컬으면 증조부모나 고조부모도 같게 본다. ① 41 稱期親祖父母

2 호적을……나누면 : 호적은 나누었으나 재산은 아직 나누지 않은 것, 혹은 재산은 나누었으나 호적은 아직 나누지 않은 것 모두 이에 해당한다. 그러므로 당률에서는 별적(別籍)과 이재(異財)는 반드시 서로 두 조건을 모두 충족해야만 처벌하는 것은 아니라고 하였다.〔別籍異財二項開說 或分籍而財未分 或異財而籍未別 皆是 故唐律云 別籍異財不相須 此律文明白〕《집해 587쪽》

3 장 100이다 : 부모를 떠나려는 마음이 있는 것이므로 장 100이다.〔是有離親之心矣 故杖一百〕《집설 권3 23장》

4 반드시……처벌한다 : 별적(別籍)이나 이재(異財)가 부모의 명을 받은 것일 수도 있다. 그런 경우에는 타인이 관여할 바가 아니다.〔恐其或奉親命 非他人所與〕《집해 587쪽》

5 장 80이다 : 부모를 잊으려는 마음이 있는 것이므로 장 80이다.〔是有忘親之心矣 故杖八十〕《집설 권3 23장》

6 기친(期親) 이상의 존장(尊長) : 백숙 부모, 재실(在室) 고모, 형이나 재실 누이와 같은 따위이다.〔期親 如伯叔父母姑兄姊之類〕《집해 662쪽》 ② 111 居喪嫁娶 4책 348쪽 〈본종의 구족이 입는 오복의 정복에 대한 도해〔本宗九族五服正服之圖〕〉 참조.

7 반드시 기친(期親)……처벌한다 : 만약 부모가 살아 있을 때 분가하여 따로 살림을 차리는 것을 허락하여 상중에 유명(遺命)을 받들어 나누어 살거나, 부모가 사망하여 거상(居喪) 기간이 끝나 서로 의논하여 재산을 나누었다면 모두 처벌하지 않는다.〔若親存 或許令分析居喪奉遺囑分居 又或親亡服闋之後 相議分異者 俱不坐罪 可知也〕《집설 권3 23장》

어 가지면 장 80이다. 반드시 기친 이상의 손윗사람이 직접 고소해야 처벌한다.

해설

자손이 제 마음대로 호적을 따로 하거나 재산을 나누는 것을 금한 조문이다. 부모나 조부모가 살아 계실 때 자손이 호적을 따로 만들거나 재산을 나누면 이는 부모와 헤어지려는 마음이 있기 때문에 처벌의 대상이 되었고, 부모상 중에 형제가 호적을 따로 만들거나 재산을 나누면 부모를 잊으려는 마음이 있기 때문에 역시 처벌하였다. 이 조문은 십악(十惡) 중 불효(不孝)에 해당하는데, 당률에 비해 명률에 와서 처벌이 한결 약해졌다.

94
비유가 재물을 사사로이 함부로 씀
卑幼私擅用財

94-1 동거(同居)하는[1] 비유(卑幼)가 존장(尊長)의[2] 명을 받지 않고 자기 집안의 재물을 사사로이 함부로 쓰면 20관(貫)에 태 20이며 20관마다 1등급을 더하되 죄는 장 100에 그친다.[3]

94-2 동거하는 존장이 비유에게 나누어 주어야 할 재산을 고르게 나누어 주지 않으면 죄가 또한 같다.[4]

1 동거(同居)하는 : '동거' 두 글자가 중요하다. 같이 살면 대체로 재산을 공유하게 되므로 재산이 비록 공공의 물건이라 하더라도 비유는 그 재산을 쓸 수 있고 존장은 관장할 수 있다. 다만 비유는 사사로이 함부로 쓸 수 없고, 존장은 사사로이 자신의 것으로 할 수 없다. 만약 비유가 존장의 명을 받지 않고 사사로이 쓰면 함부로 쓴 것이고, 존장이 나누어 줄 때에 고르게 하지 않으면 이는 자신을 이롭게 하는 것이다. 그러므로 각각 재물의 관수(貫數)를 계산하여 과죄하되, 죄는 모두 장 100에 그친다.〔同居二字最重 蓋同居則共財矣 財雖爲公共之物 但卑幼得用之 不得而自擅也 尊長得掌之 不得而自私也 若卑幼不稟命而私用 是謂專擅 尊長當分散而不均平 是爲利己 故各以貫數科罪 竝罪止杖一百〕《집해 588쪽》

2 비유(卑幼)가 존장(尊長)의 : 《부례》는 아버지뻘을 존(尊), 형뻘을 장(長), 동생뻘을 비(卑), 자식뻘을 유(幼)라 하였는데〔父輩曰尊 兄輩曰長 弟輩曰卑 子輩曰幼〕《부례(상) 340쪽》《집주》에서는 아버지뻘을 존, 자식뻘을 비, 형뻘을 장, 동생뻘을 유라고 하고, 할아버지뻘은 아버지뻘과 같게, 손자뻘은 자식뻘과 같게 보았다.〔父輩曰尊 而祖輩同 子輩曰卑 而孫輩同 兄輩曰長 弟輩曰幼〕《집주(상) 217쪽》《부례》와 《집주》의 해설이 같지 않은데, 《집주》의 해설이 일반적인 이해 방식에 부합한다.

3 자기……그친다 : 비유가 존장을 얕보고 재물을 탕진하는 것을 금하기 위한 것이다.〔所以禁卑幼之藐尊長而蕩其財也〕《집설 권3 24장》 만약 비유가 다른 사람을 데려와서 자기 집안 재물을 훔치면 천용(擅用) 죄에 2등급을 더하여 처벌하나,(③ 295 親屬相盜) 이 조문에서는 사용(私用)이라 하여 사천(私擅)으로 과단하는 데 그치고, 또 도(盜)라 하지 않고 천(擅)이라 하였다. 가재(家財)는 마땅히 얻을 수 있는 물건이지만 다만 존장에게 아뢰어 명을 받지 않고 함부로 쓴 것이기 때문에 고의로 외부 사람을 끌어들여 몰래 훔친 것과는 같지 않다. 그러므로 쓴 바가 비록 많더라도 장 100에 그치는 것이다.〔按 卑幼引他人 盜己家財物 加擅用罪二等 此私用與盜何異 止以私擅科斷 且不曰盜而曰擅者 蓋家財乃應得之物 但不稟命於尊長而擅用之 與故引外人潛盜不同 故所用雖多 亦止杖一百〕《집해 589~590쪽》

직해 동거하는 손아랫사람들이 손윗사람에게 알리지 않고 멋대로 집안 재물 등을 써 버리면, 20관은 태 20이고 20관마다 1등급을 더하되 장 100을 한도로 한다.

○ 동거하는 손윗사람들이 공평하게 가산(家產)을 고루 나누어 주지 않으면 죄가 같다.

해설

동거하는 비유가 존장의 허락 없이 재산을 함부로 사용할 수 없으며, 동거하는 존장도 비유에게 재산을 고르게 나누어 주어야 함을 규정한 조문이다. 동거하는 친족의 공동 재산은 공용이므로 균평해야 하며, 그 사이에 사사로움이 개입하지 않도록 한 것이다. 다툼의 단서를 막고 친목을 돈독히 하려는 취지이다.

4 동거하는……같다 : 존장이 비유를 능멸하고 그 재산을 사사로이 하는 것을 막기 위한 것이다.〔所以防尊長之凌卑幼而私其財也〕《집설 권3 24장》

95
고아나 노인을 수양함
收養孤老

95-1 홀아비·과부·고아·독거노인 및 독질(篤疾)이나 폐질(廢疾)인 사람[1]은 빈궁하고 의지할 친속이 없어 스스로 살 수 없으니, 소재지의 관사에서 수양(收養)해야 한다. 수양하지 않으면 장 60이다.

95-2 의복이나 식량을 지급해야 하는데[2] 관리가 떼어먹으면 감수자도(監守自盜)로 논한다.[3]

직해 친족이 없는 홀아비·과부·고아·독거노인 및 독질이나 폐질인 사람을 소재지의 관사에서 보살펴 주는 것이 합당한데 보살펴 주지 않으면 장 60이다.

○ 관사에서 지급하는 것이 합당한 의복과 식량을 관리들이 멋대로 줄여서 지급하면 감수자도로 논한다.

1 홀아비……사람 : 늙고 처가 없는 홀아비, 늙고 남편이 없는 과부, 어리고 아비가 없는 고아, 늙고 자식이 없는 독거노인 및 사지가 두 군데 잘리고 두 눈이 먼 것과 같은 따위의 독질인(篤疾人), 사지가 한 군데 잘리고 한쪽 눈이 먼 것과 같은 따위의 폐질인(癈疾人)들은 모두 호소할 데 없는 백성으로 남의 도움을 기다려야 살아갈 수 있는 사람들이다.〔凡民間老而無妻之鰥夫 老而無夫之寡婦 幼而無父之孤子 老而無子之獨夫 及篤疾之人如折二肢瞎二目之類 癈疾之人如折一肢瞎一目之類 此皆無告之民 待人而養者〕《집설 권3 24장》

2 의복이나……하는데 : 홀아비·과부·고아·독거노인은 매달 관에서 양식 3두를 지급하고 매해 면포 1필을 지급하여 구휼한다.〔凡鰥寡孤獨每月官給糧米三斗 每歲給綿布一疋 務在存恤〕《大命令 戶令》

3 의복이나……논한다 : 율(律)에서 감수자도로 논한다고 하면, 모두 수범(首犯)과 종범(從犯)을 가리지 않고 병장(倂贓)으로 논죄한다. 다른 조문도 이와 마찬가지이다.〔律內凡稱以監守自盜論 俱不分首從 倂贓論 餘條準此〕《집설 권3 25장》③ 287 監守自盜倉庫錢糧

해설

곤궁하고 의지할 데 없는 홀아비·과부·고아·독거노인 및 독질인·폐질인 등을 거두어 부양해야 함을 규정한 조문이다. 이들을 수양하지 않거나 이들에게 지급할 의복이나 식량을 착복하면 처벌하였다.

●●●

환과고독의 구휼과 양제원

의지할 데 없어 살아가기 어려운 사람을 구휼하기 위한 기관으로 원대에 고로원(孤老院)이 있었고, 명대 홍무 초에 양제원(養濟院) 제도를 정비하였다. 홀아비·과부·고아·독거노인이나 독질인·폐질인이어서 보살핌이 필요한데 빈궁하고 의지할 친속이 없는 자는 양제원에 수용하여 달마다 양식을 지급하고 해마다 면포를 지급하였다. 《집주(상) 218쪽》

1372년(홍무5)에 내린 영(令)에 매우 구체적인 조치가 들어 있다. 양제원에 수용된 사람이 밖에 나가 구걸하면, 향시(鄕市)의 인민이 남는 것으로 그들의 생활을 도와 부양하는 것을 허락하였다. 향시의 인민이 구걸하는 이를 때리면 담당 관리는 때린 사람을 투구(鬪毆)로 논죄하였고, 향시의 인민이 이들을 무고(誣告)하면 무고한 그 죄로 처벌하였다. 이들 잔질(殘疾)인 사람이 병이 나아 밖에 나가 일반 백성이 되어 호적을 회복하고자 하면 들어주고, 담당 관리가 억지로 머무르게 할 수 없었다. 《황명조령(皇明詔令)》 양제원에 수용되었던 사람이 죽으면 의총(義塚)을 세워 유골을 묻어 주었다. 《회전 권80 恤孤貧》

1457년(천순1)에는 빈민을 대흥현(大興縣)·완평현(宛平縣)에 수용하고 현마다 편리한 사찰이나 도관(道觀)에 양제원 한 곳을 설치하게 하였다. 경창(京倉)에서 쌀을 지급하여 밥을 지어 하루에 두 끼를 지급하였고, 그릇·땔감·채소 따위는 부·현에서 방법을 강구하여 마련하였다. 질병이 있으면 의원을 보내어 치료하였고, 죽으면 관으로 쓸 나무를 지급하였다. 《회전 권41 雜志》

대명률직해

제5권 호율戶律 전택田宅

전택 田宅

〈전택〉은 당(唐) 이전부터 모두 〈호혼(戶婚)〉에 들어 있었으나 명률에서 새로이 편목(篇目)을 세웠다. 당률 166조 망인도무매공사전(妄認盜貿買公私田)과 167조 재관침탈사전(在官侵奪私田)을 99조 도매전택(盜賣田宅)으로 합쳤고, 당률 170조 부내전주황무(部內田疇荒蕪)와 171조 이정수전과농상(里正授田果農桑)을 103조 황무전지(荒蕪田地)로 고쳤다. 당률 169조 부내한로상포(部內旱澇霜雹)를 97조 검답재상진량(檢踏災傷田糧)으로 고쳤고, 〈잡률〉 중 당률 442조 기훼기물가색(棄毁器物稼穡)과 443조 훼인비갈석수(毁人碑碣石獸)를 104조 기훼기물가색등(棄毁器物稼穡等)으로 합쳤다. 또 96조 기은전량(欺隱田糧)과 98조 공신전토(功臣田土) 등을 추가하였고, 이들을 묶어서 〈전택〉이라 명명하였다. 모두 11조이다.

96
전량을 속이거나 숨김
欺隱田糧

96-1 전량(田糧)[1]을 숨기고 보고하지 않아 판적(版籍)[2]에서 빠뜨리면[3] 1~5묘(畝)는 태 40이고, 5묘마다 1등급을 더하되 죄는 장 100에 그친다.[4] 그 전토는 관에 들이며, 숨긴 세량(稅糧)은 그 수량만큼 징납(徵納)한다.[5]

1 전량(田糧) : 본래 전(田)은 논〔水田〕・밭〔陸田〕을 겸한 말이며, 양(糧)은 조세로 내는 밀〔夏稅〕이나 쌀〔秋糧〕이나《언해 권8 2장》 여기서 전량은 소유・경작하는 토지의 수확량을 기초로 부과되는 부세(賦稅)를 말한다.《明史 卷78 食貨志2》

2 판적(版籍) : 명대(明代)의 판적으로 중요한 것은 호적(戶籍), 어린도책(魚鱗圖冊), 소황책도(小黃冊圖), 부역황책(賦役黃冊)이다. 이 중 세량의 부과에서 가장 중요한 판적은 부역황책이다. 부역황책은 1리(里)를 단위로 작성되며, 여기에 혈족・노비 등 매호(每戶)의 인원과 소유 부동산의 소재지・면적・세액 등이 등록되었다. 부역황책은 3부를 작성하여 호부에 1부를 올리고, 포정사(布政司)와 부・주・현에 각각 1부씩 보관한다.〔冊成 一本進戶部 布政司及府州縣 各存一本〕《전석 권4 16장》

3 전량(田糧)을……빠뜨리면 : 기은(欺隱)과 탈루(脫漏)를 두 항목으로 보는 견해도 있고, 하나의 항목으로 연결하여 이해하는 견해도 있다.《석의》는 전자,《전석》은 후자이다. 아직 판적에 올리지 않은 전토를 숨기고 보고하지 않는 것을 기은이라 하고, 이미 판적에 올린 전토를 없는 것처럼 하는 것을 탈루라고 한다.〔以未附籍之田 而隱匿不報 曰欺隱 以旣附籍之田 而埋沒無存 曰脫漏〕《석의 권5 1장》 기은전량 탈루판적 두 구(句)는 하나로 연결해서 해석해야 한다. 관사에서 세량을 부과하고 역을 차정할 때 근거로 삼는 것이 판적이므로, 판적에 탈루가 있으면 세량 부과와 역의 차정이 은폐・왜곡된다.〔欺隱田糧 脫漏版籍 二句一串說 官司徵派糧差 所憑者版籍也 版籍脫漏 則糧差皆爲所欺隱矣〕《전석 권5 1장》

4 죄는……그친다 : 호적에서 호구(戶口)를 탈루하면 가장을 처벌하는데,(② 81 脫漏戶口) 전량을 기은하였을 때는 가장을 언급하지 않았다. 1호 내의 모든 호구를 주관하는 사람은 가장이므로 호적에서 호구를 탈루하는 것은 가장의 책임이다. 그러나 전량을 기은하는 일은 한 사람이 사사롭게 하였다면 가장이 모를 수 있다. 그러므로 소유(所由), 즉 범죄 행위를 한 본인만 처벌한다.〔按 脫漏戶口 罪坐家長 而欺隱田糧者 不言家長 何也 蓋戶口乃一戶之戶口 而主之者家長也 故獨坐其罪 若欺隱田糧則出一人之私 而家長容有不知者 故但罪坐所由耳〕《집해 598쪽》

5 수량만큼 징납(徵納)한다 : 숨긴 토지의 면적과 햇수를 헤아려 거둔다.〔依數徵納 謂照所隱之畝數年數〕《집해 594쪽》

96-2 전토(田土)의 구(坵)를 옮기고 단(段)을 바꾸어[6] 등급을 고쳐 높은 등급을 낮은 등급으로 만들어 납부해야 할 세량의 액수를 숨기고 속이거나,[7] 전량을 다른 호의 명의로 거짓 기재하여 속임수로 역의 차정을 면하거나[8] 거짓 명의를 받아 주면 죄가 같다.[9] 그 토지는 바로잡아 세량은 등급대로 거두고, 빠뜨린 역은 차정한다.[10]

6 구(坵)를……바꾸어 : 구(坵)는 구(丘)와 같은 뜻으로 자연 상태에서의 토지 경계를 말하고, 단(段)은 구 안에서 또 나뉘는 작은 토지 구획을 말한다. 모양이 각지거나 둥근 한 구역을 구라 하고, 구 가운데 나뉜 구획을 단이라 한다.〔方圓一區曰坵 坵中分界曰段〕《집해 598쪽》

7 전토(田土)의……속이거나 : 구를 옮기고 단을 바꾼다는 것은 판적상의 조작을 가리키는 것이지, 실제 전지를 옮기거나 바꾸는 것이 아니다. 등칙(等則)은 전지의 비옥도를 가리키며, 세금을 공평하게 부과하는 바탕이 된다. 나이등칙(那移等則)은 구를 옮기고 단을 바꾸는 식으로 판적을 조작하여 비옥한 전지를 척박한 토지인 것처럼 꾸미는 일을 말한다. 구와 단의 구별이 명백하면, 등칙을 바꾸어 비옥한 토지를 척박한 토지인 것처럼 꾸미기가 어렵다. 나이등칙은 기은탈루(欺隱脫漏)와 달리, 비록 세량을 납부하고 역의 징발에는 응하는 것이지만, 마땅히 내야 할 액수에는 미치지 못하는 것이다.〔坵段移換指冊籍上說 非田可移換也 等則指田之高下 從此起科者而言 蓋必移坵換段 而後能那移等則 以高作下 若坵段明實 等則自難那移 安能以高作下乎 以高作下 便是減瞞糧額〕《집설 권3 27장》

8 전량을……면하거나 : 원문 궤기전량 영사차역(詭寄田糧影射差役)의 두 구 역시 하나의 항목으로 이해해야 한다. 궤기전량해야만 영사차역할 수 있기 때문이다. 그 해에 역을 지지 않는 호에 거짓으로 기재하여 자신이 담당해야 할 해를 건너뛰거나, 혹은 역이 면제된 인호에 거짓으로 기재하여 역의 징발을 면하고자 하는 것이다. 이는 세량은 납부하나 역의 징발에는 응하지 않는 것이다.〔詭寄影射二句亦一串說 惟詭寄田糧 斯能影射差役也 或詭寄于役過年分 或詭寄于應免人戶 各圖免差役 是猶納糧而不當差者也〕《집설 권3 27장》

9 거짓……같다 : 등급을 조작하거나 전량을 다른 호의 명의로 거짓 기재하는 것은 전량을 기은하는 것과 다르지만, 황제를 속이고 공익을 등진 실정은 같다. 그러므로 전량을 기은한 것과 같이 과죄한다.〔二者與欺隱事雖不同 而其罔上背公之情則一 故亦如欺隱田糧者 科罪〕《집해 595쪽》

10 그……차정한다 : 원문의 기전개정 수과당차(其田改正收科當差)의 의미에 대해 두 가지 해석이 있다. 첫째, 옮겨진 구·단이나 조작된 등칙을 바로잡아 앞으로 제대로 수과당차할 뿐, 과거의 누락된 세량·역을 추징할 필요는 없다는 설이다. 둘째, 옮겨진 구·단이나 조작된 등칙을 바로잡을 뿐 아니라 과거의 누락된 세량·역을 추징한다는 설이다. 《집설》은 전자, 《전석》은 후자이다. 전량을 기은하여 판적에서 탈루하면 토지가 모두 판적에서 빠지므로 그 토지를 관에 들이고 세량을 추징하여 거두지만, 토지 구획을 바꾸거나 전량의 명의를 거짓으로 속이는 것은 그 토지가 판적에 계속 남아 있으므로, 토지를 고쳐 바로잡아

96-3 이장(里長)이 알고도 적발하지 않으면 범인과 더불어 같은 죄이다.[11]

96-4 고향에 돌아와 다시 농사를 짓는 인민이 노동력은 적고 옛 전토가 많으면 힘을 다해 농사짓도록 하고, 관에 보고하게 하여 판적에 올리고, 전토를 계산하여 세량을 납부하게 하며 역에 차정한다. 전토를 지나치게 많이 점유하여 황폐하게 하면 3~10묘는 태 30이고, 10묘마다 1등급을 더하되 죄는 장 80에 그친다. 그 전토는 관에 들인다. 노동력은 많고 옛 전토가 적을 경우, 관에 신고하면 근처의 황폐한 전토 중에서 노동력에 맞추어 땅을 떼어 주어 농사짓게 한다.

직해 공세(貢稅)나 군량(軍糧)을 내야 할 곳을 농간을 부려 보고를 빠트리거나 전지의 서류를 누락하면, 1~5부(負)는 태 40이고 5부마다 1등급을 더하되 장 100을 한도로 한다. 그 전지는 관에 몰수하며 누락하여 빼먹은 것은 수량에 따라 현물로 징수한다.

○ 전지의 위치[12]나 결부(結負)를 많게 하거나 적게 하거나, 서로 바꾸어

세곡은 등급대로 거두고 역을 차정하되, 줄이거나 피한 세량과 차역은 추징하지 않는다. 〔但欺隱脫漏 其田全不在籍 故入官 仍追收其稅糧 減瞞詭寄 其田尙附在籍 故改正收科當差 其所減避過稅糧差役 亦不必追納矣 或云仍盡法追徵 似爲太過〕《집설 권3 27장》 기은은 전지가 있는데도 세량 납부와 역에 대한 복무를 전혀 하지 않는 것이다. 감만(減瞞)은 세량 납부와 역에 대한 복무를 하기는 하나 정해진 액수에 미치지 못하는 것이다. 궤기(詭寄)는 세량은 납부하나 역에 대한 복무는 하지 않는 것이다. 감만과 궤기는 기은에 비해 가벼운 죄이므로, 바로잡아 세량을 납부하고 역에 대한 복무를 하게 할 뿐, 그 전지를 관에 들이지는 않는다. 그런데 만약 감만한 것이 해당 전지에 부과될 세량 액수를 초과하거나 궤기영사한 것이 해당 전지에 부과될 역의 수를 초과하면, 법에 따라 전부 세량을 징수하고 역을 징발할 뿐 아니라 해당 전지도 관에 들인다.〔欺隱者 有田而全不納糧當差者也 減瞞者 猶納糧當差 而不及額數者也 詭寄者 猶納糧而不當差者也 故欺隱者 其田入官 減瞞詭寄 雖與欺隱同罪 而其田但改正收科當差 若減瞞過糧額 影射過差役 仍當盡法徵收入官〕《전석 권5 2장》

11 이장(里長)이……죄이다 : 이장은 이(里)의 세곡과 역의 징발을 총괄하는 사람이므로, 기은탈루(欺隱脫漏), 나이등칙(那移等則), 궤기영사(詭寄影射) 등을 살피고 조사하여 적발할 의무가 있다.

12 전지의 위치 : 원문의 고원(庫員)은 전지의 위치를 뜻하는데 97조 검답재상전량(檢踏災傷田糧)에서 율문의 '將成熟田地移坵換段冒告災傷者'를 직해에서 '起耕田乙 庫員互相改易 水旱損實爲樣以 妄告爲在乙良'으로 번역한 것을 참조할 수 있다.

높은 등급을 낮은 등급으로 하거나, 원래 정해진 수효를 누락하거나, 거짓 꾀로 군량을 받았다고 인준한 바에 근거하여 잡역을 회피하거나, 뜻을 같이하여 이를 맡은 사람들도 모두 죄가 같다. 문제의 전지는 다시 살피고 검사하여 빼먹은 만큼씩 받아들인다.

○ 이장이 알면서도 보고하지 않으면 범인과 죄가 같다.

○ 고향으로 돌아와 다시 농사짓는 사람들이 노동력은 적고 전지는 많으면, 힘이 닿는 대로 농사짓도록 권장하고 호적에 올리며, 빼먹은 곡식은 수량대로 거두어들인다. 역을 정할 때 전지를 많이 가지고 있다가 황무지가 되게 하면, 3~10부는 태 30이고 10부마다 1등급을 더하되 장 80을 한도로 하고, 그 전지는 관에 몰수한다. 인정(人丁)의 수는 많고 전지는 조금밖에 없으면, 관에 고하면 가까운 곳에 있는 진황전(陳荒田)을 가지고 인정의 많고 적음에 따라 떼어 주어 농사짓게 한다.

해설

국가의 재정에 관계되는 조문이다. 토지가 있으면 곡식을 세금으로 내야 하고, 세량이 있으면 역을 징발할 수 있다. 토지를 점유하면서도 속이거나 숨겨서 판적에서 누락시켜 세량을 납부하지 않고 역을 담당하지 않는 기은탈루(欺隱脫漏)와 비록 세량을 납부하고 역을 담당하기는 하지만 액수에 미치지 못하도록 하는 감만궤기(減瞞詭寄)를 금하였다. 이를 조사하여 살피는 책임을 이장에게 지웠다. 고향에 돌아와 다시 농사짓는 백성이 토지가 적으면, 근처에 있는 황무지를 떼어 주어 농사짓게 하였다. 본래의 생업으로 돌아오는 백성들을 많게 하고 국가 재정도 넉넉히 확보하기 위한 취지이다.

97
재상을 입은 전량을 현장 조사함
檢踏災傷田糧

97-1 관할 지역 안에 홍수·가뭄·서리·우박 또는 메뚜기의 해[1]를 입는 등 일체의[2] 재상(災傷)을 입은 전량(田糧)이 있으면, 유사 관리는 이재민의 보고에 준하여 즉시 수리하여 보고하고 현장 조사를 해야 한다.[3] 그리하지 않거나 관할 상급 관사에서 위관(委官)을 보내어 2차 현장 조사를 하지 않으면 각각 장 80이다.[4] 1차·2차 현장 조사를 하는 관리가 재상을 입은 전지가 있는 곳에 직접 가지 않거나, 비록 전지가 있는 곳에 가더라도 마음을 다하여 사실대로 현장 조사를 하지 않고 단지 이장(里長)이나 갑수(甲首)가 모호하게 보고한 것에만 의지하여 중간에서 풍작을 흉작이라 하거

1 홍수……해 : 물이 많으면 벼가 잠기고, 가뭄이 오래되면 벼가 마르며, 서리가 일찍 오면 벼를 죽이고, 우박이 무거우면 벼를 손상하며, 메뚜기는 모두 벼를 먹어 버리므로 해를 입는다.〔大率水多則禾淹 旱久則禾枯 霜早則殺禾 雹重則損禾 蝗蝻皆能食禾 故曰爲害〕《집설 권3 30장》

2 일체의 : 홍수·가뭄·서리 등의 해 이외에 별도로 벼를 손상시킬 수 있는 것으로 강한 바람이나 때아닌 비나 눈 따위이다.〔一應者謂六害之外 別有能傷禾者 如大風非時雨雪之類〕《집설 권3 30장》

3 보고하고……한다 : 원문의 신보(申報)와 검답(檢踏)은 두 가지 일로 보아야 한다. 한편으로는 상급 관사에 보고하고, 한편으로는 직접 현장 조사를 하는 것이다.〔申報檢踏作二項看 一面申報上司 一面親自檢踏也〕《집설 권3 30장》

4 즉시……80이다 : 이는 더디고 소홀히 한 죄로,〔是遲慢之罪〕《집주(상) 226쪽》 상급 관사와 하급 관사가 백성들의 우환을 좌시하는 것이므로 각각 장 80이다.〔是上下官司 坐視民患也 各杖八十〕《집설 권3 28장》 전지가 피해를 입으면 세량이 나올 곳이 없으므로, 관사에서는 현장 조사를 하여 세금 감면을 황제에게 아뢰어야 한다. 유사 관리가 이재민의 보고를 수리하고 상급 관사에 보고하여 상급 관사로 하여금 위관을 보내어 현장 조사를 하게 하지 않거나, 상급 관사가 보고를 받고 즉시 위관을 보내어 거듭 실상을 조사하지 않으면 각각 장 80이다.〔田旣受害 則糧無所出 官司不爲之檢踏奏免 民將何輸哉 故有司官吏不與受理申報 委官檢踏 上司已承申報 不卽委官覈實 各杖八十〕《석의 권5 3장》

나[5] 흉작을 풍작이라 하여[6] 재상의 등급을 높이거나 낮추는 데 한통속이 되어 폐단을 일으켜 관을 속이고 백성에게 해를 끼치면,[7] 각각[8] 장 100에 직역(職役)을 파하고 서용하지 않는다.[9] 세량의 수량을 그릇되게 징세하거나 면세하면,[10] 장(贓)을 계산하여 무거우면 좌장(坐贓)으로 논한다.[11] 이장이나 갑수도 각각 관리와 더불어 같은 죄이다.[12] 재물을 받으면[13] 모두[14] 장을 계산하여 왕법(枉法)으로 보되, 무거운 쪽으로 논한다.[15]

5 풍작을 흉작이라 하거나 : 재상의 등급을 높여 관을 속이는 것이다.〔熟作荒 是增災之分數以瞞官〕《집해 601쪽》

6 흉작을 풍작이라 하면 : 재상의 등급을 낮추어 백성들에게 해를 끼치는 것이다.〔荒作熟 是減災之分數以害民也〕《집해 601쪽》

7 재상의……끼치면 : 현장 조사가 실제와 부합되지는 않지만, 그래도 실제로 징세하거나 면세하는 데까지 이르지는 않은 것이다.〔此雖檢踏不實 猶未至于有所徵免也〕《집설 권3 28장》

8 각각 : 1차·2차 현장 조사를 하는 관리를 가리킨다.〔各杖一百各指初覆檢踏之官吏〕《집해 601쪽》

9 1차……않는다 : 1차·2차 현장 조사를 사실대로 하지 않은 것은 기만(欺瞞)한 죄로서, 백성을 구휼할 마음도 없고 기만한 실정도 무거우므로, 지만(遲慢)한 죄 장 80에 2등급을 더하며, 1차·2차 현장 조사 관리 모두 직역을 파한다.〔初覆檢踏不實 是欺瞞之罪 皆無恤民之心而欺瞞情重 故加罪二等 竝罷職役〕《집주(상) 226쪽》

10 그릇되게 징세하거나 면세하면 : 재상이 있어 세금을 면해 주어야 하는데 징수하는 것이 왕징(枉徵)이고, 재상이 없어 징수해야 하는데 면해 주는 것이 왕면(枉免)이다.〔凡有災傷當免而徵 曰枉徵 無災傷 當徵而免 曰枉免〕《집해 601쪽》 왕징하면 백성의 재물을 손상하고, 왕면하면 나라의 과세(課稅)를 어그러뜨린다.〔枉有所徵則傷民財 枉有所免則虧國課〕《집설 권3 30장》

11 장(贓)을……논한다 : ④ 368 坐贓致罪

12 이장이나……죄이다 : 이장이나 갑수가 재상의 등급을 높이거나 낮추어, 그릇되게 징수하거나 면제해 주면, 각각 관리의 죄와 같다는 말이다.〔里長甲首各與同罪 謂增減分數 枉有徵免 各同官吏之罪〕《집해 601쪽》

13 재물을 받으면 : 재물을 받고 관을 속이고 백성에게 해를 끼쳤으므로 왕법장(枉法贓)으로 처벌한다. 좌장(坐贓)은 징수하거나 면제한 수량을 통산하여 절반 과죄(科罪)하며, 수재(受財)는 각각 자기 몫을 챙긴 장(贓)을 통산하여 전과(全科)한다.〔受財而瞞官害民 故坐枉法 坐贓則通算徵免之數 受財則各論入己之贓也〕《집주(상) 227쪽》 ④ 367 官吏受財 ④ 368 坐贓致罪

14 모두 : 관리, 이장, 갑수를 가리킨다.〔竝計贓 則通官吏里長甲首而言〕《집해 602쪽》

97-2 현장 조사를 하는 관리나 이장·갑수가 제대로 살피지 못하여[16] 실제와 부합하지 않게 되면,[17] 전지를 계산하여 10묘 이하는 죄를 면해 주고, 10~20묘는 태 20이고, 20묘마다 1등급을 더하되 죄는 장 80에 그친다.

97-3 인호(人戶)가 농사가 잘된 전지의 구(坵)와 단(段)을 변경하여 재상을 입었다고 거짓으로 꾸며 보고하면, 1~5묘는 태 40이고, 5묘마다 1등급을 더하되 죄는 장 100에 그친다.[18] 납부해야 할 세량은 수량대로 추징하여 관에 들인다.[19]

직해 도의 관할 지역 안에 홍수·가뭄·서리·우박 및 메뚜기의 피해 등 일체의 재상을 입은 공세(貢稅)와 군량(軍糧) 등을, 소재지 관원들이 받아들임이 합당한 소지(所志)를 즉시 받아들여 안렴사(按廉使)에게 보고하고 현장 조사를 하지 않거나, 차사원(差使員)을 보내어 다시 현장 조사를 하지 않으면 각각 장 80이다. 처음이나 두 번째 현장 조사에서 관리가 전지가 있는 곳에 직접 가서 현장 조사하지 않거나, 전지가 있는 곳에 직접 갔더라

15 무거운 쪽으로 논한다 : 가령 장물을 받은 죄가 장 100보다 가벼우면 만관(瞞官)이나 좌장(坐贓)의 죄로 다스리고, 장물을 받은 죄가 장 100보다 무거우면 재물을 받은 무거운 죄를 따라 논한다.〔如贓輕 仍坐瞞官及坐贓之罪 贓重則從其受財之重罪 論也〕《집설 권3 29장》

16 제대로 살피지 못하여 : 1차·2차 현장 조사 관리 및 이장·갑수가 조사를 제대로 하지 않고 인호(人戶)의 말만 믿어서 사실과 다르게 되는 것이다.〔初覆檢踏官吏及里長甲首 止因失於覺察關防 聽憑人戶移換坵段 以致將熟作荒 將荒作熟 而勘有不實者〕《전석 권5 4장》 부주의한 잘못이므로 가볍게 처벌한다.〔失於關防 是智慮不及 無心之過 故輕之〕《집주(상) 227쪽》

17 실제와……되면 : 풍작을 흉작으로 한 것 등 무심코 저지른 실수이다. 앞서 한통속이 되어 재물을 받은 것과는 다르므로, 실제와 부합되지 않는 전지를 계산하여 과죄한다.〔致有不實 卽以熟作荒等項〕《집해 602쪽》〔此係無心之失 與前通同受財者不同 故計不實之田 科罪〕《집설 권3 29장》

18 인호(人戶)가……그친다 : 인호가 자기들끼리 서로 구와 단을 변경하여 관부는 기만당한 것이므로, 민인만 처벌하고 관리는 처벌하지 않는다.〔人戶自相移換 官府被其欺瞞 罪止坐於民人 官吏俱不治罪〕《소의(상) 398쪽》

19 납부해야……들인다 : 앞서 왕면(枉免)한 것은 잘못이 관에 있으므로 세량을 다시 추징하지 않았으나, 여기서 재상을 거짓으로 꾸며 보고한 것은 죄가 백성에게 있으므로, 납부해야 할 세량을 추징하여 관에 들인다.〔夫上枉有所免者 其失在官 故稅糧不復追徵 此冒告災傷 其罪在民 故合納稅糧 追徵入官〕《집해 605쪽》

도 마음을 써서 사실대로 현장 조사하지 않고, 이장·색장(色掌)들의 모호한 보고서를 받아, 실한 곳을 묵었거나 손실된 곳이라 하거나, 묵었거나 손실된 곳을 농사짓는 실한 곳이라 하여, 결부(結負)의 수를 더하거나 줄임으로써, 뜻을 같이하여 폐단을 일으켜 관사를 속이고 백성을 침해하면, 각각 장 100이고 직역을 정지시켜 서용하지 않는다. 이로 인하여 지나치게 징수하거나 지나치게 감해 주면, 장물을 계산하여 무거우면 좌장으로 논하고, 이장·색장도 각각 죄가 같다. 재물을 받으면 왕법으로 보아 논죄한다. (○) 현장 조사한 관리와 이장들이 마음을 쓰지 않고 손실을 거짓으로 보고하면 10묘 이하는 죄를 면해 주고, 10~20묘는 태 20이고, 20묘마다 1등급을 더하되 장 80을 한도로 한다.
○ 각자 농사짓는 자들이 기경전(起耕田)[20]의 위치를 서로 바꾸어서 홍수나 가뭄으로 손실된 것처럼 거짓으로 고하면, 1~5묘는 태 40이고 5묘마다 1등급을 더하되 장 100을 한도로 한다. 빼먹은 것은 규정대로 추징하여 관에 들인다.

해설

전지가 재해를 입었을 때 담당 관리가 정확하게 현장 조사를 하지 못하였을 경우에 대한 처벌 규정이다. 전지의 재해는 국가의 과세와 백성들의 고통에 관계되는 것으로서 매우 중요하기 때문에 특별히 조항을 둔 것이다. 재해가 발생하면 해당 지역의 관리가 1차 현장 조사를 하고, 이 관리가 상급 관사에 보고하면 상급 관사에서 위관을 파견하여 2차 현장 조사를 한다. 관리·이장·갑수·인호 모두 재상을 사실대로 자세히 보고해야 하는데, 그 과정에서 지체하거나 사실에 어긋나면 처벌하는 내용을 담고 있다. 재

20 기경전(起耕田) : 매년 경작하는 농경지로, 상경전(常耕田) 또는 불역전(不易田)이라고도 한다. 이와 달리 경작했다가 쉬었다가 하는 농경지는 휴한전(休閑田)이라 하고, 경작하지 않고 묵혀 두는 땅은 진전(陳田) 또는 진황전(陳荒田)이라 한다.

상을 입은 전지나 세량에 대해 즉시 현장 조사를 하지 않거나, 재상의 등급을 높여 관을 속이거나, 재상의 등급을 낮추어 백성들에게 해를 끼치면 처벌한다.

98
공신의 전토
功臣田土

공신의 집에 하사한 공전(公田)[1]을 제외하고 만약 전토(田土)가 있으면 관장인(管莊人)[2]이 수량 전부를 관에 보고하고 판적(版籍)에 올려 세량(稅糧)을 납입하고 역을 지게 한다.[3] 어기면 1~3묘(畝)는 장 60이고, 3묘마다 1등급을 더하되 죄는 장 100 도 3년에 그친다.[4] 관장인을 처벌하고, 그 전토는 관에 들이며, 숨긴 세량은 수량대로 징수하여 들인다.[5] [6] 이장이나 유사 관리가 현장 조사를 사실대로 하지 않거나, 알고서도 적발하지 않으면 관장인과 더불어 같은 죄이고,[7] 몰랐으면 처벌하지 않는다.

1 하사한 공전(公田) : 우대하기 위한 은전으로서, 세량 납부와 역의 차정을 면해 준다.〔朝廷撥賜公田 原係優待之典 免其納糧當差〕《집설 권3 31장》

2 관장인(管莊人) : 공신가의 위임을 받아 일하는 이로서, 장전(莊田)을 관장하고 세량을 징수・납부하는 일을 한다.《언해 권8 14장》

3 세량(稅糧)을……한다 : 조정에서 하사한 공전 이외에 스스로 마련한 것은 개인 재산이므로 법률상 민전과 같게 과세해야 한다.〔此外自置者 卽係私産 法當與民田同科〕《석의 권5 5장》

4 어기면……그친다 : 일반인이 기은(欺隱)한 죄는 형량의 상한선이 장 100인데(② 96 欺隱田糧) 공신이 기은한 죄는 형량의 상한선이 장 100 도 3년으로 더 무겁다. 이는 권세를 믿고 방자히 행동한 것을 징계하려는 취지이다.〔常人欺隱之罪 止于滿杖 而功臣欺隱之罪 止于滿徒者 惡其有所恃也〕《전석 권5 5장》

5 수량대로 징수하여 들인다 : 숨긴 토지의 면적과 햇수를 헤아려서 징수하여 들인다.〔依數徵納 謂照所隱之畝數年數〕《집해 594쪽》

6 관장인을……들인다 : 공신을 처벌하지 않는 것은, 나라를 세운 공훈이 있고 전토를 관에 들이는 것 자체가 처벌이기 때문이다. 즉 공신에게 신체형(身體刑)은 가하지 않으나 재산형(財産刑)은 가하는 셈이다.〔夫罪不及功臣 固所以優之 而其田入官 卽所以罰之矣〕《전석 권5 5장》

7 이장이나……죄이고 : 이장이나 관리는 공신에게 아부하기 쉽다. 그러므로 현장 조사를 사실대로 하지 않아 보고하지 않거나, 알면서도 적발하지 않으면, 모두 관장인과 같은 죄이다.〔若里長官吏易於阿附功臣 故踏勘不以實 而致有不報 及知而不覺擧者 竝如管莊人同罪《집해 607쪽》

직해 공신에게 하사하여 지급한 땅 외의 나머지 땅은, 각 사주[8]가 담당하여 빠짐없이 내야 할 세량을 규정대로 관에 들인다. 이를 어기면 1~3묘는 장 60이고, 3묘마다 1등급을 더하되 장 100 도 3년에 그치고[9] 사주에게 죄준다. 보고에서 누락된 땅은 관에 몰수하고, 내야 할 세량을 수에 따라 다시 징수하여 관에 들인다. 이장 및 유사 관리들이 현장 조사를 부실하게 하거나 알면서도 고하지 않으면 죄가 같다. 실정을 몰랐으면 처벌하지 않는다.

해설

공신이 세력을 믿고 토지와 가옥을 넓게 차지하고서도 관에 보고하지 않고 세금과 역을 회피하는 것에 대한 규정이다. 토지를 숨기면 백성에게 해를 끼치므로, 장전(莊田)을 관리하는 관장인을 처벌하고, 보고하지 않은 토지는 관에 들이며, 숨긴 세량은 징수하여 들인다.

공신은 나라를 세운 공훈이 있고, 토지를 관에 들이는 것 자체가 처벌이기 때문에 처벌하지 않는다. 관장인의 죄는 백성들이 관아를 속여 토지나 세곡을 숨긴 것보다 무거운데, 공신이 조정을 속이지 못하도록 특별히 엄히 처벌하는 것이다. 이장과 관리는 공신을 두려워하여 아부하는 사사로움이 있으므로 관장인과 똑같이 처벌하여 서로 잘못을 적발하도록 하였다.

8 사주 : 'ᄆᆞᄅᆞᆷᄀᆞ숨아리' 또는 'ᄆᆞᄅᆞᆷ쥬'라고 읽어야 한다는 견해도 있으나 확실치는 않다. 15세기까지의 이두문에는 '사주(舍主)'만이 쓰였고 후대에 '사음(舍音)'이 등장한다. 뜻은 '사음'과 달랐던 것 같은데, 15세기 'ᄆᆞᄅᆞᆷ'은 농장(農莊)을 뜻하므로 그 의미가 '농장 관리인'보다는 넓었던 것 같다. 《이두자료읽기사전》

9 장……그치고 : 율문의 원문이 '罪止杖一百徒三年'이므로 '죄지(罪止)'가 직해에 반영되어 있지 않아 오역으로 볼 수 있다. 다른 조문에서 율문의 '죄지'는 직해에서 '杖一百徒三年爲限爲~' 또는 '罪止杖一百徒三年爲~'로 번역하였다.

99
타인의 전지나 가옥을 몰래 팖
盜賣田宅

99-1 타인의 전지(田地)나 가옥을 몰래 팔거나,[1] 몰래 바꾸거나,[2] 자신의 것이라고 거짓으로 주장하거나,[3] 돈은 지불하지 않고 서류만 작성하여[4] 전매(典買)[5]하거나, 침범하여 차지하면[6] 전지[7] 1묘나 가옥 1칸 이하는 태 50

1 몰래 팔거나 : 타인의 전택(田宅)을 거짓으로 자기 소유라 하여 남에게 파는 것이다.〔以他人田宅妄爲己業 而賣與人者 曰盜賣〕《석의 권5 6장》

2 몰래 팔거나……바꾸거나 : 도매(盜賣)의 '도(盜)'는 환역(換易)까지 관통하는 말이다. 도매환역(盜賣換易)은 전택의 소유주가 알지 못하는 틈을 타서 속여, 몰래 팔거나 몰래 바꾸는 것,〔盜字貫換易言 盜賣換易 欺業主不知而賣易之也〕《집설 권3 33장》 또는 자신의 척박한 토지나 하급의 가옥을 남의 비옥한 토지나 상급의 가옥과 몰래 바꾸는 것이다.〔以己之瘠田下宅 而私換人之肥田上宅者 曰換易〕《석의 권5 6장》

3 자신의……주장하거나 : 타인의 전택을 자기 소유라고 거짓으로 칭하거나, 원소유주가 부재중일 때 자신의 것이라고 주장하는 것이다.〔冒認者 妄認他人之田宅爲己業 欺業主不在而冒認之也〕《쇄언 138쪽》

4 돈은……작성하여 : 원문의 허전실계(虛錢實契)는 업주(業主)와 전주(典主) 사이에 전매(典買) 계약서가 작성되어 교부되지만 전주로부터 업주에게 전매 가액이 지급되지 않는 것을 말한다. 이 전매 계약서는 허위 계약서가 된다. 억지로 강요한 결과일 수도 있고 속은 것일 수도 있는데, 업주가 어찌할 수 있는 것이 아니다.〔虛錢實契 謂實立典買文契 而價錢則虛 如或出於逼勒 或被其誆詐 非業主之得已矣〕《집해 609쪽》 ② 101 典買田宅

5 전매(典買) : 전택을 다른 사람에게 저당 잡히고 그 재물을 취하는 것을 '전(典)'이라고 한다.〔蓋以田宅質人而取其財曰典〕《집설 권3 37장》 전매는 원가(原價)를 받고 원래 주인에게 되판다는 조건으로 물건을 매입하는 것으로서, 원래 주인의 요구가 있으면 전매한 사람은 값을 받고 물건을 돌려주어야 한다.

6 침범하여 차지하면 : 인접한 전택의 경계를 넘어 침범하여 자기 것으로 점유하는 것이다.〔侵占者 因其田宅之相連 而侵越界限 以漸占爲己業也〕《집설 권3 33장》 이와 같은 도매(盜賣), 도환역(盜換易), 모인(冒認), 허전실계전매(虛錢實契典買), 침점(侵占)은 모두 자기 소유가 아닌 것을 취하는 것이다.〔如此數項 均爲取非其有〕《집설 권3 32장》

7 전지 : 원문은 전(田)인데, 중국에서는 무릇 논〔田〕이라고 칭하면 밭〔地〕도 겸하여 가리킨다.〔凡稱田者 兼地言之〕《집설 권3 32장》

이다. 전지 5묘나 가옥 3칸마다 1등급을 더하되, 죄는 장 80 도 2년에 그친다. 관의 것이면 각각 2등급을 더한다.[8]

99-2 관이나 민의 산지(山地)·호수·차밭·갈대밭 및 금·은·동·주석·철 등의 야장(冶場)을 강점하면[9] 장 100 유 3000리이다.[10]

99-3 서로 분쟁 중이거나 타인 소유인 전산(田産)[11]을 거짓으로 자기의 소유로 삼아, 관원이나 토호 등 세력 있는 사람에게 모호하게 가져다 바치면, 준 자와 받은 자 각각 장 100 도 3년이다.[12] [13]

8 관의……더한다 : 전지 1묘, 가옥 1칸 이하이면 태 50에 2등급을 더하여 장 70이며, 전지가 41묘, 가옥이 25칸 이상에 이르면 죄는 장 80 도 2년에 2등급을 더하여 장 100 도 3년에 그친다. 그러나 이는 계획을 세워 사사로움을 행한 것에 불과하며 아직 강점에까지 이른 것은 아니므로〔謂田一畝屋一間以下 杖七十 田至四十一畝屋至二十五間之上 罪止杖一百徒三年 然此不過用計行私 猶未至于强也〕《집설 권3 32장》 실정은 가볍기에 등급을 정하여 과죄할 따름이다.〔此未言其强 則其情猶輕 故尙得定等科罪耳〕《집해 610쪽》

9 강점하면 : 관이나 민의 전지에 대해서는 침점(侵占)이라고 하였으나, 산지·호수 따위는 이익이 넓고 커서 세력가가 아니면 가질 수 없으므로 강점(强占)이라고 하였다. 전택을 강점하면 산지 등을 강점한 율로 논해야 하고, 산지 등이 있는 곳에서 그 이익을 침점하는 데 그치고 강점하지 않았으면 전택을 침점한 율로 논해야 한다. 그러나 두 가지 사항 모두 반드시 황제에게 아뢰어 청해야 한다.〔官民田地 止言侵占 山場湖泊之類 地利廣博 非勢力不致 故以强占言之 設有强占田宅者 當比依强占山場等項律論 若山場等處 止是侵占其利而非强者 亦當比侵占田宅律也 然二項互比 亦必須上請〕《집설 권3 33장》

10 장 100 유 3000리이다 : 권세가 있는 사람이 강점하여 관이나 민의 산지에서 벌목을 하거나, 호수에서 고기를 잡거나, 차밭·갈대밭·금광·은광·동광·야철장을 차지하여 멋대로 영업하여 이익을 취하면, 그 강점한 실정이 무겁다. 그러므로 관유(官有)와 민유(民有)를 구분하지 않고 넓이도 따지지 않고 모두 장 100 유 3000리로 처벌한다.〔若有豪勢之人 用强占據 或官或民之山場以採木 湖泊以捕魚 併茶園蘆蕩金銀銅場鐵冶而擅自管業 專取其利者 則其强占之情重 故不分官民 不計畝數 竝杖一百流三千里〕《집설 권3 33장》

11 전산(田産) : 전산은 전지에 국한하지 않고, 그로부터 생산물이 나올 수 있는 산지·호수·차밭·갈대밭 따위까지 포함한 개념이다.〔田産とは田地に限らず其外すぎわいになる山場湖泊茶園蘆蕩のるいなり〕《국자해 190쪽》

12 모호하게……3년이다 : 그 실정을 명백히 알리지 않았으므로, 세력가는 서로 분쟁 중인 전산이거나 타인 소유인 줄을 몰랐을 수 있으나, 일단 받았으면 약탈한 것과 같기 때문에, 준 자와 받은 자의 죄가 서로 같다.〔朦朧投獻 謂不明告其情也 然勢豪卽不知是互爭及他人之田産 而旣受其獻 卽同攘奪 故與受之罪相同〕《집주(상) 232쪽》

13 서로……3년이다 : 전산의 원소유주는 관원이나 토호 등의 세력가와 다투기가 어려우므로,

99-4 전산,[14] 몰래 팔아 받은 전지의 값, 아울러 이로 말미암아 매년 얻은 수익[15]은 각각 관에 돌려주거나 주인에게 준다.[16]

99-5 공신으로서 초범이면 죄를 면해 주되 부과(附過)하고,[17] 재범이면 봉급의 반을 정지하고, 3범이면 봉급 전액을 지급하지 않고, 4범이면 일반인과 더불어 같은 죄이다.[18]

직해 남의 땅이나 집을 몰래 팔거나 바꾸거나, 자기의 땅이나 집이라고 거짓으로 칭하거나, 실제 치른 값이 없는 문서를 실제인 것처럼 만들어 서류

이런 행위는 세력을 믿고 타인을 경제적으로 심하게 침해하는 것이다. 그러므로 준 자와 받은 자 각각 장 100 도 3년이고, 바친 사람은 예(例)에 따라 충군한다.〔若將彼此互爭不明及係他人田產 妄作己業 朦朧投獻官豪勢要之人 使其業主 不能與之爭論 則其藉勢害人 莫此爲甚 故與者受者 各杖一百徒三年 投獻之人有例充軍〕《집설 권3 33장》

14 전산 : 여기의 전산은 앞의 세 항을 통틀어 가리킨다. 즉 도매환역(盜賣換易), 모인(冒認), 허전실계전매(虛錢實契典買), 침점(侵占), 강점(强占), 투헌(投獻) 등과 관련된 전산이다.〔通承上三條言 盜賣換易冒認虛錢實契典買侵占强占投獻等項田產〕《전석 권5 7장》

15 수익 : 전지 등의 원본(元本)에서 나오는 임차료 등의 수익을 말한다. 가령 어느 전지의 소유자가 차경인(借耕人)에게 이 전지를 빌려주고 연간 생산량의 2분의 1을 차경료로 받기로 하면, 그 차경료가 화리(花利)이다. 원본〔花〕은 그대로 있는데 원본을 잘 활용하면 일정한 기간이 경과할 때마다 수익〔利, 息〕이 생기므로, 수익을 화리라 한다. 즉 꽃에서 열매가 열리는 데에 비유한 것이다.《역주 경국대전주해》〈후집 호전 수세(收稅)〉《언해 권8 21장》 화리는 101조 전매전택(典買田宅), 102조 도경종관민전(盜耕種官民田)에도 보이고, 국전(國典) 가운데《경국대전》〈호전(戶典) 수세(收稅)〉,《속대전》〈형전(刑典) 청리(聽理)〉에도 보인다.

16 각각……준다 : 관에 돌려주어야 할 것은 관에 돌려주고, 주인에게 주어야 할 것은 주인에게 주는 것이다. 몰래 판 토지의 값은, 토지를 매입한 사람이 명확히 실정을 알았으면 관에 들이고, 실정을 몰랐으면 토지를 매입한 사람에게 준다.〔盜賣田價 買主明知情 入官 不知情給主〕《집설 권3 33장》

17 공신으로서……부과(附過)하고 : 팔의(八議)에 해당하는 대신이 초범이면 죄를 면해 주고 명부에 과실을 부기함으로써 예우하는 은혜를 보여 준다.〔係應議大臣初犯 免罪附過以示優禮之恩〕《집설 권3 33장》 ① 3 八議 ① 4 應議者犯罪

18 재범이면……죄이다 : 공신의 죄는 오직 이 조와 88조 은폐차역(隱蔽差役)에서만 다루었다. 공신가(功臣家)에서 세력을 믿고 전택의 탈점(奪占)과 인구(人口)의 수용을 쉽게 여길 수 있으므로, 두 조에서 특별히 이런 금지 규정을 세워 방지하고자 한 것이다.〔功臣之罪惟此條與隱蔽差役條言之 恐功臣家多恃勢力 易于奪占田宅容留人口 故二條特立此以爲之防〕《집설 권3 34장》

상의 전매[19]를 하거나, 남의 땅이나 집을 까닭 없이 침탈하면, 땅 1묘나 집 1칸 이하는 태 50이다. 땅 5묘, 집 3칸마다 1등급을 더하되 장 80 도 2년을 한도로 한다. 관사의 땅이나 집이면 각각 2등급을 더한다.

(○) 공적인 곳이나 사적인 곳에 소속된 산자락・물가・초지나 금・은・동・주석・철 야장 등의 장소를 빼앗아 점유하면 장 100 유 3000리이다.

(○) 당시 서로 쟁송하여 아직 판결이 나지 않은 땅이나 집 및 남의 땅이나 가산(家産)을 자기의 땅이나 가산인 척하여 세력 있는 곳에 바치면, 준 자와 받은 자 각각 장 100 도 3년이다.

(○) 바친 땅・가산과 몰래 판 땅의 값과 해마다 불어난 이자 등은 관에 들이거나 본래 주인에게 되돌려 준다.

○ 죄를 지은 공신이 초범이면 죄를 면해 주고 과명(過名)을 기록한다. 재범이면 녹봉을 반으로 줄여 지급한다. 3범이면 녹봉을 전부 지급하지 않는다. 4범이면 일반인과 더불어 죄가 같다.

해설

토지나 가옥을 사사로이 모의하여 빼앗아 몰래 파는 것을 금지하는 규정이다. 다른 사람의 전택을 몰래 팔거나, 바꾸거나, 제 것으로 사칭하거나, 돈은 지불하지 않고 서류만 작성하여 전매(典買)하거나, 불법으로 차지하면, 이는 모두 자기 소유가 아닌 것을 취한 것이기에 등급에 따라 처벌하고, 권세 있는 자들이 관이나 민의 산지・호수・차밭・갈대밭 및 금・은・동・주석・철 등의 야장을 강점하면, 죄가 무거우므로 엄하게 처벌하였다. 서로 쟁송 중이어서 소유가 명확하지 않은 전지를 세력가에게 바치는 등의 행위에 대한 처벌, 도매(盜賣)・환역(換易)・모인(冒認)・침점(侵占)・투

19 서류상의 전매 : 직해의 원문은 부상전매(扶上典賣)이다. 부(扶)는 장(狀)의 잘못일 가능성이 있으나 분명치 않다. 전매(典賣)는 전매(典買)의 잘못이거나 통용자로 쓰인 것으로 보인다.

헌(投獻) 등으로 얻은 수익의 처리에 대한 규정도 마련하였고, 공신이나 팔의(八議)에 관계되는 대신을 초범에서 4범 이상까지 나누어 처벌을 달리하면서 공신가가 세력을 믿고 전택을 탈점(奪占)하거나 인구(人口)를 수용하지 못하도록 하는 금지 규정도 세웠다.

100
현임지에서 전지나 가옥을 사 둠
任所置買田宅

유사(有司) 관리는 현임지[1]에서 전지나 가옥을 사둘 수 없다. 어기면 태 50에 해임하고,[2] 전지나 가옥은 관에 들인다.

직해 각 관원이 현재 재임 중인 곳에 농장이나 집을 사 두지 않는다. 이를 어기면 태 50에 직위를 정지시키고 땅이나 집은 관에 몰수한다.

해설

임무를 맡은 관리는 반드시 자신의 몸가짐을 바르게 한 후에 아랫사람을 통솔할 수 있다. 관리가 재임 중인 곳에 전택을 사 두면, 이는 백성들의 이익을 침탈하는 것이므로 처벌한다.

1 현임지 : 현임(見任)이라고 하였으므로, 승진이나 이동으로 근무지를 떠난 후에 사두는 것은 논하지 않는다.〔此條重見任二字 曰見任 則陞遷去任後而有所置買者勿論 可知矣〕《집설 권3 35장》

2 해임하고 : 8조 문무관범사죄(文武官犯私罪)에서 문관이 사죄(私罪)를 범하여 죄가 태 50이면 현직을 해임하고 다른 관직에 서용한다고 했으므로, 여기서 해임은 관직에서 해제(解除)한다는 의미는 아니다. 이전(吏典)의 해역(解役)에 대하여 말하지 않은 것은 문장을 생략한 것일 따름이다.〔解任照名例文官犯私罪條 笞五十 解見任別敍 非謂解除官職也 不言解役者 省文耳〕《집설 권3 35장》

101
전지나 가옥을 전매함
典買田宅

101-1 전지나 가옥을 전매(典買)[1]할 때 세계(稅契)[2]하지 않으면 태 50이고,[3] 그에 더하여 전지나 가옥 가격의 절반을 추징하여 관에 들인다.[4] 과할(過割)[5]을 하지 않으면, 1~5묘는 태 40이고 5묘마다 1등급을 더하되 죄는

1 전매(典買) : 전택을 전당 잡거나 사는 것을 의미한다.

2 세계(稅契) : 전매는 다음과 같은 절차로 진행된다. 당사자끼리 계약서〔白契〕를 작성한 후 새 주인, 즉 매주(買主) 또는 전주(典主)가 계약서를 가지고 관부에 가서 인증을 요청한다. 그러면 관부는 세금을 받고 계약서에 붉은색으로 인증 문구를 써 주거나〔紅契〕, 따로 문서를 만들어 요청자에게 발급한다. 새 주인이 관부에 세금을 내고 전매 사실에 대한 인증을 받는 것을 세계라 한다.〔市易田宅 旣立文券 必投驗官府 輸納稅錢 給以印憑 謂之稅契〕《陔餘叢考 卷27 稅契》〔典賣田宅 照價多寡 納稅于官 官爲印其契券 謂之稅契〕《전석 권5 9장》 조선에서는 새 주인이 관부에 내는 세금을 작지(作紙)라 하고, 관부가 인증 문서를 발급하는 것을 관사(官斜) 또는 사급(斜給)이라고 한다.

3 세계(稅契)하지……50이고 : 세계하지 않으면 세금이 축날 뿐 아니라, 문서에 효력이 없어 다툼의 실마리가 이로부터 생기므로 태 50이다.〔若不稅契者 非惟虧損其課程 而契無證驗 爭端從此而起矣 故笞五十〕《집설 권3 36장》

4 태……들인다 : 객상(客商)이 세금을 숨기면 태 50이고 해당 물건의 절반을 관에 들인다.(② 165 匿稅) 여기서 세계하지 않은 것은 세금을 숨긴 것이므로 그 법이 같다.〔按 課程律內 客商匿稅者 笞五十 一半入官 此不稅契卽匿稅也 故其法同〕《집주(상) 236쪽》

5 과할(過割) : 타인의 전지를 전매(典買)한 자가 그 전지를 자기 호적의 장면(帳面)에 수록하고 관사에 보고하여 그 전지에서 나와야 할 세량과 역(役)을 업주(業主)·매주(賣主)의 집에서 인수하여 떠맡는 것이다. 만약 과할을 하지 않으면, 전지는 이미 전주(典主)·매주(買主)의 손에 들어왔으나 세량과 역은 원래 업주의 판적에 남아 있게 된다. 따라서 관사에서 세량과 역을 부과할 때 여전히 원래 업주가 물어 주어야 하고, 전주·매주는 요행히 세량과 역을 면하게 되므로 백성에게 누를 끼친 죄가 무겁다.〔此條ニ過割ト云ハ他人ノ田ヲ或ハ典或ハ買タル者ハ其田ヲ己カ戶籍ノ帳面ニ收メ入レテ官司ニ報シ其田ヨリ出スヘキ稅糧差役ヲ典主買{賣}主ノ家ヨリ承當ルヲ過割ト云若過割セザレハ田ハ已ニ典主買主ノ手ニ入テ稅糧差役ヲ出ス額數ハ業主ノ戶籍ノ中ニ遺リ存スルヲ以テ官司稅糧差役ヲ徵トキ帳面ニ依テ田數ヲ計リテ各各ノ下ニ派クレハ常ニ業主ノ包賠トナリテ典主買主ハ幸ニ糧差ヲ免ル也是民ヲ累スノ罪重シ〕《언해 권8 35장》

장 100에 그친다. 그 전지[6]는 관에 들인다.[7]

101-2 이미 타인에게 전매(典賣)한 전지나 가옥을 모호하게 중복으로 전매(典賣)하면[8] 받은 값을 장(贓)으로 계산하여 절도에 준하는 것으로 논하고[9] 자자(刺字)는 면제한다. 값은 추징하여 주인에게 돌려주고, 전지나 가옥은 원래 전매(典買)한 주인의 소유물로 삼게 한다.

101-3 중복 전매(典買)한 사람 및 중개인이 실정을 알았으면 범인과 더불어 같은 죄이고, 값을 추징하여 관에 들인다. 몰랐으면 처벌하지 않는다.

101-4 전당 잡힌 전지나 가옥, 원림(園林), 연자방아 따위의 물건에 대한[10]

6 전지 : 《전석》은 여기서 전택(田宅)이라 하지 않고 전(田)이라 한 것을 중시하여, 가옥은 전당 잡거나 살 때 과할할 필요가 없다고 보았으나, 《집주》는 이 설을 비판하고 가옥도 대지(垈地)가 있으므로 과할할 의무가 있다고 보았으며, 《집설》도 가옥의 대지는 과할해야 한다고 하였다. 《집해 617쪽》《집설 권3 36장》《집주(상) 235쪽, 237쪽》

7 전지나……들인다 : 《전석》은 세계를 하지 않으면 산 사람을 처벌하고 과할을 하지 않으면 판 사람을 처벌한다고 보았으나, 《집주》는 이 설을 비판하고, 두 경우 모두 산 사람을 처벌한다고 보았다. 《전석 권5 9장》《집주(상) 236~237쪽》

8 모호하게 중복으로 전매(典賣)하면 : 모호하게 중복으로 전매한다는 것은, 전지나 가옥을 전당 잡히고 또 다른 데 전당 잡히거나, 팔고서 또 다른 데 파는 것만 말하는 것이 아니다. 전지나 가옥을 전당 잡히고 다시 팔거나, 팔고서 다시 전당 잡힐 수도 있다. 전당 잡거나 산 주인을 속여 모르게 하면 모두 이에 해당하므로 몽롱(朦朧) 두 글자에 중점이 있다.〔重復典賣說得活 不專謂已典復典 已賣復賣 或已典復賣 已賣復典 凡欺原先典買之主不知者 皆是意 重朦朧二字〕《집해 618쪽》《집설 권3 37장》

9 받은……논하고 : 이는 자신의 사사로움을 행하여 타인의 이익을 노리는 것이므로 절취(竊取)와 다름이 없다. 그러므로 중복 전매(典賣)하여 얻은 값을 계산하여 장으로 삼아 절도(③ 292 竊盜)에 준하여 논죄하고 자자(刺字)는 면해 준다.〔是行已之私以謀人之利 與竊取何異哉 故以後來重賣所得之價錢計算爲贓 準竊盜論罪 免刺〕《집설 권3 36장》 뒤에서 말하는 준절도론(準竊盜論)도 모두 이와 같다.〔後凡言準竊盜論 倣此〕《집설 권3 37장》 중복 전매는 도매(盜賣)와 같다. 타인의 전택을 도매하면 죄가 장 80 도 2년에 그치는데,(② 99 盜賣田宅) 여기서는 절도에 준하여 논하므로 죄가 장 100 유 3000리에까지 이르게 되어 도매보다 처벌이 더 무겁다. 이는 이미 그 값을 받았는데 다시 중복 전매하여 그 물건을 빼앗은 것이므로 마음 씀이 더욱 나쁘고 또한 인정상 범하기 쉬우므로 입법이 더욱 엄한 것이다.〔重復典賣 猶盜賣也 而盜賣他人田宅 罪止杖八十徒二年 此準竊論 則罪至杖一百流三千里 其法反重者 謂既得其價 仍奪其産 設心尤爲不善 且人情易犯 故立法加嚴〕《집주(상) 237쪽》

10 전당……대한 : 전택·원림은 매년 거기서 나오는 미곡(米穀)·소채(蔬菜)·죽목(竹木)·다과(茶菓) 등의 수익이 있고, 연자방아는 사람에게 빌려주어서 값을 취하는 수익이 있다. 이

약정 연한이 차서 업주(業主)[11]가 돈을 준비하여 전당물을 되찾으려 하는데도, 만일 전주(典主)[12]가 핑계를 대고 감히[13] 전당물을 내놓으려 하지 않으면 태 40이다.[14] 약정 기한이 지난 뒤에 해마다 얻은 수익을 추징하여 업주에게 주고, 본래의 값에 따라 전당물을 되찾게 한다. 약정 기한이 비록 찼으나 업주가 전당물을 되찾을 능력이 없으면 이 율을 적용하지 않는다.[15]

직해 다른 사람의 땅이나 집을 살 때,[16] 산 문서와 세금을 관에 납부하여

들 물건을 전당물로 하여 연한을 정하고, 전당 잡은 사람은 연한 내에 그 수익을 거두어 이식(利息)으로 삼는다.〔田宅園林 每年所出米穀蔬菜竹木茶菓等ノ苍利有 碾磨人ニ雇シテ値ヲ取ノ花利有 是等ノ物ヲ以質トシ年ヲ限テ典者ハ年限內其花利ヲ收テ利息トス〕《언해 권8 37장》

11 업주(業主) : 전지나 가옥 따위의 소유자로, 여기서는 전당 잡힌 사람을 가리킨다.

12 전주(典主) : 남의 전지나 가옥을 전당 잡아 사용하고 있는 사람이다.

13 감히 : 원문의 감(敢) 자가 《대명률직해》 이외의 책에서는 긍(肯)으로 되어 있다. 문맥을 고려하면 '긍'이 더 타당한 듯하나 일단 원문대로 번역하였다.

14 태 40이다 : 전당 잡은 사람이 약속을 어겼고, 이익을 차지하려는 마음이 있으므로 태 40이다.〔是典主違約矣 故笞四十〕《집설 권3 36장》〔有占利之心 故笞四十〕《집해 620쪽》

15 약정 기한이 비록……않는다 : 법리상으로 엄격하게 말하자면, 약속한 기한이 되었는데도 업주(業主)가 빌린 돈을 상환하지 못하면, 전당물은 영원히 전주(典主)의 소유가 되는 것이 옳다. 그러나 업주가 자신의 기물(器物)이나 전지를 전당 잡히는 것은 경제적으로 빈곤하기 때문일 텐데, 그런 사람이 기한 내에 돈을 갚지 못하여 전당물에 대한 소유권을 완전히 상실하는 일이 속출한다면 부익부 빈익빈 현상이 가속화할 것이다. 따라서 기한 내에 돈을 상환하지 못하더라도, 전당물에 대한 소유권을 완전히 넘기는 것이 아니라, 전주에게 일정한 수익을 보장하면서 전당물을 업주에게 돌려주는 조례를 홍치(弘治) 연간(1488~1505)에 만들게 되었다. 그 조례의 내용에 따르면, 기한이 다 되었는데 업주가 빌린 돈을 갚아 전당물을 되찾을 능력이 없으면, 전지는 전주가 추가로 2년간 더 경작하게 한 뒤 업주에게 돌려주고, 기물은 전주가 그 전당물로 벌어들인 돈이 원금에 100퍼센트의 이자를 채우면 업주에게 돌려주게 하였다. 1585년(만력13)에는 이 조례를 다시 삭제하였다.《집해 620쪽》〔舊例 典當田地器物等項 若限滿 備價贖取 或許所收花利 已句一本一利者 交還原主 損壞者 賠還其田地 無力贖取 聽便再種二年交還 弘治間 刑部題準 今後軍民告爭典當田地 務照所約年限 聽其業主備價取贖 其無力取贖者 算其花利 果足一本一利 此外聽其再種二年 官府不許一概朦朧歸斷 萬曆十三年 重修條例 削去此條 爲其非律意也〕《전석 권5 10장》 만약 전당의 기한이 차지 않았는데 업주가 강제로 전당물을 되찾으면, 410조 불응위(不應爲)를 적용한다.〔若典限未滿而業主强贖者 問不應〕《전석 권5 10장》

16 살 때 : 율문의 원문 전매(典買)를 직해에서 교역(交易)으로 번역하였는데, 직해에서 '교역'은 오늘날과 달리 '사다'의 의미이다.

빗기(斜是)[17]를 하지 않으면 태 50이고, 사들인 땅이나 집 값의 절반을 추징하여 관에 몰수한다. 산 자와 판 자가 직접 서로 수수하지 않으면, 1~5묘는 태 40이고 5묘마다 1등급을 더하되 죄는 장 100에 그친다. 그 땅은 관에 몰수한다.

(○) 이미 판 땅이나 집 등을 다시 다른 곳에 농간을 부려 팔면, 받은 값의 수효를 계산하여 절도의 예로 논죄하고 자자는 하지 않으며, 값은 추징하여 본래 주인에게 돌려준다. 땅이나 집은 처음 산 사람에게 돌려준다.

(○) 산 자와 실정을 안 중개인들은[18] 범인과 죄가 같으므로 값을 추징하여 관에 몰수한다. 몰랐으면 처벌하지 않는다.

○ 전당한 땅이나 집과 원림과 연자매 등의 물건을, 연한이 이미 차서 본래 주인이 값을 준비하여 되찾으려 하는데도 전매한 사람이 여러 핑계를 대어 미루고 질질 끌면서 돌려주지 않으면 태 40이다. 연한을 벗어난 변리(邊利)는 추징하여 주인에게 주어서 갚아야 할 값에 합쳐 되찾게 한다. 연한이 이미 찼는데도 본래 주인이 돈이 전혀 없어 되찾을 수 없으면 이 율문에 구애받지 않는다.

해설

토지나 가옥을 매매하거나 일시적으로 소유권을 이전할 때 취해야 할 조치를 규정하였다. 매매하거나 전당할 때 관에 세금을 내고 명의 변경을 해야 하며, 팔거나 저당 잡히는 사람이 중복해서 팔거나 저당 잡혀서는 안 된다. 중복해서 팔거나 저당 잡힌 줄 알면서도 계약에 응한 매주(買主)·전주(典

17 빗기(斜是) : 관청에서 세를 받고 증명을 내줄 때 비스듬히 서명해 주는 일이다. 사지(斜只), 사(斜)로도 표기한다. 《이두자료읽기사전》

18 산……중개인들은 : 해당 부분의 직해 원문은 '其買者 及知情爲在 中人等乙良'이다. 이 부분은 부정한 중복 거래에서 산 자와 중개인이 실정을 알았을 경우의 처벌 규정이므로, 직해의 어순이 '其知情爲在 買者及中人等乙良'으로 되어야 한다. 현재의 어순으로는 중개인만 실정을 안 것으로 해석된다.

主) 및 중개인도 똑같이 처벌하고, 전당 기한이 되어 빌린 돈을 갚으면 전주는 전당물을 원래 소유주에게 즉시 반환하도록 하였다.

•••

전매, 과할, 세계

부동산이나 동산의 소유권을 일시적으로 타인에게 양도하고 그 대가로 돈을 빌리는 행위 및 그 반대 방향의 행위를 전(典), 당(當), 질(質), 압(押) 등으로 부른다. 이 네 용어는 본래 전당물의 크기에 따라 구별하여 사용하였는데, 전이 가장 크고 뒤로 갈수록 작다. 후대에는 전과 당을 구별하지 않고 동의어처럼 사용하여 전당(典當)이라고 부르기도 하였다. 매(賣)에는 일정한 값을 받고 소유물에 대한 소유권을 영원히 넘겨주는 절매(絶賣)와 돈을 받고 소유물에 대한 소유권을 일시적으로 양도하기는 하되 일정한 기간이 지난 뒤 해당 금액을 반환하면 소유물에 대한 소유권을 되찾을 수 있는 활매(活賣)가 있는데, 활매는 개념상 전당과 구별하기 어렵다. 전매 거래를 할 때 관에 세금을 납부하고 거래 인증을 받는 것을 세계(稅契)라 하고, 세량(稅糧)·차역(差役) 부과의 근거가 되는 판적(版籍)에 거래 대상 전지(田地)의 소유주 명의를 변경하는 것을 과할(過割)이라 한다.

세계나 과할을 하지 않았을 때 누구를 처벌하는지에 대해서 주석서의 의견이 갈린다. 《전석》에서는 세계 의무는 전주(典主)·매주(買主)에게 있고 과할 의무는 업주(業主)·매주(賣主)에게 있다고 보았고, 《집주》에서는 세계와 과할 모두 전주·매주의 의무로 보았다.

세계나 과할의 의무에 대해서도 주석서의 의견이 다르다. 부동산에는 대표적으로 전지와 가옥이 있는데, 세계의 의무가 전지와 가옥의 거래에 모두 해당됨은 말할 나위가 없다. 그러나 과할의 의무가 가옥의 거래에도 해당되는지에 대해서는 의견이 엇갈린다. 《집해》·《전석》에서는 가옥의 거래에는 과할 의무가 없다고 보았고, 《집설》·《집주》에서는 가옥의 거래에도 과할 의무가 있다고 보았다.

102
관전이나 민전을 몰래 경작함
盜耕種官民田

타인의 전지를 몰래 경작하면[1] 1묘(畝) 이하는 태 30이고 5묘마다 1등급을 더하되 죄는 장 80에 그친다. 황폐한 전지이면 1등급을 줄인다.[2] 강제로 경작하면[3] 각각[4] 1등급을 더한다.[5] 관의 전지[6]는 각각 또 2등급을 더한다.[7] 수

1 몰래 경작하면 : 전주(田主)의 허락 없이 몰래 땅을 갈아 씨를 뿌리는 것이다.〔不告田主而私竊耕種曰盜〕《집설 권3 38장》 전지를 몰래 경작하는 것은 99조 도매전택(盜賣田宅)의 '타인 전택을 침점(侵占)하는 것'과 행적은 서로 비슷하나 실상은 서로 같지 않다. 몰래 경작하면 그 이익만 취하지만, 만약 침점하면 점유하여 자기의 소유로 삼는 것이므로 죄에 경중의 차이가 있다.〔盜耕田地 與上條侵占者 迹相似而實不相同 蓋盜耕者 止取其利 若侵占則占爲已業者 故其罪有輕重之別〕《집설 권3 38장》

2 황폐한……줄인다 : 황전(荒田)은 숙전(熟田)에 비해 1등급을 줄여 1묘에 태 20이고 5묘마다 1등급을 더하되 죄는 장 70에 그친다.〔荒田減一等 一畝笞二十 每五畝加一等 罪止杖七十〕《집해 622~623쪽》

3 강제로 경작하면 : 전주의 의사에 반하여 강제로 경작하고 씨를 뿌리는 것이다.〔不由田主而用强耕種曰强〕《집설 권3 38장》

4 각각 : 숙전과 황전을 가리킨다.〔各加一等各字 指熟田荒田言〕《집해 622쪽》

5 1등급을 더한다 : 강제로 경작하면 각각 1등급을 더하여 숙전은 죄가 장 90에 그치고, 황전은 장 80에 그친다.〔强者各加一等 在熟田罪止杖九十 在荒田罪止杖八十〕《집해 623쪽》 강제로 경작하면 몰래 경작하는 것에 비해 2등급을 더하는 이유는 일의 속성이 강압적이고 난폭한 것이어서 그 조짐을 키워서는 안 되기 때문이다.〔强加盜二等者 以事屬强橫 其漸不可長也〕《집설 권3 39장》

6 관의 전지 : 관전(官田)은 민가의 전적(田籍)에 들어가 있는 토지가 아니고, 관에서 백성들을 불러서 경작하는 것으로, 둔전(屯田) 따위가 모두 이에 해당한다.〔官田不係民家入冊 却是官召民耕者 如屯田之類皆是〕《집설 권3 39장》

7 각각……더한다 : 몰래 경작하는 것과 강제로 경작하는 것, 황전과 숙전을 모두 받아서 말한 것이다.〔各又加二等各字 通承盜耕强耕或荒或熟言〕《집설 권3 38장》 가령 관전을 몰래 경작하면, 민전을 몰래 경작한 죄에서 2등급을 더하여, 숙전은 죄가 장 100에 그치며, 황전은 죄가 장 90에 그친다. 관전을 강제로 경작하면, 민전을 강제로 경작한 죄에서 2등급을 더하여, 숙전은 죄가 장 60 도 1년에 그치며, 황전은 죄가 장 100에 그친다.〔如盜耕者 加盜

익은 관이나 주인에게 돌려준다.

직해 다른 사람의 땅 등을 훔쳐 경작하면, 1묘 이하는 태 30이고 5묘마다 1등급을 더하되 장 80을 한도로 한다. 묵은 땅이면 1등급을 줄인다. 강탈하여 경작하면 1등급을 더한다. 공전(公田)이면 다시 2등급을 더한다. 변리(邊利)는 공전이면 관에 납부하고 사전(私田)이면 주인에게 준다.

해설

토지는 각각 주인이 있으므로 함부로 논밭을 갈고 곡식을 심어서는 안 됨을 말한 조문이다. 전주(田主)의 승낙을 받지 않고 억지로 경종(耕種)하는 강경(强耕)의 경우, 사사로이 몰래 경종하는 도경(盜耕)에 비해 1등급을 더하여 처벌하였는데, 일의 속성이 강압적이고 난폭한 것이어서 그 조짐을 키워서는 안 되기 때문이다.

耕民田罪二等 熟田罪止杖一百 荒田罪止杖九十 如强耕者 加强耕民田罪二等 熟田罪止杖六十徒一年 荒田罪止杖一百〕《집해 623쪽》

103
전지를 황무지로 만듦
荒蕪田地

103-1 이장(里長)이, 자기가 관할하는 지역 내의 판적(版籍)에 기재되어 있어서 세량(稅糧)을 납부해야 하며 역이 부과되는 전지를 이유[1] 없이 황무지[2]로 만들거나, 뽕나무나 삼 따위를 심어야 하는 땅인데 심지 않으면[3] 모두[4] 10등분하여 1분이면 태 20이고 1분마다 1등급을 더하되 죄는 장 80에 그친다.[5] 현관(縣官)은 각각 2등급을 줄인다.[6]

1 이유 : 수재·한재 등의 재상(災傷) 외에 질병이나 범죄에 연루되는 등의 일로 경작할 수 없으면 이 또한 이유가 된다.〔不獨水旱災傷爲故 如有疾病干連等事 不能耕種 亦是〕《집주(상) 240쪽》

2 황무지 : 전지(田地)가 조금 손상된 것이 황(荒)이고, 크게 손상된 것이 무(蕪)이다.〔田之小損爲荒 大損爲蕪〕《집해 626쪽》

3 뽕나무나……않으면 : 명대 초 민전(民田)이 5묘 내지 10묘에 이르면 0.5묘에는 뽕나무·대마·면화 등을 의무적으로 경작하게 하였는데, 원문의 과종(課種)은 이러한 의무 경작을 가리킨다. 응과종(應課種) 3자를 중시해야 한다. 토질이 이들 작물을 심기에 적합하지 않으면 처벌하지 않는다.〔桑麻之類 須看應課種字樣 若地土不宜 是不應種者 不坐〕《전석 권5 12장》'과(課)'는 정도를 헤아려서 할 만한 일을 하도록 책임 지워 맡기는 것으로, 여기서는 그 토지의 토질에 맞는 작물을 심어 경작하도록 지방관·이장이 민호(民戶)에게 책임 지워 할당하는 것을 말한다. 토지를 개간하여 토질에 맞는 작물을 경작하도록 권장하고 감독하는 것은 유사(有司)와 이장의 당연한 임무이다.〔課ハ計也程也ヲホスル也ホドヲハカリテ爲ヘキ所ノ事ヲ督責シテヲホスルヲ課ト云應課二字重ク看ル桑麻ノ類地土ノ所宜生シ易キ者ヲ種ヘヨトヲヲセ付ルカ應課種也若地土ニ不宜者ハ是不應也凡ソ田畝ヲ開墾シ農桑勸課スルハ民ヲ治ル有司ノ常職里長タル者ノ當務也〕《언해 권8 43~44장》

4 모두 : 황폐하게 만든 땅과 뽕나무나 삼 따위를 심지 않은 땅이다.《집설 권3 39장》

5 10등분하여……그친다 : 이장은 관할하는 지역이 넓으므로 관할하는 전지를 통틀어 계산한다. 10등분하여 1분이면 태 20이고 1분마다 1등급을 더하되 죄는 장 80에 그친다.〔里長所部地廣 故通計所管田地 以十分爲率 一分笞二十 每一分可一等 罪止杖八十〕《석의 권5 9장》 해당 지역을 관할하는 이장은 백성과 매우 가깝기 때문에 경각시킬 책임이 있다.〔蓋以該管里長與民戶切近 有警覺之責也〕《집설 권3 39장》

103-2 장관(長官)을 수범으로 하고,[7] 좌직(佐職)[8]을 종범으로 한다.[9] 인호(人戶) 역시 황무지로 만든 전지나 심지 않은 뽕나무나 대마 따위를 계산해서, 5등분하여 1분이면 태 20이고 1분마다 1등급을 더한다.[10] 납부해야 할 세량은 추징하여 관에 들인다.[11]-심어야 하는 뽕나무·대추·대마·모시·면화·남전(藍靛)[12]·홍화(紅花) 따위는 각각 지역의 토질에 적합한 것으로 가려 심는다.-

직해 이장들이 자기 담당 구역 내의 전적(田籍)에 기록되어 있어 세량을 모아 납부하며 관에서 역을 부리는 땅을 까닭 없이 황폐하게 하거나, 국가에 바칠 공물이 나오는 뽕나무나 삼을 심지 않으면, 10등분하여 1분이 황

6 현관(縣官)은……줄인다 : 이장이 범하였으면 현관은 이장의 죄에서 2등급을 줄여 처벌하는 것이지, 한 현의 전지를 비율로 삼아 2등급을 줄이는 것이 아니다.〔若縣官之各減二等者 謂里長有犯 縣官卽減二等科之 非以一縣田地爲率也〕《집해 626쪽》 현관은 백성들과 매우 가까운 이장보다는 덜하나, 그래도 권장하고 감독할 책임이 있어 죄가 없을 수 없으므로 각각 이장의 죄에서 2등급을 줄인다.〔若縣官有勸課之責 雖與里長之切近者不同 而烏得無罪哉 故各減里長之罪二等〕《집설 권3 39장》

7 장관(長官)을 수범으로 하고 : 황무지로 만들거나 심어야 할 작물을 심지 않은 땅이 10분의 1이면 과죄하지 않고, 10분의 2가 되면 비로소 태 10이며, 더하여 장 60에 이르면 죄는 그친다.〔以長官爲首 一分者減盡無科 二分方笞一十 加至杖六十 罪止矣〕《집해 627쪽》

8 좌직(佐職) : 좌이관(佐貳官)과 수령관(首領官)을 겸하여 말한 것이다.〔佐職 兼佐貳首領言〕《집해 626쪽》

9 좌직(佐職)을 종범으로 한다 : 좌직은 종범으로 삼아 또 각각 장관의 죄에서 1등급을 줄인다. 황무지로 만들거나 심어야 할 작물을 심지 않은 땅이 10분의 2이면 과죄하지 않고, 10분의 3이면 비로소 태 10이며, 더하여 태 50에 이르면 죄는 그친다.〔佐職爲從 又各減長官之罪一等 二分者盡減無科 三分者方笞一十 加至笞五十 罪止矣〕《집해 627쪽》

10 인호(人戶)……더한다 : 인호는 소유한 전지가 적으므로, 자신이 소유한 전지를 통틀어 계산한다. 5등분하여 1분에 태 20이며, 또한 1분마다 1등급을 더하되, 5분이 다 되면 장 60에 그친다. 그래서 죄지(罪止)를 말할 필요가 없다.〔人戶所有地少 故通計已有田地 以五分爲率 一分笞二十 亦一分加一等 盡其五分 止於杖六十 故不言罪止〕《석의 권5 9장》

11 납부해야……들인다 : 황무(荒蕪)와 부종(不種)은 모두 인호가 게으르고 편안함을 꾀한 소치이므로, 세량을 추징하여 관에 들임으로써 농사짓는 데 게으름을 징계한 것이다. 만약 수재·한재 등의 재상 때문이거나, 토질이 적합하지 않은 것이 이유라면 이 율문에 구애받지 않는다.〔追徵稅糧還官者 以荒蕪不種皆人戶怠安之所致 正以懲惰農也 若有水旱災傷之故及地土不宜 又不拘此律矣〕《집설 권3 41장》

12 남전(藍靛) : 짙은 쪽빛의 염료를 추출하는 풀이다. 인동초(忍冬草)라고도 한다.

폐하면 태 20이고 1분마다 1등급을 더하되 장 80을 한도로 한다. 관원은 각각 2등급을 줄인다.

(○) 장관은 수범으로, 차관은 종범으로 논한다. 인호도 땅을 황폐하게 하거나 뽕나무나 삼을 심지 않으면, 5등분하여 1분이면 태 20이고 1분마다 1등급을 더한다. 규정에 따른 세량은 추징하여 관에 들인다.

해설

전지를 개간하고 농상(農桑)을 권장하고 감독하는 것은 지방관의 직책이고 이장의 당연한 임무라는 것과 백성은 농상에 힘써야 함을 말한 조문이다. 전지를 이유 없이 황무지로 만들거나 세금으로 내야 하는 뽕나무·대마·면화 등을 심지 않아 부종지(不種地)로 만들면 처벌하였다. 이장은 관할 구역 내의 황무지와 부종지의 비율을 기준으로 처벌한다. 이장은 백성과 매우 가까우므로 이들을 경각시킬 책임이 있기 때문이다. 또한 게으름을 징계하기 위해 백성들에게도 책임을 물어 처벌하고, 납부해야 할 세량(稅糧)은 추징하여 관에 들이도록 하였다.

104
기물이나 농작물 등을 버리거나 훼손함
棄毁器物稼穡等

104-1 타인의 기물을 버리거나 훼손하거나,[1] 수목 또는 농작물[2]을 훼손하거나 베면 장(贓)을 계산하여 절도에 준해 논하고[3] 자자(刺字)는 면제한다. 관물(官物)이면 2등급을 더한다.[4] 관물을 유실하거나 실수로 훼손하면 각각 3등급을 줄인다.[5] 모두 수량을 조사하여 추징해서 배상하게 한다.[6] 사

1 버리거나 훼손하거나 : 기(棄)는 남아 있지 않은 것이고 훼(毁)는 손상이 있는 것이다.〔棄是無存 毁是有損〕《부례(상) 287쪽》

2 농작물 : 곡식을 심는 것이 가(稼), 곡식을 거두는 것이 색(穡)이므로, 가색에는 농작물의 뜻이 있다.〔種曰稼 斂曰穡〕《집설 권3 42장》

3 장(贓)을……논하고 : 자신에게는 비록 얻은 것이 없으나 다른 사람에게는 잃은 것이 있으므로 기훼한 물건의 가격을 계산하여 장으로 보아 절도에 준하여 논한다. 1관(貫) 이하이면 장 60이며, 120관 이상이면 죄는 장 100 유 3000리에 그치며 자자는 면한다.〔于己雖無所得 而于人則有所損 故計所棄毁之物價爲贓 準竊盜論 一貫以下 杖六十 至一百二十貫之上 罪止杖一百流三千里 免刺〕《집설 권3 41장》

4 관물(官物)이면 2등급을 더한다 : 가령 사물(私物)을 버리거나 훼손한 것이 1관 이하이면 장 60인데 관물이면 2등급을 더하여 장 80이다. 그러나 역시 죄는 장 100 유 3000리에 그친다.〔如棄毁私物一貫以下 杖六十 加二等則杖八十是也 然亦罪止杖一百流三千里〕《집해 630쪽》

5 각각 3등급을 줄인다 : 3등급을 줄이는 기준에 대해서는 두 가지 설이 있다. 첫째, 관물을 유실하거나 실수로 훼손하면 사물을 버리거나 훼손한 것보다 2등급을 더한 데서 3등급을 줄인다는 설이다. 관물을 유실하거나 실수로 훼손하면 각각 관물의 경우 2등급을 더한 데서 3등급을 줄인다. 제서(制書)나 군기(軍器)를 기훼하는 것 등과 같은 예이니, 곧바로 절도에서 3등급을 줄이는 것이 아니다.〔遺失及誤毁官物 各於官物加二等上 減三等 與棄毁制書及棄毁軍器等同例 非徑就竊盜上減三等也〕《부례(상) 361쪽》《집설 권3 42장》《쇄언》《會解》《氷鑑》《寶鏡》《大淸律註》 둘째, 2등급을 더하거나 각각 3등급을 줄이는 경우 모두 사물을 버리거나 훼손한 죄를 기준으로 한다는 설이다. 관물이면 2등급을 더한다는 것은 예컨대 타인의 기물을 버리거나 훼손하면 장으로 계산하여 1관 이하이면 장 60이고, 관물이면 2등급을 더하여 장 80인데, 만약 관물을 유실하거나 실수로 훼손하면 각각 사물을 버리거나 훼손한 장 60에서 3등급을 줄여 태 30인 따위이다.〔官物加二等 謂如棄毁人器物計贓 一貫以下杖六十 官物加二等杖八十 若係遺失及誤毁官物者 各於杖六十上 減三等 笞三十之類〕《강해 168쪽》

물(私物)이면 배상하게 하되 처벌하지는 않는다.[7]

104-2 타인의 묘역 안에 있는 비갈(碑碣)이나 석수(石獸)[8]를 훼손하면 장 80이다. 타인의 신주(神主)를 훼손하면 장 90이다.[9] 타인의 가옥이나 담장 따위를 훼손하면 수리하고 건조하는 데 드는 고공전(雇工錢)을 계산하여 좌장(坐贓)으로 논하고,[10] 각각 수리하거나 다시 건립하게 한다. 관의 건물이면 2등급을 더한다.[11] 실수로 훼손하면 다만 수리하거나 건립하게 하고 처벌하지는 않는다.[12]

6 모두……한다 : 관물이나 사물을 버리거나 훼손하는 것 및 관물을 유실하거나 실수로 훼손하는 것 모두를 받아서 말한 것이다.〔竝驗數追償 總承棄毁官物私物及遺失誤毁官物而言〕《집설 권3 42장》

7 사물(私物)이면……않는다 : 유실하거나 실수로 훼손한 것이 관물이면 처벌하고 사물이면 배상하는 데 그치는 것은 공사(公私)가 같지 않음을 구별하고 가볍고 무거움의 마땅함을 헤아리기 때문이다.〔夫遺失誤毁 在官物則坐罪 在私物止賠償 所以別公私之不同 而權輕重之宜〕《집해 631쪽》

8 석수(石獸) : 묘소에 두며, 위계에 따라 제도가 있다. 공(公)·후(侯)·백(伯)·1품·2품의 묘에는 석인 2, 석마 2, 석양 2, 석호 2를 두고, 3품의 묘에는 석인을 제외하고, 4품의 묘에는 석호 2, 석마 2이고, 5품의 묘에는 석양 2, 석마 2이고, 6품 이하의 묘에는 없다.《국자해 194쪽》

9 타인의 묘역……90이다 : 비갈·석수·신주와 같은 것은 모두 조상을 제사 지내는 기물(器物)로 다른 물건에 비할 바가 아니다. 그러므로 이들을 훼손하면 장 80 또는 장 90으로 처벌한다. 그에 해당하는 가격을 헤아릴 필요는 없다.〔若碑碣石獸神主皆是祀先之器 非他物之比 故有犯直坐以前罪 不必計其所値之贓也〕《집설 권3 41장》

10 타인의 가옥이나……논하고 : 가옥이나 담장 따위는 공사에 필요한 인력의 비용이 많다. 그러므로 타인이 훼손하면 수리하고 건조하는 데 써야 할 고공(雇工)의 노임을 계산하여, 좌장(④ 368 坐贓致罪)으로 보아 관수(貫數)로 논한다. 가령 1관 이하는 태 20이며, 500관 이상에 이르면 죄는 장 100 도 3년에 그친다.〔若房屋墻垣之類則其工力之費爲重 故有人毁損者則計其合用修造工雇之錢 以坐贓貫數論 如一貫以下笞二十 至五百貫之上 罪止杖一百徒三年〕《집해 632쪽》

11 관의……더한다 : 만약 관의 건물을 훼손하면 좌장(④ 368 坐贓致罪)에서 2등급을 더하여 논한다. 가령 1관 이하는 태 40이고, 500관 이상에 이르면 죄는 장 100 유 2500리에 그친다.〔若毁損官屋者則加坐贓論二等 如一貫以下笞四十 至五百貫之上 亦罪止杖一百流二千五百里〕《집해 632쪽》

12 실수로……않는다 : 관이나 민의 가옥·담장·비갈·석수·신주 등을 훼손하면 각각 처벌

직해 타인의 기물 등을 버리거나 훼손하거나 나무나 농작물 등을 훼손하거나 베어 내면, 버리거나 훼손한 물건의 수효를 계산하여 절도의 예에 준하여 논하고 자자는 면해 준다. 관의 물건이면 2등급을 더한다. 관의 물건을 잃어버리거나 실수로 훼손하면 각각 3등급을 줄이되 모두 값과 수효를 계산하여 추징한다. 개인 물건이면 값을 법례에 따라 추징하고 처벌하지는 않는다.

○ 남의 무덤 안 비석이나 석인(石人) 등을 파손하면 장 80이고 신주를 훼손하면 장 90이다. 남의 집이나 담장 등을 파손하면 수리할 값을 계산하여 좌장죄(坐贓罪)의 예로 논하고 수리하게 한다. 관의 집이면 2등급을 더한다. 실수나 착오로 파손하면 수리하도록 하고 죄주지는 않는다.

해설

기훼에는 고의로 한 것과 실수로 한 것의 두 가지가 있으며, 기훼한 물건에는 관물(官物)과 사물(私物)의 차이가 있어 죄에도 경중의 구별이 있음을 규정한 조문이다. 타인의 기물을 기훼하거나 수목이나 농작물을 훼손하면, 자신은 비록 얻은 바가 없으나 다른 사람은 잃은 물건이 있으므로, 기훼한 물건의 가격을 장물로 계산하여 장죄(贓罪)로 처벌하였다. 잃어버리거나 실수로 훼손하면, 공사(公私)가 같지 않음을 구별하는 취지에서 관물과 사물을 나누어 처벌하였다. 비갈·석수·신주 등은 모두 조상을 제사 지내는 기물로서, 다른 물건에 비할 바가 아니므로 이를 훼손하면 처벌하였다. 타

하고 수리하거나 건립하도록 한 반면에, 실수로 훼손하면 수리하거나 건립하게 할 뿐 처벌하지는 않는다. 관물을 실수로 훼손하면 유죄인데, 관의 건물이면 처벌하지 않는 것은, 관물을 상환하는 것은 힘으로 쉽게 할 수 있는 반면에 건물을 수리하거나 건립하는 데는 공력이 많이 들어 어렵기 때문이다. 이것이 율문을 제정한 깊은 뜻이다.〔以上毁損官民房屋墻垣及碑碣石獸神主等項 各令修補起立 惟誤毁者 但皆令修立而不坐罪 夫誤毁官物有罪 而官屋不坐者 以彼之追償易爲力 此之修立難爲工 此制律之微意也〕《집해 633쪽》 관의 건물을 수리하거나 세우는 데 비용이 많이 들어 재산형(財産刑)이 이미 무거우므로 신체형(身體刑)은 가하지 않는다.〔蓋官屋所費不貲 但令修立 其罰已重矣〕《전석 권5 14장》

인의 집이나 담장, 관청 소유의 건물이나 담장을 훼손하는 것 역시 처벌 대상이 되었다.

105
전지의 채소나 과수원의 과일을 함부로 먹음
擅食田園瓜果

105-1 타인의 전지나 과수원에서 채소나 과일 따위를 함부로[1] 먹으면 좌장(坐贓)으로 논한다.[2] 버리거나 훼손하면 죄가 또한 같다.[3] 함부로 가져가거나,[4] 관의 전지나 과수원의 채소나 과일 및 관에서 만든 술이나 음식을

1 함부로 : 원문의 천(擅)과 사(私)는 구별이 있다. 다른 사람이 알아볼 것을 아랑곳하지 않은 채 드러내 놓고 취하는 것을 '천'이라 하고, 다른 사람이 알지 못하게 몰래 취하는 것을 '사'라고 한다.〔擅字與私字有別 不掩人知而陽取曰擅 不與人知而竊取曰私〕《집해 634쪽》

2 좌장(坐贓)으로 논한다 : 채소나 과일 따위를 함부로 먹는 것은 타인에게 손해를 끼치는 일이므로 먹은 물건의 가격을 계산하여 좌장(④ 368 坐贓致罪)으로 논한다. 1관 이하는 태 20이며 10관마다 1등급을 더하되 장 100 도 3년에 그친다.〔輒自擅食瓜果之類 則貪于己 而未免損于人 故計所食之物價 坐贓論 一貫以下笞二十 每十貫加一等 罪止杖一百徒三年〕《집설 권3 43장》

3 버리거나……같다 : 자신이 먹은 것은 아니나 다른 사람에게 손해를 끼친 것은 똑같으므로, 함부로 먹은 것과 마찬가지로 과죄한다.〔若或毁棄者 己雖不食 其損于人均也 故罪亦如擅食者 科之〕《집설 권3 43장》

4 함부로 가져가거나 : 함부로 가져가는 것에 대해서 직해·《집설》 등에서는 관물(官物)로 이해한 반면에, 《집해》·《전석》 등에서는 사물(私物)로 이해하였다. 단, 《집설》은 처벌에 다른 율문을 추가로 제시하여 논란의 여지가 있다. 타인의 소유인 채소·과일에 대해 함부로 가져가는 것을 말하지 않은 것은 294조 도전야곡맥(盜田野穀麥)이 있기 때문이며, 관의 채소·과일·술·음식에 대해 버리거나 훼손하는 것을 말하지 않은 것은 104조 기훼기물가색등(棄毁器物稼穡等)이 있기 때문이다.〔係他人瓜果 不言擅將去者 以有盜田野穀麥菜果律也 官瓜果酒食不言棄毁者 以有棄毁官物律也〕《집설 권3 43장》 먹는 것도 함부로 할 수 없으므로 함부로 가져가는 것은 더욱 죄가 된다. 관물을 함부로 가지고 가면 일반인이 관물을 훔친 죄(③ 288 常人盜倉庫錢糧)로 논한다.〔食且不得擅 況得擅將去乎 倘有將去者 以常人盜官物論〕《집설 권3 44장》 한편, 함부로 가져가는 것에 대해 혹자는 관의 채소·과일·술·음식을 가리켜 말한 것이라고 하나, 이는 잘못이다. 함부로 가져가는 것의 정상(情狀)은 절도에 가까워서 함부로 먹는 것보다 훨씬 더 무겁다. 그래서 관물을 함부로 먹은 것과 마찬가지로, 타인의 채소·과일을 함부로 먹은 죄에 2등급을 더한다. 혹자의 설이 맞다면 타인의 채소·과일을 함부로 가져가는 것에 대해 적용할 율이 없게 된다.〔其擅將去 或謂專指官瓜果酒食者 此不諳文理之過也 擅將去之情 近乎盜 視擅食尤重 故與食官物同加二

함부로 먹으면 2등급을 더한다.[5] 주수(主守)[6]가 주거나, 알면서도 적발하지 않으면 먹은 사람과 더불어 같은 죄이다.[7]

105-2 주수 자신이 사사롭게 가져가면 모두 감수자도(監守自盜)로 논한다.[8]

직해 타인의 땅이나 과수원 안의 채소·과일 등을 멋대로 먹거나 훼손하면 장물의 수효를 계산하여 좌장으로 논한다. ○ 관사의 땅이나 과수원 안의 채소·과일 및 관에서 만든 술·음식 등을 멋대로 가져가거나 먹어 버리면 2등급을 더한다. 담당 관원이나 아전이 차지하여 나누어 주거나, 이러한 행위를 알면서도 고발하지 않으면 죄가 같다.

(○) 담당 관원이나 아전이 사사로이 가져가면 감수자도의 예로 논죄한다.

等 果如或言 則有將去他人瓜果者 當坐以何律耶〕《전석 권5 14장》

5 함부로 가져가거나……더한다 : 함부로 가져가는 것은 탈취의 실정이 있는 것과 같다. 가져간 것의 양이 많다면 함부로 먹는 것과 버리거나 훼손하는 것과는 차이가 있으므로 2등급을 더하여 과죄한다. 관의 소유인 것은 백성의 것과는 다르므로 2등급을 더한다.〔擅將去者 似有奪取之情 且所取或多 與擅食棄毁者有間 故加二等罪之 係官者 與民不同 故亦加二等〕《집설 권3 43장》 1관 이하는 태 40이며, 장 100 유 2500리에 그친다.〔一貫以下笞四十 罪止杖一百流二千五百里〕《집설 권3 43장》 제사나 과거 등의 일에 쓰기 위해 관에서 만든 술·음식에는 반드시 수수(主守)하는 사람이 있는데, 수수가 수어서 먹게 한 것이 아니면 일반 사람이 함부로 먹을 수 없다. 그러므로 원문에서는 그저 식(食)이라고만 하고 천식(擅食)이라고 하지 않은 것이다.〔官造酒食如祭祀科擧等項 必有主守之人 非主守與之食或縱之食焉 人不可得而擅也 故律止言食 不言擅食〕《집설 권3 44장》

6 주수(主守) : 주수 이하는 모두 관의 소유인 것을 지칭하여 말하였다.〔主守以下俱指係官者言〕《집해 634쪽》

7 더불어 같은 죄이다 : 역시 좌장(④ 368 坐贓致罪)으로 논하되 2등급을 더한다.〔亦坐贓論加二等〕《집해 635쪽》 주수지이불거(主守知而不擧) 이하에 부지자부좌(不知者不坐)를 말하지 않았는데, 만약 어떤 사람이 먹거나 가져갔다면 주수는 자연히 알 수밖에 없으므로 부지(不知)를 언급하지 않은 것이다.〔主守知而不擧以下 不言不知者不坐 蓋旣謂之主守則但有人食或將去 自然知之 故不云不知也〕《집설 권3 44장》

8 주수……논한다 : 주수를 처벌하는 데 함부로 먹은 것을 말하지 않은 것은 율문에서 금하지 않았기 때문이다.〔罪主守者 不言擅食 在律所不禁矣〕《집해 636쪽》 ③ 287 監守自盜倉庫錢糧

해설

관물(官物)과 사물(私物) 모두 주인이 있는데, 이를 함부로 먹거나 버리거나 훼손하거나 함부로 가지고 가는 것은 모두 타인에게 손해를 끼치는 일이므로 처벌하였다. 다른 사람의 땅이나 과수원에서 채소나 과일을 멋대로 가져가거나, 관의 소유인 땅이나 과수원의 채소·과일 또는 관에서 쓰는 술·음식을 먹으면 안 된다. 맡아 지키는 사람이 타인에게 주어 먹게 하거나, 멋대로 먹는 것을 알면서도 적발하지 않거나, 맡아 지키다가 사사로이 가져가면 모두 처벌하였다.

106
관의 수레나 배를 사사로이 빌림
私借官車船

감림(監臨)・주수(主守)가 관의 수레나 배, 점포나 가옥,[1] 연자방아 따위를 사사롭게 자신이 빌려 쓰거나,[2] 혹 그것을 타인에게 다시 빌려주거나,[3] 다른 사람이 그것을 빌리면[4] 각각 태 50이다. 날짜를 계산하여 고임전(雇賃錢)[5]을 추징해서 관에 들인다.[6] 고임전을 계산하여 죄가 무거우면[7] 각각 좌장(坐贓)으로 논하되 1등급을 더한다.[8]

1 점포나 가옥 : 점(店)은 물건을 두고 판매하는 곳이고, 사(舍)는 사람이 일시적으로 머무르는 곳이다.〔店舍ハ店肆也 所以置貨鬻物 又旅舍曰店 舍人所居也 周禮掌舍註 舍所解止之處 又宿客者曰謁舍ウリ物ヲ置クミセアル所ヲ店ト云人ノ暫ク止宿スル所ヲ舍ト云ナリ〕《언해 권8 52~53장》

2 사사롭게……쓰거나 : 자신이 관할하는 말・소 등을 사사로이 빌려 쓰는 행위는 371조 재관구색차대인재물(在官求索借貸人財物)에 나온다.〔會解云 私借所部內馬牛等物 見在官求索條〕《언해 권8 54장》

3 그것을……빌려주거나 : 이는 공공의 물건을 가지고 사사로운 은혜를 거래하는 것이다.〔是以公物而市私恩矣〕《집설 권3 44장》

4 빌리면 : 빌린 것은 사사롭게 자신이 빌려 쓴 것에 견주어 볼 때 그 사사로운 정은 마찬가지이므로 각각 태 50이다.〔借之者 視諸自借用者 其私情同 故各笞五十〕《집설 권3 44장》

5 고임전(雇賃錢) : 배・수레를 빌리는 것이 고(雇)이고, 점포・가옥・연자방아를 빌리는 것이 임(賃)이다.〔車船名爲雇〕〔店舍碾磨名爲賃〕《집해 637쪽》

6 날짜를……들인다 : 다른 사람에게 다시 빌려주면 감림과 주수는 태 50으로 처벌하는 데 그치며, 고임전은 빌린 사람에게 추징한다.〔轉借與人者 監守止坐罪 雇賃錢則於所借之人 追之〕《집해 637쪽》 날짜를 계산하여 고임전을 추징한다는 것은 범행 당시의 고공 품삯에 견주어 날수를 조사하여 추징하는 것이지(① 23 給沒贓物) 매일 전 60문(文)을 추징하는 것은 아니다.〔驗日追雇賃錢 依名例云 照依犯時雇工賃直 驗日追之 非謂每日追錢六十文也〕《집해 637쪽》

7 고임전을……무거우면 : 태 50보다 무거운 것이다. 죄가 무거워도 고임전이 본래 물건의 가격을 넘을 수는 없다.〔計雇賃錢 重者亦不得過本物之價〕《집해 637쪽》

8 좌장(坐贓)으로……더한다 : 368조 좌장치죄(坐贓致罪)에 의하면, 장의 수량이 40관 이상

직해 담당 관원이나 아전들이 공적인 곳의 수레·배·점포·가옥·큰 맷돌·작은 맷돌 등을 사사로이 빌려 쓰거나, 또는 차례로 다른 사람에게 빌려준 사람과 빌려 쓴 사람은 각각 태 50이다. 빌려 쓴 날수를 헤아려서 빌려 쓴 값을 계산하여 추징하고 관에 들인다. 빌려 쓴 임전(賃錢)이 수량이 많으면 좌장의 수를 계산하되 1등급을 더하여 논한다.

해설

관물(官物)은 공공의 쓰임에 충당해야 하므로 사사로이 빌려 쓰거나 타인에게 빌려주어서는 안 됨을 말한 조문이다. 감림·주수가 관의 소유인 수레·배·점포·가옥·연자방아 따위를 멋대로 빌려 쓰거나, 전용하여 다른 사람에게 빌려주면 처벌한다. 공공의 물건을 사적인 용도로 쓰거나, 환심을 사기 위해 은혜를 베푸는 데 썼기 때문이다. 감림·주수가 수레·배·점포·가옥·연자방아를 전용하여 다른 사람에게 빌려주면, 이것을 빌리는 데 드는 돈을 빌린 사람에게 추징하여 관에 들이도록 하였다.

이면 장 60이다. 만약 고임전을 계산하여 40관에 이르렀다면 장 60에 해당되는데 이는 태 50보다 무거우므로 1등급을 더하면 장 70이 된다.〔若計雇賃錢 至四十貫 依坐贓律 杖六十 是重于笞五十矣 加一等卽杖七十 是也〕《집설 권3 44장》

대명률직해

제6권 호율戶律 혼인婚姻

혼인 婚姻

〈혼인〉은 한(漢)이나 진(晉)의 율에는 모두 실려 있지 않으며, 북제(北齊)에서 〈호율〉과 함께 만들어져 〈호혼(戶婚)〉이라고 하였다. 북주(北周)에서 율을 만들 때 그중 제5편을 〈혼인〉이라 하였고, 수(隋) 개황(開皇) 연간(581~600)에 다시 〈호혼〉으로 하였으나, 양제(煬帝) 때 호율과 나누었다. 당(唐) 무덕(武德) 연간(618~626)에 〈호혼〉으로 되돌렸으며, 명대(明代)에 이르러 혼사에 관계된 것을 별도의 편목(篇目)으로 세웠다.

당률 182조 동성위혼(同姓爲婚), 185조 취도망부녀(娶逃亡婦女), 180조 부모수금가취(父母囚禁嫁娶) 등은 옛 이름을 거의 유사하게 이어받아 각각 113조 동성위혼(同姓爲婚), 117조 취도주부녀(娶逃走婦女), 112조 부모수금가취(父母囚禁嫁娶) 등으로 하였다. 당률 175조 허가녀보혼서(許嫁女報婚書), 176조 위혼여가망모(爲婚女家妄冒), 188조 존장여비유정혼(尊長與卑幼定婚) 등을 107조 남녀혼인(男女婚姻)으로 합치고, 당률 177조 유처갱취(有妻更娶)와 178조 이처위첩(以妻爲妾)을 109조 처첩실서(妻妾失序)로 만들었으며, 당률 179조 거부모부상가취(居父母夫喪嫁娶), 181조 거부모상주혼(居父母喪主婚), 184조 부상수지(夫喪守志)를 111조 거상가취(居喪嫁娶)로 하였다. 당률 186조 감림취소감림녀(監臨娶所監臨女)는 116조 취부민부녀위처첩(娶部民婦女爲妻妾)으로 고쳤고, 당률 183조 상위단문처이가취(嘗爲袒免妻而嫁娶)는 114조 존비위혼(尊卑爲婚)으로 바꾸었다. 또한 그 미비한 것을 살펴 110조 축서가녀(逐壻嫁女), 118조 강점양가처녀(强占良家妻女), 120조 승도취처(僧道娶妻), 119조 취악인위처첩(娶樂人爲妻妾) 등을 추가하였으며, 이들을 묶어서 〈혼인〉이라 하였다. 모두 18조이다.

107
남녀의 혼인[1]
男女婚姻

107-1 남녀가 정혼하는 초기에 혼인 당사자에게 만약 잔질(殘疾)[2]이거나, 나이가 너무 많거나 적거나, 서출(庶出)이거나, 과방(過房)이거나, 걸양(乞養)인[3] 사실이 있으면[4] 반드시 양쪽 집안이 명백히 통지하고[5] 각각 원하

1 혼인(婚姻) : 혼인에 대하여 세 가지 설이 있다. 혼(婚)은 혼(昏)이고 부인이 지켜야 할 예의는 음(陰)에 속하기 때문에 어두울 때 혼인의 예식을 치르며 인(姻)은 부인으로 인해 혼인을 이루는 뜻이라는 것, 남편의 부모를 혼(婚)이라고 일컫고 부인의 부모를 인(姻)이라고 일컫는다는 것, 부인의 집에 장가드는 것을 혼이라 말하고 남편의 집에 시집오는 것을 인이라고 한다는 것이다.〔婚者昏也 婦禮屬陰 故以婚而成禮也 姻者因婦人而成就也 又曰謂夫父母曰婚 謂婦父母曰姻 又曰壻于婦家曰婚 婦于壻家曰姻 三說不同 從前說爲當〕《집설 권3 45장》 사위 쪽에서 며느리 쪽 집을 혼이라 이르고 며느리 쪽에서 사위 쪽 집을 인이라 이르니 장가들며 서방 맞음을 다 혼인한다고 한다.〔사회 녀긔셔 며느리 넉 지블 혼이라 니ᄅ고 며느리 녀긔셔 사회 넉 지블 인이라 니ᄅᄂ니 댱가들며 셔방 마조믈 다 혼인ᄒ다 ᄒᄂ니라〕《釋譜詳節 卷6 16章》

2 잔질(殘疾) : 《대명률직해》의 여러 이본과 대부분의 주석서에는 잔질(殘疾)로 되어 있다. 한편 아래의 율주(律註)와 《강해 171쪽》 등에는 질잔(疾殘)으로 되어 있고, 《집설》에서도 질(疾)과 잔(殘)의 순서로 보고 질병이 있거나 장애가 있는 것이라 하여 별개의 개념으로 풀이하였다.〔若有疾病 或傷殘〕《집설 권3 45장》 한쪽 눈이 멀거나, 두 귀가 멀거나, 손가락 두 개가 없거나, 발가락 두 개가 없거나, 손이나 발에 엄지가 없거나, 아래가 습하거나, 목에 큰 혹이 난 것이다. 태어날 때부터 지적 장애·벙어리·귀머거리·소경인 것도 잔질이다.〔殘疾者 一目盲 兩耳聾 手無二指 足無二指 手足無大指 下濕 大癭腫卽項瘤也 痴呆喑啞聾瞎 本於有生之初者 亦爲殘疾也〕《부례(상) 166쪽》

3 서출(庶出)이거나, 과방(過房)이거나, 걸양(乞養)인 : 서출은 첩비(妾婢) 소생이며〔或係妾婢庶出〕《집설 권3 45장》《소의(상) 422쪽》〔庶子 妾婢所生子也〕《전석 권6 1장》〔庶出則妾婢所生子也〕《집주(상) 249쪽》 적장자(嫡長子) 이외의 모든 아들인 중자(衆子)로 보는 견해도 있다.〔庶出衆子也〕《석의 권6 2장》《집해 641쪽》 과방은 동종(同宗)의 양자이고〔過房嗣子也 是同宗者〕《집해 641쪽》 걸양은 이성(異姓)의 의자(義子)이다. 서출·과방·걸양은 비록 잔질·노유(老幼)와 같지 않으나 적자(嫡子)·친자(親子)와는 다르므로 혼인을 바라지 않는 경우가 있다.〔乞養義子也 是異姓者 三者雖與疾殘老幼不同 終與嫡子親子有異 故男女亦必有不欲者〕《집해 641쪽》《집주(상) 249쪽》

는 바에 따라 혼서(婚書)[6]를 작성하여 예법에 따라 예물을 들이고 혼인시킨다.[7] 딸을 시집보내기로 허락하고 혼서를 관에 보고하거나 사적으로 약속하고서[8]-남자가 질병이 있거나 잔질이거나,[9] 나이가 너무 많거나 적거나, 서출이거나 양자인 것 따위를 이미 알고 있는 것을 이른다.- 일방적으로 정혼 의사를 철회하면 혼주(婚主)는 태 50이다. 비록 혼서가 없더라도 혼인 예물[10]을 받기만 하면 역시 정혼한 것이다.[11]

4 잔질(殘疾)이거나……있으면 : 남자와 여자를 통틀어 말한 것이다.〔殘疾以下 通男女言〕《집해 641쪽》《전석 권6 1장》

5 양쪽……통지하고 : 통지하지 않으면 거짓으로 속인 것(이 조문 6항)에 비추어 과단한다.〔其不通知 照妄冒科斷〕《집주(상) 251쪽》

6 혼서(婚書) : 중매인을 통해 통보하고 작성한다.〔婚書有媒妁而通報寫立者〕《집해 641쪽》

7 예법에……혼인시킨다 : "예법에 따라 예물을 들이고 혼인시킨다." 앞의 내용은 남녀 양가를 겸해서 말한 것이다.〔依禮聘嫁以上 兼男女兩家言〕《집주(상) 252쪽》 원문의 빙가(娉嫁)는 '혼인 예물을 들이고 혼인시키다〔納聘遣嫁〕'라는 뜻이다. 《소의(상) 423쪽》

8 사적으로 약속하고서 : 먼저 남편이 될 자의 노(老)・유(幼)・질(疾)・잔(殘)・양(養)・서(庶)와 같은 신상(身狀)을 알려 혼인을 약속한 것을 말한다. 《당률 175조 許嫁女報婚書》

9 질병이 있거나 잔질이거나 : 질(疾)은 질병이 있는 사람이며 잔(殘)은 잔질인 사람이다.〔疾是有疾病者 殘是有殘疾者〕《집설 권3 48장》 율문에서는 잔질이라고 하였으나 율주에서는 질잔(疾殘)이라고 하였고, 당률에서는 신체 상태가 삼질, 곧 폐질・잔질・독질에 해당하거나 지체가 불완전한 것이라고 보았다.〔疾殘 謂狀當三疾 支體不完〕《당률 175조 許嫁女報婚書》

10 혼인 예물 : 원문의 빙재(聘財)는 빙정(聘定), 재례(財禮)라고도 하는데 남자 집에서 여자 집에 보내는 것이다. 경중에 관계없이 중매인과 함께 혼약을 언명(言明)하고 보내면 이것이 혼인 예물이다. 그러나 수건・머리띠 따위와 같은 상견례 예물은 해당하지 않고〔聘財不拘重輕 但同媒妁言明納送禮儀者方是 若相見爲贄之物 如巾帕之類 不得卽爲聘財〕《집주(상) 252쪽》 술이나 음식을 대접한 것도 비용이 많더라도 혼인 예물은 아니다.〔若供設酒食 所費雖多 不同聘禮〕《소의(상) 423쪽》 오직 베・비단 따위가 혼인 예물에 해당한다.〔聘財 但係布帛之類〕《집해 642쪽》

11 역시 정혼한 것이다 : 역시 정혼한 것이어서 약속을 위배하여 마음을 바꿀 수 없다는 뜻이다.〔其曰亦是者 如云亦是定婚 不可背悔之意〕《집설 권3 48장》 비록 회보(回報)한 혼서가 없더라도 차 한 봉지, 면포 한 필 따위라도 남자 집의 혼인 예물을 받기만 하면 모두 정혼한 것으로 보아, 이를 바꾸면 역시 태 50이고, 딸은 그대로 그 남자에게 보낸다. 그러나 이는 여자 집에서 마음이 변하였을 뿐 아직 다른 집에 혼인을 허락하지 않은 것이기 때문에 비록 후회하는 마음이 있더라도 다시 결합할 수 있다.〔雖無回報婚書 但曾受男家聘財 雖

107-2 다시 타인에게 혼인을 허락한 경우, 아직 성혼(成婚)하지 않았으면[12] 여자 쪽 혼주는 장 70이다.

107-3 성혼하였으면 장 80이다.[13]

107-4 뒤에 정혼하거나 장가든 경우,[14] 실정을 알았으면 남자 쪽 혼주는 여자 쪽 혼주와 더불어 같은 죄[15]이고 혼인 예물은 관에 들인다.[16] 몰랐으면 처벌하지 않고[17] 혼인 예물은 추징하여 남자 쪽에 돌려주며, 여자는 전남편에게 돌려보낸다.[18] 전남편이 원하지 않으면, 혼인 예물을 갑절로 추징하여

包茶疋布之類 皆是情愿爲婚 卽係已定 不可改移者 如悔主婚人 亦笞五十 其女仍歸其夫 然此特女家悔 而未經再許他人 雖有悔心 猶可合也〕《집설 권3 46장》

12 아직 성혼(成婚)하지 않았으면 : 비록 혼인 예물을 받고 정혼하였으나 남녀가 아직 친영례(親迎禮)를 치르지 않은 것을 말한다.〔未成婚 謂雖受聘定 而男女未曾就親也〕《집설 권3 48장》 친영례는 신랑 쪽에서 신부 집으로 가서 신부를 가마에 태우고 신랑 쪽의 집으로 데려와 신랑 집에서 혼례를 치르는 예이다. 조선 전기까지 유지된 전통적인 남귀여가(男歸女家) 혼속과 다르다.

13 다시……80이다 : 아직 다른 사람에게 혼인을 허락하지 않았으면, 비록 앞서의 정혼을 바꾸려는 마음이 있어도 여전히 결합할 수 있으나, 다시 다른 사람에게 혼인을 허락하였으면 이미 맹세를 어겼으므로 다시 결합할 수 없다. 그래도 아직 성혼하지 않았으면 비록 약속을 어겼더라도 바꿀 수 있으나, 이미 성혼하였으면 정조를 잃어 바꿀 수 없다. 이것이 장 70과 장 80의 차이가 있는 이유이다.〔未許他人 雖有悔心 猶可合也 若再許他人 則其盟已悖 不可合矣 然未成婚者 雖爲違盟 猶可改也 若已成婚 則其身已失 不可改矣 此所以有杖七十杖八十之分也〕《전석 권6 2장》

14 뒤에……경우 : 아직 성혼하지 않았으면 뒤에 정혼한 것이 되고, 이미 성혼하였으면 뒤에 장가든 것이 된다. 그러므로 뒤에 정혼하거나 장가든 경우라고 한 것이다.〔自他人言之 未成婚者 則爲後定 已成婚者 則爲後娶 故曰後定娶者〕《전석 권6 2장》

15 더불어 같은 죄 : 그 여자와 아직 성혼하지 않았으면 남자 쪽 혼주 역시 장 70이고, 이미 성혼하였으면 장 80이다.〔未成婚 亦杖七十 已成婚亦杖八十〕《집설 권3 46장》 여자가 이미 남에게 혼인을 허락한 것을 알고서 정혼하면 남자 쪽 혼주 역시 장 70의 죄를 받고, 이미 남에게 혼인을 허락한 것을 알고 장가들면 역시 장 80의 죄를 받는다.〔知已許人而定者 亦得杖七十之罪 知已許人而娶者 亦得杖八十之罪〕《전석 권6 2장》

16 혼인……들인다 : 혼인 예물은 피차구죄지장(彼此俱罪之贓)(① 23 給沒贓物)이므로 관에 들인다.〔財禮 卽系彼此俱罪之贓 故入官〕《집주(상) 250쪽》

17 몰랐으면 처벌하지 않고 : 성혼하였는지 아직 성혼하지 않았는지를 따지지 않는다.〔不論已未成婚〕《집주(상) 250쪽》

돌려주고, 그 여자는 그대로 후남편을 따르게 한다. 남자 집에서 일방적으로 정혼 의사를 철회하면[19] 죄가 또한 이와 같으며, 혼인 예물은 추징하지 않는다.[20]

107-5 아직 성혼하지 않은 남녀가 간음이나 도둑질의 죄를 범하면[21] 이 율을 적용하지 않는다.[22]

107-6 혼인할 때 여자 집에서 거짓으로 속이면 혼주는 장 80이고,[23] 혼인 예물을 추징하여 돌려준다.[24]-이를테면, 가령 여자가 잔질이 있는데 그 여자의 자

18 여자는 전남편에게 돌려보낸다 : 그 여자는 앞서 정혼한 남자에게 돌려보내어 가정을 이루게 하여 신의를 온전하게 한다.〔其女歸還前定之夫完聚 所以全信也〕《쇄언 147쪽》

19 남자……철회하면 : 다시 정혼하거나 장가든 경우를 모두 포함한다.〔此悔字 包再定娶在內〕《집주(상) 250쪽》

20 혼인……않는다 : 여자가 남자 집에게 속았기 때문에 여자 집으로부터 혼인 예물을 추징하지 않는 것이다.〔曰不追財禮 對上倍追而言 專重在已成婚 而前女不願者 蓋其女已爲男家所誤 較之女家者不同 故不追之也〕《집설 권3 48장》 뒤에 혼인을 허락한 여자 집에서 그 남자가 이미 다른 여자와 정혼한 사실을 알고 있었을 때, 혼인 예물을 추징하여 관에 들이는가, 아니면 추징하지 않는가에 대해서는 논란이 있다. 《집설》은 전자, 《소의》와 《집주》는 후자의 입장이다.

21 아직……범하면 : 남자의 간음, 남자의 도둑질, 여자의 간음, 여자의 도둑질 네 가지를 모두 겸해서 말한 것이라는 《집해》·《소의》·《언해》의 겸설(兼說), 남자의 도둑질과 여자의 간음 두 가지만을 지칭한 것이라는 《집설》·직해의 일변설(一邊說), 남자의 도둑질과 여자의 간음·도둑질 세 가지를 지칭한 것이라는 《집주》의 설이 있다.

22 이……않는다 : 정혼하였으나 아직 성혼하지 않은 남녀가 간음이나 도둑질의 죄를 범하면, 법리상 용서할 수 없으며 의리상 결합할 수 없다. 남자가 범하면 여자가 다른 데로 시집가는 것을 허락하고 혼인 예물을 추징하지 않으며, 여자가 범하면 남자가 다른 데로 장가드는 것을 허락하고 혼인 예물을 추징하여 돌려준다. 일방적으로 정혼 의사를 철회하여 다시 혼인하는 것의 범위에 들지 않으므로 이 율을 적용하지 않는다고 한 것이다.〔其已聘定 而未成婚之男女 有犯姦盜者 則法不可容 義不可合 男子有犯者 聽女別嫁 女子有犯者 聽男別娶 不在輒悔再婚之限 故曰不用此律〕《집설 권3 46장》〔男子有犯姦盜者 聽其別嫁 不追財禮 女子有犯姦盜者 聽其別娶 追還財禮〕《소의(상) 425쪽》

23 장 80이고 : 일을 혼주가 주도한 것이므로 혼주만 처벌하고 서로 만난 남녀는 논죄하지 않는다.〔律不言妄冒相見人之罪 以事由主婚 罪當獨坐 應勿論也〕《집주(상) 254쪽》

24 혼인을……돌려준다 : 거짓으로 속이면 장 80이라 하였으나, 성혼하였는지 아직 성혼하지 않았는지를 나누지 않았다. 《집설》에 따르면, 이미 성혼하였으면 그대로 본율에 따라 과죄

매로 하여금 거짓으로 속여 남자와 서로 만나 보게 하고 후에 다시 잔질인 여자로 성혼시키는 따위이다.-[25] **남자 집에서 거짓으로 속이면 1등급을 더하며,**[26] **혼인 예물을 추징하지 않는다.**-이를테면, 가령 친아들과 정혼하고서 다시 의붓아들과 성혼시키거나, 또는 남자가 잔질이 있는데 그 남자의 형제로 하여금 거짓으로 속여 여자와 서로 만나 보게 하고 후에 다시 잔질인 남자로 성혼시키는 따위이다.-[27] **아직 성혼하지 않았으면 원래 정혼한 바에 그대로 따르고,**[28] **성혼하였으면**[29] **이**

하고 이혼시키며, 아직 성혼하지 않았으면 원래 정혼한 바에 따르고 124조 가취위율주혼매인죄(嫁娶違律主婚媒人罪)에 따라 5등급을 줄여 과죄해야 한다. 107조 남녀혼인(男女婚姻)에서 성혼한 것과 아직 성혼하지 않은 것을 구별하여 죄를 정한 것은 그에 따라 과단하고, 성혼한 것과 아직 성혼하지 않은 것을 구별하여 말하지 않았으면 124조에 따라 과단한다. 모든 죄는 혼주에게 주는데, 혹시 일을 혼인 당사자인 남녀가 주도하였다면, 남녀를 수범으로 하고 혼주를 종범으로 한다. 이 뒤도 이와 같다.〔妄冒一節 總言杖八十 不分已未成婚 愚謂 已成婚者 固依本律坐罪 仍令離異矣 若未成婚 而依仍{仍依}原定者 還當照嫁娶違{者}律條 減五等科之 大率婚姻律條中 分別已未成婚定罪者 當依本條科斷 不言已未成婚者 當依嫁娶違律條科斷 及凡罪俱坐主婚人 或事由男女 則男女爲首 主婚爲從 後倣此〕《집설 권3 49장》

25 이를테면……따위이다 : 거짓으로 속이는 것에 대해, 율주에서는 오로지 다른 사람이 거짓으로 속이는 것만 가리켜 예로 들었으나 본인이 속이는 것도 그 정상이 같다. 예컨대 나이가 어린데 장성하였다고 하거나, 늙었는데 장정(壯丁)이라고 하거나, 은밀한 질병이 있는데 숨겨 없다고 하거나, 서자・걸양・과방인데 적자・친자라 하는 따위가 이에 해당한다.〔妄冒者 註內獨指以人妄冒之事爲例 以後有仍依原定之法也 然亦有不以人妄冒者 如本尙幼少而詐言長 本已老邁而假言壯 本有隱疾而諱言無 及係庶養過房之子 而指爲嫡子親子之類 亦是 卽以本人妄冒 與指他人妄冒 其情一也〕《집주(상) 253쪽》

26 남자……더하며 : 여자가 속이면 남자는 그래도 다시 장가들 수 있으나, 남자가 속이면 여자는 정조를 잃게 되므로 처벌 등급을 더하는 것이다.〔蓋女雖妄冒 男尤可再娶 男若妄冒 其女遂至失身 其加等宜也〕《집해 648쪽》 만약 양가에서 통지할 때 여자 집에서 속이면, 남자는 그래도 이혼하여 내치는 조항이 있으므로, 여자 집 혼주는 장 80이고 혼인 예물을 추징하여 돌려준다. 그러나 남자 집에서 속이면, 여자는 장차 평생의 한을 품게 되므로, 남자 집 혼주는 장 90이고 혼인 예물을 추징하지 않는다.〔若兩家通知 而女家妄冒 其男猶有離出之條 故杖八十 追還財禮 男家妄冒 則其女將抱終身之恨矣 故杖九十 不追財禮〕《쇄언 148쪽》

27 이를테면……따위이다 : 율주에서는 한두 가지만 들어 예로 삼았으나, 나머지는 유추할 수 있다.〔妄冒之情不一 註但擧一二端以爲例 餘可類推 非必如註所云始爲妄冒也〕《집주(상) 251쪽》

28 원래……따르고 : 속였을 때 만난 남녀를 성혼시키는 것을 이른다. 그러나 만약 속였을 때 만난 자가 먼저 다른 사람과 정혼하였거나 혼인하였으면 그러한 사정을 헤아려 처리해야지, 율문의 자구(字句)에 얽매여서는 안 된다.〔仍依原定 謂依原冒妄相見之男女成婚 然使妄

혼하게 한다.

107-7 혼인하기로 하면 비록 이미 혼인 예물을 들였을지라도 기약[30]한 날이 되지 않았는데 남자 집에서 강제로 아내로 삼거나, 기약한 날이 이르렀는데 여자 집에서 고의로 기일을 어기면 모두 혼주는 태 50이다.

107-8 비유(卑幼)가 외지에서 벼슬을 하거나 장사를 할 때, 그의 조부모·부모·백숙 부모·고모·형·누나[31]가 나중에[32] 정혼하였는데, 비유가 스스로 장가들어 성혼하였으면[33] 그대로 혼인한 채로 두고,[34] 아직 성혼하지 않았으면 존장(尊長)이 정한 바에 따른다.[35] 어기면 장 80이다.[36]

冒相見者 或先已許聘 或先已婚娶 則當斟酌處之 不可執泥〕《집설 권3 49장》

29 성혼하였으면 : 《집주》는 124조 가취위율주혼매인죄(嫁娶違律主婚媒人罪)에서 "아직 성혼하지 않았으면 각각 이미 성혼한 죄에서 5등급을 줄인다."라고 하였으므로, 여기서 '거짓으로 속였으나 아직 성혼하지 않은 것' 역시 이미 성혼한 경우에서 5등급을 줄여 과죄해야 한다고 보았다. 124조를 보면, 모두 이미 성혼한 죄를 가리키고 아직 성혼하지 않은 경우는 말하지 않는데, 이는 5등급을 줄인다는 통례가 뒤에 있기 때문이므로, 거짓으로 속인 것도 이 통례를 따라야 한다는 것이다.〔按 後嫁娶違律條內 未成婚者 各減已成婚罪五等 是科嫁娶違律之通例 此妄冒未成婚者 亦當減五等科之 或謂 悔婚再許者 未成婚 止輕于已成婚一等 妄冒者 律不分言 不論已未成婚 竝依本律 非也 妄冒爲婚 正嫁娶中事也 悔婚乃一家悖盟 非嫁娶中事也 故特著輒悔笞五十 再許杖七十 成婚杖八十之法 原與妄冒不同 豈可比例 觀各條嫁娶違律者 皆指已成婚之罪 不言未成婚者 以有減五等之通例在後也 豈妄冒者 獨無分別 而不依此例乎〕《집주(상) 253~254쪽》《집해》도 성혼한 경우에서 5등급을 줄인다고 하였다.〔未成婚者 各減已成婚五等〕《집해 647쪽》

30 기약 : 기(期)는 남녀가 서로 성혼하는 기일이고, 약(約)은 양쪽 집에서 일정한 때에 혼인할 것을 약속하는 것이다.〔期 謂男女相應成婚之期 約者 兩家相約婚姻以時者也〕《집설 권3 50장》

31 조부모……누나 : 이 밖의 존장 친속은 이 범위에 들지 않는다.〔若其餘尊長親屬 不在此限〕《집주(상) 254쪽》

32 나중에 : 비유가 벼슬이나 장사를 하러 나간 뒤이다.〔後爲定婚 後字 謂卑幼出仕爲商之後 非謂卑幼聘娶在先 尊長定婚在後也〕《집설 권3 50장》

33 비유가……성혼하였으면 : 비유가 지방에 있어서 조부모·부모 등이 정혼한 실정을 모르는 상황이다.〔在外 不知其情〕《집설 권3 47장》

34 그대로……두고 : 존장이 정혼한 여자는 다른 데로 시집가도록 한다.〔尊長所定之女 聽其別嫁〕《집해 649쪽》

35 아직……따른다 : 비유가 정혼한 여자는 다른 데로 시집가도록 한다.〔自聘者 從其別嫁〕

직해 남녀가 정혼하는 초기에 만일 잔질이거나 노약하거나[37] 첩의 자식이거나[38] 수양자식이거나 한 사실을 양가가 자세히 서로 알려서 각각 원하는 바에 따라 혼서를 서로 보내고 법례(法例)에 따라 일족을 이룬다. 여자 집이 혼서를 일찍이 보내거나 사사로이 약속하고 혼인할 때가 되어 즉시 응대하지 않으면 태 50이다. 혼서를 보내지 않아도 혼인 예물을 받으면 죄가 같다.

○ 혼례를 이미 정하고 다시 다른 사람으로 바꾸어 시집보내려고 꾀하다가

《집해 649쪽》 만약 할아버지・아버지 등의 존장이 밖에 나가 있고 비유가 집에 있는데 양쪽에서 정혼을 해도 역시 이 율에 따른다.〔若祖父尊長出外 卑幼在家 兩有聘定者 亦依此斷〕《집주(상) 251쪽》

36 어기면 장 80이다 : 이 경우는 비유만 처벌 대상이 된다는 설이 많으나, 《집주》는 비유뿐 아니라 혼주도 장 80으로 처벌하는 것으로 보았다. 아들・손자 등의 비유는 할아버지・아버지 등 존장의 명을 듣기 때문에 자신의 사사로운 뜻을 따를 수 없다는 것이다. 여기서 어긴다고 한 것은 앞의 두 항을 받아서 말한 것으로, 성혼하였는데 존장이 혼인하게 하지 않거나, 아직 성혼하지 않았는데 존장이 정한 바에 따르지 않으면 모두 장 80이다.〔本條各罪 或應獨坐主婚 或應男女與主婚分首從 皆依後嫁娶違律條之例 末節 違者 杖八十 應坐主婚者也 諸書皆謂 如違尊長所定 務從己所定者 卑幼杖八十 非也 子孫卑幼 聽命于祖父尊長 豈容徇其私意 況此違者 承上兩項言 謂已成婚者 不令爲婚 未成婚者 不從尊長所定 竝杖八十也〕《집주(상) 254쪽》 아버지가 주도하여 다른 사람에게 혼인을 허락한 뒤, 아버지가 멀리 나간 틈을 타 여자가 스스로 다른 데 시집가면 362조 자손위범교령(子孫違犯敎令)으로 처벌한다.〔女先由父許人 後因父遠出 女遂自婚別嫁 依違犯敎令〕《會解》 혼인 예물로써 정혼하고 아직 성혼하지 않은 남녀가 사사로이 통간(通姦)한 경우, 조부모・부모가 있으면 362조 자손위범교령으로 처벌하고, 없으면 410조 불응위(不應爲)로 처벌하며 390조 범간(犯姦)으로 논할 수는 없다. 혼인 예물을 받았으나 아직 혼인하지 않은 여자가 정혼한 남자의 친속과 간음을 범하면, 친속과의 간음(④ 392 親屬相姦)이 아니라 일반적인 간음으로 논해야 한다. 예에 반드시 성혼하여 남편 조상의 사당에 배알(拜謁)한 뒤에야 비로소 부(婦)라 칭할 수 있으며 아직 성혼하지 않았으면 부도(婦道)로써 책임 지울 수 없다.〔已聘定未成婚之男女 私下通姦 有祖父母父母 依違犯敎令 無者 依不應 不得以姦論也 已受聘未娶之女 與夫親屬犯姦 應依凡論 或謂卽依親屬者 非也 禮必成婚廟見之後 始得稱婦 未成婚者 固不得以婦道責之也〕《집주(상) 254~255쪽》

37 노약하거나 : 원문의 노약(老弱)이 노유(老幼)의 잘못이라면 '늙은이 또는 어린이거나'로 번역할 수 있다.

38 첩의 자식이거나 : 율문의 서출(庶出)이 직해에서는 첩처자식(妾妻子息)으로 반영되어 있다. '첩의 자식(妾矣 子息)'의 잘못일 가능성이 크지만, 첩을 첩처(妾妻)로 표현한 경우도 있어서(② 111 居喪嫁娶 ② 114 尊卑爲婚 등) 오류라고 단정하기도 어렵다.

아직 성혼하지 않았으면 장 70이고,
(○) 이미 성혼하였으면 장 80이다.
○ 다른 사람에게 정혼하였는데 나중에 빼앗아 혼인한 사람은, 실정을 알았으면 죄가 같고 혼인 예물은 관에 몰수한다. 실정을 몰랐으면 처벌하지 않고 혼인 예물은 원래대로 추징하여 돌려준다. 여자는 전남편에게 돌려보내되, 전남편이 원하지 않으면 혼인 예물을 원래대로 추징하여 돌려주고 그 여자는 후남편에게 준다. 남자 집도 일찍이 약정한 후 혼인할 때가 되어 따르지 않으면 죄가 같고 혼인 예물은 추징하지 않는다.
(○) 비록 언약이 정해졌어도 성혼 전에 남자가 도둑질하거나 여자가 간음하면 이 율을 적용하지 않는다.
○ 여자가 잔질이 있는데 그 자매로 하여금 속여 서로 만나 보게 하고 그 후 잔질인 여자로써 성혼시키면 장 80이고 혼인 예물은 원래대로 추징하여 돌려준다. 처음에 친아들로써 정혼하고 그 후 의붓아들로써 성혼시키거나, 친아들이 잔질이 있는데 그 형이나 아우로 하여금 서로 만나 보게 하고 그 후 잔질인 아들로써 성혼시키면, 1등급을 더하여 과죄하고 혼인 예물은 추징하지 않는다. 아직 성혼하지 않았으면, 처음 언약할 때 서로 만나 보게 한 잔질 없는 자매나 친아들 등의 본인으로 하여금 짝을 이루게 하고, 속여서 이미 짝을 이루었으면 이혼시킨다.
(○) 혼인을 맺기로 이미 정하고 혼인 예물을 이미 보냈더라도 혼례 날이 아직 이르지 않았는데 남자가 먼저 와서 강제로 장가들거나, 혼례 날이 이미 이르렀는데도 여자 집이 다른 핑계를 대며 기일을 어기면, 모두 태 50이다.
(○) 아들·손자·아우·조카 등이 벼슬하러 외지에 나가거나 장사하러 외지에 나가 있고 조부모·부모·백숙 부모·고모·이모·형 등이 이미 정혼하였는데, 아들·손자·아우·조카 등이 타지에서 이미 성혼하였으면 그대로 혼인시키고, 아직 성혼하지 않았으면 조부모·부모 및 존장 등이 정혼한 곳으로써 성혼시킨다. 이를 어기면 장 80이다.

해설

남녀가 혼인할 때 마땅히 지켜야 할 바를 말한 조문이다. 남녀의 혼인은 시작을 신중히 해야 하므로 정혼(定婚)하는 초기에 남녀가 질병·불구·나이가 걸맞지 않음, 서자·양자·의붓자식 등에 해당되는 것이 있으면 양가는 명백히 통지해야 하고, 혼인하기로 하였으면 예법에 따라 혼례를 치러야 한다고 하였다. 혼인하기로 한 남녀는 간음이나 도적질을 해서는 안 되고, 상대를 속여서 혼인해서도 안 되며, 혼인을 약속한 기일을 어겨서도 안 된다는 점을 명시하였다. 이 조는 혼인 관련 범죄에 대한 통례(通例)인 124조 가취위율주혼매인죄(嫁娶違律主婚媒人罪)와 관련지어 볼 필요가 있다.

●●●

명대의 혼인 제도

명대의 혼인 제도는 당·송대의 혼인 제도를 기반으로, 품관(品官)과 서인(庶人)에 이르기까지 일부일처(一夫一妻)의 빙취혼제(聘娶婚制)이며, 빙례(聘禮)·혼인 대상·연한(年限) 등이 엄격하게 규정되었다. 엄격한 혼인 제도를 명확하게 운영하기 위해 혼인의 모든 절차에 관련 문서가 있으며, 이를 통해 상대 집안에 단자(單子) 등으로 통지한다. 홍무제는 즉위 초에 원 말의 혼란스러운 사회 풍속을 단속하기 위해 우선적으로 혼인 제도를 정비하고 이를 강력히 시행하였다.《明太祖實錄 洪武元年 12月 7日, 1年 2月 11日》 납첩(納妾)에 구체적인 금지 사항은 없었지만, 원칙상 일부일처제를 채택하여 첩은 정처(正妻)에 속하지 못하였다. 명대 혼인은 의례적인 측면과 경제적인 측면이 중시되었는데, 혼인이 호구(戶口)와 밀접하게 연관되었기 때문이다. 사회 문제가 될 수 있었던 축첩(蓄妾)은 엄격하게 제한하였고, 동성(同姓) 및 존비 친속(尊卑親屬) 사이에 서로 혼인하는 것을 금지하여, 이를 어기면 상헌(常憲)으로 다스렸다.《회전 권20 婚姻》

혼인은 엄격한 신분에 따라 황실로부터 민간에 이르기까지 구분되었다. 품관의 혼인에 대해서는 1370년(홍무3)에 제정되었는데, 일명 빙부(聘婦)라고 하여 신부 집에 통서(通書)를 보내고, 이어 육례(六禮)를 행한 뒤 신부를 신랑 집으로 데려오는 등의 절차가 있었다. 그 절차는 납채(納采), 납길(納吉), 납징(納徵), 청기(請期), 친영(親迎), 동뢰(同牢), 묘현(廟見), 현구고(見舅姑), 관궤(盥饋), 구향장부(舅饗丈夫), 고향부인(姑饗婦人) 등이다. 《회전 권71 品官納婦》

민간의 가취(嫁娶)에 대해서는 1368년에 제정되었으며, 주희(朱熹)의 《가례(家禮)》에 의거하여 시행되었다. 1370년에 남자는 16세, 여자는 14세 이상이 되어야 혼인이 가능하도록 정하였다. 절차는 통언(通言), 신부 집안의 허락, 납채납폐(納采納幣), 성복친영(盛服親迎), 주혼자(主婚者)의 예빈(禮賓), 신부의 시댁 조녜(祖禰)와 구고현례(舅姑見禮), 신랑의 처부모 현례(見禮) 등이 있었다. 《회전 권71 品官納婦》《대명회전》은 납첩을 명례율로 인식하여, 친왕(親王)·세자(世子)·군왕(群王), 장자(長子)·장군(將軍)·중위(中尉)·서인(庶人) 등으로 구분하여 납첩하는 기준을 제시하고 이를 준행하지 않으면 처벌하였다.

관리가 혼인에 관련된 일로 사송(詞訟)이 벌어지면 해당 집안의 사람이 관에 고하여 사송을 처리하도록 하고 관리가 지위를 이용하여 사송에 영향을 미치려고 공문을 행이(行移)하는 것을 허락하지 않았다. 《회전 권169 官吏詞訟家人訴》

민족 간 결혼에 대해서 일반인의 정서를 반영하여 몽골인·색목인이 한인을 칭하여 한족 여성과 결혼하는 것을 금지하였으나, 전국을 통일한 이후인 1372년에는 여러 곳에 산재한 몽골인·색목인이 한인의 여자를 맞이하여 결혼하는 것을 허가하여 몽골인·색목인 상호 간에 혼인하여 민족 특성을 유지하는 것을 방지하고자 하였다. 이를 어기면 남녀 두 집안을 관에 노비로 몰수하였으며, 황제의 허가를 받은 색목인은 이 제한에 적용되지 않았다. 《회전 권20 婚姻》

108
처나 첩을 전고함[1]
典雇妻妾

108-1 재물을 받고 처나 첩을 전고(典雇)[2]하여 타인의 처・첩이 되게 하면 장 80이다. 딸을 전고하면 장 60이다.[3] 전고된 부인이나 딸은 처벌하지

1 처나 첩을 전고함 : 《대명률직해》의 여러 이본과 《고경》에는 조문명이 전고처첩(典雇妻妾)으로 표기되어 있는데 《강해》・《부례》・《집설》・《집해》 등의 주석서에서는 전고처녀(典雇妻女)로 바뀌었다.

2 전고(典雇) : 돈을 받고 전당물을 일시적으로 양도하되 돈을 준비하여 갚으면 전당 잡힌 물건을 되찾을 수 있는 것을 전(典)이라 하고, 물건을 빌려 사용하면서 날짜를 계산하여 사용료를 받는 것을 고(雇)라고 한다.〔典雇二字有分別 備價取贖曰典 驗日取値曰雇〕《집해 650쪽》 갑은 현재 자금이 필요한데 전당 잡힐 물건, 가령 전지(田地)가 있고, 을은 여유 돈이 있다고 치자. 그리고 갑이 을에게 돈의 융통을 요청한다고 하자. 을이 100만 원을 갑에게 빌려주고, 가령 1년을 기한으로 하여 전당물인 전지를 사용・수익하되, 갑이 1년 후에 원래 빌린 100만 원 곧 원가를 반환하면, 을은 전당물을 반환하여야 한다. 이런 거래가 전(典)이다.〔典者如典田典屋之類 以價易去 而原價取贖〕《소의(상) 429쪽》 ② 101 典買田宅 사람이 노무 제공을 계약 목적으로 삼되, 날짜를 계산하여 노무의 대가를 받는 거래가 고(雇)이다.〔典雇二字有分別 備價取贖曰典 驗日取値曰雇〕《집해 650쪽》 전의 객체는 대개 동산이나 부동산이고, 고의 객체는 대개 돈으로 계산이 가능한 노무, 예컨대 씨 뿌리기, 밭갈기, 배로 짐 나르기 같은 일이다. 이 조문에서 전고처첩(典雇妻妾)이란 돈을 받고서 자신의 처・첩을 일정 기간 타인에게 빌려주고 나중에 돈을 되돌려 주고 찾아오는 것이거나, 처・첩을 남에게 고용시키고 매일 돈을 받는 것을 이른다. 전고의 기간 동안 자신의 처・첩・딸을 타인의 처・첩이 되게 하는 것은 비정상적인 계약이지만,〔敗倫而傷化〕《소의(상) 430쪽》 극심한 가난과 가부장적인 가족 제도가 처・첩・딸을 전고하는 사태를 유발한 것으로 보인다. 《대명률》의 입법자는 처・첩・딸을 전고하는 것을 인륜에 반하는 행동으로 평가하여 이 조문을 설치하여 금지하였다. 《언해 권9 10장》 전고라는 용어는 당률에는 등장하지 않으며, 《원사(元史)》 〈형법지(刑法志)〉에 처음 보인다. 처・첩・딸을 남에게 전고하여 처・첩이 되게 하는 게 아니라 복역(服役)하게 하는 것은 이 율의 적용 대상이 아니다.〔今之貧民 將妻女典雇與人服役者甚多 不在此限〕《집주(상) 257쪽》

3 딸을……60이다 : 처・첩을 전고하면 정절을 잃게 되는 것이지만, 딸은 혹 집에 돌아가지 못해도 그 집에서 계속 살 수 있으므로, 죄에 경중이 있는 것이다.〔妻妾典雇 斯爲失節 女或不歸 猶可終身 故罪有輕重如此〕《집설 권3 50장》《전석》 등 여러 주석서에서 딸을 가볍게 처벌하는 이유에 대해 한 남편을 죽을 때까지 따를 수 있기 때문이라고 하였으나, 《집주》

않는다.[4]

108-2 처나 첩을 누이라고 속여 타인에게 시집보내면[5] 장 100이다.[6] 그 처·첩은 장 80이다.[7]

108-3 알고도 전고하거나 장가들면[8] 각각 더불어 같은 죄이다.[9] 모두 이혼시키고,[10] 혼인 예물은 관에 들인다. 몰랐으면 처벌하지 않으며,[11] 혼인

에서는 이혼시키는 규정이 있는 것을 근거로 하여 이 설을 비판하였다.〔箋釋諸書謂 典雇女者 猶可從一而終 故減二等 此解甚謬 後明有離異之法 豈得云從一而終耶〕《집주(상) 257쪽》

4 전고된……않는다 : 전고된 부인이나 딸은 자신이 원한 것이 아니므로 처벌하지 않는다.〔其所典雇之婦女 非所得專 故不坐罪〕《집설 권3 50장》

5 처나……시집보내면 : 처나 첩은 다른 사람에게 시집보낼 수 없음을 스스로 알기 때문에 누이라고 속여 돈이나 재물을 받고 팔아넘긴 죄를 피하려는 것이거나, 또한 자신의 처·첩이 아니라고 하면서 다른 사람을 속여 그로 하여금 부인으로 맞이할 수 있도록 하려는 것이다.〔妄作姊妹嫁人有兩意 在本夫自知妻妾不可嫁人 故妄作姊妹以避賣休之罪 又誑人使知其非妻妾而可娶也〕《집해 650쪽》 자기 처나 첩을 남에게 파는 행위에 대해서는 매휴율(賣休律)(④ 391 縱容妻妾犯姦), 약매율(略賣律)(③ 298 略人略賣人)에도 관련 규정이 있다. 자기 처나 첩을 누이라고 속여서 남에게 시집보내는 것이므로 〈호율 혼인〉에 들어 있다.〔直以妻妾嫁人 則有賣休律 略誘和誘妻妾賣人 則有略賣律 此妄作姊妹嫁人 故入婚姻門中〕《집주(상) 257쪽》

6 장 100이다 : 사칭을 징계하는 것이다.〔本夫杖一百 懲其詐冒也〕《집설 권3 50장》

7 그……80이다 : 결탁함을 미워하는 것이다.〔所嫁之妻妾杖八十 惡其通同也〕《집설 권3 50장》

8 알고도 전고하거나 장가들면 : 위의 두 구절을 모두 받는다. 전(典) 자는 고(雇) 자를 포함한다. 취(娶) 자는 망작자매(妄作姊妹)를 가리킨다.〔知而典娶節 總承二節 典字包雇字言 娶指妄作姊妹節〕《집해 651쪽》

9 각각……죄이다 : 남의 처나 첩을 전고하면 본남편과 마찬가지로 장 80이고, 남의 딸을 전고하면 그 아버지와 마찬가지로 장 60이며, 다른 사람이 자신의 누이라고 속인 처나 첩에게 장가들면 본남편과 마찬가지로 장 100이다.〔典雇人妻妾者 同本夫杖八十 典雇人女者 同本父杖六十 娶人妄作姊妹之妻妾者 同本夫杖一百〕《집해 652~653쪽》

10 모두 이혼시키고 : 처나 첩은 본남편에게 돌려보내지 않고 또한 후남편에게도 주지 않으며 친정으로 돌려보낸다. 딸은 본디 부모에게 돌려보낸다.〔竝離異謂妻妾歸宗 旣不歸本夫 亦不與後夫也 女仍歸其本父〕《집설 권3 51장》

11 몰랐으면 처벌하지 않으며 : 《집해》는 율문의 부지자부좌(不知者不坐)가 1항과 2항에 모두 적용된다고 보았으나〔不知者不坐 指典娶人〕《집해 651쪽》 《집주》는 전고의 경우 몰랐을 가능성이 없으므로 2항에만 적용된다고 보았다.〔典雇原無妄冒之情 應無不知之理 蓋典雇以爲妻妾 卽屬違例之事 應同犯人之罪 與知情娶者不同 本文雖貫知字于上典娶竝言 而知不知

예물은 추징하여 돌려준다.[12]

직해 처나 첩을 재물을 받고 다른 사람에게 주어 처・첩이 되게 하면 장 80이며, 자기의 딸을 재물을 받아 쓰고 다른 사람에게 전매(典賣)하면 장 80이다. 부인이나 딸은 처벌하지 않는다.

○ 자기 처나 첩을 거짓으로 칭하여 누이라고 하여 다른 사람에게 시집가게 하면 장 100이고, 그 처・첩은 장 80이다.

(○) 사정을 알고서 혼인한 사람도 같은 죄이다. 모두 이혼시키되 재물은 관에 몰수하고, 사정을 모른 자는 논죄하지 않는다.

해설

부부 사이에 지켜야 할 올바른 도리에 대해 말한 조문이다. 처나 첩은 정식 배우자가 있고 딸은 예법에 맞게 혼인을 해야 하는데, 만약 처・첩・딸을 전당 잡혀 남에게 시집보내거나 처나 첩을 누이라고 속여 시집보내면 인륜을 망치고 사회의 도덕과 기강을 무너뜨리는 것이 된다. 처나 첩을 전당 잡히는 전고(典雇)라는 용어는 당률에는 등장하지 않으며, 《원사(元史)》〈형법지(刑法志)〉에 처음 나온다.

則止指娶者言 典無不知可言也〕《집주(상) 256~257쪽》 처벌은 하지 않으나 이혼은 시킨다.〔仍離異〕《청률 典雇妻妾》

12 혼인……돌려준다 : 이 부분은 직해하지 않았다.

109
처와 첩의 차례를 잃음
妻妾失序

109-1 처를 첩으로 삼으면 장 100이다.[1] 처가 있는데 첩을 처로 삼으면[2] 장 90이다.[3] 모두 고쳐 바로잡는다.[4]

109-2 처가 있는데 다시 처를 맞이하면 또한 장 90이고,[5] 이혼시킨다.[6] 민

1 처를……100이다 : 처(妻)는 제(齊)이니 남편과 한 몸이 되는 사람이고, 첩(妾)은 접(接)이니 겨우 접견만 할 수 있을 뿐이다. 귀함과 천함이 본래 정해진 분수가 있어 바꿀 수 없다.〔妻者 齊也 與夫齊體之人 妾者 接也 僅得接見而已 其貴賤自有定分 豈可易哉 故以妻爲妾者 杖一百〕《석의 권6 4장》 처를 첩으로 삼는 것은 예의의 등급을 거스르며 신분이나 지위에 걸맞은 올바름으로 대우하지 않는 것이므로 본남편은 장 100이다.〔謂抑其禮秩而不待之以敵體之義也 是使貴而處賤矣 故本夫杖一百〕《집설 권3 52장》

2 처가……삼으면 : 아직 성혼하지 않았으면 124조 가취위율주혼매인죄(嫁娶違律主婚媒人罪)에 비추어 5등급을 줄여 과죄(科罪)한다.〔有妻娶妻 未成婚者 照嫁娶違律條 減等科之〕《집설 권3 53장》

3 장 90이다 : 총애하는 첩을 적처와 대등한 예(禮)로 높이는 것이므로 본남편은 장 90이다.〔謂嬖其私暱 從而尊之 以竝嫡之禮者 是使賤而踰貴矣 故本夫杖九十〕《집설 권3 52장》 처가 있는데 첩을 처로 삼으면, 본래의 처는 여전히 처로 있는 것이므로 처를 첩으로 삼은 죄보다 조금 가볍다.〔妻在以妾爲妻 是妻仍爲妻也 故比以妻爲妾之罪 稍輕〕《집주(상) 259쪽》

4 모두 고쳐 바로잡는다 : 죄를 다스리고 나서 처는 그대로 처로 있게 하고, 첩은 그대로 첩으로 있게 한다.〔旣治其罪 必使妻仍爲妻 妾仍爲妾 故曰改正〕《소의(상) 431쪽》 이 율에 따라 이혼해야 하는데 아직 이혼하지 않은 여자가 남편의 친속에게 죄를 범하면 정처(正妻)로 논하는가, 일반인으로 논하는가의 문제에 대해 《이학지남(吏學指南)》은 부당한 혼인을 한 일이 발각된 뒤면 일반인으로 논하고, 일이 발각되기 전이면 정처로 논한다고 보았으나, 《집주》는 이 설을 비판하고, 두 경우 모두 정처로 논할 수 없으며 경우에 따라 첩으로 논하거나 일반인으로 논한다고 보았다.〔指南謂 有妻再娶後妻 于應離未離之間 犯夫之尊長親屬者 如事發應離 當以凡論 如事未發 在家完聚而犯 一依正妻擬罪 此說似是而實非也 婦人之義 從夫輕重 未得遂爲是人之妻 卽不得以是人之親爲親也 旣係違律之事 便是應離之人 豈可以未發之日 遂以正妻待之乎 犯尊長依正妻論 犯卑幼亦可以正妻論乎 似當比照妾論 或以凡論 當隨事酌處 不可泥也〕《집주(상) 259쪽》

5 처가……90이고 : 처가 있는데 첩을 처로 삼는 것과 실정이 마찬가지이므로 죄가 또한 같다〔有妻而更娶妻 與妻在以妾爲妻 其情同也 故其罪亦同〕《집주(상) 259쪽》

(民)[7]의 나이가 40 이상이면서 아들이 없으면 첩을 맞이하도록 해 준다.[8] 어기면 태 40이다.[9]

직해 적처(嫡妻)를 첩으로 삼으면 장 100이다. 적처가 살아 있는데 첩을 처로 삼으면 장 90이고, 모두 고쳐서 바로잡는다.

○ 정처(正妻)가 있는데 다른 처를 다시 맞이하면 장 90이고 이혼시킨다. 나이가 40이 되도록 자식이 없어야만 첩을 얻는 것을 허락한다. 이를 어기면 태 40이다.

해설

적처를 존중해야 한다는 내용의 조문이다. 처와 첩은 귀천의 정해진 명분이 있어서 바꿀 수 없으므로 만약 처를 첩으로 삼고 첩을 처로 삼으면 예(禮)의 상법(常法)을 어지럽힌 것이 된다. 단, 비(婢)가 아들을 낳았거나

6 이혼시킨다 : 배우자가 두 명으로 올바른 도리가 아니다. 그러나 정처의 직분은 여전히 유지되므로 본남편은 장 90이고, 뒤에 맞이한 처는 반드시 이혼하도록 하여 친정으로 돌려보낸다.〔是竝耦匹嫡 非天地之義也 然正妻之分猶存 故本夫亦杖九十 後娶之妻斷令離異 歸宗〕《집설 권3 52장》

7 민(民) : 이 조문은 범(凡) 자로 시작함으로써 관과 민을 통틀어 말하였으나, 취첩(娶妾)에 관한 조문에서는 민이라고 말하였으므로 관원에 대해서는 이 규정을 적용하지 않음을 알 수 있다. 생원·이전(吏典)·지인(知印)·승차(承差)는 모두 민으로 논한다.〔觀妻妾失序用一凡字起 則通官民可知 直至娶妾一款 方說出民來 則知官員又不在此限 凡生員吏典知印承差皆以民論〕《집설 권3 53장》

8 민(民)의……준다 : 뒤를 이을 아들이 없는 것은 가장 큰 불효이다. 그러므로 민의 나이가 40 이상이면서 처가 아들을 낳지 못하였으면 첩을 맞이할 수 있다.〔不孝有三 無後爲大 故民年四十以上 其妻不曾生子者 得娶妾〕《석의 권6 4장》

9 나이가……40이다 : 나이가 40 이상이지만 아들이 있거나, 아들은 없으나 나이가 40이 되지 않았으면 모두 첩을 맞이할 수 없다.〔笞四十有兩意 謂年四十而有子 雖無子而年未四十均之不許娶妾也〕《집해 655쪽》 처가 있는데 다시 처를 맞이하면 이는 적처(嫡妻)가 둘이 되어 법률에 어긋나 장 90이지만, 첩을 취하는 것은 명분에 무방하므로 태 40으로 처벌하는 데 그치는 것이다. 율문에서 이혼을 말하지 않고 그대로 첩으로 삼는 것을 들어준 것은 후사가 없음을 중히 여긴 것이다.〔蓋更娶妻者 是匹嫡而違律 娶妾於分猶無妨也 故止坐以笞耳 律不言離異 仍聽爲妾 重無後也〕《집해 657쪽》

양인(良人)이 되었으면 첩으로 삼는 것을 허용하였다. 당률에서는 첩을 처로 삼은 경우뿐만 아니라 비(婢)를 처나 첩으로 삼은 경우에 대해 모두 처벌 규정을 두었으며, 형량도 명률보다 무거웠다.

110
사위를 쫓아내고 딸을 시집보냄
逐壻嫁女

110-1 사위[1]를 쫓아내고 딸을 시집보내거나 혹은 거듭 사위를 맞으면 혼주는 장 100이다.[2] 딸은 처벌하지 않는다.[3]
110-2 남자 집에서 알고서도 아내로 삼으면 같은 죄[4]이다. 몰랐으면[5] 또한 처벌하지 않는다.[6] 딸은 전남편에게 보내고,[7] 부모 집에서 나와 함께 살

1 사위 : 이때의 사위는 데릴사위이다.〔逐壻之壻 專指入贅者言〕《집해 658쪽》 데릴사위에는 네 가지가 있다. 첫째, 종신토록 처가에서 사는 양로(養老), 둘째, 연한이 차면 본가로 돌아가는 연한(年限), 셋째, 처가와 떨어져 사는 출사(出舍), 넷째, 연한이 차거나 혹은 처가 사망하면 이혼하고 본가로 돌아가는 귀종(歸宗)이다.〔辯疑 謂贅壻有四項 一曰養老 謂終身在妻做活也 二曰年限 謂約以年限與歸宗者 三曰出舍 與妻家析居 四曰歸宗 謂年限以滿或妻亡并離異歸宗者 併錄以備査閱〕《집설 권3 54장》

2 사위를……100이다 : 사위를 도리에 맞지 않게 본가로 돌아가게 하는 것이고, 딸은 절개를 잃게 만드는 것이므로 딸의 부모인 혼주는 장 100이다.〔是旣置壻于不義之歸 而復陷女于失節之地 豈禮之所得爲哉 故女之父或母主婚者 杖一百〕《집설 권3 53장》 사위를 쫓아내기만 하고 딸을 다른 데 시집보내지 않으면 이 규정을 적용하지 않고 410조 불응위(不應爲)를 적용한다.〔曰嫁女 曰再招壻 則但逐壻 而其女未許嫁 未再招者 當酌科不應 不在此限〕《집주(상) 260쪽》

3 딸은 처벌하지 않는다 : 부모가 독단적으로 일을 처리하였기 때문이다.〔以父母專制也〕《집해 658쪽》 만약 딸이 남편을 미워하고 싫어해서 부모와 한통속이 되어 핍박하여 쫓아냈으면 처벌한다.〔雖曰其女不坐 若女有憎嫌 通父母逼逐者 亦應坐之〕《집설 권3 53장》

4 같은 죄 : 나중에 혼인한 남자 집에서 데릴사위를 내쫓은 사유를 알고도 그 딸을 아내로 삼거나 그 여자 집에 들어가 사위가 되면 여자 집과 같게 장 100이다.〔若後婚之男家知其逐壻情由 或娶其女 或再入爲壻者 與女家同 杖一百〕《집해 659쪽》 성혼하지 않았으면 각각 5등급을 줄이며 혼인 예물은 관에 들인다.〔未成婚者各減五等 財禮入官〕《집설 권6 53장》

5 몰랐으면 : 여자 집에 속아 그 데릴사위가 쫓겨난 실정을 알지 못한 것이다.〔不知而娶者 或被女家詐妄 而不知其入贅被逐之情也〕《집설 권3 53장》

6 처벌하지 않는다 : 혼인 예물은 추징하여 남자 집에 돌려준다.〔追還財禮〕《집설 권3 53장》

7 딸은 전남편에게 보내고 : 만약 전남편이 미워하고 싫어해서 함께 살기를 원하지 않으면,

게 한다.[8]

직해 사위를 쫓아내고 다른 사람과 혼인시키거나 사위가 있는데 다른 사람에게 재가시키면 장 100이고 그 딸은 논죄하지 않는다.

(○) 후남편이 실정을 알고서도 처로 맞이하였으면 같은 죄이고, 몰랐으면 논죄하지 않는다. 그 딸을 전남편에게 돌려주고 각자의 집에서 거주하게 한다.

여자 쪽에 보낸 혼인 예물을 추징하여 주고, 본가로 돌아가도록 해 준다.〔雖曰斷付前夫 若前夫憎嫌不願完聚者 量追女家財禮 給與所逐之壻 聽其歸宗〕《집설 권3 53장》 전남편이 재결합을 거부해도 딸은 후남편과 이혼시킨다. 이 점에서 107조 남녀혼인(男女婚姻)의 처리 방식과 다른데, 재가(再嫁)이기 때문이다.〔如前夫以女失節 不願完聚者 量追財禮 其女仍與後夫離異 不得與男女婚姻條 倍追財禮 女從後夫 蓋彼是初婚 此是再嫁也〕《집주(상) 260쪽》

8 부모……한다 : 부부의 정은 비록 단절되지 않았으나 장인과 사위의 의리는 이미 끊어졌기 때문이다.〔蓋夫婦之情雖未離 而翁壻之義則已絕故耳 觀曰前夫而不曰前壻 律之旨嚴哉〕《집설 권3 53장》

111
상중에 시집가거나 장가듦
居喪嫁娶

111-1 부모[1]나 남편의 상중(喪中)에[2] 자신이 스스로[3] 시집가거나 장가들면 장 100이다.[4]

1 부모 : 친모(親母)·생모(生母)·적모(嫡母)·계모(繼母)·자모(慈母)·양모(養母)는 포함되나, 가모(嫁母)·출모(出母)는 강복(降服)되었으므로 포함되지 않는다.《집주(상) 263쪽》《쇄언》은 시부모는 여기 포함되지 않는 것으로 보았으나《집주》는 이를 비판하고 4항에서 부모·시부모·남편의 상중에는 남을 위하여 혼주가 되는 것을 금지하므로 자신이 혼인하는 것도 당연히 금지한다고 하여, 시부모도 여기에 포함되는 것으로 보았다.《집주(상) 263쪽》

2 남편의 상중(喪中)에 : 원문 거부상(居夫喪)의 주어를《집설》·《집주》는 처·첩으로 보았으나〔夫喪兼妻妾言〕《집설 권3 56장》〔別律妻妾率同稱夫 未常分別 此律所重者在居喪 妾與妻同三年之喪 服未滿而卽嫁 豈得不論〕《집주(상) 264쪽》《집해》는 처·첩을 겸할 수 없다고 보았다.〔夫喪不得兼妾說〕《집해 661쪽》 상복도(喪服圖)에서 처는 남편을 부(夫)라고 칭하였고 첩은 가장(家長)이라 칭하여 명백히 구별하였고, 남편은 처를 위해서는 장기(杖期)를 입지만 첩을 위해서는 복을 입지 않으므로 처와 첩을 구별해야 하며, 첩을 처와 같이 여겨 거상가취(居喪嫁娶)의 율로 문책할 수 없다는 것이다.〔按 居夫喪而嫁娶 或謂妻妾同一律論……觀喪服圖 妻則稱夫 妾則稱家長 明有別也 且夫爲妻杖期而妾則無服 安可以妾同妻而責之居喪嫁娶之律哉 若妾願守志而有强嫁之者 斯得用妻之律矣〕《집해 666~667쪽》

3 자신이 스스로 : 스스로 주도하여 행동한 것이고 다른 사람이 혼인을 주관한 것이 아니다.〔身自嫁娶自字謂自身主行 非由人主婚者〕《집설 권3 57장》'자신이 스스로'라고 하였으니 부모의 명령을 받든 것이 아니므로 처벌한다. 만약 부모의 명을 받들어 시집가거나 장가들면 이 규정을 적용하지 않는다.〔身自嫁娶自字要看 日自字以非奉父母之命 故罪之 若奉父母之命而嫁娶者 又不在此限〕《집해 661쪽》《집주》는《집설》·《집해》·《전석》 등의 견해를 비판하고 있다. 1항에서 신자(身自)라고 한 것은 4항에서 위인주혼(爲人主婚)과 대비하기 위한 것이지 주혼자(主婚者)가 따로 없다는 뜻은 아니므로, 주혼자가 따로 있어도 부모 상중에 혼인하면 혼인한 당사자는 이 규정의 적용을 받는다는 것이며, 1항에서 주혼자의 죄를 따로 언급하지 않은 것은 124조 가취위율주혼매인죄(嫁娶違律主婚媒人罪)에서 다루기 때문이라고 하였다.〔首節言身自嫁娶之罪 次節言爲人主婚之罪 身自云者 謂嫁夫娶妻 卽居喪男女之本身 所以別于爲人主婚者 非謂不由主婚之人 男女身自主婚也 箋釋云 非奉主婚之命 故罪之 其解甚謬 按 未後嫁娶違律條 開載獨坐主婚及主婚男女首從法甚明 各條皆以爲例 不復分出主婚男女者 以有此例也 何于居喪嫁娶之事 獨言男女之罪 而不及主婚者耶〕《집주(상) 263쪽》

111-2 남자가 부모의 상중에 첩을 얻거나, 처나 딸이 남편이나 부모의 상중에 타인에게 시집가서 첩이 되면 각각 2등급을 줄인다.[5]

111-3 명부(命婦)[6]로서 남편이 죽고[7] 다시 시집가면 죄가 또한 같으며,[8] 봉작(封爵)을 추탈한다. 모두 이혼시킨다.[9] 실정을 알면서 더불어 혼인하면[10] 각각 5등급을 줄이고,[11] 몰랐으면 처벌하지 않는다.[12]

4 부모나……100이다 : 1항은 십악(十惡) 가운데 일곱 번째인 불효이다. ①2 十惡

5 2등급을 줄인다 : 남자에게는 첩을 맞이하는 것이 정식 혼인이 아니며, 처나 딸에게는 천하게 되는 것이지만 모두 부득이한 사정이 있을 수 있다. 첩을 들이거나 첩이 되는 것은 정식 혼인과 똑같이 처리하기 어려우므로 죄를 감할 수 있는 것이다.〔蓋在男子則娶非正婚 在妻女爲從賤 均或有不得已之情 難同大吉慶之禮 故罪得末減也〕《집설 권3 54장》 조부모 등의 상중에 첩을 들이거나 첩이 되는 것은 처벌하지 않는다.〔至祖父母等喪 則不坐矣〕《집주(상) 264쪽》

6 명부(命婦) : 명대 문무백관의 외명부(外命婦)와 황궁의 내명부(內命婦)를 통칭하는 말이다. 황제의 명을 받은 신료를 명관(命官)이라 지칭한 것에 대응하여 황후의 명을 받은 그 배우자를 명부라 지칭하였다. 명부는 문무백관의 품작(品爵)과 내명부의 품계에 따라 구분되며, 참여하는 의식과 관복이 별도로 지정되었다.《회전 권18 皇太子納妃儀》 궁정의 비빈(妃嬪) 등에게 사여된 것을 내명부, 궁정 밖의 신하의 어머니나 처에게 사여되는 것을 외명부라 한다.

7 명부(命婦)로서 남편이 죽고 : 명부에 대해서는 부상(夫喪)이라 말하지 않고 부망(夫亡)이라고 하여 비록 복상의 기한이 만료되었을지라도 또한 재가할 수 없음을 보였다.〔命婦不言夫喪 而曰夫亡 見雖服滿亦不得再嫁〕《집설 권3 57장》

8 죄가 또한 같으며 : 명부가 다른 사람에게 시집가서 처가 되면 장 100이며, 첩이 되면 장 80이다.〔如嫁爲妻者 亦杖一百 嫁爲妾者 亦杖八十 是也〕《집설 권3 54장》

9 이혼시킨다 : 1~3항 전체를 받아서 말한 것이다. 이혼시키고 본종(本宗)으로 돌려보내며, 성혼하지 않았으면 각각 5등급을 줄인다.〔其居喪嫁娶之人及再嫁之命婦 竝離異歸宗 以上未成婚者 各減五等〕《집해 663쪽》 부모가 살아 있을 때 정혼하여 부모 거상 중에 혼인하면 처벌하되 이혼시키지는 않는다.〔若男女係親在之日定婚 于居喪之時嫁娶 則是有父母之命者 止坐罪 不離異〕《집주(상) 264쪽》

10 실정을……혼인하면 : 부모나 남편 상중에 시집가거나 장가드는 것과 명부의 재가를 모두 받아서 말한 것이다.〔竝離異及知而共爲婚者 通承上說〕《집해 661쪽》

11 실정을……줄이고 : 여자가 거상 중인 집으로 시집가서 처가 되거나 남자가 거상 중인 집에서 처를 맞이하면, 혼주는 장 100에서 5등급을 줄여 태 50이고, 첩이 되거나 첩을 맞이하면 장 80에서 5등급을 줄여 태 30이며, 혼인 예물은 관에 들인다. 그들은 본래 거상 중이 아니므로 다만 예로써 다른 사람을 대하지 못한 것만 책망할 뿐이다.〔其男女家知係居喪及

111-4 조부모·백숙 부모·고모·형·누이의 상중에 시집가거나 장가들면 장 80이다.[13] 첩이면 처벌하지 않는다.[14] [15] 부모나 시부모 또는 남편의 상중인데, 시집가거나 장가갈 수 있는 사람[16]을 위하여 혼주가 되면 장 80이다.[17]

111-5 남편의 복상(服喪) 기간이 만료되어 수절을 원하는데 여자의 조부모나 부모가 아니면서[18] 강제로 시집가게 하면 장 80이고,[19] 기친(期親)이

命婦而共爲婚姻者 主婚人各減五等科罪 如嫁娶爲妻者 笞五十 爲妾者 笞三十 財禮入官 蓋在彼本不居喪 特責其不能以禮處人耳〕《집설 권3 54~55장》 아직 성혼하지 않았으면 124조 가취위율주혼매인죄(嫁娶違律主婚媒人罪)에 따라 5등급을 더 줄이므로 처벌하지 않게 된다.〔若未成婚者 照嫁娶違律法 又應減五等 則減盡無科矣〕《집주(상) 264쪽》

12 몰랐으면 처벌하지 않는다 : 그대로 이혼시키며 혼인 예물은 추징하여 더불어 혼인한 상대에게 돌려준다.〔仍離異 追還財禮〕《집해 664쪽》

13 장 80이다 : 삼년상은 복(服)이 지극히 중하나 기친(期親)의 상은 1등급을 줄이므로 이처럼 죄에 경중이 있다.〔蓋三年之喪 服之至重 而期親之喪則降一等矣 故罪有輕重如此〕《집해 664쪽》 조부모 등의 상중에 처·첩을 취한 것에 대해서는 이혼을 말하지 않았으므로 그대로 혼인하도록 해 준다.〔居祖父母等喪中娶妻妾 不言離異 仍聽爲婚〕《집해 662쪽》

14 첩이면 처벌하지 않는다 : 조부모, 백숙 부모, 고모, 형, 누이의 상중인데 첩을 들이거나 처나 딸이 남에게 시집가서 첩이 되는 것은 모두 처벌하지 않는다.〔謂居祖父母伯叔父母姑兄姊喪而娶妾及妻女嫁人爲妾者 俱不坐罪〕《상해 176쪽》 이혼을 말하지 않았으므로 시집가서 처·첩이 되거나 장가들어 처·첩으로 삼으면 단죄한 후 그대로 혼인하도록 해 준다.〔不言離異 則知嫁娶爲妻爲妾者 斷罪後仍聽爲婚也〕《집설 권3 55장》

15 조부모……않는다 : 거상 중이어서 혼인 당사자가 시집가거나 장가들어서는 안 되는 죄에 대해 말한 것이다.〔此言不應嫁者之罪〕《집해 664쪽》

16 시집가거나……사람 : 예에 거리낌이 없고, 율에서 금하지 않은 것이다.〔曰應嫁娶者 謂于禮無礙 律所不禁者也〕《집주(상) 262쪽》

17 부모나……80이다 : 비록 당사자의 혼인을 금하는 것은 아니나, 혼주는 거상 중이어서 슬픔을 버리고 경사스러움을 따르는 것이 마음에 불편하기 때문이다.

18 여자의……아니면서 : 대공 이하의 오복친(五服親)이다.〔非女之祖父母父母 卽大功以下親〕《집해 662쪽》

19 강제로……80이고 : 남편의 복상 기한이 만료된 처·첩이 수절하기를 원하더라도, 여자의 조부모나 부모가 딸이 의탁할 곳이 없을까 두려워하여 가정을 이루기를 원하여 강제로 시집보내면, 처벌하지 않는다. 그러나 여자의 조부모나 부모가 아닌 자, 가령 여자 집의 대공 이하의 존장이나 비유(卑幼) 및 남편 집의 존비 친속이 강제로 시집보내면 장 80이다.〔其

강제로 시집가게 하면 2등급을 줄인다.[20] 강제로 시집간 부인은 처벌하지 않고 전남편의 집에 돌아가 수절하도록 해 준다. 그 부인을 처·첩으로 삼은 자 역시 처벌하지 않으며, 혼인 예물을 추징하여 돌려준다.

직해 부모상이나 남편상 등을 입었는데 시집가거나 처를 맞이하면 장 100이다.

(○) 남자가 부모상 중에 있으면서 첩과 혼인하거나[21] 여자가 사내와 혼인하여 첩이 되면 각각 2등급을 줄인다.

(○) 명부에 오른 국대부인(國大夫人)·옹주(翁主)·택주(宅主)[22] 및 3품 이상 관원의 처 등이 남편이 사망한 후에 재가하면 죄가 같다. 모두 사첩(謝貼)[23]을 기두고 이혼시킨다. 사정을 알고 서로 혼인하였으면 각각 5등급을 줄이고, 몰랐으면 처벌하지 않는다.

(○) 조부모·백숙 부모·아버지의 누이·형·큰누이 등의 복상 기간 내

夫喪服滿 妻妾願守志者 惟女之祖父母父母强嫁之 不坐 蓋其分爲甚尊 其情爲甚親 恐其無依而願爲之有家 則强嫁之者 亦親愛之也 若非女之祖父母父母如女家大功以下尊長卑幼及夫家一應尊卑親屬 强奪其志而嫁之者 杖八十〕《집설 권3 55장》

20 기친(期親)이……줄인다 : 여자가 출가하면 재실(在室)이었을 때의 기친은 조부모 외에는 모두 강복(降服)되어 대공친(大功親)이 된다. 이 율문에서 기친이라고 한 것은 아마도 재실일 때의 기친을 말한 듯하나 분명하지 않다.《집주(상) 265쪽》 남편 집의 조부모·기친이 강제로 시집가게 하면 역시 2등급을 감하여 장 60이다.〔其夫家之祖父母及期親强嫁之者罪亦如之〕《집주(상) 261쪽》 남편의 부모가 강제로 시집가게 하면 처벌하지 않는다.〔不及夫之父母 是勿論矣〕《집주(상) 262쪽》

21 첩과 혼인하거나 : 직해의 '妾妻乙 交嫁爲~'는 '첩과 혼인하~'로 해석할 수 있다. 직해에서는 첩을 '妾妻'로 표현하기도 하고(51조 관원습의(官員襲蔭)에서 율문의 '若無嫡次子孫 方許庶長子孫襲蔭'을 '嫡次子孫無去等 妾妻長子孫乙用良 適襲令是齊'로 직해), '~와 혼인하다'를 '乙 交嫁爲~'로 표현한 사례(114조 존비위혼(尊卑爲婚)에서 율문의 '娶…妻前夫之女者'를 '妻矣 前夫所生女乙 交嫁爲在乙良'으로 직해) 등이 있기 때문이다.

22 국대부인(國大夫人)·옹주(翁主)·택주(宅主) : 조선 초기 외명부의 봉작(封爵)이다. 국대부인의 작첩(爵帖)은 왕비의 어머니, 왕자 부인의 어머니 등에게 주고, 옹주는 후궁, 왕의 서녀, 왕자의 처, 공신의 처와 어머니, 왕의 동복형제의 딸, 고려의 후비 등에게 주고, 택주는 공신의 처와 어머니, 후궁 소생 왕자의 처 등에게 주었다.

23 사첩(謝貼) : 해당하는 자급이나 품계에 임명되었음을 증명해 주는 문서로, 후대의 교지(教旨)나 교첩(敎牒)과 같은 역할을 하였다.

에 시집가거나 처를 맞이하면 장 80이다. 첩은 처벌하지 않는다. 부모·남편의 부모·남편의 상중에 남의 혼인을 주혼(主婚)하면 장 80이다.
○ 남편의 복상 기간이 이미 지난 후에 스스로 수절하기를 원하는 여자를 조부모, 친부모 외의 다른 사람들이 강제로 재가시키면 장 80이다. 기년복(期年服) 범위 안의 친족 어른이 지휘하여 강제로 혼인하도록 하면 2등급을 줄인다. 부인은 논죄하지 않고 전남편의 집에 돌아가서 수절하는 것을 허락한다. 후남편은 죄주지 않고 혼인 예물은 추징하여 돌려준다.

해설

부모상을 당한 상황에서 시집가거나 처·첩을 맞이하는 것은 십악(十惡) 중 불효(不孝)에 해당된다. 혼례의 경우, 복상 기간이 만료되지 않았는데 남자가 부모의 상중에 장가들거나, 처가 남편 상중에 시집가거나, 조정에서 봉작을 받은 명부가 재혼하면 처벌하였다. 이런 행위는 감정과 예의에 마땅하지 않기 때문에 처벌하는 것이다. 남편의 복상 기간이 만료된 뒤 부인이 수절하고자 할 때 여자의 조부모나 부모가 아니면 시집가도록 강요할 수 없는데, 조부모나 부모는 여자가 의탁할 곳이 없을 것을 염려하여 결혼을 강제하는 것이기 때문이다.

112
부모가 옥에 갇혀 있는데 시집가거나 장가듦
父母囚禁嫁娶

조부모나 부모가 사죄(死罪)를 범하여 옥에 갇혀 있는데 자손이 시집가거나 장가들면 장 80이다.[1] 첩이면 2등급을 줄인다.[2] 조부모나 부모의 명을 받들어 딸을 시집보내거나 처를 얻으면 처벌하지 않되, 잔치는 할 수 없다.[3]

직해 조부모나 부모가 사죄를 범하여 옥중에 구금되어 있는데, 자손들이 시집가거나 처를 맞이하면 장 80이고, 첩이면 2등급을 줄인다. 조부모나 부모의 명으로 시집가거나 처를 맞이하면 처벌하지 않되 신혼례(新婚禮) 잔치 등을 금지한다.

1 시집가거나……80이다 : 지친(至親)을 잊고 욕심대로 하는 것은 커다란 불효이므로 특별히 죄를 주는 것이다.〔蓋忘其至親 而任情縱欲 不孝之大也 故特罪之〕《집해 669쪽》

2 첩이면 2등급을 줄인다 : 남자가 첩을 들이거나 여자가 시집가서 첩이 되는 것은 정식 혼인에 비할 바가 아니므로 2등급을 줄여 장 60이다.〔若男娶妾 女嫁人爲妾者 則非正婚所比 故得減二等 罪杖六十〕《집설 권3 58장》《집주》는 원문의 위첩(爲妾)이 여자가 남의 첩이 되는 것에 초점이 있는 것으로 보았다. 남자가 정처가 있는데 부모가 갇혀 있는 동안 첩을 들이는 것은 윤리상 받아들이기 어려우므로, 정처가 죽거나 나이가 40 이상으로 아들이 없는 경우에 한정해서 2등급을 줄이는 것으로 이해한다.〔爲妾 是止言女也 女嫁人爲妾 必有不得已之情 故減二等 男既有妻 而復娶妾 則耽樂忘親 爲更甚矣 註云男娶妾者 應是妻亡及四十無子者耳〕《집주(상) 266쪽》

3 잔치는……없다 : 혼인의 즐거움으로 부모에 대한 근심을 바꾸지 않는 것이다. 범하면 199조 기친지임(棄親之任)에 따라 장 80이다.〔不以婚姻之樂易父母之憂也 設有犯者 當依禮律棄親之任條下科斷 亦杖八十〕《집설 권3 58장》

113
동성끼리 혼인함
同姓爲婚

동성(同姓)끼리 혼인하면[1] 각각[2] 장 60이다.[3] 이혼시킨다.[4]

직해 성이 같은 사람들이 서로 시집가고 처로 맞이하면 장 60이고 이혼시킨다.

1 동성(同姓)끼리 혼인하면 : 처・첩을 겸한다.〔爲婚兼妻妾〕《집해 670쪽》 대개 예에서 동성과 결혼하지 않는 것은 혈연관계의 구분을 엄격히 하기 위한 수단이다. 그러므로 무릇 동성 여자를 취(娶)하여 처・첩으로 삼거나 혹은 딸을 동성의 남자에게 시집보내어 처・첩이 되게 하면, 이는 인륜을 더럽히는 것이다.〔蓋禮不娶同姓 所以厚別也 故凡娶同姓女爲妻妾 或以女嫁與同姓爲妻妾者 是瀆倫也〕《집해 670쪽》 첩을 취할 때 성(姓)을 물어보아야 하며, 만약 그 첩이 자신의 성을 모르면 점을 쳐서 성을 알아보아야 한다.〔古禮 買妾 不知其姓 則卜之 亦恐其涉于同姓 而欲愼擇之耳〕《집설 권3 59장》〔講曰 娶同姓爲妻 則已知矣 若娶爲妾 應離否 解曰 買妾 初不知其姓 則取問之 同姓 蓋混沌已判 分土爲姓 始乃一祖也 今娶爲妾 亂法不殊妻妾 乃同姓爲婚 得罪 竝離異〕《변의 101쪽》 혼인을 금하는 친족의 범위는 시대에 따라 차이가 있다. 은대(殷代)까지는 5대 이후에는 서로 혼인할 수 있었으나, 주대(周代)에는 100대까지도 동성이면 혼인하지 않았다. 원대(元代)에는 이 규범이 조금 허물어졌으나, 명대(明代)에 들어 다시 엄히 금하게 되었다.〔禮記云 同姓 百世而昏姻不通 周道然也 殷世マテハ五世ノ以後ハ相與ニ婚姻ヲ通シタリ周ノ世ニハ百世ノ遠族マテモ其本同姓ナレハ婚ヲ通スルノ事ナシ人ノ道ノ貴テ禽獸ニ異ニスル所也此法後世ニ及テ率ヒ由ル所ナリ元朝夷狄ヲ以テ天下ヲ有テ周ノ道稍隳タリ故ニ大明律其禁ヲ嚴ニスル也〕《언해 권9 74~75장》

2 각각 : 남녀 양가를 가리킨다는 견해와〔各字指男女兩家言〕《집설 권3 59장》《집주(상) 266쪽》 혼주와 혼인 당사자인 남녀를 가리킨다는 견해가 있다.〔主婚與男女〕《집주(상) 266쪽》 또한 혼주만 처벌하는 경우도 있고, 혼인 당사자만 처벌하는 경우도 있고, 양쪽을 함께 처벌하는 경우도 있다고 보는 견해도 있다.〔或坐主婚 或坐男女 彼此各杖六十〕《집설 권3 59장》《집해 670쪽》〔或應獨坐主婚 或應主婚男女同坐 分首從 自照違律本法也〕《집주(상) 266쪽》

3 장 60이다 : 반드시 성혼한 경우를 처벌하는 것이다. 만약 아직 성혼하지 않았으면 124조 가취위율주혼매인죄(嫁娶違律主婚媒人罪)에 따라 성혼한 경우에서 5등급을 감한다.〔此須以已成婚爲坐 若未成婚者 須依後嫁娶違律條 減已成婚罪五等〕《전석 권6 8장》

4 이혼시킨다 : 여자는 이혼시켜 친정으로 보낸다.〔婦女離異歸宗〕《집해 670쪽》 혼인 예물은 관에 들인다.〔財禮入官〕《집해 670쪽》《집주(상) 266쪽》

해설

동성끼리의 혼인을 금지한 조문이다. 《예기(禮記)》에 "동성은 백세(百世)에도 혼인을 서로 통하지 않는다."라고 하였고, 주대(周代)에는 백대(百代)의 먼 친족까지도 본래 동성이면 혼인하지 않았다. 원대(元代)에는 동성불혼(同姓不婚)의 규례가 조금 허물어졌으므로 《대명률》에서 더욱 엄하게 금한 것이다. 동성인 사실을 모르고 혼인하였을 경우, 《대명률》에서 "몰랐으면 처벌하지 않는다.〔不知者不坐〕"라는 표현이 빈번히 등장하므로 처벌하지 않을 수도 있으나, 혼인할 때 상대의 성(姓)을 모르는 것은 현실적으로 흔한 일이 아니었을 것이다. 다만 남자가 첩을 취할 때는 성을 모를 수 있으나, 그럴 경우 물어보아야 하며, 첩의 신분이 미천하여 자신의 성을 모르면, 점을 쳐서 첩의 성을 알아보도록 하였다.

114
존속과 비유가 혼인함
尊卑爲婚

114-1 외척(外戚)이나 인척(姻戚)[1]으로서 유복친 존속(尊屬)[2]과 비유(卑幼)[3]가 혼인하거나,[4] 어머니는 같고 아버지가 다른 자매나 처의 전남편의 딸[5]에게 장가들면 각각 간음으로 논한다.[6]

1 외척(外戚)이나 인척(姻戚) : 외가나 처가이다.〔外姻是母黨妻黨也〕《부례(상) 377쪽》

2 존속(尊屬) : 외성(外姓)이나 인친(姻親)으로 상복을 입는 존속은 외할아버지·외할머니·외삼촌·이모와 같이 소공복(小功服)을 입는 사람, 장인·장모와 같이 시마복(緦麻服)을 입는 사람들이다.〔外姓姻親有服尊屬 如外祖父母母舅母姨俱有小功服 妻之父母有緦麻服者 是也〕《집설 권3 59장》

3 비유(卑幼) : 외성이나 인친으로 상복을 입는 비유는 외질·외질녀, 누이의 아들·사위, 외손, 누이의 딸·사위와 같이 시마복을 입는 사람들이다.〔卑幼則外姪外姪女外甥外甥壻外孫甥女女壻也〕《부례(상) 377쪽》〔有服之卑幼如外孫外甥 如女壻之類 俱有緦麻服者 是也〕《집설 권3 59장》

4 혼인하거나 : 외조가 외손녀와, 외삼촌이 누이의 딸과, 이모가 누이의 아들과, 장모가 사위와 혼인하는 것과 같은 따위다.〔其有尊屬卑幼共爲婚姻 如外祖之與外孫女 母舅之與甥女 母姨之與外甥 妻母之與女壻之類〕《집설 권3 59장》

5 처의 전남편의 딸 : 처의 전남편의 딸 또한 내 자식과 같은 정이 있으므로 혼인할 수 없다.〔前夫之女又有猶子之情 均之不可爲婚者〕《집설 권3 59장》 비록 같이 살지 않더라도 장가들어 재취로 삼으면 역시 간음(④ 392 親屬相姦)으로 논한다.〔妻前夫之女 雖不同居而娶爲繼 亦以姦論〕《부례(상) 377쪽》

6 외척(外戚)이나……논한다 : 모두 명분을 문란하게 하고 윤리를 무너뜨리는 것이므로 각각 간음으로 논한다. 392조 친속상간(親屬相姦)에 어머니의 자매와 간음하면 교형이고, 장모와 간음하면 어머니의 자매와 간음한 규정에 따라 비부(比附)한다. 그 나머지는 시마 이상 친속으로 보아, 처의 전남편의 딸 및 어머니는 같고 아버지가 다른 누이와 간음하면 각각 장 100 도 3년이다.〔凡此皆紊亂名分 傷敗彛倫 故各以姦論 謂如刑律親屬姦條 姦母之姊妹者 絞 姦妻母者從比附 其餘依姦緦麻以上親 姦妻前夫之女及同母異父姊妹者 各杖一百徒三年〕《집설 권3 60장》 범간죄(犯姦罪)로 논하기는 하지만 진짜 범간죄는 아니므로 주혼인(主婚人)과 혼인 당사자 중 누구를 처벌하는지, 누구를 수범으로 하고 누구를 종범으로 하는지, 미성혼(未成婚)일 때 감등하는 것 등은 모두 124조 가취위율주혼매인죄(嫁娶違律主婚媒人

114-2 부모의 고모·외삼촌·이모의 딸[7]이나 부모의 이모 및 당이모,[8] 어머니의 고모 및 당고모,[9] 본인의 당이모 및 육촌 이모[10]나 자신의 당외생녀[11] 및 자신의 사위·며느리·손자며느리의 자매와는 모두 혼인할 수 없다. 어기면 남녀 각각 장 100이다.[12]

114-3 본인의 고모·외삼촌·이모의 딸[13]과 혼인하면 장 80이다. 모두 이

罪)를 따른다. 《집주(상) 268쪽》

7 부모의……딸 : 부모의 자매 항렬이다.〔是父母之姊妹也〕《집해 672쪽》 원문의 부지양이(父之兩姨)란 외조모의 자매로서 아버지가 이모라 칭한다.〔父之兩姨卽外祖母之姊妹 父稱之曰姨〕《석의 권6 8장》

8 부모의 이모 및 당이모 : 부모의 이(姨)는 조모나 외조모의 자매로 부모의 이모이니 자신의 이모할머니이다. 조모 또는 외조모의 당자매는 부모의 당이모로 자신의 종이모할머니이다.〔姨若堂姨 謂祖母外祖母之姊妹爲父母之姨 卽己之祖姨母也 祖母外祖母之堂姊妹爲父母之堂姨 卽己之從祖姨母也〕《집해 672쪽》

9 어머니의……당고모 : 어머니의 고모는 외조의 자매로 자신의 외조고모이고, 어머니의 당고모는 외조의 당자매로 자신의 외당조고모이다.〔母之姑 謂外祖之姊妹 卽己之外祖姑母也 母之堂姑謂堂姊妹 卽己之外堂祖姑母也〕《집해 672쪽》

10 부모의……이모 : 자신의 당이모는 어머니의 당자매이고, 자신의 재종 이모는 어머니의 재종 자매이다.〔己之堂姨 謂母之堂姊妹也 己之再從姨 謂母之再從姊妹〕《집해 673쪽》 부모의 고모 및 부모의 외삼촌의 딸과 부모의 이모의 딸은 부모와 같은 항렬이고, 부모의 이모 및 부모의 당이모, 어머니의 고모, 어머니의 당고모는 모두 부모보다 한 항렬이 높다. 자신의 당이모 및 육촌 이모는 부모와 같은 항렬이다. 이들은 자신의 무복(無服) 존속이다.〔父母之姑舅姊妹與兩姨姊妹 與父母同輩者 父母之姨若父母之堂姨 母之姑 母之堂姑 皆尊於父母一輩者 己之堂姨及再從姨 與父母同輩者 此己之無服尊屬也〕《집해 674쪽》

11 자신의 당외생녀 : 자신의 당자매가 낳은 딸이다.〔堂外甥女 謂己堂姊妹所生女也〕《집해 673쪽》

12 각각 장 100이다 : 혼인한 남녀를 겸하여 말한 것이다.〔各杖一百亦兼男女說〕《집설 권3 61장》 자신의 당외생녀, 사위의 자매, 며느리나 손자며느리의 자매, 이들은 자신의 무복친(無服親) 비유(卑幼)이다. 비록 복제에는 들지 않으나 명분이 있으므로 율문을 어기고 성혼하면 남녀 각각 장 100이다. 그러나 유복친 존속이나 비유에 비하면 차이가 있다.〔己之堂外甥女若女壻之姊妹 子孫婦之姊妹 此己之無服卑幼也 服制雖無 名分自在 故違律成婚者 男女各杖一百 而視有服尊卑則有間矣〕《집해 675쪽》 주혼자(主婚者)가 있으면 주혼자만 처벌한다.〔有主婚者 獨坐主婚人〕《집주(상) 267쪽》

13 본인의……딸 : 자신의 고모·외삼촌·이모의 딸에게 장가들어 처로 삼으면 이는 자신과 같은 항렬이다. 비록 시마복을 입으나 존속 비유의 명분과는 관계가 없으므로 남녀 각각

혼시킨다.[14]

직해 외족 중에 복제(服制)가 있는 웃어른과 손아랫사람들이 서로 혼인하거나, 어머니가 같고 아버지가 다른 자매나 처의 전남편이 낳은 딸과 혼인하면 각각 범간(犯姦)으로 논죄한다.

(◯) 아버지의 삼촌 아주머니〔고모〕나 어머니의 삼촌 아저씨〔외삼촌〕나 부모의 어머니의 친자매〔이모〕들이 낳은 자식 및 어머니의 친자매, 어머니의 사촌 자매, 어머니의 삼촌 아주머니〔고모〕 및 오촌 아주머니〔당고모〕, 처의 사촌 자매 및 육촌 자매, 나의 사촌 자매가 낳은 딸, 또는 사위의 자매 및 아들·손자의 처의 자매 등은 모두 혼인하는 것을 허락하지 않는다. 이를 어기면 각각 장 100이다.

(◯) 나의 동성(同姓) 삼촌 아주머니〔고모〕나 이성(異姓) 삼촌 아저씨〔외삼촌〕나 이성 삼촌 아주머니〔이모〕 등이 낳은 자식과 혼인하면 장 80이다. 모두 이혼시킨다.

해설

외척 사이나 인척 사이의 혼인에 대한 규정이다. 여기서 존속(尊屬)이란 자신보다 존장(尊長)인 사람, 예를 들어 외조부모, 어머니의 형제자매, 처의 부모 등이며, 비유(卑幼)는 딸의 자녀, 자매의 자녀, 딸의 남편이 이에 해당한다. 성이 같지 않더라도 존속과 비유가 혼인하는 것이 명분에 맞지 않는다는 취지에서 이를 금하는 것이다.

장 80이다. 부모의 고모나 외삼촌의 딸 등의 친속에 비하면 또한 차이가 있다.〔若娶己之姑舅姊妹與兩姨姊妹爲妻 是與己同輩者 雖服緦麻 不干名分 故男女各杖八十 而視父母之姑舅等親則又有間矣〕《집해 675쪽》

14 모두 이혼시킨다 : 위의 말을 모두 받는다.〔竝離異句通承上言〕《집해 673쪽》 외가와 처가의 친속으로서 율을 어기고 혼인한 친속은 모두 이혼시키고 부녀는 친정으로 돌려보내며 혼인 예물은 관에 들인다.〔凡以上外姻親違律爲婚之親屬 竝離異 婦女歸宗 財禮入官〕《집해 676쪽》

115
친속의 처나 첩에게 장가듦
娶親屬妻妾

115-1 동종(同宗) 무복친(無服親)[1]이나 무복친의 처에게 장가들면 각각[2] 장 100이다.[3]

115-2 시마친(緦麻親)의 처[4] 및 외삼촌·조카의 처에게 장가들면 각각 장 60 도 1년이다.[5] 소공(小功) 이상[6]은 각각 간음으로 논한다.[7 8]

1 동종(同宗) 무복친(無服親) : 동종은 조상이 같은 후손으로 남계 혈족을 의미한다.〔同宗謂同於祖之後者〕《석의 권6 9장》 무복친은 포괄하는 바가 광범위하다. 오복친 외에 족보에서 상고할 수 있으며, 존비·장유의 명분이 있는 자가 모두 이에 해당된다. 즉, 고조의 친형제자매, 증조의 당형제자매, 할아버지의 육촌 형제자매, 아버지의 팔촌 형제자매, 자신의 십촌 형제자매, 팔촌 조카 및 조카딸, 육촌 질손 및 질손녀로서 모두 단문친(袒免親)에 해당되는 자이다.〔無服之親所包者廣 凡五服之外 譜係可考 尊卑長幼名分猶存者 皆是 所謂袒免親也〕《집주(상) 269쪽》〔同宗無服親 高祖之親兄弟姊妹 曾祖之堂兄弟姊妹 祖之再從兄弟姊妹 父之三從兄弟姊妹 己之四從兄弟姊妹 三從姪幷姪女 再從姪孫幷姪孫女 皆所謂袒免者〕《부례(상) 380쪽》

2 각각 : 남녀를 모두 죄준다는 말이다.〔各字男女竝坐之詞〕《집설 권3 63장》

3 동종(同宗)……100이다 : 동종 무복친의 친(親)은 여자를 지칭한다. 무복친의 딸이나 남편이 사망한 무복친의 처에게 장가들면 남녀 각각 장 100이다.〔親指女言 娶無服親之女及夫亡娶其妻者 各杖一百〕《집주(상) 269쪽》 복제(服制)는 비록 다하였으나 친의(親義)는 존재하므로 이들 친속의 딸이나 이들 친속의 처에게 장가들면 남녀 각각 장 100이다.〔服制雖盡親義則存 故凡娶此等親及此等親之妻者 各杖一百〕《소의(상) 443쪽》

4 시마친(緦麻親)의 처 : 동종의 유복친(有服親)이다.〔同宗之有服者〕《집설 권3 62장》

5 시마친(緦麻親)의……1년이다 : 시마친은 복제는 비록 가벼우나 본종(本宗)의 의리는 무겁고, 외삼촌과 생질은 성은 비록 다르지만 외인(外姻)의 친함은 가장 가깝다. 그러므로 시마친의 처에게 장가들거나, 외삼촌이 생질의 처에게 장가들거나, 조카가 생질의 처에게 장가들면 남녀 각각 장 60 도 1년이다.〔緦麻之服雖輕 本宗之義則重 舅甥之姓雖異 外姻之親最近 故娶緦麻親之妻及舅甥妻者 各杖六十徒一年〕《집주(상) 269쪽》

6 소공(小功) 이상 : 전적으로 처를 가리켜 말한 것이다. 만약 친속을 겸하여 말하였다면 아래 4항, 즉 동종 시마친 이상의 고모·조카딸·누이를 열거할 필요가 없을 것이다.〔小功以上 專指妻言 如兼言親 則第四條不必列矣〕《집설 권3 62장》

115-3 아버지나 할아버지의 첩 및 백모·숙모를 거두면 각각 참형이다.[9] 형이 죽어 형수를 거두거나, 아우가 죽어 제수를 거두면[10] 각각 교형이다.[11] 첩이면 각각 2등급을 줄인다.[12]

7 소공(小功)……논한다 : 소공 이상은 대부분 본종이며 외친으로는 오직 외조부모가 소공복이니 그 친의가 모두 절실하고 지극하다. 만약 이들 친속의 처에게 장가들면 소공 이상 친속을 간음한 것(④ 392 親屬相姦)에 따라 논죄하여 남녀 각각 장 100 도 3년이다.〔小功以上多係本宗 外親惟外祖父母有小功服 其親義俱爲切至 若有娶此等親之妻者 則依姦小功以上親論罪 男女各杖一百徒三年〕《소의(상) 443~444쪽》

8 소공(小功)……논한다 : 《고경》·《강해》·《부례》 등의 후대 판본에는 이 뒤에 "일찍이 쫓겨났거나 이미 개가한 소공 이상의 여자를 취(娶)하여 처나 첩으로 삼으면 각각 장 80이다.〔其曾被出及已改嫁 而娶爲妻妾者 各杖八十〕"라는 내용이 추가되어 있다. 율문의 변화를 반영한 것으로 보인다.

9 아버지나……참형이다 : 존장을 간음하는 것은 극도로 음란하므로 각각 참형으로 처벌한다.〔蒸 淫極矣 故各坐斬〕《집설 권3 62장》

10 아버지나……거두면 : 아버지나 할아버지의 첩, 백모, 숙모, 형제의 처에 대해 취(娶)라고 하지 않고 수(收)라고 한 것은 윤리를 문란하게 한 것이 심하기 때문에 가취(嫁娶)를 드러내 놓고 말하지 않은 것이니, 동거(同居)하였다고 하여 수라고 하는 것은 잘못이다. 쫓겨나거나 개가한 것에 대해 말하지 않았으니 처나 첩이 쫓겨나거나 개가한 것에 대해 묻지 않고 범하면 역시 참형이나 교형으로 처벌한다.〔父祖妾伯叔母兄弟妻不曰娶 而曰收者 以其亂倫之甚 不敢顯言嫁娶 再謂同居曰收 非也 不言被出改嫁 有犯亦坐斬絞〕《집해 679쪽》

11 형이……교형이다 : 형제는 매우 친밀한 관계이다. 만약 형이 죽은 뒤 형수를 거두거나 아우가 죽은 뒤 제수를 거두면 인륜을 어지럽힘이 심하므로 각각 교형에 처한다. 이를 범하면 형수나 제수가 쫓겨나거나 개가하였는지의 여부를 불문하고 똑같이 처벌한다.〔兄弟親之至切者 若兄亡收嫂 弟亡收弟婦者 瀆亂甚矣 故各坐絞 犯者不問被出改嫁 概坐之〕《집설 권3 62장》

12 첩이면……줄인다 : 위 1·2·3항을 모두 받아 말한 것으로 원래 첩인 자를 가리킨다. 원래 처인데 첩으로 삼으면 처에게 장가든 것으로 논하고, 원래 첩인데 처로 삼으면 첩에게 장가든 것에 따라 2등급을 줄여서 과죄한다.〔妾各減二等通承上兩節言 指原爲妾者 若原係妻而娶爲妾 當從妻論 原係妾而娶爲妻 仍從妾減科〕《집해 679쪽》 가령 동종 무복친의 첩에게 장가들면 장 100에서 2등급을 줄여 장 80, 시마친·외삼촌·조카의 첩을 취하면 장 60 도 1년에서 2등급을 줄여 장 90, 소공 이상 친속의 첩을 취하면 장 100도 3년에서 2등급을 줄여 장 80 도 2년, 첩으로 쫓겨났거나 개가하였던 여자를 취하면 장 60, 백부·숙부·형·아우의 첩을 거두어 취하면 사죄(死罪)에서 역시 2등급을 줄여 장 100 도 3년이다.〔妾各減二等者 如娶同宗無服親妾 杖八十 緦麻親及舅甥妾 杖九十 小功以上親妾 杖八十徒二年 曾已被出改嫁而娶者 杖六十 若收伯叔及兄弟妾 亦減二等 杖百徒三年〕《부례(상) 380쪽》 이는 109조 처첩실서(妻妾失序)와 관계없고, 이 조의 1·2항과 관련된 것이다.

115-4 동종 시마친 이상의 고모・조카딸・누이에게 장가들면 역시 각각 간음으로 논한다.[13] 모두 이혼시킨다.[14]

직해 동성이고 복제가 없는 친족이나 복제 없는 친족의 처와 혼인하면 각각 장 100이다.

(○) 시마 복제가 있는 친족의 처나 어머니의 오빠의 처〔외숙모〕나 여동생 아들의 처와 혼인하면 장 60 도 1년이다. 소공 이상의 친족이면 각각 범간(犯姦)으로 논한다.

○ 아버지의 첩이나 할아버지의 첩 및 백부・숙부의 처 등을 거두어들이면 각각 참형이다. 형이 죽었는데 형수를, 아우가 죽었는데 제수를 거두어들이면 각각 교형으로 죽이고, 거두어들인 여자가 첩이면 각각 2등급을 줄인다.

○ 마찬가지로 동종인 시마 복제 이상의 숙모나 질녀나 누이 등과 혼인하면 각각 범간죄로 논한다. 모두 이혼시킨다.

해설

동종의 무복친(無服親)이나 유복친(有服親)의 딸이나 처・첩을 아내로 삼는 것을 금지한 조문이다. 동성 혼인도 금하였으므로 동종 혼인은 더욱 윤상(倫常)을 어지럽히는 것이다. 392조 친속상간(親屬相姦)과 대조하여 살펴보아야 한다.

13 동종……논한다 : 역시 간음으로 논한다는 것은 2항의 소공 이상은 각각 간음으로 논한다는 구절을 이어받아 말한 것이다. 유복친의 처에게 장가들면 392조 친속상간(親屬相姦)으로 논하며, 유복친의 딸에게 장가들어도 역시 친속상간으로 논함을 이른 것이다.〔亦各以姦論者蒙首節小功以上各以姦論句言 謂娶服親之妻以姦論 娶服親之女亦以姦論也〕《집주(상) 271쪽》

14 모두 이혼시킨다 : 위의 처・첩을 모두 받은 말이다.〔竝離異通承上妻妾言〕《집해 679쪽》 동종 무복친에서부터 고모・조카딸・자매에 이르기까지 이들에게 장가들면 정죄(定罪)에 비록 경중은 있으나 인륜을 문란하게 한 것은 마찬가지이다. 그러므로 이들에게 장가들면 모두 이혼시키고 여자는 친정으로 돌려보내며 혼인 예물은 관에 들여 풍속과 교화를 바로잡는 것이다.〔自同宗無服之親以至姑姪姊妹 定罪雖有輕重 要之均爲亂倫 故娶之者竝離異歸宗財禮入官 其所以端風化者 至矣〕《집해 683쪽》

116
부민의 부녀에게 장가들어 처나 첩으로 삼음
娶部民婦女爲妻妾

116-1 부·주·현의 친민관(親民官)이 재임하는 동안[1] 부민(部民)의 부녀(婦女)[2]에게 장가들어 처나 첩으로 삼으면 장 80이다.[3]

116-2 감림관(監臨官)이 관청의 일에 관계된 사람[4]의 처·첩·딸에게 장가들어 처나 첩으로 삼으면 장 100이다.[5] 여자 집[6]도 모두 같은 죄이다.

1 재임하는 동안 : 부임하기 전과 임기를 마친 후에 장가드는 것은 모두 율문에서 금하지 않는다.〔夫觀在任二字 則未任之先與旣任之後而娶者 俱律所不禁矣〕《집해 689쪽》

2 부민(部民)의 부녀(婦女) : 관할 지역 민가의 부녀로, 부(婦)는 처와 첩을 겸하여 말하는 것이며 남편이 없는 사람이다.〔部民婦女者 謂部民家之婦女 婦兼妻妾言 乃無夫者也〕《집주(상) 272쪽》

3 장 80이다 : 임기 중에 부민의 부녀에게 장가들어 처·첩으로 삼으면 체통이 어그러지고, 정리에 얽매여 법을 어지럽힐 수 있으므로 장 80의 죄로 처벌하는 것이다.〔使娶其婦女爲妻妾 則體統有乖 且將徇情以撓法矣 故坐以杖八十之罪〕《집설 권3 63장》

4 관청의……사람 : 원문의 위사인(爲事人)은 감림관에게 심문을 받는 죄인, 감림관의 관리를 받는 죄수·공역인(工役人), 감림관의 처분을 받을 일이 있어서 자신에게 좋게 결정해 달라고 감림 관원에게 청타하는 사람 등을 이른다.〔爲事人ハ卽チ監臨官ニ問ハルル罪人カ或ハ管セラルル囚徒工役ノ人カ監臨官ニ對シテ理ラルルノ事アルガ爲ニ監臨ノ官員ニ求テ已レカ身ノヨキヤウニ判斷セントコトヲ乞フ人ヲ云〕《언해 권9 38장》

5 감림관(監臨官)이……100이다 : 가령 위사인의 처·첩·딸에게 장가들어 처나 첩으로 삼으면 위엄과 명령이 행해지지 않아 반드시 법을 굽혀 멋대로 하게 되므로 장 100으로 처벌한다.〔使娶其妻妾及女爲妻妾 則威令不行 必致曲法以任情矣 故以杖一百罪之〕《집설 권3 63장》 가령 부민이라도 죄를 범하면 또한 위사인이 되니, 친민관이 그의 부녀에게 장가들면 죄가 또한 감림관과 같다. 가령 어떤 사람이 위사인이 아니면 부민인데, 감림관이 그의 부녀에게 장가들면 죄가 또한 친민관과 같다. 이것 역시 율문의 미묘한 뜻이니 잘 이해해야 한다.〔使部民而有犯 則亦爲事人矣 而親民者娶其婦女 其罪亦當與監臨者同 使人非爲事則亦部民矣 而監臨者娶其婦女 其罪亦當與親民者同 此又律中之微意 當善會之〕《집설 권3 64장》 이 조문에서 부·주·현의 관원과 부민의 관계를 말하고 있으므로, 관할하지 않는 곳의 백성에 대한 행위는 문제 삼지 않는다는 것이다. 그러나 감림관과 위사인의 관계를 말하고 있다고 해서 위사인이 아닌 자에 대한 행위를 문제 삼지 않는다는 것은 아니다. 43조 칭감림

처・첩은 양쪽으로부터 이혼시키고,[7] 딸은 부모에게 돌려보내며, 혼인 예물은 관에 들인다.[8] 강제로 장가들면[9] 각각 2등급을 더한다.[10] 여자 집은 처벌하지 않고,[11] 혼인 예물은 추징하지 않는다.[12]

116-3 친민관이나 감림관이 아들・손자・동생・조카・가인(家人)을 장가들게 하면 죄가 역시 같다.[13] 혼인한 남자와 여자는 처벌하지 않는다.[14]

주수(稱監臨主守)를 보면 감림에는 본래 상시(常時) 감림과 잠시(暫時) 감림의 두 가지가 있다. 가령 어떤 부・주・현의 관원이 경계가 맞닿아 있는 이웃 지역에 위관(委官)으로 파견되어 전량(錢糧)을 조사하거나 사송(詞訟)을 처리할 때 그 일과 관련이 있는 자는 위사인이 되고, 그 일과 관련이 없으면 위사인이 아니다. 가령 순무나 안찰사와 같은 상시 감림은 해당 부・주・현에 대해 관련되지 않은 일이 없고 위사인이 아닌 사람이 없으며 서로 간섭하지 않는 것이 없다. 그러므로 위사인이 아니면 문제 삼지 않는다는 말은 잠시 감림에 대해서는 옳지만 상시 감림에 대해서는 옳지 않기에 일률적으로 논하기 어렵다.〔按 此條府州縣官曰部民 則非所部者 勿論矣 若監臨官稱爲事人 則不得曰非爲事人勿論也 觀名例稱監臨主守條 監臨本有二項 有常時之監臨 有暫時之監臨 如別府州縣承委隣境 清查錢糧 會理詞訟 相干涉者 卽爲事人 而不相干涉者 斯與監臨無與也 若常時之監臨如撫按兩司 於該府州縣孰非事也 孰非爲事人也 而無不相干涉者矣 故非爲事人勿論之說 在暫時之監臨則可 在常時之監臨則不可 難以執一論也〕《집해 690~691쪽》

6 여자 집 : 처나 첩의 남편이나 딸의 아버지를 아우르며 주혼자에 대하여 말한 것이다.〔女家兼婦之夫女之父 就主婚者言〕《집설 권3 65장》

7 양쪽으로부터 이혼시키고 : 친민관・감림관・위사인 모두 해당 부녀를 처・첩으로 삼을 수 없고, 부녀로 하여금 본종으로 돌아가도록 한다.〔兩離之 謂親民官及監臨官若爲事人 皆不得爲妻妾 著令婦女歸宗〕《강해 180쪽》

8 혼인……들인다 : 그 혼인 예물은 주고받은 것이 모두 죄가 되므로 관에 들인다.〔其財禮係與受俱罪 故斷追入官〕《집설 권3 64장》

9 강제로 장가들면 : 친민관과 감림관을 통틀어 말한 것이다.〔强娶者通親民監臨說〕《집해 686쪽》

10 각각 2등급을 더한다 : 부민의 부녀자에게 강제로 장가들면 장 100이고, 위사인의 처・첩이나 딸에게 강제로 장가들면 장 70 도 1년 반이다.

11 여자……않고 : 친민관이나 감림관의 명령을 받아 어찌할 수 있는 것이 아니기 때문이다. 부인은 전남편에게 돌려주고 딸은 부모에게 준다.〔以其出于受制非得已也 婦還前夫 女給親〕《집설 권3 64장》

12 혼인……않는다 : 이 부분은 직해하지 않았다.

13 죄가 역시 같다 : 아들・손자・동생・조카・가인을 부민의 부녀자에게 장가보내거나, 위사인의 처・첩이나 딸에게 장가보내거나, 합의이거나 강제이거나 모두 친민관・감림관・

직해 각 도·주·부·군·현의 임민관(臨民官)이 관할 지역 내 백성의 부녀를 취하여 처·첩으로 삼으면 장 80이다.
(◯) 감림관이 관청에 일이 있는 사람의 처·첩이나 딸을 처·첩으로 삼아 혼인하면 장 100이고, 여자 집도 아울러 같은 죄이다. 처·첩은 모두 양쪽으로부터 이혼시키고, 딸은 부모에게 돌려보낸다. 강제로 취하였으면 2등급을 더하고, 여자 집은 처벌하지 않는다.
(◯) 부녀를 취하여 아들·손자나 아우·조카나 집안사람으로 하여금 혼인하게 하면 죄가 같다. 혼인 당사자인 남자와 여자는 처벌하지 않는다.

해설

부·주·현의 친민관이 관할 구역 내의 부녀를 취하거나, 감림관이 사건 관련인의 부녀를 취하는 것을 금하는 규정이다. 현임관을 대상으로 한 것으로, 권세에 의지하여 욕심대로 하는 것을 방지하려는 것이다.

여자 집은 각각 위 조항의 죄와 같이 처벌하고, 부녀의 혼인 예물은 친민관이나 감림관 자신이 장가드는 경우 해당되는 법에 준하여 과단한다.〔罪亦如之 謂爲子孫弟姪家人娶部民婦女 若娶爲事人妻妾及女 并强娶者 親民官監臨官女家各如上條之罪〕《강해 180쪽》〔其婦女財禮俱準自娶法科斷〕《집해 686쪽》

14 혼인한……않는다 : 여기서 남자는 친민관이나 감림관의 아들·손자·동생·조카·가인이며, 여자는 친민관이나 감림관의 아들·손자·동생·조카·가인뿐 아니라 친민관이나 감림관 본인과 혼인한 경우도 아울러 말한 것이다.〔男女不坐一句 男指子孫弟姪家人言 女統兼親民官監臨官之自娶者言〕《집설 권3 65장》

117
도주한 부녀에게 장가듦
娶逃走婦女

117-1 죄를 범하고 도주한 부녀에게 장가들어 처나 첩으로 삼은 경우, 실정을 알았으면 부녀와 더불어 같은 죄이며, 사죄(死罪)에 이르면 1등급을 줄인다.[1] 이혼시킨다.[2]

117-2 몰랐으면 처벌하지 않는다.[3] 남편이 없고, 사면을 만나 죄를 면하면 이혼시키지 않는다.[4]

직해 죄를 범하고 도주한 부녀를 처·첩으로 삼아 혼인하였는데, 도주한 사정을 알았으면 죄가 같다. 사죄에 해당하는 여자이면 1등급을 줄여 죄를 처결한다. 남녀는 이혼시킨다.

(○) 사정을 몰랐으면 처벌하지 않는다. 남편이 없는 여자이고 사면을 입어 죄를 면하면 이혼시키지 않는다.

1 사죄(死罪)에……줄인다 : 죽이는 것은 극형이다. 살아 있는 사람을 함께 죽게 하는 것은 인정상 용납할 수 없기 때문이다.〔蓋死爲極典 以生者而與之俱死 情有所不容耳〕《집설 권3 65장》

2 이혼시킨다 : 재실(在室)인 여자는 친정에 돌려보내며, 부인은 원래 범한 죄를 조사해서 만약 전남편과 함께 살아야 하면 전남편에게 보내고, 전남편과 이혼해야 하면 친정에 돌려보낸다.〔離異 女則歸宗 婦人仍查其原犯之罪 如應與前夫完聚者給前夫 應與前夫離異者歸宗〕《집주(상) 275쪽》

3 몰랐으면 처벌하지 않는다 : 사정을 몰랐으면 처벌은 하지 않더라도 이혼은 해야 한다.〔不知情 雖不坐罪 亦當離異〕《집해 692쪽》

4 남편이……않는다 : 돌아갈 곳이 없음을 불쌍히 여기기 때문이다. 원래 남편이 없는 여자이면 사면을 만났을 때 현재 남편과 이혼시키지 않으며, 장가든 사람은 처벌하지 않는다. 그러나 사면을 만났더라도 원래 남편이 있으면 현재 남편과 이혼시킨다.〔曰婦人會赦不離 則娶者不坐罪可知 曰無夫會赦不離 則會赦有夫而離者可知〕《집해 694~695쪽》

118
양인 집안의 처나 딸을 강제로 차지함
强占良家妻女

호강(豪强)하며 권세 있는 사람[1]이 양인(良人) 집안의 처나 딸을 강압적으로 빼앗아 간음하여 차지해서[2] 처・첩으로 삼으면 교형이다. 부인이나 딸은 남편이나 부모에게 돌려보낸다.[3] 아들・손자・동생・조카・가인(家人) 등의 배필로 삼게 하여도 죄가 또한 같다.[4] 배필이 된 남자와 여자[5]는 처벌하지 않는다.

직해 호강하며 권세 있는 사람들이 양인 집안의 처나 딸을 강제로 빼앗아 처・첩으로 삼아 간음하고 차지하면 교형으로 죽이고, 부녀(婦女)는 부모에게 돌려보낸다. 아들・손자・동생・조카・집안사람에게 혼인하게 하여도 죄가 같다. 혼인 당사자인 남자와 여자는 각각 처벌하지 않는다.

1 호강(豪强)하며……사람 : 원문 호세지인(豪勢之人)의 호(豪)는 호강이며 세(勢)는 권력이 있는 것이다.〔豪勢有分別 豪是豪强 勢有權力者〕《집해 695쪽》

2 간음하여 차지해서 : 원문 간점(姦占)의 간(姦)은 단지 간음하는 것이지 반드시 처・첩으로 삼는 것은 아니며, 점(占)은 끝내 자기의 소유로 삼는 것을 이른다고 하여, 간점을 두 가지로 나누어 보기도 한다. 그러나 강압적으로 하여 예로써 장가들지 않은 것이므로 간과 점을 이어서 간점이라고 보아야 할 것이다. 만약 강압적으로 간음하면 강간율(④ 390 犯姦)을 적용한다.〔姦占二字 或謂當作二項 謂姦止是姦宿 而不必爲妻妾 若占則終爲已有 細詳還相連看爲是 蓋用强而不以禮娶 故云姦占也 若强奪而姦之則有强姦律矣〕《집해 695～696쪽》

3 부인이나……돌려보낸다 : 부인은 남편에게 돌려보내고, 딸은 아버지에게 돌려보내므로 급친(給親)이라고 하였다.〔婦歸其夫 女歸其父 故曰給親〕《집설 권3 66장》

4 아들……같다 : 자신이 점유한 것과 아들・손자 등의 배필로 삼은 것이 행적은 다르나 강탈한 실정은 같다.〔蓋其迹雖有自占與配子孫等之異 而强奪之情則一也〕《집해 696～697쪽》

5 남자와 여자 : 남자는 아들・손자・동생・조카・가인이고, 여자는 딸뿐 아니라 부인도 겸하여 말한 것이다.〔男卽子孫弟姪家人 女兼婦言〕《집설 권3 66장》

해설

자신의 세력을 믿고 멋대로 부녀를 강점(强占)하는 것을 막기 위한 조문이다. 세력 있는 사람이 양가(良家)의 부녀를 강탈하여 자신의 처나 첩으로 삼거나, 강탈한 부녀를 아들·손자·동생·조카·가인과 혼인시킬 경우 교형에 처하였다.

119
악인에게 장가들어 처나 첩으로 삼음
娶樂人爲妻妾

관리가 악인(樂人)[1]에게 장가들어 처나 첩으로 삼으면 장 60이고,[2] 모두 이혼시킨다.[3] 관원의 아들이나 손자가 악인에게 장가들면 죄가 또한 같다.[4] 부과(附過)하고, 음직(蔭職)을 받는 날이 되면 본래 받아야 할 직에서 1등급을 강등하여 변방 먼 곳에 서용한다.[5] 홍무 원년(1368)[6] 이전에 장가들었

1 악인(樂人) : 궁중 음악을 관리하는 관서인 교방사(敎坊司)에 속한 천한 창우(倡優)로서, 음악·가무·잡기(雜伎)·희학(戲謔) 등으로 남을 즐겁게 하는 기예인(技藝人)이다.〔樂人指敎坊司技者〕《집해 698쪽》〔樂人敎坊司所生之女 倡優之賤也〕《석의 권6 12장》

2 관리가……60이고 : 사적(仕籍)에 이름을 올린 문무 관원이나 이전(吏典)이 악인을 처·첩으로 삼으면 양천 분별의 마땅함을 잃을 뿐 아니라 주색에 빠질 수도 있으므로 장 60으로 처벌하는 것이다.〔凡文武官吏列名仕籍而娶爲妻妾 非惟良賤失宜 抑且荒淫不檢 故以杖六十罪之〕《집설 권3 67장》 직책이 있는 관원은 8조 문무관범사죄(文武官犯私罪)에 따라 현직을 해임하고 강등하여 서용하며, 아직 유품(流品)에 들지 않은 관원이나 이전은 직이나 역을 파하고 서용하지 않는다.〔職官依名例 解見任 降等敍用 若未入流官吏 罷職役不敍〕《전석 권6 14장》 혼인 당사자가 혼인을 주도하였으면 당사자를 처벌하고, 혼주가 주도하였으면 혼주를 처벌한다.〔官吏及子孫有主婚者 獨坐主婚〕《집주(상) 279쪽》 사정을 알면서 시집간 악인 및 사정을 알면서 악인의 혼인을 주도한 교방사의 악공은 410조 불응위(不應爲)의 대죄로 처벌한다.〔樂人知情嫁與者 問不應笞罪〕《집해 701쪽》〔樂工知情主嫁者 問不應笞罪〕《집설 권3 67장》

3 이혼시킨다 : 악인을 관리나 그의 자손에게 주지 않고, 교방사의 악공에게도 보내지 않으며, 이혼시켜 친정으로 돌려보낸다. 혼인 예물은 관에 들인다.〔竝離異 謂不給官吏子孫 亦不給樂工 斷離歸宗〕《집해 698쪽》〔財禮亦應入官〕《집설 권3 67장》

4 관원의……같다 : 일반인이 악인에게 장가들면 처벌하지 않는다는 견해와〔不言庶民者 以爲不足責也〕《집주(상) 279쪽》 처로 삼으면 장죄(杖罪)로 처벌하고 첩으로 삼으면 처벌하지 않는다는 견해가 있다.〔會解云 良人娶樂人爲妻 問不應杖 爲妾勿論〕《언해 권9 47장》

5 관원의……서용한다 : 문관의 경우를 음(廕)이라 하고 무관의 경우를 습(襲)이라 한다. 이들 문무관의 자손은 음습(廕襲)해야 할 자들이고 만약 음습해야 할 자가 아니면 일반인으로 논한다.〔文官曰廕 武官曰襲 官員子孫就應廕襲者言 若不應廕襲者 以常人論〕《집설 권3 67장》 음직을 받는 날에 1등급을 강등한다는 율문에 대해 《집해》에서는 문관의 아들·손

으면 논하지 않는다.[7]

직해 관원이나 아전들이 기녀(妓女)나 악인을 취하여 처나 첩으로 삼으면 장 60이고, 모두 이혼시킨다. 관원의 아들이나 손자들이 기녀나 악인과 혼인하면 죄가 같고, 죄명을 기록해 둔다. 음직을 받는 날에 본래 받아야 할 직에서 1등급을 줄인다. 홍무 원년 이전에 혼인하였으면 논하지 않는다.

해설

관원(官員)이나 이전(吏典), 음습(蔭襲)을 받아야 할 관원의 아들이나 손자가 교방사(教坊司)의 악인을 처나 첩으로 삼을 수 없음을 규정하였다. 양인과 천인의 혼인도 금하고 있으므로, 관원이나 이전 등이 교방사의 악인처럼 천한 이와는 더더욱 혼인할 수 없는 것이다.

398조 관리숙창(官吏宿娼)과 처벌 대상 및 내용이 같다. 혼인 당사자가 혼인을 주도하였으면 당사자를, 혼주가 주도하였으면 혼주를, 교방사의 악공(樂工)이 주도하였으면 교방사 악공을 처벌하였다. 악인 외에 유창(流倡)을 취(娶)해도 악인을 취한 것과 똑같이 처벌하고, 거인(擧人)·감생(監生)·공감(貢監)·생원(生員)이 악인을 취하면 출혁(黜革), 즉 과거 급제를 취소하고 국자감에서 내쳤다. 일반인이 악인을 취한 것에 대해서는

자는 아버지·할아버지의 직에서 강등할 수 있는 것이 없으므로 군관(軍官)의 아들·손자만을 가리켜 말한 것인 듯하다고 하였다. 만약 문관이 죄를 범하면 품행에 결함이 있으므로 음직의 혜택을 없애어 서민으로 삼는 것이 옳다는 입장이다.〔條內云候蔭襲之日 降一等 似專指軍官子孫言 而文官子孫又無父祖之職可降 如有犯 合照文官行止有虧 革廕爲民 可也〕《집해 700~701쪽》

6 원년 : 현전하는 거의 모든 《대명률》 텍스트에 원(元)으로 되어 있으나 《대명률직해》 봉좌문고본 계통의 이본에는 원(原)으로 되어 있다. 원년(原年)은 명나라 건국 초에 멸망시킨 전 왕조의 이름인 원(元) 자를 피하기 위해 사용하던 것이므로 《대명률직해》 봉좌문고본 계통의 텍스트가 상대적으로 오래된 것임을 방증한다.

7 논하지 않는다 : 원(元)나라에서 금하지 않았기 때문에 처벌하지도 않고 이혼시키지도 않는다.〔旣不坐罪 亦不離異 以胡元無禁故耳〕《집해 700쪽》《대청률》에는 '其在順治元年赦前娶者 勿論'으로 되어 있다.

논죄하지 않는다는 설과 처로 삼으면 410조 불응위(不應爲)의 장죄(杖罪)로 처벌하고 첩으로 삼으면 논죄하지 않는다는 설이 있다.

120
승이나 도사가 처를 맞이함
僧道娶妻

120-1 승(僧)이나 도사가 처나 첩을 맞이하면 장 80에 환속시킨다. 여자 집도 같은 죄이다. 이혼시킨다.[1] 사찰이나 도관(道觀)[2]의 주지가 실정을 알았으면 더불어 같은 죄이고,[3] 몰랐으면 처벌하지 않는다.

120-2 승이나 도사가 친속(親屬)이나 노비를 가탁하여 그 명의로 장가들려 하면서 승·도사 스스로가 차지하면 간음으로 논한다.[4]

직해 승들이 처나 첩을 맞이하면 장 80이고 환속시키며, 여자 집도 죄가 같고, 이혼시킨다. 사원(寺院)의 주지가 사정을 알았으면 죄가 같다. (○) 승이 친족이나 종 등을 거짓으로 칭하고 가탁하여 혼인을 구하다가 스스로 취(娶)하여 처·첩으로 삼으면 범간(犯姦)으로 논한다.

1 여자……이혼시킨다 : 여자 집의 혼주가 사정을 알고 시집보냈으면 승이나 도사와 같은 죄이다. 부녀는 이혼시켜 본종으로 보내고 혼인 예물은 관에 들인다.〔女家主婚之人知情而嫁者 同罪 婦女離異歸宗 財禮亦入官〕《집설 권3 67장》

2 도관(道觀) : ① 45 稱道士女冠

3 사찰이나……죄이고 : 사찰이나 도관의 주지가 소속 승이나 도사가 장가드는 실정을 알고도 금하지 않고 또 적발하지 않으면 더불어 같은 죄이다. 가르침을 관장하면서 그 무리를 단속하지 못하였으니 죄를 주는 것이 마땅하지만 다만 타인에 연루된 것이므로 사찰이나 도관의 주지를 환속시키지는 않는다.〔其本寺觀住持知其娶情而不禁且不擧者 與同罪 而旣住持其敎而不能約束其衆 其罪之宜也 但因人連累 不在還俗之限〕《집설 권3 67장》

4 승이나……논한다 : 화간(和姦)이면 승이나 도사가 간음죄를 범한 것에 비추어 범간(④ 390 犯姦)에 2등급을 더하여(④ 396 居喪及僧道犯姦) 장 100이고, 강간이면 강간율(④ 390)에 비추어 교형으로 처벌한다. 승이나 도사가 스스로 장가드는 것은 이미 법을 위반한 것인데 친속이나 노비를 가탁하여 장가들려 하면서 스스로 차지하는 것은 더욱 속여서 간음한 것이므로 그 죄를 가중한다. 여자 집은 가탁하는 데 속아 사정을 몰랐으므로 처벌하지 않는다.〔係和者 照僧道犯姦 加凡姦二等 杖一百 係强者 照强律 坐絞 蓋僧道自娶 已屬違法 而假託求占 尤爲欺姦 故其罪加重也 女家爲假託所欺因不知情 故不坐罪〕《집설 권3 67장》

121
양인과 천인이 혼인함
良賤爲婚姻

121-1 가장(家長)이 노(奴)로 하여금 양인 여자에게 장가들어 처로 삼게 하면 장 80이다.[1] 여자 집은 1등급을 줄인다.[2] 몰랐으면 처벌하지 않는다. 노가 스스로 양인 여자에게 장가들면 죄가 또한 같다.[3] [4] 가장이 실정을 알았으면 2등급을 줄인다.[5]

121-2 이로 인하여[6] 양인 여자를 가장의 호적에 넣어 비(婢)로 삼으면 장

1 가장(家長)이……80이다 : 일이 가장으로 말미암았기에 가장을 처벌하며 노(奴)는 과죄(科罪)를 면한다. 천인으로서 양인을 더럽히는 것이며 신분이 대등한 사람끼리 혼인하는 의리에 위배되므로 장 80이다.〔是以賤汚良 有乖敵體之義 故杖八十〕《집설 권3 68장》 노를 처벌하지 않는 것은 주인의 명령을 받들어 자유롭지 못하기 때문이다.

2 여자……줄인다 : 여자 집의 혼주가 노인 줄 알면서도 딸을 시집보냈다면 반드시 부득이한 사정이 있었을 것이므로 1등급을 줄여 장 70이다.〔女家主婚之人 知其爲奴而以女嫁之者 則以良從賤 必有不得已之情 故減一等 杖七十〕《집설 권3 68장》

3 죄가 또한 같다 : 노도 장 80이며, 여자 집도 1등급을 줄인다.〔罪亦如之 謂奴亦杖八十 女家亦減一等也〕《집해 705쪽》

4 가장(家長)이……같다 : 노비는 부모가 큰 죄를 저질러 관에 몰수하여 들인 자녀로서, 천한 신분이다. 이들은 죄가 없는 양인들과 혼인할 수 없으므로 가장이 노로 하여금 양인 여자에게 장가들어 처로 삼게 하거나, 노가 스스로 양인 여자에게 장가들면 모두 장 80이다.〔犯大罪而子女沒入官者曰奴婢 賤也 無罪之民皆謂良人 二者不得爲婚姻 故家長與奴娶良人女爲妻 或奴自娶者 俱杖八十〕《석의 권6 13장》

5 가장이……줄인다 : 비록 노가 스스로 장가들었으나 가장이 알고서도 금하지 않았다면 죄가 없을 수 없다.〔事雖由奴 知而不禁 不得無罪也〕《집주(상) 282쪽》 그러므로 2등급을 줄여 장 60이지만 몰랐으면 처벌하지 않는다.〔以其行娶雖由乎奴 而縱容則係于主 故減二等 杖六十 不知者 不坐〕《집설 권3 69장》 노를 단속할 수 있는데도 내버려 두었기 때문에 처벌하는 것이다.

6 이로 인하여 : 가장이 노로 하여금 양인 여자에게 장가들게 하는 것과 노가 스스로 양인 여자에게 장가드는 두 경우를 다 말한 것이다.〔因而入籍爲婢承家長與奴娶及奴自娶兩邊說〕《집해 705쪽》

100이다.[7] 거짓으로 노나 비를 양인이라고 하여, 양인으로 하여금 남편이나 처로 삼게 하면 장 90이다.[8] 각각 이혼시키고 고쳐 바로잡는다.[9]

직해 양인 집안의 여자를 종에게 혼인시켜 처나 첩이 되게 하면 장 80이고, 여자 집은 1등급을 줄인다. ○ 여자 집에서 실정을 몰랐으면 처벌하지 않는다. 종이 스스로 양인 여자와 혼인한 자도 죄가 같으며, 사정을 안 가장은 2등급을 줄인다.

(○) 이로 인하여 천적(賤籍)에 기록하여 여종이 되게 하면 장 100이다. 천민(賤民)을 양인이라 거짓으로 칭하여 양인과 혼인하게 하면 장 90이다. 모두 이혼시키고 바로잡는다.

해설

양천(良賤)을 분별하여 혼인 제도를 바로 세우기 위하여 마련한 조문이다. 가장이 노(奴)로 하여금 양인 여자에게 장가들어 처로 삼게 하면 처벌하는

7 이로……100이다 : 양인을 천인이 되게 하는 것은 천인으로 양인을 더럽힌 것에 그치지 않으므로 천인으로 양인을 더럽힌 죄에 2등급을 더하여 장 100이다.〔是驅良爲賤 而不止以賤汚良 故加二等 杖一百〕《집설 권3 69장》 양인 여자가 가장으로 말미암아 호적에 비(婢)로 들어갔으면 가장이 장 100이고, 노로 말미암아 호적에 들어갔으면 노가 장 100이다.〔由家長入籍者 家長杖一百 由奴入籍者 奴杖一百〕《집해 706~707쪽》

8 거짓으로……90이다 : 간교하게 남을 속인 것이 미워할 만하므로 장 90이다. 가장이 속였으면 가장을 처벌하고, 노비가 속였으면 노비를 처벌한다. 속은 양인 남자나 여자의 집은 분명 실정을 몰랐을 것이므로 처벌하지 않는다.〔非惟良賤失宜 而且姦欺可惡 故杖九十 由家長妄冒者 坐家長 由奴婢妄冒者 坐奴婢 良人男女家 不坐 以旣其出妄冒則在彼必不知情也〕《집설 권3 69장》

9 각각……바로잡는다 : 위의 말을 모두 받은 것이다. 이혼시킨다고 하였으므로 양인은 그대로 양인이 되고 천인은 그대로 천인이 된다. 고쳐 바로잡는다는 것은 호적을 고쳐 바로잡는다는 뜻이다.〔各離異改正通承上言 旣曰離異則良自爲良 賤自爲賤矣 又云改正者指因而入籍者言 謂改正其籍也〕《집주(상) 282쪽》 모두 이혼시키고 여자는 본종에 돌려보내며, 호적에 비로 잘못 들어간 양인 여자는 바로잡아 양인으로 되돌리는 것으로,〔各離異歸宗 入籍爲婢之女 改正復良〕《집설 권3 69장》 이렇게 하면 양인과 천인이 뒤섞이지 않게 된다.〔離異改正則良賤不至於混淆矣〕《소의(상) 458쪽》

데, 천인으로서 양인을 더럽히는 것이며 신분이 대등한 사람끼리 혼인을 하는 의리에 위배되기 때문이다. 노는 항상 주인의 명령을 들어야 하므로 노는 처벌하지 않는다.

노가 양인 여자에게 스스로 장가들었으면 처벌하며, 가장이 실정을 알았으면 역시 처벌하는데 노를 단속할 수 있는데도 내버려 두었기 때문이다.

이상은 모두 양인과 천인임을 모두 명백히 알 수 있어서 속이는 실정이 없는 경우이다. 하지만 노비를 양인이라고 속여 양인과 혼인하도록 하는 것은 분명히 아는 상태에서 취(娶)하는 것보다 잘못이 심하기 때문에 처벌한다.

위의 경우 모두 이혼시키고 고쳐 바로잡는다. 부부는 신분이나 지위가 서로 대등해야 하므로 양인이 노비와 결혼하는 것은 올바른 혼인이 아니라고 보았다.

122
몽골인이나 색목인의 혼인
蒙古色目人婚姻

122-1 몽골인[1]이나 색목인(色目人)[2]은 중국인과 혼인하게 하되, 반드시 양쪽이 서로 진정으로 원해야 한다.[3] 몽골인끼리, 색목인끼리 혼인하는 것은 허락하지 않는다.[4] 어기면 혼주는 장 80이고, 혼인한 남녀는 관에 들여 노(奴)로 삼는다.

122-2 중국인이 회회인(回回人)이나 흠찰인(欽察人)[5]과 혼인하는 것을 원

1 몽골인 : 몽고는 본래 원(元)의 옛날 명칭인데, 바로 달자(達子)이다.〔蒙古本元舊稱 卽達子也〕《집설 권3 70장》

2 색목인(色目人) : 회회인(回回人) 또는 흠찰인(欽察人)이다. 《집해》에서는 회회인과 흠찰인이 색목인 가운데 가장 용모가 추하고 이상하므로 이 때문에 혼인을 원하지 않는 사람들이 있다고 하였다.〔其形狀醜異 故有不願爲婚姻者〕〔回回欽察在色目人中爲最醜陋〕《집해 711쪽》

3 반드시……한다 : 《대명률직해》의 여러 이본에서는 율문의 일부이지만 《강해》·《부례》·《집설》·《집해》·《석의》 등의 주석서에는 모두 소자쌍행(小字雙行)의 주로 되어 있다. 이 내용이 직해에 반영되어 있는 것으로 보아 편집상의 잘못은 아니고, 아마도 홍무30년율을 확정하면서 율문에서 빼내어 주석으로 바꾼 것이 아닐까 생각된다.

4 몽골인끼리……않는다 : 몽골인과 색목인이 서로 혼인하는 것은 들어준다.〔蒙古與色目人亦聽互相嫁娶〕《강해 183쪽》

5 흠찰인(欽察人) : 회회인은 곱슬머리에 코가 크고, 흠찰인은 회회인 중의 별종으로 노랑머리에 눈이 파란데〔色目卽回回 欽察又回回中之別種 回回拳髮大鼻 欽察黃髮靑眼〕《집해 711쪽》 이들은 모두 귀화하여 중국에 사는 자들이다.〔俱歸處中國者〕《집설 권3 70장》 흠찰은 킵차크한국(Kipchark汗國)의 음역어로서 몽골 4한국(四汗國) 중의 하나인데, 1243년에 칭기즈 칸의 장남 주치와 손자 바투가 서시베리아의 키르기스 초원과 남러시아에 세운 나라이다. 킵차크는 보통 'Qipchaq'라고 쓴다. 킵차크는 투르크계 유목민으로, 본디 카자흐스탄에서 다뉴브강에 이르는 초원에 거주하였는데 13세기 초 몽골에 정복되었다. 킵차크 유목민의 일부는 칭기즈 칸 시절 몽골 군대에 편입되어 대칸에 봉사하기 시작하였는데, 쿠빌라이 이후 대칸의 친위대로 큰 세력을 형성하였다. 《대명률》에 등장하는 킵차크인은 원의 멸망 이후 중국에 남은 자들이다.

하지 않으면[6] 회회인끼리, 흠찰인끼리 혼인하는 것을 들어주고, 금지 규정을 적용하지 않는다.[7]

직해 모든 몽골인이나 색목인들은 중국인과 더불어 양쪽이 서로 진정으로 원하는 데 따라 혼인하게 하고, 일반 몽골인이나 색목인의 본류(本類)는 자기들끼리 혼인하는 것을 허락하지 않는다. 이를 어기면 장 80이고, 혼인한 남녀는 관에 몰수하여 노비로 삼는다.

(◯) 중국인이 회회인과 더불어 혼인하는 것을 원하지 않으면 들어주되, 본류끼리 스스로 혼인하는 것은 이 규정을 적용하지 않는다.

해설

중국 내 이민족의 증가를 견제하면서 소수 민족이 유지될 수 있도록 하기 위한 취지의 조문이다. 몽골인 및 색목인이 중국인과 서로 혼인하는 것을 허용하는데, 이는 그들 종족을 갑자기 단절할 수 없기 때문이다. 그러나 자기 종족끼리의 혼인은 허락하지 않는다. 몽골인과 색목인이 대대로 중국에 큰 근심이 되었기 때문이다. 회회인이나 흠찰인의 경우 이민족의 습성이 사라졌기 때문에 자기 종족끼리의 혼인도 허용한다. 이 조문은 청률 외번색목인혼인조(外蕃色目人婚姻條)로 이어졌으나, 1725년(옹정3) 율에서 삭제되었다.

6 중국인이……않으면 : 중국인이 회회인・흠찰인과 혼인하기를 원하지 않는 경우라고 하였으므로 중국인이 원한다면 금하지 않는다.〔回回欽察曰不願與爲婚姻 則願者固不禁也〕《집해 711～712쪽》

7 회회인끼리……않는다 : 1항에서 몽골인끼리, 색목인끼리 혼인하는 것을 금하는 것은 그 종족이 날로 번성할까 두려워서이고, 2항에서 회회인끼리, 흠찰인끼리 혼인하는 것을 들어주는 것은 또한 그 종족의 멸절(滅絶)을 불쌍히 여기기 때문이다.〔夫本類嫁娶有禁者 恐其種類日滋也 聽其本類爲婚者 又憫其種類成色{滅絶}也〕《집해 711쪽》

123
처를 쫓아냄
出妻

123-1 처에게 쫓아내야 하거나[1] 의절(義絶)해야 할 정상[2]이 없는데 쫓아내면 장 80이다. 비록 칠출(七出)[3]을 범하였더라도 삼불거(三不去)[4]의 사정이 있는데 쫓아내면 2등급을 줄이고, 쫓아낸 처를 다시 돌아오게 하여 함께 살게 한다.

123-2 처가 의절해야 할 죄를 범하여 이혼해야 하는데[5] 이혼하지 않으면 또한 남편은 장 80이다.[6 7] 남편과 처가 서로 화목하지 못하여 양쪽이 이혼

1 쫓아내야 하거나 : 칠출(七出)을 범하였을 때이다.

2 의절(義絶)해야 할 정상 : 남편을 받들어 섬기는 것이 의(義)에 합당하지 않은 것으로, 남편이나 처가 상대방의 조부모·외조부모·백숙 부모·형제·고모·자매를 살해하거나, 남편이 아내를 구타하여 상해가 절상(折傷) 이상에 이르거나, 처가 남편을 욕하거나 구타한 것과 같은 따위이다.〔義絶謂如夫妻之祖父母外祖父母伯叔父母兄弟姑姊妹自相殺者 及夫毆妻至折傷以上 妻罵毆夫之類〕《강해 184쪽》 또 조부모·부모가 며느리·손자며느리를 부당하게 때려서 폐질·독질이 되게 하여 시집올 때 가져온 물건을 돌려주고 먹고살 재물을 지급하면서까지 며느리·손자며느리를 그 본종에 돌려보내거나, 부인이 포로가 되어 몸이 더럽혀졌거나, 평소에 부인이 남편과 잠자리를 함께하지 않거나 하는 따위이다.〔義絶解見名例 謂義不當承事其夫 如祖父母父母非理毆子孫之婦 致癈篤疾 令歸宗 追還嫁粧 仍給養贍及被虜受汚 與素不奉衾裯之類〕《집설 권3 73장》① 12 以理去官

3 칠출(七出) : 첫째로 아들을 낳지 못하는 것, 둘째로 음탕한 것, 셋째로 시부모를 섬기지 않는 것, 넷째로 말이 많은 것, 다섯째로 도둑질을 하는 것, 여섯째로 투기하는 것, 일곱째로 몹쓸 병을 앓는 것 등이다.〔應出謂犯七出者 一曰無子 二曰淫泆 三曰不事舅姑 四曰多言五曰竊盜 六曰妬忌 七曰惡疾〕《강해 184쪽》

4 삼불거(三不去) : 첫째로 시부모의 삼년상을 함께 마쳤을 때, 둘째로 장가들 때 빈천하였으나 나중에 부귀하게 되었을 때, 셋째로 돌아갈 곳이 없을 때이다.〔一曰與更舅姑三年喪 二曰娶時貧賤後富貴 三曰有所取無所歸〕《강해 184쪽》

5 처가……하는데 : 관에 고소하여 이혼 판결을 받은 경우이다.〔犯義絶應離而不離 指曾經告官斷離者言〕《집해 714쪽》

6 또한……80이다 : 처를 쫓아내지 말아야 하는데 쫓아내면 정(情)에 맞지 않고, 이혼해야

을 원하면 처벌하지 않는다.[8] 처가 남편을 배반하고 도망하면 장 100이고,[9] 남편의 뜻에 따라 시집보내거나 판다.[10] 도망하여 개가하면[11] 교형이다.[12] 남편이 도망한 것[13]으로 인하여, 3년 이내에 남편의 도망을 관사에 신고하지 않은 채 도망하면[14] 장 80이다. 함부로 개가하면 장 100이다. 첩은 각각 2등급을 줄인다.[15]

하는데 이혼하지 않으면 법(法)에 맞지 않으므로 각각 처벌하는 것이다.〔夫不應出而出 非情也 應離而不離 非法也 故各罪之〕《집해 716~717쪽》

7 처가……80이다 : 이상은 남편에게 죄가 있다.

8 양쪽이……않는다 : 정에서 서로 등졌고 법에 걸림이 없으므로 남편과 아내를 각각 처벌하지 않는다. 만약 남편이 이혼을 원하나 아내가 원하지 않고, 아내는 원하나 남편은 원하지 않는데 이혼하면 모두 유죄이며, 함께 살게 하지 않는다.〔於情旣睽 於法無礙 故各不坐之 兩願者不坐則夫願而妻不願 妻願而夫不願者 均有罪也……不應完聚〕《집해 717쪽》

9 처가……100이고 : 부인은 한 남편을 끝까지 좇아야 하는데 남편을 저버리는 것은 의리가 아니며, 남편을 저버리고 도망가서 멋대로 개가하는 것은 정리상 더욱 잘못된 것이다. 그러므로 남편이 있는데 아내가 남편을 배반하고 도망하면 장 100이다.〔至若婦人從一而終 背夫已非其義 因逃而輒自改嫁 於情尤爲過甚 故夫在而妻背夫逃去者 杖一百〕《집해 717쪽》

10 남편의……판다 : 의리가 끊기고 은혜가 어그러졌기에 남편과 다시 함께 살게 하기 어렵다.〔以其義絶恩乖 難以復聚也〕《집설 권3 71장》

11 도망하여 개가하면 : 본디 혼인은 중매와 혼인 예물이 있어야 하는데 도망하여 개가하는 것은 그렇게 한 것이 아니므로 유인하여 조간(刁姦)(④ 390 犯姦)한 것으로 논한다. 아래 두 경우의 개가도 이와 같다.〔因而改嫁 謂因在逃而改嫁也 須有媒妁財禮者方是 不然 當以和誘刁姦論 下二改嫁倣此〕《집해 715쪽》

12 교형이다 : 남편을 남편으로 여기지 않고 다른 사람을 남편으로 삼아 인륜을 무너뜨리고 교화를 해친 것이 남편을 배반하고 도망한 것에 비하여 더욱 심하기 때문이다.〔以不夫其夫而夫他人 滅倫傷化 視背逃尤甚也〕《집설 권3 71장》

13 도망한 것 : 죄를 짓고 도망한 것이다.〔逃亡是有罪逃去者〕《집해 715쪽》

14 3년……도망하면 : 관사에 신고한다는 것은 남편이 도망간 사정을 신고하는 것이다. 3년이라고 한 것은 남편 상복을 입는 관례 때문으로 3년이 지난 다음에 관에 고하고 나서 개가할 수 있으며, 3년이 지나면 처벌하지 않는다.〔告官司 謂告其夫之逃亡情由 非告己之欲逃也 言三年者以夫喪服例之故 許其改嫁耳 須三年之外 不坐罪〕《집해 715쪽》

15 각각 2등급을 줄인다 : 남편을 배반해 도망하거나 남편의 도망 사실을 관에 고하지 않은 상태에서 개가한 두 경우 모두를 말한다.〔各減二等 指背夫在逃不告逃去及二改嫁說〕《집해 715쪽》

123-3 비(婢)가 가장(家長)을 배반하고 도망하면 장 80이다. 노(奴)가 도망하면 죄가 역시 같다.[16] 비가 도망하여 개가하면 장 100이고,[17] 가장에게 돌려준다.[18] [19]

123-4 와주(窩主)나 실정을 알고도 장가들면 각각 도망하거나 개가한 처・첩이나 비와 더불어 같은 죄이며, 사죄(死罪)에 이르면 1등급을 줄인다. 몰랐으면 모두 처벌하지 않는다.[20]

16 노(奴)가……같다 : 《대명률직해》의 여러 이본에서는 율문의 일부이지만 《강해》・《부례》・《집설》・《집해》 등의 주석서에는 모두 소자쌍행(小字雙行)의 주로 되어 있다. 이 내용이 직해에 반영되어 있는 것으로 보아 편집상의 잘못은 아니고, 아마도 홍무30년율을 확정하면서 율문에서 빼내어 주석으로 바꾼 것이 아닐까 생각된다.

17 비가……100이고 : 처가 도망하여 개가하면 교형이며, 첩은 2등급 줄여 장 100 유 2500리인데, 비는 장 100이다. 첩은 처보다 천하기에 죄가 처보다 가볍고, 비는 첩보다 천하므로 죄가 첩보다 가벼운 것이다.〔婢賤於妾 故罪又輕於妾也〕《집해 719쪽》

18 비가……돌려준다 : 비의 경우 가장의 도망으로 인하여 비가 도망하거나 개가하는 죄를 말하지 않은 것은 가장 격인 여주인이 있기 때문이다.〔婢不言家長逃亡而逃及改嫁之罪 以有主母在耳〕《집해 719쪽》

19 처가 남편을……돌려준다 : 이상은 처나 첩, 비나 노에게 죄가 있는 경우이다.

20 와주(窩主)나……않는다 : 처・첩・노・비가 도망하면 모두 죄인이므로 타인이 함부로 숨겨 주거나 멋대로 혼인할 수 없다. 그러므로 그들을 숨겨 준 와주나 도망한 실정을 알고도 처・첩으로 삼은 자는 도망한 처・첩・노・비와 더불어 같은 죄이다. 남편을 배반하고 도망한 처를 숨기거나 장가들면 도망한 처・첩・노・비와 똑같이 장 100이고, 남편이 도망하였으므로 도망한 처이면 똑같이 장 80이다. 남편을 배반하거나 남편이 도망하였으므로 도망한 첩이면 각각 2등급을 줄인다. 도망한 노비를 숨겨 주거나 취하면 똑같이 장 80이며 사죄에 이르면 1등급을 줄인다. 처가 도망하여 개가해서 교형에 처해야 할 경우, 와주 및 실정을 알고 장가든 자는 장 100 유 3000리이며, 실정을 몰랐으면 와주 및 장가든 자는 모두 처벌하지 않는다.〔夫妻妾奴婢在逃俱係有罪之人 他人安得擅爲藏匿及擅自婚娶 故窩主及知在逃之情 而娶爲妻妾者 各與妻妾奴婢同罪 窩藏及娶背夫在逃之妻 同杖一百 夫亡在逃之妻 同杖八十 背夫及夫逃亡在逃之妾 各減二等 窩藏及娶在逃之奴婢 同杖八十 至死減一等 如妻在逃改嫁應絞者 窩主及知情娶者則杖一百流三千里 不知在逃之情而窩主及娶者 俱不坐罪〕《집해 719~720쪽》 그러나 와주만 처벌하고 장가든 자는 처벌하지 않는다는 주석도 있다. 즉 장가든 자는 실정을 모를 수 있으나 와주는 몰랐을 리 없을 것이니, 타인의 처・첩・노・비가 남편이나 가장을 배반하여 도망하지 않았다면 자신의 집에 올 리가 없기 때문이다. 이들을 숨겨 주고 실정을 몰랐다고 할 수 없으며, 설사 실정을 몰랐다 할지라도 이들을 숨겨 주어서는 안 된다. 와주가 비록 실정을 몰랐다 하더라도 85조 수류미실자녀(收留迷失子女)의 "숨겨서 집에 머물게 하면 장 80이다."라고 한 것에 따라 과단해야 한다는 견해이

123-5 기친(期親) 이상 존장(尊長)[21]이 혼인을 주관하여 개가하면 혼주를 처벌하고,[22] 처・첩은 도망한 죄만 처벌받는다. 그 밖의 친속[23]이 혼인을 주관한 경우–그 밖의 친속이 혼인을 주관한 경우란 기친 비유(卑幼)나 대공(大功) 이하의 존장・비유가 혼주가 되어 개가시킨 것을 이른다.–에는, 혼사가 혼주로 말미암았으면 혼주를 수범으로 하고 혼인한 남녀[24]를 종범으로 하며,[25] 혼사가 혼인한 남녀로 말미암았으면 남녀를 수범으로 하고 혼주를 종범으로 한다. 사죄에 이르면 혼주는 모두 1등급을 줄인다.[26] [27]

직해 처가 쫓아내거나 의절해야 할 만한 일이 없는데 쫓아내면 장 80이다. 비록 일곱 가지 쫓겨날 죄를 범하였어도, 세 가지 쫓아낼 수 없는 사정이 있는데 쫓아내면 2등급을 줄이고 부녀는 본남편에게 돌아가게 한다.

○ 마찬가지로 의절하여 버려야 할 처를 버리지 않으면 또한 장 80이다.

다.〔條內云 窩主及知情娶者謂不知情 在娶者則可 在窩主則不可 不坐 在娶者則可 在窩主則不可 他人之妻及妾奴婢 非有背夫及家長而逃者 何事而來我家 又縱而窩藏之而謂其不知情 恐無此理 縱不知情 而又可窩藏之耶 故不知者不坐似爲娶者說爲多 窩主雖不知情 亦當從收留迷失子女條內云 隱藏在家者杖八十科斷〕《집해 723쪽》

21 존장(尊長) : 조부모・부모・백숙 부모・재실 고모・형・재실 손위 누이・외조부모와 같은 자이다.〔如祖父母父母伯叔父母姑兄弟姊外祖父母〕《집해 720쪽》

22 혼주를 처벌하고 : 존장이 전적으로 주관하였기 때문이다.〔以尊長得以專制故也〕《집설 권3 72장》

23 기친(期親)……친속 : 모두 처・첩・비의 기친과 여친(餘親)을 가리킨다.〔期親餘親 俱指妻妾婢之親言〕《집해 715~716쪽》

24 혼인한 남녀 : 여기서 남자는 사정을 알고도 취한 자이다.〔男卽上知情而娶者〕《집해 716쪽》

25 혼사가……하며 : 가령 처가 남편의 도망으로 인하여 개가한 것이, 만약 혼주로 말미암았으면 여친은 장 80이고 남녀는 종범이 되어 장 70인 따위이다.〔如妻因夫亡而改嫁者 若由主婚 則餘親杖八十 男女爲從杖七十之類〕《집해 721~722쪽》

26 사죄에……줄인다 : 남편을 배반하고 개가한 것이 처이면 혼주는 사죄에서 1등급 감하여 장 100 유 3000리이며, 첩이면 혼주는 사죄에서 2등급 감하여 장 100 도 3년이다. 남편이 도망 중에 개가한 것이 처이면 혼주는 장 100이고, 첩이면 혼주는 2등급 감하여 장 80이다.〔如背夫而改嫁 係妻主婚人流三千里 係妾主婚人徒三年 夫在逃而改嫁 係妻主婚人杖一百 係妾主婚人杖八十〕《집해 720~721쪽》

27 기친(期親)……줄인다 : 처・첩・비의 개가에 따른 혼주의 처벌에 대해 말하였다.

남편과 처가 화합하지 못하여 양쪽이 서로 이혼을 원하면 처벌하지 않는다. 처가 남편을 배반하고 도망하면 장 100이고, 본남편에게 돌려주어 임의로 팔게 한다. 도망 중에 다른 사람에게 개가하면 교형으로 죽인다. 남편이 도망하였는데 3년 안에 관사에 고하지 않고 도망가면 장 80이며, 멋대로 다른 사람과 혼인하면 장 100이다. 첩이면 각각 1등급을 줄인다.

○ 사내종과 계집종이 주인을 배반하고 도망하면 장 80이다. 계집종이 이로 인하여 다른 사람에게 개가하면 장 100이고, 본래 주인에게 돌려준다.

(○) 일을 맡아 혼인을 주관한 사람이나 사정을 알고 혼인한 자는 죄가 같다. 사죄에 이른 사람이면 1등급을 줄이되, 사정을 몰랐으면 모두 처벌하지 않는다.

○ 기년복(期年服) 범위 안의 친족 어른이 주관하여 다른 사람과 혼인시키면 주혼인을 처벌하되 처・첩은 다만 도망한 죄만 논한다. 나머지 다른 친족이 주관하여 혼인시키면, 주혼인이 일을 맡아 혼인한 경우 주혼인을 수범으로 하고 혼인한 남녀를 종범으로 하며, 남녀가 스스로 뜻을 내어 혼인한 경우 혼인한 남녀를 수범으로 하고 주혼인을 종범으로 한다. 죄가 마땅히 사죄에 이른 사람은 주혼인들을 모두 1등급을 줄인다.

해설

처를 쫓아내는 행위의 허용 여부에 대한 조문이다. 부부는 의리로 맺어진 것이므로 가볍게 쫓아내서는 안 되며, 또한 이미 쫓아냈으면 구차하게 받아들여서도 안 된다는 것을 규정하였다. 남편이 부당하게 아내를 쫓아내는 경우, 아내가 칠거지악(七去之惡)을 범하는 의절(義絶)이 없으면 법적으로 쫓아내서는 안 되며, 칠거지악을 범하였다 할지라도 삼불거(三不去)이면 정리상 쫓아내서는 안 된다. 남편이 마땅히 이혼해야 하는데 하지 않은 경우, 아내가 의절을 범하였으면 법에 따라 당연히 이혼해야 하며, 부부가 서로 화해하지 않으면 정리상 이혼해야 한다. 여자는 두 남편을 섬기지 않아야 하며 남편이 죽어도 개가할 수 없다. 처나 첩이 남편을 배반하고 도망

중에 개가한 경우 남편은 아내를 버리지 않았으나 아내가 남편을 임의로 버린 것이므로 죄가 무겁다. 모두 아내가 남편을 배반하는 것을 엄격히 경계한 것으로, 남편은 처를 쫓아낼 수 있으나 가벼이 내쫓을 수는 없고, 아내는 남편을 배반할 수 없으며 개가할 수 없다는 것이 요지이다.

124
율을 어기고 혼인시킨 혼주와 중매인의 죄

嫁娶違律主婚媒人罪

124-1 혼인하면서 율을 어겼을 때,[1] 만약 조부모·부모·백숙 부모·고모·형·손위 누이·외조부모가 혼주이면 혼주만 처벌한다.[2] 그 밖의 친속[3]이 혼주일 때, 혼사가 혼주로 말미암았으면 혼주를 수범으로 하고 혼인한 남녀를 종범으로 하며, 혼사가 남녀로 말미암았으면 남녀를 수범으로 하고 혼주를 종범으로 한다.[4] 사죄(死罪)에 이르면[5] 혼주는 모두 1등급을 줄인다.[6]

124-2 남녀가 혼주에게 위세로 핍박을 당해[7] 혼사가 자기의 의사로 말미

1 혼인하면서……때 : 앞서의 여러 조문을 모두 받아 말한 것으로,〔婚娶違律 總承上諸條而言〕《집해 725쪽》 가령 동성(同姓)끼리 또는 존속(尊屬)과 비유(卑幼)가 혼인하는 따위이다.〔如同姓尊卑爲婚之類〕《집해 726쪽》

2 만약……처벌한다 : 명분(名分)이 높고 또 친밀하여 혼사를 마음대로 할 수 있으므로 율을 어긴 죄로 혼주만 처벌하고 남녀는 모두 처벌하지 않는다.〔其分尊且親 於事得以獨專 故其違律之罪 獨坐主婚者 男女俱不坐〕《집설 권3 74장》

3 그 밖의 친속 : ② 123 出妻

4 그……한다 : 기친(期親) 비유나 대공 이하의 존장·비유가 혼인을 주관하였다면, 그들은 명분이 낮고 또 소원하여 혼사를 모두 마음대로 할 수가 없으므로 혼인한 남녀와 더불어 수범과 종범을 나누어 과죄해야 한다.〔餘親如期親卑幼及大功以下尊長卑幼主婚者 其分卑且疎 於事不得以盡專 當與男女分首從科之〕《집설 권3 74장》

5 사죄(死罪)에 이르면 : 동종(同宗)의 친족에게 장가들거나 처가 남편을 배반하고 개가한 따위와 같은 것으로서, 죄가 참형이나 교형에 이른 경우이다.〔如娶同宗之親及背夫改嫁之類而罪至斬絞〕《집해 727쪽》

6 모두 1등급을 줄인다 : 조부모 이하의 기친 존장과 외조부모 및 그 밖의 친속을 통틀어 말한 것으로〔竝減一等 通祖父母以下及餘親言〕《집해 725쪽》 사죄에 이르면 1등급을 줄여 장 100 유 3000리에 그친다.〔止杖一百流三千里〕《집해 727쪽》

7 남녀가……당해 : 조부모 등의 친속은 위세로 핍박하지 않아도 되기 때문에, 위세로 핍박을 당하였다는 구절은 여친(餘親)에만 해당하는 경우가 많다.〔男女被主婚人威逼節 意在餘

암지 않았거나, 또는 남자의 나이가 20세 이하이거나, 재실(在室)의 여자[8]이면 역시 혼주만 처벌하고 남녀는 모두 처벌하지 않는다.[9]

124-3 아직 성혼(成婚)하지 않았으면 성혼하였을 때의 죄에서 각각 5등급을 줄인다.[10]

124-4 중매인이 실정을 알았으면 범인의 죄에서 각각[11] 1등급을 줄이고, 몰랐으면 처벌하지 않는다.

124-5 율을 어기고 혼인하였을 때 각 조항에서 '이혼시키고 바로잡는다.'라고 일컬으면 비록 사면을 만나더라도 그대로 이혼시켜서 바로잡는다. 이혼하면 부녀는 모두 본종(本宗)으로 돌려보낸다.

직해 혼인하는 데에 율을 어기면, 조부모·부모·백숙 부모·고모·형·누이 및 외조부모의 범위 내에서 주혼할 경우 오직 주혼인을 처벌한다. 나머지 친족이 주혼하면 친족 범위 내의 주혼인을 수범으로 하고 혼인한 남녀를 종범으로 한다. 남녀가 스스로 뜻을 내어 혼인하면 남녀를 수범으로 하고 주혼인을 종범으로 한다. 죄가 마땅히 사죄에 이른 사람은 주혼인을 1등급 줄인다.

(○) 남녀가 주혼인의 위력에 의한 핍박으로 말미암아 부득이 혼인하거나,

親一邊爲多 蓋祖父母等親可以不用威逼也〕《집해 725쪽》 뒤의 문장을 고려하면, 위세로 핍박을 당한 남자는 나이 20세 이상, 여자는 남편이 죽어서 개가한 사람을 가리켜 말한 것이다.〔被威逼之男指年二十以上言 女指夫亡改嫁者言 詳下文可見〕《집설 권3 75장》

8 재실(在室)의 여자 : 정혼은 하였으나 아직 시집가지 않은 여자나 이혼을 당하여 친정에 돌아온 여자, 미혼인 여자를 두루 이른다. 4책 357쪽 〈복제(服制)〉 참조.

9 남자의……않는다 : 남자가 20세 이하이거나 재실의 여자는 비록 존장에게 위세로 핍박을 당하여 율을 어기고 혼인한 것이 아니더라도 역시 혼주만 처벌하고 남녀는 논죄하지 않는다.〔男若男年二十以下及在室之女 雖不被尊長威逼而違律爲婚 亦獨坐主婚 男女勿論〕《강해 187쪽》

10 아직……줄인다 : 교형·참형까지 포함하여 말한 것이다.〔未成婚者 各減五等 通絞斬言〕《집해 725쪽》 아직 성혼하지 않았으면 혼사를 그칠 수 있으므로 각각 성혼하였을 때의 죄에서 5등급을 줄인다.〔如未成婚者 事由可及止 故各減已成婚罪五等〕《집설 권3 74장》

11 각각 : 아직 성혼하지 않은 경우까지 포함하여 말한 것이다.〔各減犯人罪一等 兼以未成婚〕《집해 725쪽》

남자의 나이가 20세 이하 또는 재실로서 혼인하지 않은 여자 등은 오직 주혼인을 처벌하고 남녀는 처벌하지 않는다.

(○) 아직 성혼하지 않았으면 이미 성혼한 경우의 죄에서 각각 5등급을 줄인다.

(○) 중매인이 실정을 알았으면 범인의 죄에서 1등급을 줄이고, 몰랐으면 처벌하지 않는다.

(○) 율을 어기고 혼인하였는데 각 율문의 조항에서 칭하여 이르기를 '이혼시키고 바로잡는다.'라고 한 것은 비록 마침 사면의 교지가 있더라도 여전히 이혼시키고 바로잡게 한다. 부녀를 모두 부모에게 돌려보낸다.

124-6 혼인 예물은 만약 장가든 자가 실정을 알았으면 추징하여 관에 들이고, 몰랐으면 추징하여 주인에게 돌려준다.[12]

해설

〈호율(戶律) 혼인〉의 여러 조문에 두루 적용되는 일반적인 원칙이다. 동종(同宗)의 친속을 취하거나 남편을 배반하고 개가하여 사죄(死罪)에 이르는 경우 혼주의 처벌, 혼주가 남녀를 위력으로 핍박하는 경우나 혼인이 성사된 경우와 성사되지 않은 경우의 구별, 중매인에 대한 처벌, 이혼시키고 고쳐 바로잡는 규정 등을 다루었다.

12 혼인……돌려준다 : 장가든 사람이 실정을 알았으면 틀림없이 유죄이므로 준 자와 받은 자 모두에게 죄가 있는 장물(① 23 給沒贓物)이다. 그러므로 추징하여 관에 들인다. 실정을 몰랐으면 기만당한 것으로, 받거나 주는 데 합의하지 않은 재물이나 마찬가지이다. 그러므로 추징하여 주인에게 돌려준다. 성혼 여부를 따지지 않고 모두 마찬가지이다.〔娶者知情 則必有罪 所謂彼此俱罪之贓也 故追入官 不知情 則被欺騙 猶取與不和之財也 故追還給主 不論已未成婚 皆同〕《집주(상) 292쪽》 이 부분은 직해하지 않았다.

대명률직해

제7권 호율戶律 창고倉庫

창고 倉庫

〈창고〉는 한(漢)·진(晉)에서 모두 〈호율(戶律)〉에 속하였으나, 양 무제(梁武帝) 천감(天監) 연간(502~519)에 〈창고〉로 정하였다. 수 문제(隋文帝) 개황(開皇) 연간(581~600)에는 창고에 관한 일을 마구간에 붙여 〈구고(廏庫)〉라 이름하였으나, 양제(煬帝) 대업(大業) 연간(605~616)에 다시 나누어 〈창고〉라 하였고, 당(唐)은 개황 연간의 제도를 계승하여 〈구고〉라 하였는데, 창고에 관한 일이 14가지였다.

명대(明代)에 이르러 125조 초법(鈔法), 126조 전법(錢法), 127조 수량위한(收糧違限), 130조 남납세량(攬納稅糧), 131조 허출통관주초(虛出通關硃鈔) 등을 추가하였고, 이들을 합하여 〈창고〉라 명명하였다. 모두 24조이다.

125
보초에 관한 법
鈔法

125-1 보초(寶鈔)[1]를 찍어 내어 홍무통보(洪武通寶)·대중통보(大中通寶)[2] 및 역대의 동전과 함께 사용한다.[3] 민간에서 각종 물건을 사고팔 때의 대금이나 차세(茶稅)·염세(鹽稅)·상세(商稅) 등 각종 세금[4]은 모두 보초로 받도록 해 준다. 어기면 장 100이다.[5]

125-2 사람들이 보초를 가지고 창(倉)·장(場)·고(庫)·무(務)[6]에 가서

1 보초(寶鈔) : 1375년(홍무8)에 중서성(中書省)에 명하여 대명보초(大明寶鈔)를 만들었다. 재료는 뽕나무 속껍질이고, 모양은 네모에 세로 1척, 가로 6촌이며 바탕은 청색이다. 바깥에 용무늬와 꽃무늬 테두리를 둘렀고, 윗부분에는 대명통행보초(大明通行寶鈔), 안쪽의 위 양쪽 가장자리에는 전서(篆書)로 대명보초천하통행(大明寶鈔天下通行)이라고 썼다.〔洪武八年令中書省造大明寶鈔 取桑穰爲料 其製方 高一尺 濶六寸 以青色爲質 外爲龍文花欄 横題其額曰大明通行寶鈔 內上兩旁 復爲篆文八字 曰大明寶鈔天下通行〕《부례(상) 399쪽》 1375년에는 100문(文)·200문·300문·400문·500문과 1관(貫) 등 모두 6등급의 보초가 있었으나, 1389년에 소초(小鈔) 5종 곧 10문·20문·30문·40문·50문을 추가로 발행하였다. 1관은 동전 1000문, 은 1냥(兩)에 해당하며, 보초 4관은 금 1냥과 바꿀 수 있다. 민간에서는 금·은으로 거래할 수 없으며, 금·은을 보초로 바꾸는 것만 허락하였다. 보초를 금·은과 대등하게 취급함으로써 그 이익을 무궁하게 넓히고자 한 것이다.〔其制由百文以至五百文幷一貫 凡六等 每鈔一貫折錢千文銀一兩 四貫易金一兩 民間不得以金銀交易 而惟許其金銀易鈔 蓋以等鈔於金銀而廣其利於無窮耳〕《집설 권3 76장》

2 대중통보(大中通寶) : 대중(大中)은 명 태조(明太祖)가 국호를 명으로 정하기 이전의 국호이다. 대중통보는 400문을 1관, 40문을 1냥, 4문을 1전(錢)으로 한다.《국자해 216쪽》

3 함께 사용한다 : 예컨대 동전을 10분의 3, 보초를 10분의 7 받는 것이다. 100문 이하는 동전만 쓴다.〔相兼行使者 錢什三 鈔什七 一百文以下 止用錢〕《집설 권3 76장》 원문의 행사(行使)는 통행(通行)·사용(使用)의 뜻이다.

4 세금 : 원문의 과정(課程)은 물품에 세금을 부과하는 것이다.〔課者稅物之錢鈔也 程者物有貴賤 課有多寡 如地理之有程限也〕《부례(상) 451쪽》

5 어기면 장 100이다 : 보초를 받지 않는 관이나 민을 처벌하는 것이다.〔罪坐不行收受之人 此兼官民而言〕《집해 733쪽》

각종 세금을 환산하여 납부하거나, 소금을 중매(中買)하거나,[7] 각 아문에서 장벌(贓罰)[8]을 보낼 때에는, 반드시 보초의 뒷면에 성명(姓名)과 사기(私記)[9]를 써서 훗날 조사하는 데 근거로 삼도록 한다. 주의를 기울여 변별하고 검사하지 않아, 위조·변조된 보초[10]를 받아서 관에 들이면 손을 거쳐간 사람은 장 100이고, 납입한 보초의 갑절을 추징한다.-위조된 보초나 변조된 보초 1관(貫)을 잘못 거두면 보초 2관을 갑절로 추징함을 이른다.- 위조·변조된 보초는 불태워 없앤다. 민간의 관시(關市)[11]에서 거래할 때도 사기를 쓰

6 창(倉)……무(務) : 창은 곡식을 저장하는 곳, 고(庫)는 재물을 저장하는 곳, 무는 도세사(都稅司)처럼 물건에 세금을 매기는 곳, 장(場)은 초장(草場)이나 염장(鹽場)처럼 물건을 쌓아 두는 곳이다.(① 55 擅離職役) 《언해》에서는 창장(倉場)은 창고 앞의 빈 곳에 미량(米糧)을 쌓아 두는 곳으로 미량을 수납하는 유사(有司)가 근무하는 곳, 고무(庫務)는 창고 앞에 유사가 근무하는 곳이라고 하여 창장과 고무를 각각 하나의 단어로 보았다. 《언해 권10 5장》

7 중매(中買)하거나 : 소금을 나중에 민간에 팔기 위해 관으로부터 사는 것이다. 민간에서는 소금을 굽는 것이나 관의 허가 없이 소금을 판매하는 것이 금지되어 있으며, 관의 허가를 받은 상인만이 관으로부터 소금을 사서 민간에 팔 수 있다. 여기서 그냥 염(鹽)이라고 하지 않고 염화(鹽貨)라고 한 것은 스스로 소비하기 위해 사는 것이 아니라 다시 팔기 위해 사는 것이기 때문이다. ② 149~160 鹽法 《국자해 214쪽》 '중매(中買)'의 '중(中)'은 관과 민 사이의 거래를 가리키며, '중매'는 염상이 염장(鹽場)의 소금을 사들이는 행위를 가리킨다.

8 장벌(贓罰) : ② 146 擬斷贓罰不當

9 사기(私記) : 납부하는 자는 아무개라고 기록하고, 받는 자는 아무개가 받는다고 기록하는 것이다.〔謂納者記是某人 納收者亦記是某人收也〕《전석 권7 2장》 그러나 사적인 표시나 메모로 보기도 하고〔personal marks〕《GMC 90쪽》〔私ノ心ヲボヘヲシルスナリ〕《언해 권10 6장》 별호(別號)가 새겨진 도장이 아니라 성명이 새겨진 사인(私印)을 찍는 것으로 보기도 한다. 《국자해 214~215쪽》

10 위조·변조된 보초 : 위조는 보초를 새로 만들어 내는 것이고, 변조는 진짜 보초가 있는 상태에서 그 내용을 바꾸거나 진짜 보초의 여러 조각을 모아 한 장(張)의 보초로 만드는 것이다. 원문의 도완묘주(挑剜描輳)란 글자의 모양을 긁어 내고 그려 넣어 온전한 한 장을 만드는 것으로〔挑剜描輳謂挑剜字樣 描輳成張〕《집해 732쪽》 묵은 보초를 가지고 긁어 내거나 그려 넣어, 적은 것을 늘려 많게 만드는 것이다.〔挑剜描輳謂以陳鈔挑補 以增少作多者〕《집설 권3 76장》 ④ 381 僞造寶鈔

11 관시(關市) : 사방(四方)의 관(關) 안에 있는 시장이다.〔關市 卽四關之街市也〕《직인 200쪽》〔四方ノ關ヨリ內市廛ノ間ニテノ交易也〕《언해 권10 7장》

도록 한다.[12] 자세히 살펴보지 않아서 서로[13] 잘못 사용하면 장 100에 보초를 갑절로 추징하되, 현재 사용한 사람만 죄를 묻는다.[14] 실정을 알고도 사용하면 모두 본율(本律)에 따른다.[15]

직해 보초를 찍어 내어[16] 홍무통보·대중통보나 역대의 동전과 함께 사용한다. 민간의 각종 매매 및 미면잡세(米麵雜稅)뿐 아니라 각종 공물(貢物)에 대해 함께 계산하여 받되, 이를 어기면 장 100이다.

○ 사람들이 보초를 가지고 각종 공물을 환산하여 보초로 납부하거나 서울과 지방의 각 관사에서 징동(徵銅)을 추징하여 상납할 때, 반드시 보초의 뒷면에 본래 주인의 성명을 써서 차후에 상고하게 한다. 자세히 살피지 않아 위조한 보초 또는 지우고 써넣거나 덧대어 고쳐 쓴 보초를 받아 창고에 들이면, 담당하여 받아들인 자는 장 100이고 잘못 받아들인 양을 계산하여 추징한다. 위조한 보초는 태워 없앤다. 시장에서 거래하는 보초도 각각 사기를 쓴다. 그중 자세히 살피지 않아 착오로 사용하면 장 100이고 보초를 갑절로 추징하되, 현재 사용자를 처벌한다. 위조인 줄 알아차리고 실정을 알면서도 사용하면 본율에 따라 과죄한다.

12 사기를 쓰도록 한다 : 앞에서 보초의 뒷면에 성명이나 사기를 쓴다고 하였으나, 여기서는 사기만 언급하고 성명을 언급하지 않았다. 이는 민간에서 거래할 때에는 일일이 성명을 쓸 겨를이 없기 때문이다. 《집설 권3 77장》

13 서로 : 위폐를 주고받은 양쪽을 다 의미한다.

14 현재……묻는다 : 관부에서 위조·변조된 보초를 제대로 살피지 않고 받으면 손을 거쳐 간 사람만 처벌하고, 민간에서 위조·변조된 보초를 제대로 살피지 않고 사용하면 현재 사용한 사람만 처벌하여, 두 경우 다 처벌을 다른 사람에까지 확대하지 않는다. 《전석 권7 2장》

15 실정을……따른다 : 본율은 381조 위조보초(僞造寶鈔)이다. 위조된 보초인 줄 알면서도 사용하면 보초를 위조한 자와 마찬가지로 참형이고, 변조된 보초인 줄 알면서도 사용하면 보초를 변조한 자의 죄 장 100 유 3000리에서 1등급을 줄여 장 100 도 3년이다. 위조된 보초인 줄 알면서도 사용하면 보초를 위조한 자의 죄 참형에서 1등급을 줄여 장 100 유 3000리라고 한 주석도 있다. 《소의(상) 474쪽》

16 보초를 찍어 내어 : 1391년(공양왕3) 자섬저화고(資贍楮貨庫)를 설치하여 중국의 회자(會子)·보초 등의 제도를 모방하여 고려통행저화(高麗通行楮貨)를 처음 만들었다. 조선 시대에는 1401년(태종1) 사섬서(司贍署)를 두고 저화(楮貨)를 발행하였다.

해설

명 초에 지폐의 일종인 보초의 유통을 규제하여 이권을 장악하고 국부(國富)를 통제하기 위해 마련된 규정이다. 보초와 동전을 병용하도록 하고, 보초의 유통을 권장하기 위해 민간에서의 거래와 국가에 대한 각종 부세의 납부에 보초를 사용하게 하였으며, 보초를 받지 않으면 관리이든 백성이든 모두 처벌하였다. 관부(官府)에 보초를 납부하거나 소금 등을 살 때에는 반드시 뒷면에 사용자의 성명을 기재하게 하여 증빙으로 삼고, 민간 시장에서의 거래에도 보초 사용자의 성명을 기재하게 하였다. 보초를 위조하거나 변조한 경우 및 이러한 사정을 알고도 사용한 사람에 대해서는 381조 위조보초(僞造寶鈔)에 따라 처벌하도록 하였다. 이 조문이 청률에서는 삭제되었는데, 보초의 가치가 하락하여 통화의 기능을 상실하였기 때문이다. 청대에 들어서는 보초를 발행하지 않다가, 1853년(함풍3)이 되어서야 발행한다.

126
동전에 관한 법
錢法

126-1 동전에 관한 법[1]은 다음과 같다. 보원국(寶源局)[2] 등을 설치하고 홍무통보(洪武通寶) 동전을 주조[3]하여 대중통보(大中通寶) 및 역대의 동전과 함께 사용한다. 절이전(折二錢),[4] 당삼전(當三錢), 당오전(當五錢), 당십전(當十錢)을 만들어 그 액면가에 따라 계산한다.[5] 민간의 금·은·쌀·보리·베·비단 등 각종 물건의 가격은 모두 시가(時價)에 따르며, 백성의 편의에 따라 동전을 사용하게 한다. 가로막아 지체시켜 즉시 사용하지 못하게 하면 장 60이다.[6]

1 동전에 관한 법 : 전법(錢法)은 옛날의 동전 화폐에 관한 법이다.〔錢法卽古銅幣〕《집해 737쪽》 앞의 125조 초법(鈔法)과 표리를 이룬다. 다만 전법은 역대의 전례를 따르지만 초법은 명대(明代)에 창시된 것이므로, 먼저 초법을 말하고 뒤에 전법을 말하였다.

2 보원국(寶源局) : 홍무(洪武) 초 응천부(應天府)에 보원국을 설치하여 대중통보(大中通寶)와 역대 동전을 주조하여 통용하게 하였다. 강서(江西) 등 행성(行省)에도 가가 보천국(寶泉局)을 설치하여 대중통보 등 다섯 가지 동전을 주조하게 하였다. 《전석 권7 3장》

3 주조 : 고(鼓)는 풀무질해서 주조하는 것이다. 주조할 때 풀무질하여 불길을 뜨겁게 하기 때문에 고수(鼓鑄)라고 한다.〔鼓 煽鑄造也 謂鑄時煽熾其火 故曰鼓鑄〕《집해 737쪽》

4 절이전(折二錢) : 홍무통보에서 절이(折二)는 당이(當二)이다.〔折二卽當二〕《집해 737쪽》 돈에는 크고 작은 것이 있기 때문에 절이(折二), 당삼(當三), 당오(當五), 당십(當十)의 이름이 있다. 당십전은 무게가 1냥(兩)이며, 당오전은 무게가 5전(錢)이고, 당삼과 당이는 각각 무게가 그 수와 같으며, 소전(小錢)은 무게가 1전으로, 모두 5등급이다.〔錢有大小 故折二當三當五當十之名 按 洪武初 令戶部及各行省 鑄洪武等錢 有當十錢重一兩 當五錢重五錢 當三當二各如其數 小錢重一錢 凡五等〕《집해 737쪽》 명대에는 크기가 작고 무게가 가벼운 당일전인 소전(小錢), 즉 상전(常錢)과 그것보다 크기가 크고 무게가 무거운 대전(大錢) 네 종류를 만들어 사용하였는데 대전 네 종류가 절이, 당삼, 당오, 당십이다. 대략 절이의 크기와 무게는 소전의 2배에 해당하고, 당십의 크기와 무게는 소전의 10배에 해당한다. 《언해 권10 11장》

5 그……계산한다 : 당십전 1개가 소전 10개에 해당하는 따위를 이른다.〔依數準算謂以一箇當十箇之類〕《집해 737쪽》

126-2 군(軍)·민(民)의 집에서는 구리거울·병기를 제외하고, 사찰·도관(道觀)·암자·도원(道院)[7]에서는 종·경쇠·징·바라를 제외하고 나머지 못 쓰는 구리[8]가 있으면 모두 관에 나아가 팔게 하되, 1근당 동전 150문으로 값을 쳐준다.[9]

126-3 사사로이 사고팔거나 집에 숨겨 두고 관에 나아가 팔지 않으면 각각 태 40이다.[10][11]

직해 동전에 관한 법은 다음과 같다. 보원국 등의 곳을 설립하여 홍무통보전과 대중통보 및 역대 동전 등을 함께 사용하게 한다. 홍무전 및 대중통보와 역대 동전 등을 혹 2배, 혹 3배, 혹 5배, 혹 10배 등 곱절로 환산하여, 민간에서 금·은·쌀·보리·베·비단 등 각종 물건을 시가로 계산하여 편의대로 사용하게 한다. 유통을 막아서 즉시 사용하지 못하게 하면 장 60이다.

○ 군·민의 각호에서 구리거울 및 병장기, 절이나 도관 안의 종·경쇠·

6 가로막아……60이다 : 만약 동전의 가격을 높이 올리거나 값을 내려 물가가 고르지 못하도록 하면 전법(錢法)이 막혀 유통되지 않을 것이므로 장 60으로 처벌하는 것이다.〔若有人或高擡其價 或低估其直 使物價不得其平 則錢法阻滯 不能通行矣 故杖六十〕《집해 738~739쪽》 전법은 행한 지 이미 오래되었기에, 처음 시행하는 초법과 달리 단지 유통을 막는 폐단만 문제 삼아 초법을 범한 데서 4등급을 감하여 장 60으로 처벌하였다.

7 사찰……도원(道院) : 사찰·암자는 승(僧)의 거처이고, 도관(道觀)·도원은 도사의 거처이다. 《언해 권10 12장》

8 못 쓰는 구리 : 깨지고 마모되어 못 쓰는 구리이다. 《언해 권10 12장》

9 1근당……쳐준다 : 값을 매기는 돈은 소전이다. 150문(文)을 무게로 계산하면 15냥으로 구리 1근(斤)과 같다. 구리와 돈의 무게를 서로 상응하도록 하고 관에 가서 파는 것을 권장하여 구리의 사사로운 거래를 막고자 한 것이다. 그러나 그 가격은 주행시고칙례(奏行時估則例)와는 같지 않은데, 시고가(時估價)는 구리 1근 가격이 전 50문이었다.〔給價錢卽小錢也 一百五十文計重十五兩 幾及一斤之數 惟欲輕重相當 勸其官賣 而阻其私易耳 然與奏行時估則例不同 時估價每銅一斤價錢五十文〕《집설 권3 78장》

10 사사로이……40이다 : 이 법이 잘 지켜진다면 구리를 동전 주조에 충당할 수 있을 뿐만 아니라 사사로이 주조하는 것을 막을 수 있을 것이다.〔此法立 不惟可以充鼓鑄之用 而亦可以弭私鑄之姦矣〕《집설 권3 77장》

11 사사로이……40이다 : 이 부분은 직해하지 않았다.

징 · 바라 외에 다른 못 쓰게 된 동기(銅器) 등은 관사에 알려 팔게 한다. 값은 1근에 동전 150문으로 계산하여 받고 판다.

127
세량의 징수 기한을 어김
收糧違限

127-1 하세(夏稅)[1]는 5월 15일에 창고를 열어 7월 말까지 전액 징수하고, 추량(秋糧)[2]은 10월 1일에 창고를 열어 12월 말까지 전액 징수한다. 조기 수확하는 곳에서 미리 앞서 징수하는 것은 이 율을 적용하지 않는다. 하세 징수 기한을 어겨 8월 말에 이르거나, 추량 징수 기한을 여겨 이듬해 1월 말에 이르도록 전액을 징수하지 못하면, 제조(提調) 부량관(部糧官)[3]과 이전(吏典), 독려하는 책임을 분담한 이장(里長), 세량을 미납한 인호(人戶)는 각각 10등분하여[4] 1분이 부족하면 장 60이고, 1분마다 1등급을 더하되 죄는 장 100에 그친다. 재물을 받으면 장(贓)을 계산하여 왕법(枉法)으로 보되, 무거운 쪽으로 논한다.[5]

1 하세(夏稅) : 여름철에 거두는 밀이다.〔夏稅 夏月所收小麥〕《집해 740쪽》

2 추량(秋糧) : 가을에 곡식이 여물면 토지세로 거두는 쌀이다.〔秋糧 秋成所收糧米〕《집해 740쪽》

3 제조(提調) 부량관(部糧官) : 관할 구역 내에서 양미(糧米)를 징수하는 일을 관장하는 관원이다. '부(部)'는 계한(界限)이라는 뜻이고, 부량(部糧)은 관할 구역 내의 세량(稅糧)이라는 뜻이다.〔提調部糧官ハ領分ノ部內ヲ提調シ糧米ヲ徵シ收ルコトヲ統ヘ掌ル官員也提調ノ提ハ擧也提封ノ提ト同シ四封ノ內ヲ擧テ總計ヲ提封ト云領分ノ部內ヲ擧テ總テ調攝スルコトヲ掌ルヲ以テ提調官ト云部ハ界也治ムベキ界限ノ內ノ稅糧ト云義也〕《언해 권10 14장》

4 10등분하여 : 주·현의 관원은 한 주·현에서 징수해야 할 수량을 계산하여 10등분해서, 1만 석이면 1000석을 1분으로 하고, 이장은 1리의 수량을 계산하여 1000석이면 100석을 1분으로 하며, 인호는 1호의 수량을 계산하여 100석이면 10석을 1분으로 한다.〔州縣官以十分爲率 計一州縣該徵之數 一萬石則一千石爲一分 里長計一里之數 一千石則一百石爲一分 人戶計一戶之數 一百石則十石爲一分也〕《석의 권7 3장》

5 재물을……논한다 : 가령 장죄(贓罪)가 본죄인 장 100보다 무거우면 왕법으로 논하고,(④ 367 官吏受財) 본죄가 장죄보다 무거우면 기한을 넘긴 죄인 장 100으로 논한다.〔如贓罪重則從枉法論 本罪重則從違限論也〕《집설 권3 79장》

127-2 기한을 어겨 1년이 넘도록[6] 전액을 징수하지 못하면 인호와 이장은 장 100에 천사(遷徙)하며,[7] 제조 부량관과 이전은 교형(絞刑)에 처한다.[8]

직해 공세(貢稅) 등을 받아들일 때, 여름에 납부하는 공세는 5월 15일에 창고를 열어 7월 그믐에 납부를 마치고, 가을에 납부하는 공세는 10월 초하루에 창고를 열어 12월 그믐에 납부를 마친다. 일찍이 가을에 수확하여 공세를 미리 먼저 받은 것은 이 율을 적용하지 않는다. 여름에 납부하는 공세를 기한을 어겨 8월 그믐에야 완납하거나, 가을에 납부하는 공세를 기한을 여겨 이듬해 정월 말에야 완납하면, 담당한 압령(押領) 관리와 나누어 징수하도록 파견된 이장 및 미납한 인호를 처벌한다. 10등분하여 1분이 부족하면 장 60이고, 1분마다 1등급을 더하되 장 100을 한도로 한다. 재물을 받고 지연시키면, 재물의 수효를 계산하여 왕법으로 보되, 무거운 쪽으로 논한다.

○ 1년이 되도록 완납하지 못하면 인호 및 이장 등은 장 100이다.

6 1년이 넘도록 : 1년이 되지 않았으면 '죄는 장 100에 그친다.'라는 율문으로 논한다.〔曰一年之上則未及一年者 當以罪止律論〕《집해 742쪽》〈명례율〉 44조 칭일자이백각(稱日者以百刻)의 '1년이라고 일컬을 경우 360일로 한다.'에 준한다. 그러므로 교죄에 처한다고 하였을지라도 어긴 기한이 359일이면 교죄로 처벌할 수 없다.〔此年字當準名例三百六十日 雖違限三百五十九日 亦不得坐絞罪〕《소의(상) 479~480쪽》

7 기한을……천사(遷徙)하며 : 10등분한 수치로 계산하지 않고 인호와 이장은 장 100에 천사한다.〔於此時而稅糧猶不足者 不復計以分數 人戶里長 杖一百遷徙〕《집설 권3 79장》 천사는 유죄(流罪)에 비해 반을 줄여 도 2년에 준한다.〔今比流減半 準徒二年〕《집설 권3 79장》

8 기한을……처한다 : 국초에 나라의 온갖 정무가 초창기여서 세량을 거두어 보내는 것이 시급하였으므로 조세를 독촉하는 법이 특별히 무거웠다. 그 이후에 새로운 조례(條例)가 만들어졌으므로 징수는 조례에 비추어 기한대로 하고, 만약 기한을 어기면 조례에 비추어 의단(擬斷)하였다.〔國初庶務初創 徵輸急 故催科之法特重 今已奉有新例 其徵收照例依期 如違限者 止照例擬斷〕《집설 권3 79장》 청률에서는 아예 율문의 '처교(處絞)'가 '조례의단(照例擬斷)'으로 바뀌었다.

해설

토지에 부과하는 하세와 추량의 징수 기한을 엄격히 규정한 조문이다. 세량의 징수 기한을 넘긴 경우 인호·이장·이전·담당 관원 등의 처벌에 대한 내용으로 구성되어 있다. 세량의 징수 기한을 넘긴 것이 1년 이상이 되면 천사나 교형에 처하였다.

명 초에는 나라의 온갖 정무가 초창기여서 세량을 징수하는 것이 급하므로 조세를 독촉하는 법이 특별히 무거웠으나 이후 국정이 안정되어 백성들이 부유해짐에 따라 세량을 납부하는 기한을 넘기더라도 단지 조례에 비추어 의단할 뿐 천사나 교형은 쓰지 않았다.

128
세량을 규정 외에 더 많이 징수함
多收稅糧斛面

128-1 각 창고에서 세량(稅糧)을 징수할 때 납부하는 민호로 하여금 직접 평미레질하도록 하여[1] 평곡(平斛)[2]으로 받는다. 정수(正數)[3]를 설정하여[4] 다 지출하되,[5] 대명령(大明令)에 따라 모곡(耗穀)을 정수에서 공제한다.[6] 창관(倉官)이나 두급(斗級)[7]이 납부하는 민호로 하여금 평미레질을

1 납부하는……하여 : 평미레질은 쌀의 양을 잴 때 평미레로 곡면(斛面)을 고르게 하여 평평하게 만드는 것이다.〔行概ハ斛ヲ以テ米ヲハカルトキ概ヲ執テ斛面ヲナラシ平ニスルヲ云俗ニ升ドリスルト云卽是概ヲ行フ也〕《언해 권10 20장》 납부하는 민호가 직접 평미레질을 하면 많이 거두는 폐단이 없게 된다.〔概所以平斛者 納戶親自行之 則無多收之弊矣〕《집설 권3 80장》

2 평곡(平斛) : 넘치거나 모자람이 없이 곡(斛)의 정확한 용량대로 곡식을 담는 것으로, 명대에는 5두(斗)를 1곡, 10두를 1석(石)으로 정하였다.《언해 권13 51장》 측량 방법이 공정하여 부당하게 많이 담는 일이 없도록 하는 것이다.〔平斛ハ量法平正ニシテ枉テ多クハカリコムコトナキヤウニト也〕《언해 권10 20~21장》

3 정수(正數) : 정식으로 거두어 회계상 관리해야 할 수량이다.

4 정수(正數)를 설정하여 : 실제로 받아서 저장하는 총계를 현미(現米)의 정수로 삼는 것으로, 처음부터 감소분을 따로 추가해 넣지 않는다.〔受テ收ル所ノ總計ヲ以テ現米ノ正數トナス也初メヨリ外ニ耗シロヲ加ヘ入ルコトナキ也〕《언해 권10 21장》

5 다 지출하되 : 원문의 지소(支消)에서 지(支)는 창고에 저장해 둔 쌀을 녹량(祿糧)·군량(軍糧)·구량(口糧) 등으로 나누어 주는 것이고, 소(消)는 일을 완성한다는 뜻이다.〔倉ニ收メタル米ヲ或祿糧或ハ軍糧或ハ口糧等ノワタスベキ所ヘ出シテワタスヲ支ト云銷ハ銷完也事ヲ完シ畢ルヲ云支銷ハワタシハラウト云義也〕《언해 권10 21장》 한편 《GMC》는 지소를 'make the records'로 파악하였다.

6 대명령(大明令)에……공제한다 : 공제한다는 것은 모곡을 정수에서 공제하는 것으로, 감림·주수에게 책임을 묻지 않는 것이다.〔日準除折耗 則不累監守矣〕《집해 745~746쪽》 백성으로부터 거둔 세량의 정수 중 1년간 자연 감소분으로 인정받을 수 있는 비율은 명 초에는 대명령의 규정에 따라 1석당 7합(合)이었다가, 나중에는 홍치(弘治) 연간에 제정된 조례에 따라 1석당 1승(升)이 되었다. 그래서 청률에서는 율문의 '영(令)'을 아예 '예(例)'로 바꾸었다.

못하게 하고, 말을 차거나 마질을 고봉으로 하여[8] 규정 외에 더 많이 거두어들이면 장 60이다.[9]

128-2 남는 세량의 수를 장(贓)으로 계산하여 죄가 무거우면[10] 좌장(坐贓)으로 논하되, 죄는 장 100에 그친다.[11] 제조(提調) 관리가 알면서도 적발하지 않으면 창관이나 두급과 더불어 같은 죄이고, 몰랐으면 처벌하지 않는다.

직해 각 창고에서 공세(貢稅)를 받아들일 때 납부하는 각 사람이 직접 재고 평미레질하여 평평한 모양이 되면 바치고, 창고에서는 그 수(數)에 준하여 지출하되 관의 규정대로 쥐가 축내는 것은 계산하여 제외한다. 창고를 맡은 관원이나 사령 등이, 납부하는 사람이 직접 재고 평미레질하는 것

7 두급(斗級) : 세곡을 징수할 때 마질하는 일을 맡은 관사의 역원(役員)이며,〔掌量斗之官役也〕《육부 48쪽》 창고의 쌀을 출납하는 인부이다.〔斗級ハ倉ノ米ヲ出納スル人夫也〕《언해 권10 22장》

8 말을……하여 : 말을 발로 차서 곡식을 꽉 차게 하거나 말 위에 뾰족하게 높이 쌓아 넘치도록 받는 것이다. 이는 모두 많이 받는 폐단이다.〔踢斛欲其實 淋尖欲其滿 此正多受之弊〕《집설 권3 80장》

9 장 60이다 : 납부하는 민호에 손실이 있을 것이므로 더 받는 수량을 계산할 필요 없이 단지 범하기만 해도 즉시 장 60으로 처벌한다.〔恐有其虧納戶 故不必計其數 但有犯卽坐杖六十〕《집설 권3 80장》

10 죄가 무거우면 : 장 60보다 죄가 무거운 것이다.

11 남는……그친다 : 척곡·임첨 등으로 창고에 받아 쌓아 놓은 수량을 평곡으로 받은 정수와 비교하여 많으면 남는 세량이 된다. 남는 세량이 50관(貫)에 미치지 못하면 장 60에 그치고, 50관 이상 60관 미만이면 좌장(坐贓)으로 논하여 장 70이다.(④ 368 坐贓致罪) 10관마다 1등급을 더하여 80관 이상이 되어도 장 100에 그치는데, 비록 백성에게 많이 거두었지만 그래도 착복하거나 속여 제 것으로 만들지는 않았기 때문이다. 남는 세량은 주인이 있으면 주인에게 주고 주인이 없으면 관에 들이며 별도 항목의 정수로 삼아 지출한다. 이는 모두 많이 징수한 것이 창고에 있을 때 하는 말이고, 창관이나 두급이 제 것으로 삼았으면 감수자도(③ 287 監守自盜倉庫錢糧)로 논한다.〔若由此積數在倉 以正數平斛較之 外多者卽爲附餘 如未及五十貫數者 亦止杖六十 已及五十貫數者 坐贓論 罪止杖一百 此皆就多收在倉者言而入己則以監守自盜論〕《집설 권3 81장》〔五十貫杖七十 每十貫加一等 至八十貫以上 亦止杖一百 以其雖多收於民 猶未侵欺入己也〕《집설 권3 80장》〔其附餘糧數 有主給主 無主入官 另項作正支消 倉官斗級入己者 以監守自盜論〕《집해 746～747쪽》

을 못 하게 하고 곡면(斛面)을 평평하지 않게 재서 더 많이 받아들이면 장 60이다.

(○) 더 받은 미곡은 장물조(贓物條)로 계산하여 무거우면 좌장죄로 논하되 장 100을 한도로 한다. 담당 관리가 알면서도 고하지 않으면 죄가 같고, 몰랐으면 처벌하지 않는다.

해설

창고의 주수(主守)가 세량을 거두어들일 때 규정 외에 더 많이 받을 것을 염려하여 마련한 조문이다. 주수가 납부하는 민호로 하여금 평미레질을 못 하게 하여 규정보다 세량을 더 많이 거두어들일 수 없게 하였으며, 자연적으로 생기는 결손에 대해서는 대명령의 규정에 따라 모곡을 받을 수 있도록 하였다. 규정된 액수보다 초과 징수한 결과 남는 세량은 장물로 계산하여 처벌하고, 이를 담당자들이 빼돌리면 287조 감수자도창고전량(監守自盜倉庫錢糧)으로 처벌하였다.

129
세량이나 세금으로 부과된 물화를 은닉하거나 써 버림
隱匿費用稅糧課物

본호(本戶)가 납부해야 할 세량(稅糧)[1]이나 세금으로 부과된 물화[2] 및 관에 들여야 할 물건 등을 운송하면서[3] 은닉하거나 써 버리고 납부하지 않거나, 혹은 손실을 입었다고 거짓으로 꾸며서[4] 관사를 속이면 부족한 물품의 수효를 모두 계산해서 절도에 준하여 논하고,[5] 자자(刺字)는 면제한다. 운

1 본호(本戶)가……세량(稅糧) : 이미 거두어 관에 있는 세량이나 타인의 세량과 구별한 것이다.〔曰本戶者 以別於在官及他人之稅糧也〕《집해 750쪽》

2 세금으로 부과된 물화 : 고치실·구리·철과 같은 따위이다.〔課物如蠶絲銅鐵之類〕《집해 749쪽》

3 본호(本戶)가……운송하면서 : 세량·과물(課物) 등을 납부할 때 증명서를 발급하여 본호가 직접 운반하게 하며, 대납(② 130 攬納稅糧)을 허용하지 않는다.〔凡應納稅糧 應辦課物 及應追征入官之物 俱給文批 令本戶自行送納 差官監押部運 蓋錢糧不許包攬代納也〕《집주(상) 300쪽》 이 조의 처벌 대상은 본호이다. 만약 세량·과물을 본호가 축낸 것이 아니라 공차인(公差人)이 착복하거나 속인 것이라면 감수자도(③ 287 監守自盜倉庫錢糧)로 논하고, 타인이 훔친 것이라면 상인도(③ 288 常人盜倉庫錢糧)로 논한다.〔此條須重看本戶應納字 若公差人領解侵欺 卽監守自盜矣 他人盜去 卽常人盜矣〕《집주(상) 300쪽》 호마다 각자 운반하면 번거로우므로 대호(大戶)가 모아서 운반하기도 하는데(② 130 攬納稅糧 2항) 이처럼 운반을 맡은 호를 해호(解戶)라 한다. 《청률》의 주(註)에서 "소호(小戶)가 해호에게 자기 물건을 맡길 때 착복하거나 속이면 역시 이 율로 처벌한다."라고 한 것은 이를 가리킨 것이다.〔稅課征于地畝 豈能使戶戶親解 必有大戶領運 所謂解戶也 故註有小戶附搭云云〕《집주(상) 300쪽》

4 손실을……꾸며서 : 수재·화재·도적과 같은 따위이다.〔詐作損失 如水火盜賊之類〕《집해 749~750쪽》

5 절도에 준하여 논하고 : 감수도(監守盜)(③ 287 監守自盜倉庫錢糧)로 논하지 않는 까닭은 부족한 수량의 책임이 본호에게 있는 것으로, 아직 관에 보내어 간수하여 관리하게 하지 않았고, 또 창고에서 보낸 물건이 아니기 때문이다.〔不以監守盜論者 以其出於本戶 未經送官收掌 且非倉庫起解之物也〕《집해 750쪽》 부족한 물품의 수효가 1관 이하이면 장 60이고, 120관에 이르면 죄는 장 100 유 3000리에 그친다.〔一貫以下杖六十 至一百二十貫 罪止杖一百流三千里〕《집설 권3 81장》

송을 맡은 관리가 실정을 알았으면 본호와 더불어 같은 죄이고,[6] 몰랐으면 처벌하지 않는다.

직해 납부하는 각 사람이 법례에 따라 관에 납부할 공물(貢物) 및 관사에 바쳐야 하는 각종 물건 등을 숨겨 두고 멋대로 써 버리거나, 손실이라 거짓으로 칭하여 관사를 농락하면, 완납하지 못한 수효를 가지고 절도의 예로 논죄하고 자자는 면해 준다. 운송을 맡은 관리가 그 사정을 알았으면 같은 죄이고, 몰랐으면 처벌하지 않는다.

해설

세량이나 세금으로 부과된 물화인 과물(課物)을 운송하는 사람이 숨기거나 써 버리고 납부하지 않은 경우에 대한 처벌 규정이다. 타인의 세량이나 과물을 운반하거나 창고에 들인 경우 감수자도(監守自盜)로 논하는 것과는 다르다. 본호가 세량이나 과물을 써 버리거나 숨기고 거짓으로 손실을 입었다고 관을 속이면 부족한 수량을 계산하여 절도에 준하여 논죄하고, 운송을 담당하는 관리가 사정을 알고도 들추어내지 않으면 본호와 같이 논죄한다.

6 본호와……죄이고 : 만약 장물을 받고 고의로 묵인하면 왕법(枉法)으로 보되(④ 367 官吏受財) 무거운 쪽으로 논하고, 직역을 파하여 다시 서용하지 않는다. 따라서 일반적인 '더불어 같은 죄〔與同罪〕'인 경우와는 다르다.〔若受財故縱 以枉法從重論 罷黜不敍 又不止于同罪而已〕《집설 권3 81장》

130
세량을 끌어모아 대신 납부함
攬納稅糧

130-1 세량(稅糧)을 끌어모아 대신 납부하면[1] 장 60이다.[2] 책임지고 창고에 가서 완납하도록 한다. 다시 범인[3]으로부터 대신 납부한 액수의 절반을 벌금으로 추징하여 관에 들인다.[4]

130-2 감림(監臨)·주수(主守)가 대신 납부하면 죄 2등급을 더한다.[5] 소

1 대신 납부하면 : 원문의 남납(攬納)은 다른 호의 세량을 끌어모아 대신하여 납부함으로써 이익을 취하는 것이다.〔攬納 如包攬別戶稅糧 代其交納以取利也〕《집해 752쪽》

2 세량(稅糧)을……60이다 : 다른 사람의 세량을 남납하는 사람은 관부에 익숙하고 세력이 마을 사람을 제압할 만큼 커서, 백성에게는 많이 취하고 관에는 늦게 바치게 될 것이다. 이들은 이익을 보고자 남납을 꾀하는 것이므로 반드시 세량을 축내지 않더라도 이를 범하기만 하면 바로 장 60으로 처벌한다.〔凡有人攬納他人稅糧者 必其情熟官府 勢挾鄕民 於民未免多取 於官未免後輸 誠規其利而謀攬之 故不必其虧侵稅糧而犯此者 卽杖六十〕《집설 권3 82장》 이 조는 포람(包攬)·대납(代納)하였을 뿐 침용(侵用)까지는 하지 않은 경우를 대상으로 한다. 침용까지 하면, 그 행위 양태에 따라 광잠(誆賺)·국편(局騙)(③ 297 詐欺官私取財)·감수자도(③ 287 監守自盜倉庫錢糧)·410조 불응위(不應爲)의 장죄(杖罪) 등으로 논한다.〔註解云 此條專爲包攬稅糧者 尙未及于侵用 若包攬侵費正數 及多科費用 俱以誆騙論 部解承攬侵尅 以監守自盜論 其將錢糧包與他人者 問不應杖罪〕《언해 권10 32장》〔包攬侵費正數 及多科費用 以誆騙論 若侵欺 以監守自盜論 包與者 不應杖罪〕《청률 攬納稅糧》

3 범인 : 남납한 사람이다.〔犯人卽攬納者〕《집해 752쪽》

4 벌금으로……들인다 : 원래 남납한 것이 100석이면 수량대로 책임지고 전부 납부하도록 하고, 남납한 사람에게서 추가로 50석을 벌로 추징한다.〔謂如原攬一百石 著落依數納足 再於攬納之人名下 追罰五十石之類〕《강해 194쪽》 이렇게 하면 남납하는 자는 이익이 없게 되므로 간사한 폐단을 조금은 막을 수 있게 된다.〔此法立 而攬納者無所利 姦弊庶其少沮矣〕《집설 권3 82장》

5 감림(監臨)……더한다 : 세량에 관련된 감림은 제조 부운 관리(提調部運官吏)와 같은 자이고, 주수는 관찬(官攢)이나 두급(斗級)과 같은 사람이다.〔監臨如提調部運官吏 主守如官攢斗級人等〕《집설 권3 83장》 감림이나 주수가 범하면 타인이 남납하는 것을 금할 수 없게 되므로 일반 사람이 범한 경우에 비하여 2등급을 더하여 장 80에 남납한 수량대로 모두 납부하게 하고, 남납한 수량의 반을 벌로 추징하여 관에 들인다.〔身自犯之 何以禁人之攬納

호(小戶)나 기령(畸零)의 미맥(米麥)을 편의에 따라 해당 수량을 모아 세량을 납부하는 다른 사람의 호에 덧붙여 납부하는 것은 논하지 않는다.[6]

직해 다른 호에서 납부할 공세를 대신 납부하여 창고에 들이면 장 60이고, 대신 납부한 위의 사람에게 정해진 수량에 준하여 창고에 들이도록 한다. 또한 범인에게 벌전(罰錢)으로 대신 납부한 액수의 절반을 추징하여 관에 몰수한다.

○ 감림관이 스스로 담당하여 대신 납부하면 죄 2등급을 더한다. ○ 영세호의 많지 않은 세량을 다른 호의 많은 세량에 편의에 따라 수량을 채워 함께 납부하면 논죄하지 않는다.

해설

타인의 세량을 대신 납부 곧 남납(攬納)하면서 착복하고 속이는 폐단을 근절하기 위해 마련된 조문이다. 일반인이 범한 경우는 다만 일반 백성이 이익을 취하는 것에 불과하므로 가볍게 처벌하고, 감림이나 주수가 범한 경우는 아랫사람의 남납을 감찰하는 직분을 수행하지 못하였기에 2등급을 더하여 처벌한다. 두 경우 모두 남납한 세량은 모두 창고에 들이고, 그 절반의 양을 벌로 추징한다.

故比凡人犯者 加罪二等杖八十 仍照數納足 追罰一半入官〕《집설 권3 82장》

6 소호(小戶)나……않는다 : 기령은 인호(人戶)가 정(丁)이 적어서 하나의 호를 이루기에 부족한 것을 말한다.〔畸 殘田也 畸零謂人戶零丁 不足以成一戶〕《집설 권3 83장》 이들 영세한 소호에 대해 논죄하지 않는 것은 소호는 세량을 직접 모을 수 있는 형편이 안 되므로 청부받아 대납하는 것〔包攬〕과는 실정이 같지 않기 때문이다.〔以在彼 勢不能以親輳 以在此 情不同於包攬故也〕《집해 753쪽》

131
통관이나 주초를 허위로 내줌
虛出通關硃鈔

131-1 창고에 거두어들인 관의 전량(錢糧) 등의 일체 물건[1]이 부족한데도 감림·주수가 유사 관리, 제조 관리와 결탁하여[2] 통관(通關)[3]을 허위로 내주면,[4] 허위로 내준 수량을 계산해서 병장(併贓)으로 처리하여[5] 모두[6] 감수자도(監守自盜)[7]로 논한다.

1 일체 물건 : 금·은·포백·안료·대나무·나무 따위가 모두 이에 해당된다.〔錢糧謂之一應係官等物 則凡金銀段疋顔料竹木之類 皆是〕《집설 권3 85장》

2 감림·주수가……결탁하여 : 감림은 전량을 관장하는 관원이고, 주수는 전량을 거두는 사람이다.〔監臨謂管糧之官 主守謂收糧之人〕《집설 권3 85장》 결탁하였다고 한 것은, 거두어들이는 일이 주수와 관계되나 통관(通關)은 유사에게서 나오므로 서로 함께 모의하여 폐단을 일으키기 때문이다.〔通同者以收受雖係主守 而通關則出有司 相與同謀作弊也〕《집설 권3 85장》

3 통관(通關) : 납부해야 할 전량을 전부 납부하였을 때 교부하는 것이 통관이고, 납부해야 할 전량 중 일부를 납부하였을 때 교부하는 것이 주초(硃鈔)이다. 전량을 완전히 납부하면 유사 관리가 인신(印信)이 찍힌 장단(長單)을 내주는데 이를 통관이라고 하고, 창고에서 받을 때마다 감림·주수가 붉은색으로 표시한 조표(照票)를 임시로 발부하는데 이를 주초라고 한다.〔凡錢糧通完 則有司出給印信長單 謂之通關 倉庫旋收 則監守暫付紅批照票 謂之硃鈔〕《집설 권3 84장》

4 허위로 내주면 : 납부한 전량 등이 아직 부족한데도 족하다고 거짓으로 지어내는 것이다.〔未足而捏作已足曰虛出〕《집해 761쪽》

5 허위로 내준……처리하여 : 원문에서 계(計)는 허위로 내준 수량 전부를 헤아리는 것이며, 병(併)은 각 사람이 나누어 가진 수량을 합한 것이다.〔既言計而又言併者 計則計其一總虛出之數 併則併其各人所分之數〕《집해 762쪽》 병장(併贓)은 사람마다 각각 허위로 수령증을 발급한 수의 총액을 장물로 삼아 처벌하는 것이며 각각 자기가 범한 것으로 나누지 않는다.〔併贓者 每人各總其虛出之數爲贓以坐之 而不分攤於各犯也〕《집설 권3 85장》 예컨대 10인이 공모하여 40관짜리 통관을 허위로 내주면 10인 모두에게 40관에 해당하는 죄를 주는 것이다. ③ 287 監守自盜倉庫錢糧

6 모두 : 감림, 주수, 유사 관리, 제조 관리를 수범과 종범을 나누지 않고 모두 전죄(全罪)로 처벌하는 것이다.〔皆字指監守及有司提調官吏 謂不分首從 皆坐全罪也〕《집해 761쪽》

131-2 위관(委官)[8]이 전량을 점검할 때[9] 수량이 부족한데도 한통속이 되어[10] 다 갖추어져 있다고 보고하면 죄가 또한 같다. 재물을 받으면 장(贓)을 계산하여 왕법(枉法)으로 보되[11] 무거운 쪽으로 논한다.[12]

131-3 감림·주수가 본래의 물품대로 받지 않고 다른 재물로 환산하여 받고[13] 허위로 주초(硃鈔)를 내주면 역시 감수자도로 논한다.[14] 납부하는

7 감수자도(監守自盜) : ③ 287 監守自盜倉庫錢糧

8 위관(委官) : 일정한 직무의 처리를 위하여 특별히 파견된 관원이다.

9 점검할 때 : 상사로부터 위촉받아 자세히 조사하여 점검하는 것이다.〔盤點 謂上司所委 査盤檢點之官〕《집설 권3 85장》

10 한통속이 되어 : 원문의 부동(符同)은 위관이 감림, 주수, 제조 관리가 통관을 허위로 발급한 폐해를 명백히 알면서도 서로 용은(容隱)하는 것이다.〔符同者明知監守提調虛出之弊 而相與容隱之也 故皆同坐〕《집설 권3 85~86장》 부동은 통동(通同)과 뜻이 조금 다른데, 통(通)은 피차가 서로 의논하여 뜻을 통하는 것이고, 부(符)는 피차 은연중에 뜻이 부합되는 것이다. 감림·주수가 제조 관리와 짜고 폐해를 일으키면 통동이고, 위관이 사사로움을 좇아 감림·주수가 허위로 통관을 내준 수에 따라 상부에 보고하면 부동이다.〔符同之義 與通同各異 通者彼此相通 符者彼此符合 監守與提調 串合作弊 則曰通同 委官徇私 照監守虛出之數申報 則曰符同〕《집주(상) 307쪽》

11 재물을……보되 : ④ 367 官吏受財

12 재물을……논한다 : 처벌 대상이 2항의 위관만이 아니라 1항까지 통틀어 받아서 말한 것이라 볼 수도 있다. 통관을 허위로 내주는 경우에도 재물을 받을 수 있기 때문인데, 예컨대 제조 관리가 전량을 납부할 때 기한은 이미 닥쳤으나 액수가 부족하여 완납할 수 없으면 감림에게 뇌물을 써서 우선 통관을 내줄 것을 요구하고 나중에 보충해 넣는 일이 있을 수 있다. 이럴 때 재물을 받은 자는 무거운 쪽으로 논하지 않을 수 없다. 그러므로 '재물을 받으면 무거운 쪽을 따른다.'는 구절이 두 항을 통틀어 받아서 말한 것이라는 견해도 일리가 있으니 추가적인 고찰이 필요하다.〔而虛出通關 亦或有受財者 如提調官吏 交納錢糧不足不能通完 限期已屆 因而行賄監臨 求其先出通關 遲遲補足 則此受財者 豈得不從重論乎 或謂受財從重句, 是通承上兩項言 俟考〕《집주(상) 307쪽》

13 다른……받고 : 《언해》에서는 본래의 물품 대신 은이나 동전으로 받는 것으로 보았다. 《언해 권10 47장》

14 감림·주수가……논한다 : 감림·주수가 통관을 허위로 내주면 죄가 유사 등에게까지 미치지만, 주초를 허위로 내주면 감수만 처벌한다. 통관은 유사가 내주는 것으로서 반드시 감림·주수와 유사가 결탁해야만 가능하고, 주초는 감수가 창고에서 스스로 발급하기 때문이다.〔按 監守虛出通關 兼及有司等人 而虛出硃鈔 止罪監守者 蓋通關有司所出 必彼此通同而後得之 硃鈔則倉庫自給故也〕《집해 763쪽》

호가 실정을 알았으면 감림·주수의 죄에서 2등급을 줄이고,[15] 자자(刺字)는 면제한다. 원래 준 장(贓)[16]은 관에 들인다.[17] 실정을 몰랐으면[18] 처벌하지 않고, 그 장은 주인에게 돌려준다.[19]

131-4 동료 관리가 알면서도 적발하지 않으면[20] 범인과 더불어 같은 죄이다. 실정을 몰랐거나 문안에 함께 서명하지 않았으면 처벌하지 않는다.[21]

직해 창고에서 법례에 따라 거두어들이는 관사의 전량이 수효가 부족한데,

15 2등급을 줄이고 : 감림·주수가 여러 호로부터 전량을 거두어들일 때 통관이나 주초를 여러 호에 허위로 내주면 병장(③ 287 監守自盜倉庫錢糧)으로 논하나, 납호(納戶)는 그가 누락한 양만 장물로 계산하여 거기서 2등급을 줄인다.〔監守自盜之法 應併贓論罪 監守通計折收各戶之數 而納戶止各照本戶折與之數 計贓減二等也〕《집주(상) 308쪽》 납호가 납부해야 할 전량을 완납하지 않은 경우에 대한 처벌은 앞의 129조 은닉비용세량과물(隱匿費用稅糧課物)에 규정되어 있기 때문에 여기서는 말하지 않았다.

16 원래 준 장(贓) : 감림·주수가 다른 품목으로 환산하여 받은 재물이다.〔原與之贓 卽折收之物〕《집해 761쪽》

17 관에 들인다 : 납호와 감림·주수 모두에게 죄가 되는 장물이기 때문이다.〔彼此俱罪也〕《집해 764쪽》 ① 23 給沒贓物

18 실정을 몰랐으면 : 납호가 속은 것이다.〔納戶不知情 謂受其欺誑〕《집해 761쪽》 예컨대 납호가 납부해야 할 품목이 본처(本處)에서 생산되지 않아서 돈으로 사서 납부하는 사정을 감림·주수가 알고서, 본래의 물품을 사지 말고 돈으로 내라고 하여 그 돈을 자기가 차지하고 납호에게는 주초를 허위로 교부하여 돌려보내면, 납호는 이러한 사정을 알 수 없다. 또 감림·주수가 납호가 가지고 올 물품을 자기 것으로 삼고자 하여, 본래 다른 물품으로 대신 거둔〔折收〕 사례가 없는데도 그러한 사례가 있다고 거짓으로 말하여 절수하면, 역시 납호는 이러한 사정을 알 수 없을 것이다.〔講解云 監守折收物貨 而曰納戶不知情 何也 假如監守因知納戶本處不係出産 集價前來買納 詐說與其收買本物 交過價錢 却收入己 虛出硃鈔付還 則納戶何由知其虛出 故曰不知情 又監府本無折收事例 監守之人明知納戶將帶貨物 要行折收入己 詐說有例 許其折收之類 故納戶不知也〕《언해 권10 47~48장》

19 그……돌려준다 : 속은 것을 불쌍히 여기기 때문이다. 장물은 납호에게 돌려주고 본래의 물품을 관에 납부하게 한다.〔矜其受誑也 仍追納本色〕《집해 764쪽》

20 동료……않으면 : 위의 1·2·3항, 즉 전량을 거두어들일 때 결탁하여 허위로 통관을 내주거나, 전량을 점검할 때 한통속이 되어 완전히 갖추어져 있다고 보고하거나, 감림·주수가 폐단을 일으켜 다른 물품으로 환산하여 거두는 세 가지의 실정을 모두 말한 것이다.〔以上收受而通同虛出通關 盤點而符同申報足備 監守而作弊折收財物 此三者〕《집설 권3 85장》

21 실정을……않는다 : 그렇다 하더라도 여전히 실각찰조(失覺察條)(② 138 錢糧互相覺察)에 의거하여 과단한다.〔仍依失覺察條科斷〕《집해 764쪽》

감림관이 담당 관원・이전 등과 함께 의논하여 다 거두어들인 것처럼 거짓 문서를 만들어 주면, 거짓으로 발급해 준 장물의 수를 합계하여 모두 감림자도(監臨自盜)[22]로 논한다.

○ 위관원(委官員)도 돈이나 물건의 수효를 추고하다가 함께 의논하여 부족한 수량을 다 채운 것처럼 거짓으로 보고하면 죄가 같다. 재물을 받았으면 재물의 수를 계산하여 왕법의 예로 처리하되 무거운 쪽으로 논죄한다.

○ 감림원(監臨員)이 본래 받아야 할 품목을 받지 않고 다른 재물로 값을 매겨 받고서 거짓 문서를 만들어 주면 감림자도의 예로 논한다. 납부한 자가 사정을 알았으면 2등급을 줄이되 자자형은 면제하고 애초에 낸 재물은 추징하여 관에 들인다. 납부한 자가 사정을 몰랐으면 처벌하지 않고 재물은 주인에게 돌려준다.

○ 동료 관원이 알고서도 고하지 않으면 범인의 죄와 같으며, 동료 관원이 알지 못하였거나 해당 문서에 함께 서명하지 않았으면 처벌하지 않는다.

해설

관리가 전량을 거두어 받아들이는 과정에서 발생하는 폐단에 대한 처벌 규정이다. 창고에서 거두어들이는 전량 등의 물건은 모두 정해진 수량이 있으므로 이에 의거하여 받아야 하며, 통관을 허위로 발급하면 감수자도(監守自盜)로 처벌한다. 상급 관사에서 파견된 위관이 전량의 수량이 부족한데도 담당 관리들과 부화뇌동하여 완납하였다고 보고하거나, 전량 등을 다른 품목으로 바꾸어 받고 허위로 주초를 발급해도 감수자도로 처벌한다.

22 감림자도(監臨自盜) : 율문에서는 예외 없이 감수자도(監守自盜)인데, 직해에서는 감수자도와 감림자도가 혼재한다. 따라서 직해의 감림자도는 감수자도의 오류일 가능성도 있다.

•••

전량 징수 절차 및 각 단계의 책임자

전량 징수 절차 및 각 단계의 책임자에 대하여, 명대와 다를 수 있으나 청대의 주석서인 《대청률집주(大淸律輯註)》의 설명은 다음과 같다. 돈이나 곡식을 거두어들여 소정의 양을 채우고, 이를 경관(經管)하는 사람에게 전부 넘기면 경관하는 사람이 인신(印信)을 찍은 서류를 내주어 대조 근거로 삼는데, 이를 통관(通關)이라 한다. 곧 장단(長單)이다. 예컨대 지금 주·현에서 조미(漕米)를 징수하여 영운관(領運官)에게 넘기면 영운관이 통관을 내준다. 운관(運官)·운정(運丁)이 운반하여 통창(通倉)에 납부하면, 경관관(經管官)이 또 장단을 내주는데 이것이 통관이다.

그때그때 조금씩 거두어들이면, 인신을 찍은 전표를 내주는데, 이를 주초(硃鈔)라 한다. 예컨대 지금 주·현에서 은(銀)·미(米)를 징수할 때, 납호(納戶)가 얼마를 다 내면 관표(串票)를 내주고, 주·현에서 얼마를 보내면 경수관(經收官)이 고수(庫收)·창수(倉收)를 내주는데 이것이 주초이다.

유사·제조는 곧 주·현의 인관(印官)이다. 돈이나 곡식 등의 물건은 모두 주·현이 징수하는데, 조미(漕米)를 주·현이 거두어 조운 계통으로 넘기는 경우 영운관이 감림(監臨), 운정(運丁)이 주수(主守)이고, 정은(丁銀)·지은(地銀)을 보내는 경우 포정사(布政司)가 감림이고 고관(庫官)·고리(庫吏)가 주수이다. 주·현에서 징수할 때는 주관·현관이 감림이고 고리·두급(斗級) 등이 주수이다.

132
남는 전량으로 다른 항목의 결손을 사사로이 보충함

附餘錢糧私下補數

132-1 각 아문이나 창고에서 만약 남는[1] 전량(錢糧)이 있으면 반드시 낱낱이 사실대로 관에 보고하고, 명백하게 정식 장부에 별도의 항목으로 잡고 지출해야 한다.[2] 감림·주수가 늘어난 전량[3]으로, 사사로이[4] 다른 항목의 사고로 인한 결손[5]의 수량에 보충[6]하여 관을 기만하고 폐단을 일으키면 모두 장(贓)을 계산하여 감수자도(監守自盜)[7]로 논한다.

132-2 내부(內府)의 승운고(承運庫)[8]에서 금이나 비단을 받을 때 당일 교

1 남는 : 규정된 정액 외에 쌓아 둔 나머지로, 모은(耗銀)·모미(耗米)와 같은 따위이다.〔附餘卽正數之外 所積羨餘 如耗銀耗米之類〕《집해 768쪽》

2 명백하게……한다 : 중앙과 지방의 각 아문이나 각처의 창고에서 원래 받은 전량의 정수(正數)를 다 지출하고서, 그 외에 남는 초과분 전량이 있으면, 이는 정수는 아니지만 역시 관물이므로, 명백히 문안을 작성하고, 정수를 수록하는 장부 내에 별도로 등재하여 본수(本數)로 삼아 지출해야 한다.〔凡內外各衙門及各處倉庫 其錢糧放支盡絶 但有多出羨餘 竝枓頭斛面之積也 雖非正數 然皆係官錢糧 自當明白立案 正收在官 作數支銷〕《전석 권7 13장》 정수작수(正收作數)는 남는 수량을 명백히 별도 항목을 설정하여 지출하는 것이지 정수(正數)의 전량으로 삼는 것을 이르는 것이 아니다.〔正收作數謂明白開作附餘之數另項支銷 非謂作正數錢糧也〕《집해 768쪽》

3 늘어난 전량 : 원문의 증출전량(增出錢糧)은 앞 문장의 부여전량(附餘錢糧)과 사실상 같은 것을 가리킨다.〔前項積出附餘錢糧〕《소의(상) 490쪽》〔增出錢糧卽是附餘 謂在正額之外 增出之數也〕《집주(상) 309쪽》

4 사사로이 : 상사에 보고하여 허락을 얻지 않는 것이다.《언해 권10 53장》

5 사고로 인한 결손 : 가령 보관하는 것을 법대로 하지 않거나, 햇볕에 쬐어 말리는 것을 때에 맞추어 하지 않거나, 도적맞은 것 등을 알아차리지 못하여 생기는 결손이다.〔事故虧折如安置不如法 曬晾不以時 不覺被盜之類〕《집해 768쪽》

6 보충 : 원문의 소보(銷補)는 어느 항목에서 남는 수량을 떼어 내어 수량이 부족한 다른 항목으로 옮겨 보충하는 것이다.《언해 권10 53장》

7 감수자도(監守自盜) : ③ 287 監守自盜倉庫錢糧

할(交割)[9]을 마치지 못하면 장부에 기록하고 창고에 보관하게 한다. 남는 물건이 있으면 승운고에서 명백히 문안을 작성하여 정식으로 거두어들이고, 장부에 별도 항목으로 잡아 호부(戶部)에 낱낱이 보고한다.[10] 모호하게 함부로 금이나 비단 등의 물건을 가지고 밖으로 나가면 참형이다.[11] 문을 지키는 관리가 자세히 물어서 포획하거나[12] 수색하는 일을 제대로 하지 못하면 장 100이다.

직해 각사 및 창고는 남은 전량 등을 반드시 실제 수량으로 상급 관사에 보고하며 명백히 거두어들여 수량을 기록한다. 감림관이 남은 전량을 가지고 사사로이 다른 부족한 수량에 보충하고 농간을 부려 폐단을 일으키면 모두 장물의 수를 계산하여 감림자도(監臨自盜)의 예로 논죄한다.

○ 내부의 여러 창고와 같은 각사에 납부하는 금·은·베·비단·전량 등을 그날그날 서로 주고받는다. 아직 받지 못한 것은 자세히 중기(重記)[13]에

8 내부(內府)의 승운고(承運庫) : 내부고(內府庫)는 궐 안에 있으면서 황제의 씀씀이에 필요한 물품을 수납하는 창고인데, 홍무 연간에 규정을 만들어 승운고라는 명칭을 부여하였다. 《언해 권10 55장》

9 교할(交割) : 어느 사람이 직접 넘겨주면 다른 사람이 직접 수령하여 창고에 보관하는 것이다. 《언해 권10 55장》 명대에 교할은 물건의 인수인계, 담당 업무의 대조, 기한의 준수 등을 모두 포함하는 개념이다. 물건의 인수인계는 장부에 기재된 수량과 인계된 수량을 대조하여 이상이 없을 경우, 관리의 고만(考滿)이나 관급(關給) 등은 해당 업무를 대조하여 이상이 없을 경우, 기한의 준수는 해당 임무나 기간의 준수 여부를 문서와 대조하여 이상이 없어야 교할이라 한다. 《회전 권9 關給須知》

10 낱낱이 보고한다 : 원문의 개신(開申)은 신문(申文)에 낱낱이 기록하여 상사에 보고하는 것이다. 《언해 권10 55장》

11 모호하게……참형이다 : 잡범 사죄(雜犯死罪)이지만 장물의 다과를 계산하지 않은 것은 일이 내부(內府)에 관계되므로 엄히 금한다. 〔係雜犯 不計贓之多寡者 以事干內府 故嚴爲之禁也〕《집해 769~770쪽》

12 자세히 물어서 포획하거나 : 원문 반획(盤獲)의 반(盤)은 말로 사람을 심문하는 것이다. 반획은 무슨 물건이냐고 심문하여 포획하는 것이다. 〔品字箋云 盤以言難人也 何物ソト問ヒトガメテ捕獲ヲ云〕《언해 권10 55장》

13 중기(重記) : 사무를 인계할 때에 넘겨주는 문서이다. 〔重紀 官府所傳錢穀諸物 厥有都籍 名曰重記 遞歸之時 略以用餘 留在重記 此之謂記付也〕《牧民心書 卷2 律己 節用》

사유를 기록하여 서류상으로〔假〕 받아들이고, 남는 물건은 정확히 거두어들인 수로써 자세히 차자(箚子)를 만들어 삼사(三司)[14]에 보고한다. 그중 금·비단 등의 물건을 모호하게 함부로 밖에 내보내면 참형이다. 창고의 문을 지키는 관리들이 그것을 검색하여 적발하지 못하면 장 100이다.

해설

세금 등으로 거두어들인 물품인 돈이나 곡식 등은 회계상 정수 전량(正數錢糧) 또는 정항 전량(正項錢糧)으로 설정하는데, 이런 행위를 정수작수(正收作數)라 한다. 즉 정식으로 거두어 회계상 관리해야 할 수량으로 설정하는 것이 정수작수이다. 그런데 징수 과정에서 모미(耗米)나 모은(耗銀)으로 인해 세금을 초과 징수하여 규정된 액수보다 남는 부분인 부여(附餘)가 발생하면 혹 담당 관리가 이를 변칙적으로 사용할 수 있다. 즉, 어떤 지출 항목에 부족이 발생하면 부여로 얻은 전량을 써서 부족분을 메울 수 있으므로 이런 행위를 방지하기 위하여 부여도 정항 전량과 마찬가지로 회계상 정식 항목으로 설정하여 관리하도록 한 것이 이 조문의 취지이다.

14 삼사(三司) : 여기서의 삼사는 전량의 출납과 회계를 맡아보던 고려의 삼사를 계승한 관아로, 1405년(태종5) 육조 중심의 국정 운영 체제를 정비할 때 호조에 병합되었다.

133
관의 전량을 사사로이 빌림
私借錢糧

133-1 감림·주수가 관의 전량(錢糧) 등의 물건[1]을 사사로이[2] 자신이 빌려 쓰거나 혹 그것을 다시 타인에게 빌려주면, 비록 문서[3]가 있더라도 모두 장(贓)을 계산하여 감수자도(監守自盜)로 논한다.[4] 감림·주수가 아닌 사람이 빌리면 일반인이 창고의 전량을 훔친 것[5]으로 논한다.[6]

133-2 자기 물건을 가지고 관물(官物)과 바꾸어도 죄가 또한 같다.[7]

1 등의 물건 : 금이나 비단 같은 따위로, 134조 사차관물(私借官物)의 의복 따위와는 다르다.〔等物 如金帛之類 非下條衣服之類也〕《집해 770쪽》

2 사사로이 : 원문의 사(私)는 자신이 빌리는 것과 남에게 빌려주는 것을 관통하는 말이다. 사라고 말한 것은 공(公)과는 다르기 때문이다. 만약 공으로 인해 빌려 쓰면 나이(那移)(② 135 那移出納)가 된다.〔私字 貫自借與借人 曰私 所以別于公也 若因公借用 則爲那移矣〕《집주(상) 311쪽》

3 문서 : 당률(唐律)에서 말하는 사대 문기(私貸文記)인데, 계약 문서나 일선 행정에서 상하간에 주고받은 문서·장부·호적 등을 겸하여 말한 것이다.〔文字 唐律云私貸文記 兼文約票批簿籍言〕《집해 771쪽》 비록 작성한 문서가 있어서 상환의 증거로 삼았더라도 위를 속이고 사사로움을 행한 것은 도둑질하여 취한 것과 마찬가지이다.〔雖立有文字以爲償還憑據 而罔上行私 卽同盜取〕《집주(상) 311쪽》

4 감림……논한다 : 감림·주수가 감독하거나 지키는 관의 전량 등의 물건을 멋대로 자신이 빌려 쓰거나 혹은 다시 다른 사람에게 빌려주면, 빌릴 때 비록 빌린 수량과 연월일을 부적(簿籍)에 부기해 놓았더라도 결국은 함부로 관물(官物)을 침범한 것이다. 모두 장(贓)을 계산하여 감수자도(③ 287 監守自盜倉庫錢糧)로 논한다.〔凡監臨主守 將所監守係官錢糧等物 私自借用 或轉借與他人者 其借之時 雖曾附寫所借數目年月於簿籍 見有文字可照 終係擅侵官物 竝計贓 以監守自盜論〕《소의(상) 492쪽》 40관에 이르면 참형에 처한다.〔至四十貫 斬〕《집설 권3 87장》

5 일반인이……것 : ③ 288 常人盜倉庫錢糧

6 감림·주수가 아닌……논한다 : 80관에 이르면 교형이다. 관의 전량인 줄 모르고 빌리면 처벌하지 않는다.〔至八十貫 絞 不知其爲錢糧而借之者 不坐〕《집설 권3 87장》

7 자기……같다 : 감림·주수가 범하면 감수자도(③ 287 監守自盜倉庫錢糧)로 논하고, 일반

직해 감림관이 관사의 돈이나 물건 등을 사사로이 빌려 쓰거나, 혹시 다른 사람에게 빌려 쓰게 하면, 비록 빌려 쓴 문서가 분명하더라도 모두 장물의 수를 계산하여 감림자도(監臨自盜)의 예로 논한다. 감림관 이외의 다른 사람들이 빌려 쓰면 다른 사람이 창고의 돈이나 물건을 훔쳐 쓴 예로 논한다. ○ 자기의 개인 물건을 가지고 관의 물건과 바꾼 자도 죄가 같다.

해설

관의 돈과 곡식을 제멋대로 빌려 쓸 수 없으며 또한 타인에게 빌려줄 수도 없음을 규정한 조문이다. 감림이나 주수는 관의 돈이나 곡식 등의 물건을 감독하거나 지키는 사람이므로, 창고의 돈이나 곡식을 스스로 훔치는 것을 법으로 엄하게 금할 뿐 아니라 사사로이 빌리거나 교환하는 것도 역시 훔친 것으로 논한다. 이 조문에서 말하는 돈이나 곡식을 제멋대로 빌리는 것이 134조 사차관물(私借官物)에서 말하는 관물을 제멋대로 빌리는 것과 죄가 같지 않은 까닭은, 금·은·쌀·보리 따위를 빌리면 원래의 물건으로 돌려줄 수 없으나, 134조에서 말하는 의복이나 그릇 따위는 빌려도 원래의 물건으로 돌려줄 수 있기 때문이다. 관아 창고의 돈이나 곡식은 정당하게 거두고 정당하게 지출해야 하므로 빌린 자와 빌린 것을 다시 다른 사람에게 빌려주는 자는 모두 287조 감수자도창고전량(監守自盜倉庫錢糧)으로 논하며, 빌린 자가 일반인이면 288조 상인도창고전량(常人盜倉庫錢糧)으로 논한다.

인이 범하면 일반인이 관의 전량을 훔친 것(③ 288 常人盜倉庫錢糧)으로 논하므로 "죄가 또한 같다."라고 한 것이다. 자기 물건이면 몰수하여 관에 들이고, 관에서 빌리거나 교환한 것이면 관에 돌려준다.〔故犯在監守 亦以監守自盜論 犯在常人 亦以常人盜官錢糧論 故曰罪亦如之 自己物件入官 所借所換者 還官〕《집해 771~772쪽》

134
관물을 사사로이 빌림
私借官物

감림·주수가 관의 집기·의복·자리·그릇 따위를 사사로이 자신이 빌려 쓰거나, 혹 그것을 다시 타인에게 빌려주거나, 타인이 그것을 빌리면 각각 태 50이다.[1] 10일이 경과하면 각각 좌장(坐贓)으로 논하되 2등급을 줄인다.[2] 손실이 있으면 관물을 훼손하거나 잃어버렸을 때 적용하는 율[3]에 따라 처벌하고, 추징하여 배상하게 한다.[4]

직해 감림원(監臨員)이 관사의 집기·의복·자리·그릇 등의 물건을 사사로이 빌려 쓰거나, 또는 다른 사람에게 빌려 쓰게 하거나, 그래서 빌려 쓴

1 태 50이다 : 관물을 사사로이 사용하였으나 133조 사차전량(私借錢糧)에서 전량을 사사로이 사용한 것보다는 가벼우므로 각각 태 50이다. 그러나 역시 잠시 빌린 것에 대해 말한 것이다.〔是以官物而私相爲用矣 但比錢糧不同 各笞五十 然亦自其暫借者言之〕《집설 권3 87장》 수레·배·점포·가옥·연자방아 따위를 사사로이 빌리면 고임전(雇賃錢)을 계산하여 추징하고 죄가 무거우면 좌장(坐贓)(④ 368 坐贓致罪)으로 논하되 1등급을 더한다.(② 106 私借官車船) 이 조는 이보다 가볍게 처벌하는데, 이는 수레·배 등에 비해 의복 등은 이익이 적기 때문이다.〔凡私借官車船店舍碾磨之類 計雇賃錢 重者坐贓加一等 與此異罪者 蓋車船等物 爲利博 可以責庸 衣服諸事 爲用微 但可計直 故不同耳〕《전석 권7 15장》

2 10일이……줄인다 : 만약 10일이 지나도 관에 돌려보내지 않으면 각각 빌린 물건의 값을 계산하여 장물로 보아 좌장(④ 368 坐贓致罪)으로 논죄하되 2등급을 줄이며, 죄는 장 80 도 2년에 그친다. 비록 10일이 지나더라도 그 장물의 수가 30관(貫)에 미치지 못하면 그대로 태 50이다.〔若過十日 不送還官者 則各計其所借之物價爲贓 坐贓論罪 減二等 罪止杖八十徒二年 雖過十日 其數不及三十貫者 仍笞五十〕《집설 권3 87장》

3 관물을……율 : ② 104 棄毁器物稼穡等

4 손실이……한다 : 손실은 파손하거나 유실하는 것이다.〔損失謂損壞遺失也〕《집해 773쪽》 관물을 파손하면 기훼관물(棄毁官物)로 논하여 절도죄에 2등급을 더하되 죄는 장 100 유 3000리에 그치고, 관물을 유실하면 유실관물(遺失官物)로 논하여 기훼한 데서 3등급을 줄이되 죄는 장 80 도 2년에 그친다. 모두 파손하거나 유실한 물건을 추징하여 배상하게 하고 관에 돌려준다.〔損以棄毁官物論 加竊盜二等 罪止杖一百流三千里 失以遺失官物論 減棄毁三等 罪止杖八十徒二年 竝追陪所損失者 還官〕《집설 권3 87~88장》 ② 104 棄毁器物稼穡等

사람 등은 태 50이다. 10일이 이미 지났으면 좌장죄에서 2등급을 줄여 논한다. 잃어버리거나 훼손하면 관물괴실(官物壞失)의 예로 처벌하고 추징하여 관에 들인다.

해설

관에 속하는 집기・의복・자리・그릇 따위는 관부(官府)에서 제작하여 관용(官用)에 충당되는 것이므로 사사로이 빌려 쓸 수 없으며 또한 다른 사람에게 사사로이 빌려줄 수도 없다. 이 조문은 106조 사차관거선(私借官車船)과 서로 비슷한 듯하나 106조는 수레나 배를 사사로이 빌리면 임대료를 계산하여 처벌하므로 이 조와는 다르다. 배나 수레는 이익이 많아 임대한 책임을 물을 수 있으나, 의복 등의 물건은 이익이 적어 가격만 계산한다.

135
다른 항목으로 전용하여 출납함
那移出納

135-1 각 아문에서 전량(錢糧) 등의 물건을 수납하거나 지급할 때 이미 문안(文案)과 감합(勘合)[1]이 구비되어 있는데, 만약 감림・주수가 정식으로 수납하거나 지급하지 않고[2] 다른 항목으로 전용해서 출납하여[3] 관용(官用)에 충당하면,[4] 모두 장(贓)을 계산해서[5] 감수자도(監守自盜)에 준하여 논한다.[6] 죄는 장 100 유 3000리에 그치며, 자자(刺字)는 면해 준다.

135-2 아문에서 반인(半印) 감합[7]을 발급하지 않고 권첩(權帖)[8]을 함부로

1 감합(勘合) : 통관(通關)이나 지급을 인준하는 인신이 찍힌 문서이다.〔勘合如通關及準支印信領狀 是也〕《부례(상) 424쪽》

2 문안(文案)과……않고 : 제조 아문이 수납하거나 지급해야 할 각 항목의 전량을 문안에 덧붙여 적어 보존하여 조험(照驗)에 대비하며, 내용을 감합에 써넣어 창고에 준다. 감림・주수는 감합에 열거된 각 항목을 대조하여 수납하거나 지급하는데, 이를 일컬어 정식으로 수납하고 정식으로 지급한다고 한다.〔文案勘合 乃提調衙門將應收應支各項錢糧 附寫文案 存備照驗 塡入勘合 給與倉庫 監守之人 照依勘合所開各項收支 是謂之正收正支〕《집해 776쪽》

3 다른……출납하여 : 하세(夏稅)를 끌어다 추량(秋糧)으로 하고 추량을 옮겨 하세로 하는 것과 같은 따위이다.〔那移出納 如那夏稅作秋糧移秋糧作夏稅之類〕《집해 776쪽》

4 관용(官用)에 충당하면 : 다른 항목의 공용(公用)에 충당하는 것이다.〔還充官用謂充別項公用也〕《집설 권3 89장》

5 모두 장(贓)을 계산해서 : 가령 10인이 함께 쌀 20석을 다른 항목으로 전용하여 출납하면 1인당 2석으로 계산하여 처벌한다.〔竝計贓謂如十人共那移出納米二十石 各計每人二石之罪科之〕《강해 198쪽》 병장(倂贓)(③ 287 監守自盜倉庫錢糧)과 대비되는 개념이다.

6 감수자도(監守自盜)에 준하여 논한다 : 비록 재물을 빼돌려 제 것으로 만들어 쓴 것은 아니나, 출납이 분명하지 않고 간교한 폐해가 일어나기 쉬우므로, 모두 다른 항목으로 전용한 수량을 장으로 계산하여 감수자도(③ 287 監守自盜倉庫錢糧)에 준하여 논하는 것이다. 공죄(公罪)이므로 관리는 각각 현재 맡고 있는 직역으로 돌려보낸다.〔雖非入已私銷 然出納不明 姦弊易起 竝計所那移之數爲贓 準監守自盜論 罪止杖一百流三千里 免刺 係公罪 官吏各還職役〕《집설 권3 88장》

7 반인(半印) 감합 : 문서에 번호를 매겨 내외(內外)의 자호(字號)를 그려 넣고, 반인을 사용

내주거나 혹은 감합은 발급하였으나 문안을 작성하지 않고 물품을 지급하면, 또는 창고에서 감합을 기다리지 않고 물품을 지급하거나 혹은 이미 감합을 받았으나 장부에 기록하지 않고 물품을 지급하면 죄가 또한 같다.[9]

135-3 출정(出征)하거나 진수(鎭守)하는 군사와 군마(軍馬)가 지나가는 곳에서 쓸 군량과 사료는 명백하게 문안을 작성해서 즉시 지급한다.[10] 수량을 자세히 적어서 관련된 상급 관사에 보고하여 그 수량대로 공제하며, 함부로 지급하면 처벌하는 규정을 적용하지 않는다. 어기면 장 60이다.[11]

하며 연월을 적는 난은 비워 둔다.〔仍置號簿 編寫內外字號 用半印空塡年月〕《회전 권21 倉庾1》 관아에 보관하는 저부(底簿)와 관리·백성에게 발급해 주는 문안(文案) 양쪽에 수납·지급하는 물건의 수목(數目)을 똑같이 기록하고, 저부와 증표를 붙여 놓고 양쪽에 걸쳐서 자호와 일련번호를 쓰고 자호 위에 인신을 찍어서 이 증표를 문안과 함께 발급한다. 이렇게 하면 나중에 증표를 저부에 맞추어 봄으로써 문안의 진위를 가릴 수 있다. 이 증표를 반인 감합이라 한다. 자호는 대개 《천자문》의 글자를 순서대로 이용하고, 일련번호가 1에서 시작하여 1000이 되면 자호를 다음 글자로 바꾼다.《언해 권10 62장》 염법(鹽法)에 쓰인 용례를 보면, 각처에 명령하여 해당하는 소금을 창고에 나누되 내외의 자호로 두 가지 문서를 만들고 이때 반인 감합을 사용한다. 내호(內號)가 쓰인 문서는 본 창고에서 거두고 외호(外號)가 쓰인 문서는 송운사(送運司)에 보고하며, 각 염상(鹽商)이 가져온 창초(倉鈔), 곧 어음이 전의 것과 같은지 묻고, 인신의 주묵(硃墨), 자호가 서로 일치하는지 대조한다.〔令各處該上鹽糧倉分 置立內外字號底簿二扇 用半印勘合 內號一扇 本倉收 外號一扇 申送運司 候各商齎倉鈔前來 比對印信硃墨字號相同〕《회전 권34 鹽法3》 호부에 전달하여 서로 같은지 확인한 뒤에 문안을 명백히 마련해서 반인 감합의 자호를 내주고, 원래 편찬된 자호가 쓰인 장부에 실제 지출과 덜어 낸 수목을 기입해 넣어서 계고(稽考)에 대비한다.〔轉達戶部 磨算相同 明立文案 編給半印勘合字號……仍於原編字號底簿內 注寫實支扣除數目 以憑稽考〕《회전 권41 月糧》

8 권첩(權帖) : 임시로 발급한, 도장이 찍히지 않은 지급 명령서이다.〔權帖謂權宜給發無印之票帖也〕《집해 776~777쪽》

9 죄가 또한 같다 : 역시 각각의 장물을 계산하여 감수자도(③ 287 監守自盜倉庫錢糧)에 준하여 논죄하는 것을 말한다.〔謂亦計各人之贓, 準監守自盜論〕《강해 198쪽》 이러한 일들은 다른 항목으로 전용한 것은 아니나 폐단이 일어나기 쉬우므로 역시 다른 항목으로 전용한 경우와 같이 의단하는데, 모두 평상시 전량을 방출하는 경우에 대해 말한 것이다.〔事非那移而弊端易起 故亦如那移者 擬斷 此皆自常時支放言〕《집해 778쪽》

10 즉시 지급한다 : 만약 감합을 기다려서 지급하면 때를 놓쳐 군사(軍事)를 그르치게 되기 때문이다.〔若候勘合而後支 則誤軍事〕《집설 권3 89장》

11 어기면 장 60이다 : 이는 임시방편으로, 통상적인 율에 얽매여서는 안 된다.〔此又一時變通

직해 각사에서 받거나 지급하는 전량 등의 물건이 중기(重記)에 기록되어 있는데, 담당 관원이 정수(正數)대로 받거나 지급하지 아니하고 이쪽저쪽에서 서로 내고 들였다가 도로 관용(官用)에 충당하면, 장물의 수를 계산하여 감림자도의 예로 논죄하되 장 100을 한도로 하고 자자는 하지 않는다. (○) 도장이 찍힌 문서를 작성하여 발급하지 않고 멋대로 임시 첩문(帖文)을 내주거나, 문서를 작성하여 발급하였어도 중기에 기록하지 않고 전량을 내주거나, 상급 관서의 지시를 받아 지급하는 각 창고도 감합 문서를 기다리지 않거나, 감합 문서를 받아도 중기에 기록하지 않고 전량을 내주면 죄가 같다.

○ 출정하는 군마가 지나가는 소재지 관사인 경우에 양식과 말먹이 등을 자세히 중기에 기록하며, 즉시 요구에 응하여 지급하고 수효를 상관에게 보고한다. 법례를 어기면 장 60이다.

之權 不可以常律拘〕《집설 권3 89장》 출정과 진수는 군기(軍機)에 관계되기 때문에 일이 긴급하므로 군마가 지나갈 때 바로 지급해야 한다. 평시에 일정한 수목(數目)이 정해져 있어서 미리 감합을 발급해 줄 수 있는 것과는 견줄 수 없다.〔出征鎭守 關係軍機 事宜緊急 經過應付 非比常額有一定數目 可以先給勘合者〕《집주(상) 315쪽》

136
창고지기·저울잡이·고역인이 횡령함
庫秤雇役侵欺

창(倉)·고(庫)·무(務)·장(場)·국(局)·원(院)[1]의 창고지기〔庫子〕·저울잡이〔秤子〕·두급(斗級) 및 고역인(雇役人)[2]이 관의 전량을 횡령하거나,[3] 빌리거나 빌려주거나,[4] 자기 물건과 바꾸면[5] 모두 감수자도(監守自盜)로 논한다.[6] 고주(雇主)[7]가 뜻을 같이하여 장물(贓物)을 나누어 가지면 죄

1 원(院) : 송대에 소부감(少府監) 산하에서 미술 공예를 맡아보던 문사원(文思院) 등과 같은 곳이다.〔院如文思等院〕《집설 권3 90장》

2 고역인(雇役人) : 창고지기·저울잡이·두급 등이 타인에게 자기의 역역(力役)을 대신하게 한 사람이다. 《석의》에서도 고역지인(雇役之人)을 돈을 써서 사람을 고용하여 저울잡이·두급의 일을 대체하게 하는 부류라고 하였다. 《언해 권10 66~67장》

3 횡령하거나 : 원문의 침기(侵欺)는 자기가 관장하는 전량을 침손(侵損)하여 정액에 결손이 생겼는데 관사를 속여서 결손이 없다고 보고하는 것이다.〔侵欺者 將所管錢糧侵去缺額 而仍欺瞞官司 稱爲不缺也〕《집주(상) 317쪽》 감수자도(③ 287 監守自盜倉庫錢糧)를 적용한다.〔侵欺卽監守盜倉庫律〕《집설 권3 90장》

4 빌리거나 빌려주거나 : 전량사차율(② 133 私借錢糧)을 적용하여 감수자도로 논한다.〔借貸卽錢糧私借律〕《집설 권3 90장》

5 자기 물건과 바꾸면 : 원문의 이역(移易)은 자기 물건과 관물(官物)을 맞바꾸는 것으로, 관물을 다른 항목으로 전용해서 관용에 충당하는 것(② 135 那移出納)에 비할 바가 아니다.〔移易 是以己物抵換 非那移官用之比也〕《집주(상) 317쪽》 관물로 바꾼 죄에 적용하는 율(② 133 私借錢糧)로 논하되, 전용하여 관용에 충당하도록 한 것과 같지 않으므로 침기, 차대(借貸), 이역 모두 감수자도로 논한다.〔移易卽抵換官物律 與那移還充官用不同 故竝以監守自盜論〕《집설 권3 91장》

6 모두 감수자도(監守自盜)로 논한다 : 물건을 수납하는 창고지기, 물건의 무게를 다는 저울잡이, 세량을 수납하는 두급은 모두 주수(主守)하는 역인데, 고역인은 돈을 받고 그 일을 주수하므로 정역(正役)과 마찬가지이다. 만약 침기·차대·이역의 대상이 관의 전량이면 이는 도(盜)가 되므로 모두 침기 등 항목의 장물을 계산하여 감수자도로 논한다.〔收物之庫子 秤物之秤子 收糧之斗級 皆見主守之役 雇役之人旣受直以主守其事 則與正役同 若有侵欺或借貸或移易係官錢糧者 是爲盜也 竝計所侵欺等項之贓 以監守自盜論〕《집해 780~781쪽》 침기에 대해서는 287조 감수자도창고전량(監守自盜倉庫錢糧)이 있고, 차대에 대해서는 133조

가 또한 같다.[8] 실정을 알고 있으면서, 장물을 나누어 갖지는 않았으나 한통속이 되어 보고해서 관을 속이거나, 또는 직접 출두하여 고발하지 않으면 1등급을 줄이고,[9] 죄는 장 100에 그친다.[10] 실정을 몰랐으면 처벌하지 않는다.[11]

직해 여러 창·고·국·원 등의 창고지기·말잡이·사령인들이 관사의 전량을 농간을 부려 서로 빌려 쓰거나 회환(回換)[12]하면 모두 감수자도의 예

사차전량(私借錢糧), 134조 사차관물(私借官物)이 있고, 이역에 대해서는 133조 사차전량 2항에 관물로 바꾼 죄에 적용하는 율이 있어 각 조에서 주수의 죄를 이미 자세히 다루었다. 이 조는 특히 삯을 받고 역을 대신하는 고역인이 진정한 주수가 아니어서 멋대로 침기·차대·이역할까 염려하여 따로 둔 것이다.〔按 侵欺有監守盜倉庫律 借貸有私借錢糧官物律 移易有抵換官物律 各條言主守之罪已備矣 本條特論受雇代役之人 恐以其非眞正主守之人 而致縱其侵借移易之罪 故又著此律也〕《집주(상) 317쪽》

7 고주(雇主) : 고역인의 상대어로서 고역인을 고용한 창고지기·저울잡이·두급 등이다.

8 고주(雇主)가……같다 : 고주가 고역인과 뜻을 같이하여 장물을 나누면 이는 도(盜)와 같으므로 역시 감수자도로 논한다.〔若雇主與受雇之人 同情分贓者 是同盜也 亦以監守自盜論〕《집해 781쪽》

9 1등급을 줄이고 : 5관 이하에 대해 말한 것이고, 5관 이상은 비록 40관이라도 역시 장 100으로 처벌한다.〔減一等自五貫以下言之 五貫以上 雖四十貫 亦直坐杖一百也〕《집해 780쪽》

10 장 100에 그친다 : 실정을 알고 있으면서 장물을 나누지는 않았으나 고역인과 한패가 되어 보고하여 관사를 속이거나, 실정을 알면서 고발하지 않으면 이는 도적질을 마음대로 하도록 내버려 둔 것이므로 고역인의 죄에서 1등급을 줄이며 죄는 장 100에 그친다.〔若雖知情不曾分贓而與受雇之人符同申報 欺滿官司 及不行首告者 是縱盜也 減受雇人一等 罪止杖一百〕《집해 781쪽》

11 실정을……않는다 : 138조 전량호상각찰(錢糧互相覺察)에서는 관의 전량에 대한 침기·도용(盜用)·차대가 일어났을 때 주수가 실정을 몰랐어도 각찰(覺察)을 제대로 하지 못한 책임을 물어 처벌하지만, 이 조에서는 원래의 주수가 타인을 고용하여 역을 대신 맡겨서 자기는 창고에 없었기 때문에 실찰(失察)로 처벌할 수 없다.〔後有錢糧互相覺擧條 同爲主守雖不知情 亦有失覺察之罪 此雇主不知情 則竟不坐 蓋彼是同在倉庫之人 此旣雇人代役 則己不在倉庫 不得科其失察也〕《집주(상) 317쪽》

12 회환(回換) : 율문의 이역(移易)에 대한 직해이다. 한편 조선 시대에 변방의 군량미의 공급을 장사꾼이 대행하던 제도를 회환이라고 하였다. 현지에서 장사꾼이 일정한 양의 곡물을 사서 바치고 증표로 환(換)을 받아 오면, 서울에서 같은 양의 곡물을 내주는데, 여기서 장사꾼은 가격의 차액으로 이득을 보았고, 국가에서는 운반비 절감의 이득을 보았다.

로 논한다. 고용주가 뜻을 같이하여 장물을 나누어 쓰면 죄가 같다. 실정을 알고 장물은 나누어 쓰지 않았으나 뜻을 같이하고 보고서를 올려 관사를 기롱하거나, 또는 직접 고하지 않으면 1등급을 줄이되 장 100을 한도로 한다. 실정을 몰랐으면 처벌하지 않는다.

•••

횡령과 도용

창고의 전량(錢糧)을 감수인(監守人)이 틈을 타 불법적으로 반출하는 것은 도용(盜用)으로서 287조 감수자도창고전량(監守自盜倉庫錢糧)이 직접 적용된다. 이에 반하여 전량이 창고 밖으로 반출되었지만 아직 정당한 수급자에게 지급되지 못하면 임시로 그 전량을 지키는 수장인(守掌人)을 지정하는데, 수장인이 그 전량을 불법적으로 처분하면 감수자도로 논한다. 현대 법에서는 이를 적용(適用)이라 하지 않고 준용(準用)으로 표현한다.

이에 비추어 도용과 침기(侵欺)의 차이를 분석해 내는 것이 《대명률》의 침기 개념을 이해하는 첩경이 될 것이다. '감수인과 창고 안 전량의 물리적 관계'와 '수장인과 창고 밖 전량(이 전량은 창고 밖에 있지만 여전히 관물(官物)이다.)의 물리적 관계'를 대비하여 보자. 전자인 감수인의 그것은 후자인 수장인의 그것에 비하여 물리적으로 다소 멀다. 이것은 현행 형법에서 절도와 횡령의 관계와 유사하다. 절도(형법 제329조)는 타인의 점유하에 있는 타인 소유의 재물을 훔치는 것이다. 횡령(형법 제355조 1항)은 자신이 보관하는 타인 소유의 재물을 소유자의 허락 없이 처분하는 것이다. 감수인은 창고 안의 재물을 감시 관리하지만 직접 점유하지는 않으므로 감수인의 불법 반출은 절도로 파악하는 반면에, 수장인의 불법 처분은 수장인이 재물을 보다 직접적으로 점유하고 있으므로 침기로 파악한 것으로 이해된다. 따라서 본서에서는 침기를 횡령으로 번역하기로 한다. 현대 형법에서는 횡령 외에 유용(流用), 착복(着服)이라는 용어를 사용하고 있지만 뉘앙스만 다를 뿐 법률적 의미는 횡령과 동의어이다.

마지막으로 남는 의문은 침기를 횡령으로 번역할 때 자기가 관장하는 전량을 침손(侵損)하여 정액(正額)에 결손이 생겼는데 관사를 속여서 결손이 없다고 보고하는 것을 횡령으로 포섭할 수 있는가 하는 문제이다. 현행 형법은 소유자가 정당하게 보관자에게 보관물의 반환을 요구하는데 보관자가 불법적인 고의로 반환을 거부하는 것, 예를 들어 절도를 당하였다고 거짓말을 하거나 일부를 몰래 빼돌리고 일부만 반환하는 것도 횡령으로 취급한다. 요컨대 자기가 관장하는 전량을 침손하여 정액에 결손이 생겼는데 관사를 속여서 결손이 없다고 보고하는 것도 자연스럽게 횡령으로 포섭할 수 있다.

137

명의를 도용하여 관의 곡식을 지급받음

冒支官糧

군을 관할하는 관리[1]나 총기(摠旗)・소기(小旗)[2]가 명의를 도용하여 군량을 지급받아[3] 자기 것으로 삼으면 장(贓)을 계산하여 절도에 준해 논하고, 자자(刺字)는 면해 준다.

직해 군인을 관장하는 관원이나 아전 및 백호(百戶)・통주(統主) 등이 군량을 함부로 받아 부당하게 사용하면 그 수를 계산하여 절도의 예로 논죄하고 자자는 면해 준다.

해설

군인을 관장하는 관리 등이 군인에게 지급되어야 할 군량을 빼돌려 착복하는 것을 금지한 규정이다. 군인이 질병, 상사(喪事), 파견, 차조(差操), 조운(操運), 둔종(屯種) 등의 사유로 자리를 비웠을 때 이런 일이 일어나기

1 군을 관할하는 관리 : 군인을 관할하는 군직이다. 도지휘사(都指揮使)・지휘사(指揮使)・천호(千戶)・백호(百戶) 등은 계급이 있으며, 6품 이상의 관원이다.〔管軍官吏ハ軍人ヲ管リ轄ル軍職ヲ云都指揮使指揮使千戶百戶等ハ階級アリ六品以上ノ官也〕《언해 권10 69장》

2 총기(摠旗)・소기(小旗) : ① 48 選用軍職

3 명의를……지급받아 : 지급해야 할 정액(定額)을 내주는 것을 지(支)라 하는데 135조 나이출납(那移出納)의 방지(放支)의 지가 이 뜻이고, 받아야 할 정액을 수취(受取)하는 것도 지라 하는데 이 조의 모지(冒支)의 지가 이 뜻이다.〔定額ノ給與スヘキ所ヲ出シワタスヲモ支ト云 前ノ放支ノ支是也 定額ノウクヘキ所ヲ受ケ取ルヲモ支ト云 此條ノ冒支ノ支是也〕《언해 권10 68장》 기타 《집해》・《전석》・《이학》 등에서도 지를 받는 것이라고 보았으나〔冒支謂妄冒其名以支糧入己〕《집해 782쪽》〔本人見在應支 不與通知 頂名支去 謂之冒支〕《전석 권7 16~17장》〔冒支謂假人姓名 給其物也〕《이학 194쪽》《GMC》는 지를 지급하다(issue)로 번역하였다. 모지는 거짓으로 남의 명의를 도용하여 양곡을 지급받아 자기 것으로 삼는 것을 이른다.〔冒支謂妄冒其名以支糧入己〕《집해 782쪽》

쉽다. 명의를 도용하여 물품을 대신 지급받는 모지(冒支)를 287조 감수자도창고전량(監守自盜倉庫錢糧)으로 처벌하지 않고 그보다 가볍게 절도에 준하여 처벌하는 것은 군량을 관물(官物)로 보지 않기 때문이다. 모지의 양상은 다양하며, 이에 따라 적용되는 조문도 다양하다.

•••

모지의 다양한 모습

관의 입장에서 군량(軍糧)은 어차피 지급해야 하는 물건이고 결국 군인이 받아야 하는 곡식이다. 관물로서 마땅히 어떤 사람에게 지급해야 할 것을 이미 창고에서 꺼내기는 하였지만 아직 지급하지 않았을 때, 만약 이를 지키고 관장하는 사람이 횡령〔侵欺〕하거나 빌려주면, 장물을 계산하여 287조 감수자도창고전량으로 논한다.(② 147 守掌在官財物) 지급하기 전에는 관물로 간주하는 것이다. 모지(冒支)의 주체나 장소에 따라 적용 조문이 달라진다. 여러 주석서를 종합하면 다음 표와 같다.

모지의 양상과 처분

구분 / 모지의 양상	적용 조문	처분	근거
관군 관리(管軍官吏) 등이 자기 관할에서 모지함	137조 모지관량(冒支官糧)	장(贓)을 계산하여 절도에 준해 논하고 자자(刺字)는 면해 줌	137조 율문
관군 관리 등이 자기 관할 아닌 데서 모지함	297조 사기관사취재(詐欺官私取財)	장을 계산하여 절도에 준해 논하고 자자는 면해 줌	《집설》《집주》
	288조 상인도창고전량(常人盜倉庫錢糧)	절도보다 형량이 무겁고 자자함	《전석》
군인이 모지함	297조 사기관사취재	장을 계산하여 절도에 준해 논하고 자자는 면해 줌	《집설》《집주》
	288조 상인도창고전량	절도보다 형량이 무겁고 자자함	《전석》

구분 모지의 양상	적용 조문	처분	근거
관군 관리 등이 도망·사망 군인을 명부에서 지우지 않고 모지함	297조 사기관사취재	장을 계산하여 절도에 준해 논하고 자자는 면해 줌	《집설》
	288조 상인도창고전량	절도보다 형량이 무겁고 자자함	《집해》《집주》《전석》《언해》
일반인이 명의를 도용하여 군량을 받음	297조 사기관사취재	장을 계산하여 절도에 준해 논하고 자자는 면해 줌	《전석》《집주》
군인 친속이 모지함	친속이 서로 사기한 죄를 적용함 295조 친속상도(親屬相盜) 297조 사기관사취재	절도보다 형량이 가볍고, 자자는 면해 줌	《집주》
양표(糧票)를 훔쳐 모지함	292조 절도(竊盜)	장물 수량에 따라 장 60~장 100 유 3000리	《집주》
군량 지급을 맡은 군관이 군인에게 지급해야 할 군량의 전부 또는 일부를 취함	147조 수장재관재물(守掌在官財物)	감수자도(監守自盜)로 논죄함	《집설》《전석》《집주 율상주》《집해》《회해》
	287조 감수자도창고전량(監守自盜倉庫錢糧)	288조 상인도창고전량보다 형량이 더 무거움	《집주 율내주》
황제가 하사하는 상물(賞物)을 명의를 도용하여 수령함		137조에 1등급을 더함	《집해》《전석》

138
전량을 서로 각찰함
錢糧互相覺察

창(倉)·고(庫)·무(務)·장(場)의 관리,[1] 찬전(攢典)·난두(攔頭)[2]·창고지기·두급(斗級)[3]은 모두 서로 각찰(覺察)[4]해야 한다. 관의 전량을 횡령하거나, 훔쳐서 쓰거나,[5] 빌리거나 빌려주어서[6] 창고에서 빠져나간 사실을 알고도 숨기고 적발하지 않거나 고의로 묵인하면 모두 범인과 더불어 같은 죄이다.[7] 각찰을 제대로 하지 못하면 3등급을 줄이며, 죄는 장 100에

1 창(倉)……관리 : 이들은 각각 감림(監臨)의 책임이 있다.〔倉庫務場之官吏 各有監臨之責〕《집해 786쪽》

2 찬전(攢典)·난두(攔頭) : 원문의 찬란(攢攔)은 세무(稅務)를 맡은 찬전과 난두이다.〔攢攔稅務之攢典攔頭〕《집해 786쪽》 찬전이 세무 중에서도 장부를 작성하고 계산을 담당하는 역(役)이라면 난두는 세무 중에서도 육체노동으로 전량의 출납을 담당하는 역이다.《언해 권11 2장》《국자해 229쪽》

3 창고지기·두급(斗級) : 이들은 각각 주수(主守)의 책임이 있다.〔庫子斗級 各有主守之責〕《집해 786쪽》

4 각찰(覺察) : 경각심을 가지고 범죄 행위를 감시·적발하기 위해 살핀다는 뜻으로〔覺察 警覺糾察之意〕《집해 786쪽》 타인이 죄를 범하는 것을 알아내어 단속하고 살피는 것이다.《언해 권11 1장》

5 횡령하거나, 훔쳐서 쓰거나 : 침기(侵欺)는 자기 손안에 있는 전량을 횡령하여 기만하는 것이고, 도용(盜用)은 감수인이 창고에 저장된 전량을 훔쳐 자기 것으로 하는 것이다. 그러므로 도용에 대하여는 바로 감수자도(③ 287 監守自盜倉庫錢糧)를 적용하나, 침기는 감수자도로 보아 논하며(② 136 庫秤雇役侵欺) 바로 절도라고 하지는 않는다.〔盜用者 錢糧儲于倉庫 監守之人乘隙而偸盜入己也 侵欺者 錢糧在己守掌而侵食欺瞞也 故盜用直科監守自盜 而侵欺卽以監守自盜論 不直謂之盜也〕《집주(상) 320쪽》

6 빌리거나 빌려주어서 : 133조 사차전량(私借錢糧)을 적용하여 감수자도로 논한다.〔借貸卽錢糧私借律〕《집설 권3 90장》

7 범인과……죄이다 : 비록 자기 것으로 삼지는 않았으나 도둑질한 것과 마찬가지이므로 침기 등을 범한 범인과 더불어 같은 죄이다. 사죄(死罪)에 이르면 1등급을 줄인다.〔雖非入己 亦同姦也 竝與侵欺等犯人同罪 至死減一等〕《집해 787쪽》

그친다.[8] 관리[9]가 허위로 문안을 작성해서 다른 항목으로 전용하여 출납하거나, 통관(通關)을 허위로 발급하였는데 두급·창고지기·난두가 실정을 몰랐으면 처벌하지 않는다.[10]

직해 창고 관리 및 사령·창고지기·말잡이 등은 항상 서로 경각심을 가지고 규찰(糾察)[11]하여야 한다. 관 창고의 전량을 다른 사람이 훔쳐 쓰거나 빌려 쓰려고 창고 밖으로 이미 내간 것을 알고도 숨기며 고하지 않거나 고의로 추고하지 않으면 범인과 죄가 같다. 경각심을 가지고 규찰하는 일을 게을리하면 3등급을 줄이되 장 100을 한도로 한다. 관리가 중기(重記)에 거짓으로 탈하(頉下)[12]하거나, 항목을 바꾸어 이것과 저것을 서로 내고 들이거나, 또는 거짓 문서를 내주었는데, 사령·말잡이·창고지기 등이 알지 못하였으면 논죄하지 않는다.

8 각찰을……그친다 : 소홀히 한 잘못은 있으나 결탁한 실정은 없으므로 범인의 죄에서 3등급을 줄이며, 각찰하지 못한 전량이 12관 500문 이상에 이르더라도 죄는 장 100에 그친다.〔失覺察者 有疎虞之失而無通同之情 故得減犯人罪三等 至二十{十二}貫五百文之上 罪止杖一百〕《집해 787쪽》

9 관리 : 창·고·무·장의 관리이다.〔二節官吏卽倉庫務場之官吏〕《집설 권3 92장》

10 관리가……않는다 : 창·고·무·장의 관리가 전량에 대해 허위로 문안을 작성하여 나이 출납(② 135 那移出納)하거나, 수량이 본래 부족한데 통관을 허위로 발급하여(② 131 虛出通關硃鈔) 침기·도용·차대하면 그 폐단은 관리에게 있다. 찬전·난두 등의 역을 지는 이가 각찰할 수 있는 것이 아니므로 이들을 처벌하지 않는다.〔若倉庫務場官吏 將錢糧虛立文案而那移出納 及數本不足而虛出通關 以侵欺盜用借貸者 則弊在官吏 非攢攔等役之所得而覺察也 故不坐罪〕《집해 787쪽》

11 경각심을 가지고 규찰(糾察) : 율문의 각찰(覺察)은 직해에서 각찰, 고찰(考察), 검찰(檢察), 상심(詳審) 등으로 표현되는데, 번역에 사용된 단어들 사이에 의미 차이가 있는지는 분명치 않다. 여기서는 '고찰'이 쓰였다.

12 탈하(頉下) : 인력으로 어찌 수 없는 탈, 특별한 사정이나 재난이 생겨 대상에서 빼낸다는 뜻이다.

139
도둑맞은 것을 창고에서 알아차리지 못함
倉庫不覺被盜

139-1 어떤 사람[1]이 창고에서 나올 때, 파수인(把守人)이 수색하여 검사하지[2] 않으면 태 20이다.[3] 수색하여 검사하지 않은 것으로 인하여 훔친 물건이 창고 밖으로 나갔는데도 알아차리지 못하면 도죄(盜罪)에서 2등급을 줄인다.[4]

139-2 밤에 당직인 사람[5]이 도둑맞은 것을 알아차리지 못하면 3등급을 줄인다.[6] 창고에서 숙직하는 관원·찬전(攢典)·두급(斗級)·창고지기가 도둑맞은 것을 알아차리지 못하면 5등급을 줄인다.[7] 모두 죄는 장 100에 그친다. 고의로 묵인하면 각각 도둑과 더불어 같은 죄이다.[8] 강도를 당하면 논

1 어떤 사람 : 일반인이다.〔人指常人〕《집해 788쪽》

2 수색하여 검사하지 : ② 132 附餘錢糧私下補數

3 파수인(把守人)이……20이다 : 비록 도둑맞지는 않았으나 해이하였기 때문으로 태 20이다.〔雖未失盜 亦爲怠弛 笞二十〕《집해 789쪽》

4 도죄(盜罪)에서 2등급을 줄인다 : 수색하여 검사하는 일에 소홀함이 있기 때문에 도둑맞은 물건의 값을 모두 계산하여 상인도(③ 288 常人盜倉庫錢糧)에서 2등급을 줄여 논죄한다.〔以其事有疎虞 竝計所盜物 減常人盜二等論罪〕《집설 권3 93장》

5 당직인 사람 : 도둑맞은 그 시각에 당직을 선 사람이다.〔直更之人 是被盜時所直本更之人也〕《집해 789쪽》

6 3등급을 줄인다 : 깊은 밤에 일어난 일이므로 낮에 비해 잘못이 가볍다고 보아 도둑맞은 물건의 값을 계산하여 상인도에서 3등급을 줄여 논죄한다.〔以事在暮夜 比日間爲輕 計所盜物 減常人盜三等論罪〕《집설 권3 93장》

7 밤에……줄인다. : 3경(更)에 도둑맞았으면 3경에 당직을 선 사람은 도죄(盜罪)에서 3등급을 줄이는데, 나머지 3경에 당직이 아니었던 사람은 도죄에서 5등급을 줄인다.〔如三更被盜 直三更之人 減三等 其餘非三更者 減五等〕《부례(상) 428쪽》 창고에서 숙직하는 관원·찬전·두급·창고지기 등은 비록 소홀히 한 책임은 있으나 바로 그 시각에 당직을 선 사람이 아니므로 도죄에서 5등급을 줄인다.〔雖有疎虞之責 但非正直本更之人 故減盜罪五等〕《집해 790쪽》

하지 않는다.[9]

직해 잡인이 창고 안으로 드나드는데 창고지기들이 수색하여 검사하지 않으면 태 20이다. 수색과 검사를 게을리함으로 말미암아 돈이나 물건을 훔쳐 창고에서 몰래 빼내는 것을 알아차리지 못하면 도죄에서 2등급을 줄인다. ○ 야간에 해당 시간에 당번을 선 사령이 조심하지 않아 도적을 맞으면 3등급을 줄인다. 창고에서 당직을 한 관원 및 말잡이·창고지기 등이 조심하지 않아 도적맞으면 5등급을 줄인다. 모두 장 100을 한도로 한다. 도적맞은 실정을 알고서도 고의로 추고하지 않으면 도적과 같은 죄이다. 강도에게 빼앗겼으면 논하지 않는다.

해설

창고는 돈과 곡식이 모이는 곳이므로 창고에서 나오는 물건은 반드시 뒤져가며 검사해야 함을 말한 조문이다. 138조 전량호상각찰(錢糧互相覺察)에서 감림과 주수가 도둑질하는 것을 서로 각찰하도록 한 데 이어 여기서는 주수가 각찰하지 못하여 도둑맞은 죄를 논하였다.

8 고의로……죄이다 : 묵인한 것도 도둑이므로 도둑과 죄가 같고(③ 288 常人盜倉庫錢糧) 사죄에 이르면 1등급을 줄인다.〔是亦盜也 故與盜同罪 至死減一等〕《집해 790쪽》

9 강도를……않는다 : 일이 예측하지 못한 상태에서 일어났고 힘이 감당할 수 없었기 때문에 파수인, 강도를 당한 시각에 당직을 선 사람, 창고에서 숙직한 사람 모두 논죄하지 않는 것이다.〔事出不測而力不能支 以上守把之人 更宿之人 俱勿論〕《집설 권3 92장》

140
전량을 보관·지급함과 함부로 관의 봉인을 개봉함
守支錢糧及擅開官封

140-1 창고의 관원·찬전(攢典)[1]·두급(斗級)·창고지기가 직과 역[2]을 지는 기간이 차서[3] 득대(得代)[4]할 때에는 거두어들인 전량(錢糧)과 관물(官物)에 대해 모두 보관·지급을 완전히 마무리하게 하여 부족함이 없으면 급유(給由)하게 한다.[5] 전례대로 교할(交割)할 물건[6]이 있으면 제조 관리와 감림이 현재의 수량을 자세히 점검하게 하고,[7] 창고를 손으로 가리키기

1 관원·찬전(攢典): 원문 관찬(官攢)은 창고 관원〔倉官〕과 찬전이다.〔官攢 倉官攢典也〕《집해 792쪽》

2 직과 역: 창고 관원·찬전은 직(職)으로 말한 것이며, 두급·창고지기는 역(役)으로 말한 것이다. 모두 창고를 주수(主守)하는 책임이 있다.〔官攢以職言 斗庫以役言 皆有主守倉庫之責〕《집설 권3 93~94장》

3 직과……차서: 관원에 대해서는 임만(任滿)이라고 해야 하고 찬전에 대해서는 역만(役滿)이라고 해야 한다. 두급·창고지기는 퇴역(退役)할 때는 있으나 역만의 기한은 없다. 여기서 관원·찬전·두급·창고지기에 대해 역만이라고만 말한 것은 생략 표현이다.〔官應曰任滿 攢應曰役滿 斗級庫子 則有退役之時 無役滿之限 此官攢斗庫 止言役滿者 省文也〕《집주(상) 323쪽》

4 득대(得代): ① 12 以理去官

5 급유(給由)하게 한다: 창고 관원·찬전은 급유하게 하고, 두급·창고지기는 집으로 돌아가도록 한다.〔官攢方許給由 斗庫方許寧家〕《집설 권3 93장》 창고 관원·찬전에 대해서는 급유라 하고 두급·창고지기에 대해서는 영가(寧家)라고 해야 하는데, 급유라고만 한 것 역시 생략 표현이다.〔給由 係官攢之事 斗庫應曰寧家 止言給由者 亦省文也〕《집주(상) 323쪽》

6 전례대로 교할(交割)할 물건: 부여 전량(附餘錢糧)이나 금령을 범하여 압수한 물건으로서 매각하면 안 되는 장물, 창고에서 잠시 맡아 두는 물건 따위이다. 이러한 것은 전하여 보관하고 지켜야 하는 물건이며, 수납하거나 지급해야 하는 물건은 아니다.〔相沿交割之物 如盤出附餘錢糧 犯禁不應變賣贓物之類 相傳守掌 不係經收應支之物也〕《집해 793쪽》〔附餘錢糧ノ未正收ニ立ザル者或暫ク寄テ倉庫ニ入ヲキタル者或官ニ入タル贓物ノ類ハ支シハラフコトナラザルヲ以テ交割スベキハヅノ物也〕《언해 권11 10장》 교할에 대해서는 132조 부여전량사하보수(附餘錢糧私下補數) 참조.

만 한 채[8] 교할해서는 안 된다.[9] 어기면[10] 각각[11] 장 100이다.

140-2 봉하고 도장을 찍어 표기한 관물을 주전(主典)[12]이 원래 봉인한 관사[13]에 청하지 않고 함부로 개봉하면 장 60이다.

직해 여러 창고의 관원 및 사령·말잡이·창고지기 등이 번을 서는 기간이 차서 서로 교체할 때, 자기가 받거나 지급한 전량이 모두 수치에 맞게 지급을 끝내고 남거나 부족한 바가 없어야 해유(解由) 문서를 만들어 준다. 그때 반드시 맡은 일을 전하면서 인수인계하는 물건은 제조 관원과 영사(令史)들이 현재 수량을 자세히 점검하여 그 양을 주고받는다. 법례를 어기면 각각 장 100이다.

(○) 도장을 찍어 관에서 봉한 물건을 처음에 봉인한 관사에 알리지 않고 멋대로 열거나 닫으면 장 60이다.

7 자세히 점검하게 하고 : 상급 관사의 위촉을 받아 자세히 조사하여 점검하는 것이다.〔盤點謂上司所委 査盤檢點之官〕《집설 권3 85장》

8 창고를……채 : 실제로 점검하지 않고 어느 창고에 몇 석이 있다고 손으로 가리키기만 하는 따위를 말한다.〔指厫指庫者 謂不行盤點 指稱某厫若干石之類〕《강해 201쪽》

9 창고를……된다 : 침기(侵欺)·도용(盜用)·차대(借貸)·나이(那移)·저환(抵換) 등의 폐단이 있을까 염려하는 것이다.〔恐有侵欺盜用借貸那移抵換之弊〕《집해 794쪽》

10 어기면 : 위의 두 구절 모두에 해당된다.〔違者 通指上二節言〕《집해 793쪽》 보관·지급을 완전히 마무리하지 않았는데 급유하거나, 자세히 점검하지 않고 교할하는 것을 말한다.〔不守支而給由 不盤點而交割者〕《집주(상) 323쪽》

11 각각 : 제조 관리, 인수인계한 전임·후임 관원, 찬전 등을 가리킨다.〔各字 指提調官吏經收交代官攢人等〕《집주(상) 323~324쪽》

12 주전(主典) : 문안 작성을 주관한 사람이다.〔主典 謂主行文案之人〕 ① 29 公事失錯

13 원래 봉인한 관사 : 원래 봉인한 아문을 가리키는 것으로, 봉인하고 표기한 원래의 관원에 국한하는 것은 아니다.〔原封官司指原印封之衙門 不拘於封記之原官也〕《집해 793쪽》 관물을 봉인하고 표기하면 침기·도용·저환 등의 폐단을 막을 수 있다.〔若官物原用印封記者 亦防侵盜抵換等弊也〕《집해 794쪽》

해설

창고 관리·찬전·말잡이나 고지기 등이 임기 만료 시 일정한 인수인계 절차를 거쳐 창고의 재고 물량을 확실히 점검한 뒤에야 비로소 해당 직역(職役)을 떠날 수 있도록 한 규정이다. 봉인한 관물을 문기(文記)를 관장하는 담당 이전(吏典)이 함부로 개봉하는 것을 처벌함으로써 속여서 횡령하는 침기(侵欺), 불법으로 사용하는 도용(盜用), 멋대로 빌리고 빌려주는 차대(借貸), 유용하는 나이(那移), 바꿔치기하는 저환(抵換) 등의 폐단을 방지하고자 하였다.

141
관물을 출납하는 데 어김이 있음
出納官物有違

141-1 창고에서 관물(官物)을 출납할 때, 묵은 물건을 내주어야 하는데 새 물건을 내주거나,[1] 상품(上品)의 물건을 받아들여야 하는데 하품(下品)의 물건을 받는[2] 따위 및 유사가 화고(和雇)·화매(和買)[3]할 때 즉시 값을 치르지 않거나, 또는 값을 치르면서 많거나 적게 주어 실제와 같지 않으면,[4] 모자라거나 남는 값을 계산하여 좌장(坐贓)으로 논한다.[5]

1 창고에서……내주거나 : 예컨대 주수(主守)가 내줄 때 묵은 것을 내주어야 하는데 일부러 새것을 내주면 값에 남음이 있어 더 많이 내준 것이 된다.〔如主守者 於其出也 本當出陳物 而故出新物 則價有多餘〕《집설 권3 95장》

2 상품(上品)의……받는 : 예컨대 직물을 견실한 것으로 받지 않고 올이 성기고 얇은 것으로 받는 따위이다.〔如段疋不收堅實而收紕薄之類〕《집해 796쪽》 주수가 상품의 물건을 받아야 하는데 고의로 하품의 물건을 받으면 값에 모자람이 있어 부족하게 들인 것이 된다.〔應受上物而故受下物 則價有虧欠〕《집설 권3 95장》

3 화고(和雇)·화매(和買) : 고(雇)는 인부·말·배·수레에 대한 것이고, 매(買)는 각종 물화에 대한 것이다.〔雇如夫馬舟車 買如各色貨物〕《집설 권3 96장》 화고·화매는 양측의 합의하에 고용하거나 사는 것을 말한다.〔和雇和買 謂和同用價雇買也〕《집해 796쪽》 여기서 말하는 화고·화매는 관이 공용의 필요 때문에 백성들과 합의하에 교역하여 시세의 공정한 가격에 따라 관은(官銀)을 지출하여 즉시 지급하는 것으로, 사사로운 폐단이 끼어 값의 증감이 있게 해서는 안 된다.〔謂之和雇和買者 以其出於當官公用 而與民和平交易 照其時値公價 而動支官銀以現給之 竝不得以私弊有所增減於其間也〕《집설 권3 96장》

4 실제와 같지 않으면 : 더 주거나 덜 주어서 가격의 실제와 같지 않음을 말한 것으로, 돈이나 물건을 수령하였음을 증명하는 문서인 영장(領狀)의 수치와 같지 않음을 말한 것이 아니다.〔不實謂或增或減 不如所值之實 非謂不如領狀之數也〕《집해 796쪽》

5 모자라거나……논한다 : 전량(錢糧)을 제 것으로 만들지 않았고, 사람을 고용하거나 물품을 구입하는 데서 남는 이익을 사용(私用)에 충당하지 않았기에 죄를 가볍게 한 것이다.〔以錢糧不係入己 雇買非充私用 輕之也〕《집해 797쪽》 모자라거나 남는 액수가 500관이 넘더라도 죄는 장 100 도 3년에 그친다.〔五百貫罪止杖一百徒三年〕《집설 권3 95장》 ④ 368 坐贓致罪

141-2 지급해야 할 녹봉을 지급 시기가 되지 않았는데 미리 지급하면 죄가 또한 같다.[6]

141-3 감림하는 관리가 알고서도 적발하지 않으면 더불어 같은 죄이고,[7] 몰랐으면 처벌하지 않는다.

직해 창고원(倉庫員)이 관물을 들이거나 낼 때 묵은 물건을 내주는 것이 합당한데도 새 물건을 내주거나, 상품의 물건을 받는 것이 합당한데도 하품의 물건을 받거나, 일을 맡은 관원이 공용의 필요에 따라 고용인을 고용하거나 물건을 구매할 때 즉시 값을 지급하지 않거나, 값을 지급하더라도 더하거나 빼면, 더하거나 뺀 액수를 헤아려 좌장죄로 논한다.

(○) 법례에 따라 지급할 녹봉을 차례가 아직 오지 않았는데도 미리 지급하면 죄가 같다.

(○) 감림하는 관원이나 아전이 알면서도 고하지 않으면 죄가 같다. 몰랐으면 처벌하지 않는다.

해설

출납할 때 주수(主守)가 법을 어기고 제멋대로 하여 전량(錢糧)이 모자라거나 남는 폐단을 방지하기 위한 규정이다. 창고에서 관물을 출납하는 경우, 묵은 물건 대신 새 물건을 내주어서는 안 되는 것은 값이 남기 때문이고, 상품의 물건을 받아야 하는데 하품의 물건을 받으면 안 되는 것은 값이

6 죄가 또한 같다 : 녹봉을 미리 지급한 수를 계산하여 남은 액수로 삼아 좌장으로 논하므로 죄가 또한 같다고 한 것이다.〔竝計所預給之數爲多餘之價 坐贓論 故曰罪亦如之〕《집설 권3 95장》

7 더불어 같은 죄이고 : 3항은 위의 1·2항을 모두 받은 것이다.〔第三節總承上二節〕《집해 796쪽》 주수가 관물을 출납하는 데 법을 어겼거나, 녹봉을 기한에 앞서 미리 지급하거나, 유사가 백성에게 화고·화매하면서 가격을 실제대로 하지 않는 것을 감림관이 알고도 고의로 묵인하고 적발하여 조사하지 않으면 각각 범인과 더불어 같은 죄이다.〔其監臨官 知主守官物出納有違 俸祿先期預給 有司雇買於民而價不以實 故縱而不行擧究者 各與犯人同罪〕《집해 797~798쪽》

부족해지기 때문이다. 유사(有司)가 화고·화매할 때 바로 값을 치르지 않거나 더하거나 줄여서 실제대로 지급하지 않는 것을 금하였고, 녹봉을 기한 전에 미리 지급하지 못하게 하였다. 감림 관리가 주수들의 부정을 알고도 단속하지 못하면 죄인과 같이 처벌하였다.

142
물건을 받거나 지급함에 트집을 잡아 지체시킴
收支留難

142-1 관물(官物)을 받거나 내줄 때 그 해당 관리가 정당한 이유 없이[1] 트집을 잡아 지체시키고[2] 즉시 받거나 지급하지 않으면, 1일에 태 50이고 3일마다 1등급을 더하되[3] 죄는 장 60 도 1년에 그친다.

142-2 문을 지키는 자가 트집을 잡아도 죄가 또한 같다.

1 정당한 이유 없이 : 무고(無故)라고 한 것이 중요하다. 정당한 이유가 있으면, 즉 규격에 맞지 않아 거두지 않은 경우, 기일에 맞지 않아 지급하지 않은 경우, 별도의 공무가 번잡하여 받거나 내줄 겨를이 없었던 경우는 이 규정을 적용하지 않는다.〔無故二字 須重看 曰無故則不中度而不收 不依期而不給 或別項公務冗併而不暇收給者 不在此限矣〕《집해 799~800쪽》

2 트집을 잡아 지체시키고 : 원문의 유난(留難)은 '지체시키다'는 기본 의미를 갖고 있고《당률 84조 關津留難》 조등(刁蹬)과 결합하면 '난처하게 만들다' 혹은 '트집 잡다'의 뜻을 강조하거나(② 142 收支留難) 지체시키다의 의미로 쓰이기도 한다. 조당(阻當)과 함께 쓰이면 '막다' 혹은 '방해하다'의 뜻을 강조하거나(② 189 朝見留難) 아예 본뜻을 대체하기도 한다.(③ 243 觀津留難) 유난의 용례는 "관(關)이나 진(津)에서 건너는 사람을 이유 없이 지체시키면〔諸關津度人 無故留難者〕"《당률 84조 關津留難》, "까닭 없이 지체시키거나 트집을 잡아서〔無故留難刁蹬〕"(② 142 收支留難), "핑계를 대고 지체시키고 막아서〔託故留難阻當〕"(② 189 朝見留難), "관이나 진을 왕래하는 선박을 지키는 사람이 바로 검문하여 보내지 않고 이유 없이 막으면〔凡關津往來舡隻 守把之人 不卽盤驗放行 無故阻當者〕"(③ 243 觀津留難) 따위이다. 한편 조(刁)는 조(鵰)이다. 독수리가 토끼를 잡고자 할 때 빙빙 날아다니며 살펴보고 좌우로 쫓아가서 잡을 수 있지만 잡지 않고 오래 있다 잡는데, 이처럼 위엄을 부려 다른 사람을 침범하는 것을 '조등', '졸오다'라고 한다. 등(蹬)은 트집을 잡으며 억누른다는 뜻이다.〔刁卽鵰字 鵰欲捕兎之時 飛旋顧視 左右追逐 可捕不捕 良久乃捕 俗取其義 謂人之作威侵人者 曰刁蹬 言졸오다 蹬 留難抑勒之義〕《이문 3-52》 '조등'을 '고의로 어렵게 만드는 것'이라 이해하기도 한다.《한한대사전》

3 1일에……더하되 : 수납·지급의 처리를 기다리는 것이 어렵고 관의 일을 지체하였기 때문에 날짜를 계산하여 논죄하는 것이다.〔守候艱難 官事阻滯 故計日論罪〕《집해 800쪽》 비록 담당 관리가 재물을 얻지 않더라도 가로막아 지체하는 농간을 부리면 그대로 둘 수 없으므로 날짜를 계산하여 논죄하는 것이다.〔雖未得財 而阻滯爲姦 殊不可縱 故計日論罪〕《집설 권3 95장》

142-3 물건을 받으러 오거나 납부하러 온 사람이 도착에 선후가 있는데, 주관하는 관사의 담당관이 순서대로 받거나 지급하지 않으면 태 40이다.[4]

직해 관물을 받거나 내주는데 담당 관리가 이유 없이 붙잡아 두고 즉시 받아들이지 않거나 내주지 않으면, 1일은 태 50이고 3일마다 1등급을 더하되 장 60 도 1년을 한도로 한다.

○ 문 지키는 사람이 시간을 끌며 지체시키면 죄가 같다.

(○) 또 물건을 받는 사람과 납부하는 사람들이 도착에 선후가 있는데도, 일을 주장하는 관원이 도착한 순서대로 받지 않거나 내주지 않으면 태 40이다.

해설

앞의 조문들에서 언급한 창고 출납과 관련된 폐단 이외의 경우를 규정하여 폐해를 방지하려 한 조문이다. 관물을 받아들이거나 내줄 때 담당 관리가 고의로 트집을 잡거나 농간을 부려 즉시 받아들이거나 내주지 않으면 비록 전량(錢糧)의 수치에는 변동이 없을지라도 간사함의 조짐이 싹틀 수 있기에 처벌하도록 하였다.

4 순서대로……40이다 : 고의로 트집을 잡거나 억지를 부리는 짓을 하지는 않았더라도 순서를 어지럽혀서 폐단이 없다고 할 수 없으므로 태 40이다.〔雖不至如留難刁蹬所爲 而妄分先後 其間未必無弊 故笞四十〕《집설 권3 96장》

143
금이나 은을 보낼 때 순도를 채움
起解金銀足色

각종 세금[1]을 받거나, 물화[2]를 바꾸어 팔아[3] 금이나 은을 보낼 때[4] 반드시 순도(純度)를 채워야 한다.[5] 순도가 정해진 비율에 미치지 못하면,[6] 제조(提調) 관리와 장인(匠人)[7]은 각각 태 40이다.[8] 균등하게 배상하여 관에 들

1 각종 세금 : 매해 납부하는 상세(商稅)나 각 염장(鹽場)에서 납부하는 은이나 운남(雲南)에서 보내는 금 따위이다.〔諸色課程 如歲辦商稅各場課銀 雲南差發金之類〕《전석 권7 22장》

2 물화 : 관에 들인 장벌(贓罰) 등의 물화이다.〔入官贓罰等項物貨〕《집해 802쪽》

3 바꾸어 팔아 : 관사에서 거두어들인 화물은 당시의 값으로 내다 팔아 그 값에 해당하는 은을 관고(官庫)에 보내어 납입한다. 화물을 바꾸어 팔아 은으로 만들기 때문에 변매(變賣)라고 하였다.〔官司ニ收メタル貨物ハ當時ノ値ヲ以テ出シ賣リ其價銀ヲ官庫ニ送リ納ル也 貨物ヲ變易シ賣テ銀トナスヲ以テ變賣ト云也〕《언해 권11 23장》

4 금이나……때 : 각 성에서 호부로 보내는 것이다.〔由某省起程解送戶部之款項也〕《육부 43쪽》

5 순도를 채워야 한다 : 원문의 족색(足色)은 10분(分)의 순도를 채우는 것이다.〔足色 足十分之色〕《집해 802쪽》 10분 모두 진금(眞金)·진은(眞銀)이 족색이고, 7·8·9분의 진물(眞物)에 3·2·1분의 잡물(雜物)을 넣은 금·은이 성색(成色)이며, 진물이 3분 이하이면 불성색(不成色)으로 가은(假銀)이다. 관고에는 10분 족색의 금·은을 보내어 납입하며, 그 나머지는 율(律)에 금령이 있다.〔金銀足色ハ十分皆眞金眞銀ナルヲ足色ト云 七八九分ノ眞ナル物ニ三二分或一分雜物ヲ入タル金銀ヲ成色ト云 眞ナル物僅ニ三分以下ナル者ヲ不成色ト云 卽假銀也 官庫ニ起解シ納ル金銀ハ十分足色ヲ收ム 其餘ハ律ニ於テ禁アリ〕《언해 권11 22~23장》

6 순도가……못하면 : 10분의 수치에 미치지 못하는 것이다.〔不及分數謂不及十分之數也〕《집해 802쪽》 순도가 10분의 수치를 채우지 못하면 결손의 폐단이 이로 말미암아 일어난다.〔如成色不足十分之數 則虧弊由此以起〕《집설 권3 96장》

7 장인(匠人) : 금·은을 제련하고 금·은의 순도를 헤아려 정하는 사람이다.〔人匠指煎銷估計之人〕《집해 802쪽》

8 각각 태 40이다 : 세금을 거두어들이거나 변매하는 관리나 장인이 주의를 기울여 변별·점검하지 않아서 순도가 부족하게 된 것이므로 태죄로 처벌하는 데 그치는 것이다. 만약 한통속이 되어 결손을 초래하거나 침기(侵欺)하면 장(贓)을 계산하여 침기의 본율(② 147 守掌在官財物)로 논하여 감수자도(③ 287 監守自盜倉庫錢糧)로 처벌한다.〔其成色不足 俱係收受

이도록 조치한다.[9]

직해 각종 공물(貢物)을 받거나 잡물(雜物)을 팔아서 금·은을 보내어 납부할 때에 반드시 본래의 품색(品色)을 충족해야 한다. 비율에 미치지 못하면, 임무를 맡은 관원과 장인 등은 각각 태 40이다. 이 사람들에게 별도로 모자란 만큼 추징하여 관에 들인다.

•••

은 유통의 확대

143조 기해금은족색(起解金銀足色)은 세금을 받을 때나 관의 물품을 팔고 그 대금을 받을 때 금·은, 특히 은을 받는 관습이 있었음을 전제로 한다. 명 초에 보초(寶鈔)를 이용한 화폐 정책이 실패하여 동전에 의존하게 되었지만, 동의 비축량 역시 부족하였기 때문에, 교환 수단은 점차 은에 의존하게 되었다. 정부가 은전을 주조하지는 않았지만 은괴나 은 조각의 형태로 은이 유통되었다. 은이 교환 수단으로서 점점 널리 쓰이게 됨에 따라 수요가 늘어났으므로, 영락(永樂) 연간(1403~1424)에 은광을 많이 개발하였다.

그러나 은의 수요가 급증하였기 때문에 국내에서 공급되는 은만으로는 수요를 감당할 수 없어 외국으로부터 은을 들여오게 되었다. 중국에서의 은 가격은 세계 시세보다 높고 금 가격은 세계 시세보다 낮아서, 은은 중국으로 유입되고 금은 중국 밖으로 유출되었다. 16세기 중엽에 이르면 일본 및 신대륙으로부터 엄청난 양의 은이 유입되게 되었고, 이러한 경향은 점

變賣者之官吏人匠 不行用心辨驗 以致煎銷不足 故止以笞罪坐之 如通同作弊以致虧侵 則計贓論以侵欺本律]《집설 권3 96장》 순도를 채우지 못한 금·은인 줄 알고도 한통속이 되어 받으면 좌장(④ 368 坐贓致罪)으로 논한다.〔若有侵欺 問監守盜 知情通同 故不收足色者 坐贓論]《전석 권7 22장》

9 균등하게……조치한다 : 결손 부분을 책임 있는 각자에게 균등하게 할당하여 변상시켜 관에 돌려주게 한다.〔仍令均陪補足所虧之數還官]《집해 803쪽》《언해 권11 73~74장》 원문의 착락(著落)은 어떤 일을 누군가에게 할당하여 그 일을 수행하게 하는 것이다.《언해 권11 73장》

점 더 심해져서 중국은 세계 은의 무덤으로 불리게 되었다.

유럽은 신대륙에서 가져온 은을 중국과의 무역 결제에 이용함으로써 심각한 무역 역조를 해결할 수 있었다. 민간에서는 은을 모아서 일정 정도 이상이 되면 밀랍 틀에 넣고 녹여서 은괴를 만들기도 하였다. 그런데 이 과정에서 무게를 늘리려고 이물질을 넣는 일도 있었다. 따라서 민간 거래에서 은을 교환 수단으로 이용할 때 은의 순도가 늘 문제가 되었기에, 명대 시장에는 은의 무게를 재고 순도를 측정하는 은호(銀戶)가 존재하였다.

민간 거래뿐 아니라 세금도 점차 은으로 납부하게 되었다. 토지세와 요역(徭役)으로 이원화되어 있던 조세 체계를 토지세 중심으로 일원화하고, 현물 대신 화폐, 특히 은으로 내게 하였는데, 이것이 이른바 일조편법(一條鞭法)이다. 일조편법은 명대 중기부터 몇몇 지방에서 시행되다가 만력(萬曆) 연간(1573~1615)부터 전국적으로 확대되었다. 은의 사용 확대는 상품 생산과 시장 경제를 더욱 활성화하였다. 이 경향은 양쯔강 하류 지역, 복건성(福建省), 북경(北京) 주변 지역에서 특히 현저하였는데, 그 결과 인구는 크게 증가하였고 1인당 보유 토지 및 경작 면적은 감소하였다.[10]

10 Valerie Hansen, *The Open Empire : A History of China to 1600*, W. W. Norton and Company, Inc., 2000(신성곤 옮김, 《열린 제국 : 중국 고대~1600》, 도서출판 까치, 2005, 472~478쪽), 안드레 군더 프랑크 지음, 이희재 옮김, 《리오리엔트》, 이산, 2003, 268~277쪽.

144
창고의 재물을 훼손함
損毁倉庫財物

창고의 재물이나 쌓아 놓은 재물[1]을 주수(主守)하는 사람[2]이 보관을 법대로 하지 않거나, 햇볕을 쪼이고 바람을 쏘이는 것을 제때에 하지 않아 손괴되면 손괴된 물건의 값을 계산하여 좌장(坐贓)으로 논하고, 균등하게 배상하여[3] 관에 들이도록 조치한다. 빗물이 세차게 들이치거나, 실화(失火)로 말미암아 불길이 옮겨붙거나,[4] 도적이 겁탈[5]하는 등의 일을 갑자기 당하여, 예측하지 못한 사태가 발생해서 손실이 생기면 위관(委官)이 보감(保勘)하고 상급 관원이 복심(覆審)한다.[6] 드러난 자취가 명백하면 죄를 면해 주고

1 쌓아 놓은 재물 : 창고 안에 보관하지 않고 각처에 쌓아 놓거나 모아 둔 재물이다. 《언해 권11 25장》

2 주수(主守)하는 사람 : 세무(稅務)를 맡은 찬전(攢典)·난두(攔頭)(② 138 錢糧互相覺察)·창고지기〔庫子〕·두급(斗級) 등이다. 간수(看守)하는 직책은 감림이 직접 하는 것이 아니기 때문에 감림에게는 책임을 묻지 않는다.〔主守指攢攔庫斗等人 不及監臨者 以看守之責 非其所親也〕《집해 804쪽》

3 손괴된……배상하여 : 이는 직무를 소홀히 한 것이므로 손괴된 물건의 값을 계산하여 좌장(④ 368 坐贓致罪)으로 논죄하고,〔是爲怠玩 故計所損壞之物價 坐贓論罪 均陪還官〕《집해 805쪽》 손괴되어 발생한 결손 부분을 책임 있는 각자에게 균등하게 할당하여 배상시킨다. 《언해 권11 73~74장》

4 실화(失火)로……옮겨붙거나 : 다른 곳에서 실화하여 불길이 번져 미친 것을 이른다. 만약 창고에서 실화하였으면 본율(本律)(④ 406 失火)에 의하여 장 80 도 2년이다.〔失火延燒謂他處失火延及之 若倉庫失火 自依本律, 杖八十徒二年〕《집설 권3 99장》

5 겁탈 : 여기서 겁탈은 강도당한 것만을 말한다.〔劫奪是止言强盜〕《집주(상) 329쪽》 절도를 당하였으나 겁탈당하지는 않았으면 139조 창고불각피도(倉庫不覺被盜)로 과단한다.〔遇竊盜 非劫奪者 仍依不覺被盜 科斷〕《집설 권3 99장》

6 예측하지……복심(覆審)한다 : 주수가 미리 헤아리거나 힘으로 통제하여 막을 수 있는 일이 아니다. 주수의 잘못이 아니므로 징벌하지 않는다.〔意不及料 力不能制 皆非主守之過也〕《집주(상) 328쪽》〔非其所能防也 故勿治〕《석의 권7 13장》 이런 일이 발생하면 우선 관원에게 피해 조사 업무를 위임한다. 임무를 맡은 관원이 관련자에게 진술을 듣고 그 진실성

배상시키지 않는다. 감림·주수가 횡령하거나, 빌리거나 빌려주거나,[7] 다른 항목으로 전용한[8] 수량을 수재·화재·도적 등에 편승하여 문안을 날조하거나, 영수증이나 장부를 고치거나 바꾸어[9] 보고해서 관을 기만하면 모두 장(贓)을 계산하여 감수자도(監守自盜)로 논한다.[10] 동료[11]가 그 실정을 알면서도 적발하지 않으면 더불어 같은 죄이고, 몰랐으면 처벌하지 않는다.[12]

직해 창고나 여러 곳에 쌓아 둔 물건들을 간수하는 사람들이 보관을 법대로 하지 못하거나 햇볕 쬐이고 바람 쏘이기를 제때에 하지 못하여 손괴시키면, 손괴시킨 물건의 수량을 헤아려 좌장죄의 예로 논하며, 이 사람들에게 원물(原物) 그대로 추징하여 관에 들인다. 뜻밖에 비를 맞거나 실화로 타거나 도적에게 빼앗겨 손실을 입으면, 위임받아 파견된 관원이 실정을 조사하여 드러난 형적이 명백하면 죄를 면해 주고 추징하지 않는다. 감림원이 자기가 농간을 부려 빌려주거나 여기저기 유용한 물건을 수재·화재·도적을 맞은 것으로 꾸며 대거나 문서를 위조하거나 장부를 고쳐 거짓으로 보고하면, 장물의 수량을 헤아려 감수자도의 예로 논한다. 동료가 알고도 고하지 않으면 죄가 같다. 몰랐으면 처벌하지 않는다.

을 보증하는 서약서를 받는 절차가 보결(保結)이고, 관원이 이를 다시 검증하고 자신이 또 서약서를 쓰는 절차가 감결(勘結)이며, 이렇게 파악한 피해 조사 결과를 상급 관원이 다시 점검하는 절차가 복심이다.

7 횡령하거나, 빌리거나 빌려주거나 : ② 136 庫秤雇役侵欺

8 다른 항목으로 전용한 : ② 135 那移出納

9 영수증이나……바꾸어 : 재해로 발생한 전량(錢糧)의 피해 정도를 절산(折算)해 영수증이나 장부를 고치거나 바꾸는 것이다.〔扣換交單籍冊謂折算錢糧分數 改換單冊〕《집해 805쪽》

10 감림……논한다 : 이미 침기(侵欺)·차대(借貸)·나이(那移) 등의 폐단을 일으켰으면서 다시 재해에 편승하여 죄에서 벗어나려고 시도하였기에 감수자도(③ 287 監守自盜倉庫錢糧)로 보아 논한다.〔旣已作弊 復圖脫罪 故以監守自盜論〕《집해 806쪽》

11 동료 : 각 아문의 같은 부서에서 공무를 처리하는 관원이다.〔凡各衙門同堂公座官 皆曰同僚〕《집설 권2 50장》 ① 28 同僚犯公罪

12 동료가……않는다 : 동료에 대해서만 말하고 주수를 언급하지 않은 것은 문안·영수증·장부 등은 관리가 관장하는 것이지 두급·창고지기 등이 관여할 수 있는 것이 아니기 때문이다.〔止言同僚不及主守者 以文案單冊乃官吏所掌 非斗庫等所得與也〕《집주(상) 329쪽》

145
관물을 차례로 인계하여 보냄
轉解官物

145-1 각처에서 징수한 돈이나 비단,[1] 사들인 군수(軍需),[2] 제작한 군기(軍器)[3] 등의 물품은 소재 주·현에서 인수하고, 직역(職役)이 있는 인원을 차정하여[4] 연이어 전달하여 종류별로 해당 부(府)에 보낸다. 해당 부에서 즉시 인수하여 사람을 차정해서 차례로 전달하여 보내지 않고 강제로 인호(人戶)로 하여금 포정사(布政司)에 직접 운송하게 하면[5] 해당 제조(提調) 정관(正官)·수령관(首領官)·이전(吏典)은 각각[6] 장 80이다.[7]

145-2 포정사가 즉시 인수하지 않고, 강제로 각 부(府)로 하여금 호부(戶部)에 직접 보내게 하면[8] 수령관과 이전도 죄가 또한 같다.[9]

1 돈이나 비단 : 원문의 전백(錢帛)은 동전·보초·금·은·비단·피륙과 같은 따위이다.〔錢帛如錢鈔金銀絹段布疋之類〕《집해 809쪽》

2 군수(軍需) : 솜을 두어 만든 윗옷·바지·신발과 같은 따위이다.〔軍需如胖襖袴鞋之類〕《집해 809쪽》

3 군기(軍器) : 활·화살·활시위와 같은 따위이다.〔軍器如弓箭弦條之類〕《집해 809쪽》

4 직역(職役)이 [illegible] 차정하여 : 간교한 폐해를 쉽게 발각할 수 있을 뿐 아니라 수고로움과 비용을 고르게 부담하므로 먼 거리를 운송하는 사람을 별도로 정하는 것에 비할 바가 아니다.〔非惟姦弊易覺 抑亦勞費適均 非若別項僉定長解者比也〕《집설 권3 99장》

5 강제로……하면 : 이는 그 수고로움을 주·현에 떠맡겨 거듭 괴롭게 하는 것이다.〔是委其勞於州縣而重累之也〕《집설 권3 99장》

6 각각 : 다른 율문에서는 공죄로 정관·수령관·이전을 함께 처벌할 때, 모두 이전을 수범(首犯)으로 하고 나머지는 1등급씩 체감(遞減)하여 처벌한다. 여기서는 정관·수령관·이전을 함께 처벌하지만 차례로 줄이는 법을 적용하지 않으므로 각각 장 80이라 한 것이다.〔別律公罪正官首領吏典同坐者 皆以吏典爲首 遞減科之 此則正官首領吏典同坐 不用遞減之法 故曰各杖八十也〕《집주(상) 331쪽》

7 장 80이다 : 위를 믿고 아래를 능멸하여 관물을 곧장 운반하도록 하면 인호들의 수고로움과 편함이 고르지 않을 뿐 아니라 일에도 기강이 없게 되므로 장 80으로 처벌하는 것이다.〔若恃上淩下 着令徑輸 不惟勞逸不均 抑且事無統紀 罪坐杖八十〕《소의(상) 518쪽》

145-3 관물을 운송하는데, 운송 책임을 맡은 관원과 물건을 보내는 사람이 보관을 법대로 하지 않아 손실을 초래하면 손실된 물건을 계산하여 좌장(坐贓)으로 논하고, 균등하게 배상하여 관에 들이도록 조치한다.[10]

145-4 배의 운항 중에 풍랑을 만나거나, 또는 실화로 불길이 옮겨붙어 타거나, 혹은 도적이 겁탈하는 등의 일을 갑자기 당해, 예측하지 못한 사태가 발생하여 손실이 생기면, 소재 관사에 신고하여 위관(委官)이 보감(保勘)하고 상급 관원이 복심(覆審)한다. 드러난 자취가 명백하면 죄를 면해 주고 배상시키지 않는다.[11] 횡령한 것이 있으면[12] 장(贓)을 계산하여 감수자도(監守自盜)로 논한다.

145-5 관물을 운송하는데, 본래 받은 물품을 운송하지 않고 멋대로 재화를 가지고 납부해야 할 곳에서 사들여 관에 납부하면, 또한 장을 계산하여 감수자도로 논한다.[13]

8 포정사가……하면 : 이는 그 수고로움을 부(府)에 떠맡겨 거듭 괴롭게 하는 것이다.〔是委其勞於府而重累之也〕《집설 권3 99장》

9 각처에서……같다 : 1·2항의 내용은 잠시 차견(差遣)한 인호에 대해 말한 것이다. 본래 먼 거리를 운송하는 인호를 별도로 정하는 경우에는 이 규정을 적용하지 않는다.〔此皆以暫時差遣者言 若原行僉定長解人戶 不用此律〕《집해 811쪽》《전석 권7 23장》

10 보관을……조치한다 : 조심하지 않은 것에 책임을 물은 것이다. 중도에 입은 손실은 반드시 좌장(④ 368 坐贓致罪)으로 논하고 손실액만큼 배상하도록 한다.〔責其不謹 故中途損失則必坐贓以均賠〕《소의(상) 518쪽》

11 드러난……않는다 : 예측할 수 없는 풍랑·화재·도적 등은 반드시 사실을 조사하여 추징을 면제해 준다.〔矜其不測 故風火賊盜 亦必驗實而免追〕《소의(상) 518쪽》 144조 손훼창고재물(損毁倉庫財物)과 같다.〔其法悉與前條損壞倉庫財物律相同〕《집주(상) 330쪽》

12 횡령한 것이 있으면 : 손실이나 사고가 있는지 여부를 묻지 않는다.〔不論有無損失事故〕《집주(상) 330쪽》

13 관물을……논한다 : 비록 관물은 줄어든 것이 없지만 실제로는 원래 물품에 변동이 있으므로 침기(侵欺)와 다름이 없다. 그러므로 재화를 가져와서 사들여 남긴 이익을 계산하여 장으로 삼아 감수자도(③ 287 監守自盜倉庫錢糧)로 논한다.〔雖於官物無虧 實於原物已動 迹其姦弊 與侵欺者何異 故亦計所齎買之餘利爲贓 以監守自盜論〕《집설 권3 100장》 관물을 운송하는데 본래 받은 물품을 가져오지 않으면 거짓으로 사들이고 거짓으로 거두어들이는 일이 있을까 염려되어 감수자도로 논하여 미연에 금하는 것이다.〔起運 不齎本色 恐有虛買虛收

직해 각 도와 각 촌에서 받아들인 쌀·면(麵)·베와 군수 물자나 군기 등의 물건을 소재 주·현의 관원이 자세히 받아들여 직역이 있는 사람을 시켜 상급 관서에 차례로 보냈는데, 상급 관서가 즉시 직접 받아들여 차사원(差使員)을 따로 정하여 운반하지 않고 각각 납입하는 인호를 시켜 안렴사(按廉使)에게 보내어 납부하면, 임무를 맡은 정관 및 낭청관(郎廳官)·아전 등은 각각 장 80이다.

○ 그때 안렴사가 즉시 받아들이지 않고 각 주·현의 관원을 시켜 호위하여 운반하는 경관(京官)에게 실어 보내면 수종관(隨從官)과 이전(吏典)은 위와 죄가 같다.

(○) 관물을 수송하는데 압령관(押領官)과 물건을 받아 수령하는 사람 등이 제대로 보존하지 않아 손실을 입으면, 손실된 물건의 수량을 계산하여 좌장죄로 논하고 이 사람들에게 그만큼 추징하여 관에 들인다.

(○) 만일 물건을 실은 배가 갑자기 풍랑을 만나거나 실화로 타거나 도적을 만나거나 하여 잃어버린 경우에 소재 관사에 보고하면, 파견된 관리가 실상을 조사해 드러난 자취가 명백하면 추징하지 않고 죄를 면해 준다. 이것을 핑계 삼아 농간을 부리면 장물의 수량을 계산하여 감수자도의 예로 논한다.

해설

지방에서 수납한 돈과 곡식 등의 관물을 중앙에 차례로 인계해 보내는 것

論以盜刑 禁於未然〕《소의(상) 518~519쪽》 논자에 따라 장(贓)에 대해, 본색(本色)을 사들여 납부한 수량을 계산하여 장으로 삼는다고 보기도 하는데 《집주》에서는 이를 비판하였다. 이미 관에 납부하였으므로 그 전부를 계산하여 장물로 삼을 수 없다는 것이고, 대청률 율주에서도 여리(餘利)라고 하였으므로 혹 계산하여 여리가 없으면 단지 410조 불응위(不應爲)로 과죄한다고 하였다.〔或謂卽計買納本色之數爲贓 非也 旣已納之于官 何得仍計爲贓 況已註定爲餘利矣 或計無餘利 則止科不應〕《집주(상) 331쪽》 이 5항은 직해에 번역되지 않았다.

에 대한 규정이다. 주・현, 해당 부(府), 포정사는 관물을 호부(戶部)로 차례로 인계해 보내는 일을 떠넘기거나 회피해서는 안 되며, 관물을 운송하는 일을 맡은 사람은 관물을 침손(侵損)해서는 안 된다. 관물의 침손이 수재・화재・도적 등 인력으로 어쩔 수 없는 불가항력으로 일어났을 경우 죄를 면해 주고 배상 책임을 묻지 않지만, 이를 기화로 횡령하거나 숨긴 것이 있으면 감수자도(監守自盜)로 논한다. 관물을 운송하는 사람은 반드시 본색(本色)으로 납부해야 한다. 관물을 수매하여 납부하면서 이익을 남기는 경우는 재화를 가지고 사들여 여분의 이익을 취하고자 한 것으로 횡령한 것과 같기에 장물을 계산하여 감수자도로 논한다.

146
장벌의 의단을 부당하게 함
擬斷贓罰不當

장벌(贓罰)[1]인 재물을 의단(擬斷)할 때, 관에 들여야 하는데 주인에게 주거나,[2] 주인에게 주어야 하는데 관에 들이면[3] 좌장(坐贓)으로 논하되, 죄는 장 100에 그친다.[4]

직해 이미 결단하여 추징한 재물 등이, 관에 들이는 것이 합당한데도 본래 주인에게 돌려주거나, 본래 주인에게 돌려주는 것이 합당한데도 관에 들이면 좌장으로 보아 수량을 계산하여 논죄하되 장 100을 한도로 한다.

1 장벌(贓罰) : 장죄(贓罪)를 범하면 장죄를 범한 범인에게 장물의 시장 가치에 상응하는 형벌을 일정한 환산법에 따라 부과하고, 더불어 그 대상인 장물은 원주인(元主人)에게 귀속시키는 것이 원칙이다. 원주인이 관일 때에는 몰수하여 관에 들이고, 원주인이 개인일 때에는 주인에게 돌려준다.(① 23 給沒贓物) 명대(明代)에는 이런 의미의 장벌 금·은을 저장하는 창고로서 장벌고(贓罰庫)를 설치하여 호부(戶部)가 관장하였다. 청대(淸代)에는 장벌고를 형부(刑部)가 관장하였고, 그 자금으로 수의(囚衣)와 수량(囚糧)을 마련하였다.

2 관에……주거나 : 가령 준 자와 받은 자 모두에게 죄가 있는 장물(① 23 給沒贓物)이나 금령을 범한 물건은 율문에서 관에 들이도록 하였는데, 주인에게 주도록 결단하면 이는 관에 손실이 생기는 것이다.〔如彼此俱罪之贓及犯禁之物 律應入官 而斷作給主 則未免有虧於官〕《집설 권3 103장》

3 주인에게 주어야……들이면 : 가령 받거나 주는 데 서로 합의하지 않고, 억지로 일을 꾸며 협박하여 취하거나 부당하게 요구한 장물은 율문에 주인에게 주도록 하였는데, 관에 들이도록 결단하면 이는 백성에게 손해를 끼치는 것이다.〔如取與不和 用强生事 逼取求索之贓 律應給主 而斷作入官者 則未免有損於民〕《집설 권3 103장》

4 좌장(坐贓)으로……그친다 : 장물이 80관 이상에 이르러도 죄는 장 100에 그친다. 공죄이므로 속전(贖錢)을 납부하게 하고 직을 돌려준다. 공무를 처리하다가 착오로 재물을 범하였고, 재물을 빼돌려 제 것으로 만들지 않았기에 처벌을 가볍게 하는 것이다.〔至八十貫之上 罪止杖一百 係公罪 納贖還職 以事由錯犯財 非入己 故輕之耳〕《집설 권3 103장》

해설

각 아문에서 장죄(贓罪)의 벌에 관한 의단을 부당하게 할 것을 우려하여 마련한 조문이다. 장죄의 벌에 관한 재물은 관에 몰수하거나 주인에게 돌려주어야 하므로 반드시 자세히 헤아려 의단해야 한다. 주인에게 줄 것을 잘못 의단하여 관에서 몰수하면 백성에게 손실을 끼치는 것이 되며, 관에 들여야 할 것을 주인에게 돌려주면 관에 손실이 되기 때문이다. 관에 들여야 할 장물이나 주인에게 돌려주어야 할 장물의 내용은 23조 급몰장몰(給沒贓物)에 자세하다.

147
관에 있는 재물을 지키고 관장함
守掌在官財物

관물(官物)로서 사람들에게 지급해 주어야 할 것[1]을 창고에서 내오고 아직 지급하지 않았거나, 사물(私物)로서 관용(官用)으로 바쳐야 할 것[2]을 이미 발송하여 관에 있으나 아직 창고에 들이지 않았어도,[3] 만약 어떤 사람이 재물을 지키고 관장하기만 하면[4] 관물이다. 횡령하거나, 빌리거나 빌려주면 모두 장(贓)을 계산하여 감수자도(監守自盜)로 논한다.[5]

직해 관의 물건을 사람들에게 주는 것이 합당하기에 창고에서 꺼내 놓고 사람들에게 주지 않거나, 개인 물건을 관용으로 쓰는 것이 합당하기에 관사로 들여보냈는데 창고에 넣지 않거나 하면서,[6] 지키고 관장하는 관원이나 아전이 농간을 부려 빌리거나 빌려주면, 장물의 수를 계산하여 감림자

1 관물(官物)로서……것 : 녹봉·공임·상으로 주는 은과 같은 따위이다.〔官物應給付者如俸祿工食給償銀兩之類〕《집주(상) 334쪽》

2 사물(私物)로서……것 : 관에 납부하기 위해 사들인 물품, 관에 들인 장물 따위와 같은 것이다.〔私物供官用者如採辦物料入官贓物之類〕《집주(상) 334쪽》

3 사물(私物)로서……않았어도 : 관물을 창고에서 꺼내어 아직 나누어 주지 않았거나, 사물을 관에 들이는데 아직 창고에 들이지 않았더라도, 지키고 관장하는 사람이 있기만 하면 이는 곧 관물이다.〔蓋官物已出 而未行給付 有人守掌 猶官物也 私物已輸 而未曾收入 有人守掌 卽官物也〕《집해 821쪽》

4 지키고 관장하기만 하면 : 이는 잠시 주수(主守)하는 것을 가리킨다.〔守掌在官四字 要重看 此指暫時之主守言〕《집해 821쪽》

5 감수자도(監守自盜)로 논한다 : ③ 287 監守自盜倉庫錢糧 수범과 종범을 가리지 않고 장물이 40관에 이르면 참하고, 그 물건은 각각 주인에게 주거나 관에 들인다. 수장인(守掌人)이 아닌 사람이 침기(侵欺)하거나 차대(借貸)하면 288조 상인도창고전량(常人盜倉庫錢糧)에 따라 논한다.〔不分首從 至四十貫 斬 其物各給主還官 其非守掌之人侵借者 仍依常人盜倉庫論〕《집설 권3 104장》

6 하면서 : 직해의 번역은 세 가지 경우가 나열된 것으로 해석할 가능성도 있다.

도의 예로 논죄한다.

해설

창고에 들여 보관하고 있지 않은 물건을 착복하거나 빌리거나 빌려주는 폐단을 막기 위한 규정이다. 타인에게 주어야 할 관물을 출고한 채 아직 주지 않은 것과, 관에 들여야 할 사물(私物)로서 아직 정식으로 납입하지 않은 채 임시로 관에서 맡아 보관 중인 재물은 비록 출고 후이거나 입고 전이라도 관물로 간주된다. 이를 지키고 관장하는 수장인(守掌人)은 임시 주수(主守)가 되므로, 착복하거나 빌리거나 빌려주면 장물로 계산하여 287조 감수자도창고전량(監守自盜倉庫錢糧)으로 논한다. 사람들이 관물을 요행히 얻지 못하도록 하기 위한 취지이다.

148
관에 들일 가산을 감추고 속임
隱瞞入官家産

148-1 사람과 재산을 몰수[1]할 때[2] 모반(謀反)·모반(謀叛) 및 간당(姦黨)[3]과 십악(十惡)과 관련되어 율에 따라 몰수하는 것[4] 외에 그 나머지 범죄로 율에 몰수 규정이 실려 있지 않으면 처·자나 재산은 몰수해서 관에 들이는 규정을 적용하지 않는다.[5] 어기면, 고의로 타인의 죄를 늘려 유죄(流罪)가 되도록 한 죄에 따라 논한다.[6] 관에 들일 가산(家産)을 몰수할 때, 사람을 감추고 속여서 사실대로 보고하지 않으면 감춘 사람의 수를 계산하여 정구(丁口)[7]를 숨기거나 누락시킨 것으로 논한다.[8] 전토(田土)를

1 몰수 : 원문의 초차(抄箚)는 적몰(籍沒)이라고도 하는데, 집안 전체의 재산을 장부에 초록(抄錄)하고 몰수하여 관에 들이는 것을 말한다.〔吏學指南云 抄箚籍沒也 全家ノ財産ヲ帳面ニ抄錄スルヲ云也〕《언해 권11 59장》 초차·초몰(抄沒)은 적몰(① 23 給沒贓物)과 동의어이다. 사람과 재산 모두를 몰수하는 범죄(③ 277 謀反大逆 ③ 278 謀叛 ① 60 姦黨)도 있고 재산만 몰수하는 범죄(③ 312 造畜蠱毒殺人)도 있다.

2 사람과……때 : 악을 징벌하는 극형이다. 죄인을 사형에 처하였다 하더라도 그 허물이 다 없어지지 않았기 때문에 다시 가족을 연루하여 처벌하고 재산을 조사하여 몰수하는 법이 있는 것이다.〔凡抄沒人口財産 乃懲惡極典 身雖正法 未盡厥辜 故復有緣坐抄沒之法〕《집주(상) 336쪽》

3 간당(姦黨) : ① 60 姦黨 간당은 십악(十惡)에 들어가지 않는다.

4 십악(十惡)과……것 : 예를 들면 십악 가운데 다섯 번째인 부도(不道)의 독충을 길러 독극물을 만드는 것이 해당된다. ③ 312 造畜蠱毒殺人

5 그……않는다 : 사람과 재산을 적몰하는 것은 오직 모반(謀反)·모반(謀叛)·간당(姦黨)에만 해당된다. 독충을 길러 독극물을 만들면 재산은 관에 들이지만, 처·자는 2000리로 유배 보내어 안치하며, 관에 들이는 예는 적용하지 않는다. 이 밖에는 본율로 다스릴 따름이고, 함부로 사람이나 재산을 적몰할 수 없다.〔籍沒人口財産 惟反叛姦黨三條有之 造畜蠱毒 財産入官 而妻子則流二千里安置 又不在入官之例 自此之外 止當以本律治罪 不得擅行籍沒〕《석의 권7 16장》

6 고의로……논한다 : 장 100 유 3000리이다.〔杖一百流三千里〕《집주(상) 336쪽》

감추고 속이면 그 토지를 계산하여 전량(田糧)을 속이거나 숨긴 것으로 논하고,[9] 재물・가옥・가축을 감추고 속이면 좌장(坐贓)으로 논한다.[10] 각각 죄는 장 100에 그치고,[11] 숨겨진 사람과 재산은 모두 관에 들인다. 속여 보고한 사람[12]을 처벌한다.[13]

148-2 이장(里長)이 뜻을 같이하여 감추고 속이거나 해당 관리가 실정을 알았으면 모두 속여 보고한 사람과 더불어 같은 죄이다. 숨긴 장(贓)을 계산하여 죄가 무거우면[14] 좌장으로 논하여 전과(全科)한다.[15]

7 정구(丁口) : 정(丁)은 16세 이상의 남자를, 구(口)는 모든 여자와 16세 이하의 남자를 이른다. 홍무제는 1370년(홍무3)에 천하의 호구(戶口)를 조사하기 위해 호적(戶籍)과 호첩(戶帖)을 두었으며, 이름・나이・거주지・지적(地籍) 등을 상세히 적어 호적은 호부에서 관리하고 호첩은 민에게 발급하였다.《明史 卷77 食貨志1》 호첩 제도는 1371년에 본격적으로 시행되었으며, 1381년 황책(黃冊) 제도가 실시되면서 폐지되었다. 호적과 호첩에 기재하는 인정(人丁) 사항으로 남자와 부녀를 구분하고 남자는 성정(成丁)과 불성정(不成丁)으로, 부녀는 대구(大口)와 소구(小口)로 분류하였다. 명대의 규정에 의하면 남자는 10세에서 60세까지를 성정으로, 나머지는 불성정으로 분류하였으며, 부녀는 결혼하면 대구로, 출가하지 않은 여자는 소구로 규정하였다. 1388년 홍무제가 형부와 도찰원(都察院)에 지시하여 모반 간당과 보초를 제조한 무리들의 가산을 적몰할 때, 인구를 빠짐없이 적몰하도록 지시한 바 있다. 그러므로 이 조의 정구는 성정과 불성정, 대구와 소구를 모두 포함하는, 몰수 대상 가산에 포함되는 모든 인원을 의미한다.《明太祖實錄 卷190 洪武21年 5月 29日》

8 정구(丁口)를……논한다 : ② 81 脫漏戶口 성정 1~3구(口)는 장 60이며 3구마다 1등급을 더한다.〔成丁一口至三口 杖六十 每三口加一等〕《집설 권3 105장》

9 전토(田土)를……논하고 : ② 96 欺隱田糧 1~5묘(畝)는 태 40이며 5묘마다 1등급을 더한다.〔一畝至五畝 笞四十 每五畝加一等〕《집설 권3 105장》

10 재물……논한다 : ④ 368 坐贓致罪 1관 이하는 태 20이며, 태 40부터 장 90까지 10관마다 1등급을 더한다.〔一貫以下 笞二十 每十貫加一等〕《집설 권3 105장》

11 각각……그치고 : 사람・전토・재물을 숨기고 속이는 이 세 가지가 모두 죄는 장 100에 그친다는 것으로, 인정은 1구 이상이고, 전토는 35묘 이상이며, 좌장은 80냥 이상이다.〔此三項幷罪止杖一百 則人丁 十五口以上 田土 三十五畝以上 坐贓 八十兩以上也〕《집주(상) 336쪽》

12 보고한 사람 : 본범(本犯)과 연루되어 처벌받지 않는 친속으로, 조정에서 그 가산을 보고하게 한 사람이다.〔供報之人 謂拘本犯不應罪之親屬 令其供報家產也〕《집주(상) 336쪽》

13 처벌한다 : 숨겨진 사람은 처벌하지 않는다.〔其罪坐於原供報之人 所隱人口不坐〕《소의(상) 522쪽》

14 죄가 무거우면 : 장 100보다 죄가 무거운 것이다.

148-3 재물을 받으면 장을 계산하여 왕법(枉法)으로 보되[16] 각각 무거운 쪽으로 논한다.[17] 제대로 각찰(覺察)하여 적발하지 못하면 3등급을 줄이되 죄는 태 50에 그친다.[18]

직해 관에 몰수하는 사람이나 재물은, 모반(謀反)・모반(謀叛) 및 간사한 무리들이 십악을 범한 경우 법례에 따라 문서를 갖추어 관에 몰수한다. 그 밖의 범죄는 율에 실려 있지 않으면 처자나 재산 등을 관에 몰수하지 않는다. 이를 어긴 자는 고입인유죄(故入人流罪)의 예로 논한다. 목록을 작성하여 이미 관에 들인 가산 내에서, 사람을 보고하지 않으면 사람의 수를 계산하여 정구를 숨기거나 누락한 예로 논한다. 토지를 누락하여 보고하면 전답의 수를 계산하여 전량을 숨기고 보고하지 않은 예로 논한다. 재물과 가사(家舍)와 우마 등을 숨겨 누락시키면 장죄로 논하고 장 100을 한도로 한다. 숨겨 누락시킨 사람이나 재물은 모두 관에 들이고, 처음에 수효를 누락하여 보고한 자를 처벌한다.

15 전과(全科)한다 : 좌장(坐贓) 본율(④ 368 坐贓致罪)은 죄가 장 100 도 3년에 그치고, 몰수하여 관에 들일 재물을 숨기고 속이면 죄가 장 100에 그친다. 만약 이장과 관리가 실정을 알고도 감추고 속였으면 장을 계산하여 죄가 장 100보다 무거우면, 위의 조문처럼 장 100에 그치지 않고 각각 좌장 본율의 도죄(徒罪)로 과단하므로 전과라 하였다.〔全科謂坐贓本律 罪止杖一百徒三年 隱瞞抄箚入官財物 罪止杖一百 若里長官吏知情隱瞞 計贓 重者非如上條罪止杖一百 各以坐贓本律徒罪科之 故云全科〕《강해 207쪽》 몰수되는 사람이 스스로 숨기는 것은 인정상 흔한 일이지만 이상이 속이고 숨겨 보고하는 사람과 뜻을 같이하거나, 관리가 실정을 알면서도 적발하지 않으면 이는 조정을 속이고 작당하여 나쁜 짓을 저지르는 것이므로 전과한다.〔蓋抄沒之人自隱 是人情之常 里長同情 官吏知情 是欺公黨惡矣 故全科之〕《집주(상) 336쪽》 100관이면 장 60 도 1년이며, 500관 이상에 이르면 죄는 장 100 도 3년에 그치므로 보고한 사람의 죄가 장 100에 그치는 것과는 같지 않다.〔一百貫 杖六十徒一年 至五百貫之上 罪止杖一百徒三年 不與犯人罪止杖一百者同〕《집설 권3 105장》

16 재물을……보되 : ④ 367 官吏受財

17 재물을……논한다 : 장죄(贓罪)가 장 100 및 좌장(坐贓) 전과(全科)보다 무거우면 왕법수장(枉法受贓)(④ 367 官吏受財)에 따라 처벌하고, 가벼우면 그대로 본율에 따라 처벌한다.〔贓罪重于杖一百及坐贓全科者 則從枉法 輕則仍從本律〕《집주(상) 336쪽》

18 죄는……그친다 : 동정(同情)・지정(知情)・수재(受財) 등의 일이 없이 단지 각찰을 제대로 하지 못하였으면 3등급을 줄이되 죄는 태 50에 그친다. 결탁하지 않은 것을 용서하는 것이다.〔恕其非通同也〕《소의(상) 524쪽》

(○) 이장이 뜻을 같이하여 숨겨서 누락시키거나, 담당 관리가 뜻을 같이 하면 같은 죄이다. 장물의 수를 계산하여 무거운 경우는 좌장으로 하여 전과로 논한다.

(○) 재물을 뇌물로 받으면 장물의 수를 계산하여 왕법으로 보되, 무거운 쪽으로 논한다. 감림관이 살펴보기를 게을리하여 적발하지 않으면 3등급을 줄이되 태 50을 한도로 한다.

해설

기산을 적몰할 경우 법에 따라 수량의 전부를 관에 들여야 하며 감추고 속여서는 안 됨을 말한 조문이다. 한집안의 사람과 재산을 몰수할 때는 반드시 율문에 의거해야 하며, 재산을 관에 들일 때 보고하는 사람이 사람을 숨기거나 누락하거나, 토지를 숨기고 보고하지 않거나, 재물 등을 감추고 속이면 각각 좌장으로 논한다. 이장이 보고하는 사람과 뜻을 같이하거나, 관리가 실정을 알고도 적발하지 않으면 좌장으로 논하고, 뇌물을 받으면 왕법수장(枉法受贓)으로 논한다. 동정(同情)·지정(知情)·수재(受財) 등의 일이 없이 단지 각거(覺擧)하지 못하였으면 한패가 되지 않았음을 용서하는 취지에서 감등하여 처벌한다.

대명률직해

제8권 호율戶律 과정課程

과정 課程

〈과정〉은 물품에 세금을 부과하는 것으로 〈호율〉에 포함되는데, 역대의 율에서 명칭이 따로 있지는 않았다. 당대(唐代)에도 〈호혼(戶婚)〉 속에 당률 174조 수과세물위기(輸課稅物違期) 등이 섞여 들어가 있을 뿐 〈과정〉을 따로 설정하지는 않았다.

명대(明代)에 이르러 미비한 점을 살펴서, 당시 소금의 이익을 탐내는 사람이 많기에 149~160조 염법(鹽法)을 만들었다. 소금 외에 차, 술, 초(醋), 명반 등에 대해서도 163조 사차(私茶), 164조 사반(私礬), 165조 익세(匿稅) 등의 규정을 두었다. 화물을 가지고 관진(關津)을 통과하는 것에 대한 조문으로 166조 박상익화(舶商匿貨)를 두었고, 이를 묶어 〈과정〉이라 명명하였다. 모두 19조이다.

〈과정〉 전체에 대한 직해가 없는 것은 율문의 내용이 조선의 과세 제도와 현격히 달라 굳이 번역할 필요가 없었기 때문으로 보인다.

149~160 염법(鹽法) 12조

해설

소금 업무에 관한 규정을 통틀어 염법(鹽法)이라 하였으며 모두 12조이다. 핵심은 사염(私鹽)을 금하고 관염(官鹽)을 유통시키는 데에 있다. 염법이 사염을 금지하고 혁파하는 것을 위주로 하고 있으므로 1조에서 사염인의 죄를 무겁게 다루었다. 2~3조에서는 사염 출현의 원천을 차단하여, 소금을 굽는 사람이 염장(鹽場)에서 소금을 자기 몸에 몰래 숨겨 나오는 협대(夾帶)와 사사로이 소금을 굽는 사전(私煎)의 폐단을 금하였다. 4조는 민간에서 사염을 사 먹는 것을 금한 조문이고, 담당 관리 및 사염인을 순포(巡捕)해야 할 군관이나 군인이 사염인과 한통속이 되어 사판(私販)하는 것을 금하는 규정을 5~7조에서 다루었다. 8~12조는 관염에 관한 것으로 8조에서는 관염 검사장인 비험소(批驗所)에서 여염(餘鹽)을 몰래 숨겨 나오는 협대를 금하였고, 9조에서는 협대를 막기 위해 여염을 속여 판매하는 영사(影射)의 폐단을 금하였으며, 10조에서는 관염을 운납(運納)하는 법을 정하였다. 11조에서는 관염의 유통을 위해, 관염에 흙이나 모래를 섞어 팔지 못하게 하였으며, 12조에서는 소속 판매 지역의 경계를 넘지 못하도록 하였다.

149

염법 1조

鹽法

149-1 사염(私鹽)[1]을 범하면 장 100 도 3년이다. 군기(軍器)를 가지고 있으면 1등급을 더한다.[2] 죄 없는 사람[3]을 무함(誣陷)하여 지목하면[4] [5] 3등급을 더한다.[6] 체포에 저항하면 참형이다.[7] 소금과 이의 운반에 사용한 수

1 사염(私鹽) : 객상이 소금을 중매(中買)할 때 염인(鹽引)이 있는 것이 관염(官鹽)이고, 염인 없이 사적으로 판매하는 것이 사염이다.〔客商中買 有引者曰官鹽 無引而私自販賣者曰私鹽〕《집해 830쪽》

2 군기(軍器)를……더한다 : 분명 체포에 저항하는 마음이 있을 것이므로 1등급을 더하여 장 100 유 2000리이다.〔必存拒捕之心 故加一等〕《석의 권8 3장》

3 죄 없는 사람 : 함께 사염을 팔고 달아난 사람을 말하는 것이 아니다.〔曰平人 則非同販脫逃之人矣〕《집주(상) 342쪽》

4 무함(誣陷)하여 지목하면 : 무고(誣告)는 본래 본율이 있다.(④ 359 誣告) 여기서 무함하여 지목한다고 한 것은 관아에 가서 공술(供述)하다가 죄 없는 사람을 끌어들이는 것이며, 사장(詞狀)이 있는 것이 아니다.〔誣告自有本律 此曰誣指者 謂到官供攀 非有詞狀也〕《집주(상) 342쪽》 그러나 죄 없는 사람이 아니라 함께 사염을 팔다가 달아난 사람을 공술하는 것은 무함하여 지목한다고 할 수 없으며, 363조 현수금부득고거타사(見囚禁不得告擧他事)의 "갇혀 있으면서 다른 사건을 고발할 수 없다."라는 규정에 따라 조사하지 않는다.〔若供報同販脫逃之人 法雖不許追究 然不得謂之誣指也〕《집주(상) 342쪽》

5 죄……지목하면 : 《집해》는 이 부분이 원문의 범사염(犯私鹽)과 유군기(有軍器) 두 부분을 다 받는다고 해석하였고,〔承上文 犯私鹽有軍器二項言〕《집해 830쪽》《집주》는 범사염 한 경우만 해당된다고 하여 무함하여 지목한 것을 군기와 연결해서 해석할 것은 아니라고 보았다.〔誣指之語 雖在有軍器之下 而止謂誣指同販 非連軍器解也〕《집주(상) 342쪽》

6 3등급을 더한다 : 다른 사람을 해치는 마음이 있음을 미워하는 것이다.〔惡其有害人之心〕《집해 831쪽》 3등급을 더하면 장 100 유 3000리가 되며, 무함한 바가 더 무거워도 사형에까지 이르게 하지는 않는다.〔凡稱加者 不加入于死 此加三等 已是滿流 卽所誣再重 已無可加矣〕《집주(상) 342쪽》 유군기자 가일등(有軍器者加一等)과 거포자 참(拒捕者斬)을 바로 연결하지 않고 사이에 무지평인자 가삼등(誣指平人者加三等)을 넣은 것은 형벌이 가벼운 것으로부터 무거운 것에 이르도록 순서에 따라 말한 것이다.〔有軍器下不連敍拒捕 卽言誣指者 由輕及重 挨次言之耳〕《집주(상) 342쪽》

레 · 배 · 가축은 모두 관에 들인다. 길을 안내한 사람,[8] 중개인,[9] 범인을 숨겨 준 사람,[10] 소금을 맡아 준 사람[11]은 장 90 도 2년 반이다.[12] 사염을 메거

7 체포에 저항하면 참형이다 : 염법을 어겼을 뿐 아니라 법에 저항하였기 때문이다.〔非徒犯法而且敢抗法矣 以斬坐之〕《집설 권3 106장》 412조 죄인거포(罪人拒捕)에 따르면, 죄인이 체포에 저항하면 본죄에 2등급을 더하고, 저항하는 과정에서 체포의 임무를 맡은 사람에게 절상(折傷) 이상의 상해를 입히면 교형이고 죽이면 참형이다. 그러나 소금을 사적으로 파는 일은 도적과 같아서 다른 죄와 차이가 있으므로 여기서는 체포에 저항하기만 해도 참형이다.〔按 罪人拒捕律 各于本罪上加二等 折傷以上 絞 殺人者 斬 此但拒捕卽斬 蓋私販違禁之鹽 其事等于盜賊 與別項罪人有異〕《집주(상) 342쪽》 한편 사염의 각 죄는 모두 수범과 종범을 나누어 종범은 1등급을 줄인다. 예컨대 체포에 저항하면, 수범은 참형이고 종범은 유형이다. 그러나 만약 종범이 사람을 살상하면 412조 죄인거포에 따라, 사람을 죽이면 참형, 사람을 상해하여 절상 이상에 이르면 교형, 절상에 이르지 않았으면 그대로 본율에 따른다.〔私鹽各罪 皆分首從 爲從者 減一等 如拒捕 爲首 斬 爲從 流 若爲從者殺傷人 依罪人拒捕律 殺人者 斬 傷人至折傷以上者 絞 未至折傷 仍依本律〕《집주(상) 343쪽》 사염거포(私鹽拒捕)는 죄를 범한 현장에서 추포할 때 체포에 저항해야 참형의 죄로 처벌할 수 있다. 만약 체포된 뒤 도주한 범인을 다시 체포할 때 저항하면 이는 죄인거포이지 사염거포가 아니다.〔私鹽拒捕 必在犯事之處 追捕之時 方坐斬罪 若已獲之後 又復逃走 而有拒捕之事 則是罪人拒捕而非私鹽拒捕矣〕《집주(상) 343쪽》

8 길을 안내한 사람 : 원문의 인령(引領)은 길을 안내한 사람이다.〔引領 就指路人言〕《집설 권3 108장》

9 중개인 : 소금의 무게를 달아 준 사람으로 보는 설도 있으나,〔鹽秤手〕《집설 권3 108장》 중개인으로 보는 것이 일반적인 해석이다.〔牙儈人〕《집해 831쪽》〔牙秤買賣者〕《집주(상) 340쪽》〔此ニテ俗ニトイヤト云フ者モ牙儈ノ大ナル者也 正字通 市中計物直者 爲牙儈 俗謂之牙行〕《언해 권12 5장》《전석 권8 1장》《집주》에는 아인(牙人) 앞에 칭수(秤手)라는 주(註)가 붙어 있는데,《집주(상) 340쪽》 이는 아인을 칭수로 풀이한 것일 수도 있지만 칭수와 아인을 병치한 것일 수도 있다. 일본 교토대학(京都大學) 데라다 히로아키(寺田浩明) 교수의 중국 법제사 연구(中國法制史硏究) 홈페이지에서 제공하는《존의(存疑)》전자판에서는 칭수와 아인 사이에 구두점을 찍어 놓아서 병치한 것으로 보았다. 중국의 시장에서 물건을 매매할 때 무게를 공정하게 측정하는 것이 항상 문제가 되어, 파는 자와 사는 자 사이에서 무게를 공정하게 달아 주는 일을 전문으로 하는 칭수가 있었다. 칭수가 그 일뿐 아니라 종종 파는 자와 사는 자를 연결해 주는 중개 역할도 하였으므로 무게를 달아 주는 칭수와 중개인인 아인을 엄격하게 구별하기 어려운 경우도 많았을 것이다.

10 범인을……사람 : 원문의 와장(窩藏)은 소금 관련 범인을 숨겨 준 사람이다.〔窩藏 乃匿鹽犯者〕《집설 권3 108장》

11 소금을……사람 : 원문의 기돈(寄頓)은 소금을 맡아 준 사람이다.〔寄頓係寄鹽貨者〕《집설 권3 108장》

나 지거나 가축·수레·배에 실어 운반하면 장 80 도 2년이다.[13] 체포의 임무를 맡은 사람[14]이 아닌데 고발하여 체포·압수하게 하면 그 압수한 사염을 고발한 사람에게 상으로 준다. 자수하면 죄를 면해 주고 똑같이 상을 준다.[15]

149-2 사염의 일이 발각되면, 현장에서 체포한 사람과 압수한 소금만 처리하고, 해당 관사는 사건을 확대하여 연루시키지[16] 않도록 한다.[17] 어기면

12 길을……반이다 : 비록 정범은 아니지만 이들은 모두 함께 모의한 종범이므로 1등급 감하여 장 90 도 2년 반이다.〔雖非正犯 皆係同謀 杖九十徒二年半〕《집설 권3 106장》

13 사염을……2년이다 : 소금을 파는 사람에게 고용되어 그를 대신해서 사염을 메거나 지거나 가축·수레·배에 실어 운반해 준 것이다. 이는 힘을 써서 품삯을 취한 것이지 소금으로 이익을 도모한 것은 아니지만 악을 좇은 혐의는 면할 수 없으므로 종범에서 다시 1등급을 감하여 장 80 도 2년이다.〔挑擔馱載者 謂受販鹽之人雇倩 而代其挑擔馱載 是以力而取傭 非以鹽而窺利 然未免於從惡矣 故杖八十徒二年〕《쇄언 186~187쪽》

14 체포의……사람 : 순염 어사(巡鹽御史)의 아문 및 군위(軍衛)에서 순포하는 일을 맡은 관병을 가리킨다.〔巡鹽御史ノ衙門幷ニ軍衛巡捕ノ官兵ヲ指ス也〕《언해 권12 5장》

15 체포의……준다 : 사염을 고발하여 체포하게 한 사람과 자수한 사람에게 상을 주는 것은 체포와 자수의 문을 열어 놓아 사사로이 파는 것이 그치기를 바라기 때문이다.〔夫告獲自首者賞之 所以開捕首之門而私販者庶乎可戢〕《집해 833쪽》 24조 범죄자수(犯罪自首)에서는 "죄를 범하고서 죄가 발각되기 전에 자수하면 그 죄는 면해 주나 여전히 장물은 징수한다." 라고 하였는데, 여기서는 "마찬가지로 상을 준다."라고 하였다. 24조에서는 본범(本犯)이 자수한 경우에 대해 말한 것이며, 여기서는 여러 사람이 범하였는데 한 사람이 자수하거나 혹은 연루로 말미암아 죄가 된, 예컨대 길 안내인 이하의 사람이 자수한 것에 대해 말한 것이다. 그러므로 사염을 고발하여 체포하게 한 자와 마찬가지로 소금을 상으로 주는 것이다. 만약 한 사람이 스스로 죄를 범하고 자수하면 죄를 면해 주는 것으로 족하다.〔名例律云 凡犯罪未發而自首者 免其罪 猶徵正贓 此云 一體給賞 何如 蓋名例 就本犯自首者言 此就數人有犯而有一人首 或因連累致罪 如引領以下之人 首者而言 故鹽貨一體給賞耳 若一人自犯而自首 則免罪足矣 又何賞之有〕《집해 833~834쪽》

16 연루시키지 : 원문의 반지(攀指)는 예컨대 옥송(獄訟)에서 추국할 때 다른 사람을 지목하여 드러내는 것이다.〔攀指 吏文輯覽云 如獄訟推鞫之時 指出他人也〕《언해 권12 8장》

17 해당……한다 : 죄 없는 사람이 무함을 당하는 데 이르지 않게 하려는 것이다.〔所以防濫及之害而平人不至被誣矣〕《집해 833쪽》 관사에서는 현장에서 체포한 사람과 압수한 소금만 처리하고, 붙잡힌 범인이 타인을 이리저리 연루시키는 것을 허락하지 않는 것이다. 관리가 이를 고의로 어기면 이는 고의로 타인의 죄를 무겁게 한 것이 된다.〔在官司 則止理現獲人鹽在犯人 則不許展轉攀指 乃本律之定法……官吏故違 卽是故入人罪矣〕《집주(상) 343쪽》

고의로 타인의 죄를 무겁게 한 것으로 논한다.[18]-이를테면 다음과 같다. 가령 사람과 소금을 함께 체포·압수하면 현장에서 발각된 것만 처리한다. 확실한 물품[19]만 있고 범인이 없으면 그 소금은 관에 몰수하고 반드시 범인을 추적하여 찾아낼 필요는 없다.[20]-

18 어기면……논한다 : ④ 433 官司出入人罪 이 법이 잘 지켜지면 사염인(私鹽人)을 체포하는 이가 권한을 남용하는 데 이르지 않을 것이다.〔此法立 而捕私鹽者 不至濫矣〕《집설 권3 107장》

19 확실한 물품 : 현장에서 압수한 확실한 소금을 이른다.〔確貨 謂見獲的確之鹽貨也〕《집설 권3 108장》 확실하게 사염이 아니면 경솔하게 관에 몰수할 수 없다.〔曰確貨 則非的確是私鹽 亦不應輕易沒官矣〕《전석 권8 2장》

20 확실한……없다 : 소금은 압수하였으나 사람을 체포하지 못하였으면 그 사람을 추적하지 않으며, 사람은 체포하였으나 소금을 압수하지 못하였으면 그 사람을 처벌하지 않는 것이다.〔如獲鹽不獲人者 不追 獲人不獲鹽者 不坐〕《집설 권3 107장》 만약 사적으로 소금을 파는 사람은 많으나 체포의 임무를 맡은 사람이 부족하여 현장에서 한 사람만 체포하고 나머지 사람들이 소금을 가지고 달아났다면, 체포된 사람은 소금을 가지고 있지 않으므로 처벌하지 않고, 체포의 임무를 맡은 사람은 나머지 사람들을 체포하지 못하였어도 유죄(流罪)로 처벌하지 않는다.〔按 註曰 獲鹽不獲人 不追 獲人不獲鹽 不坐 則但不追不坐而已 如私販人多 應捕人少 當場止獲一人 餘者護鹽遁去 所獲之人 卽可不坐 而反坐應捕人以流罪乎〕《집주(상) 341쪽》 그러나 만약 사염을 함께 팔던 사람이 체포에 저항하다가 사람을 살상하고 달아났다면 반드시 추적하여 찾아내야 한다. 현장에서 체포한 것만 처리하고 달아난 자를 추적하지 않는다고 한 것은 소금을 가지고 있지 않은 사람에게 증거가 없을 경우에 적용되는 것이고, 이미 살상 행위가 있었고 증거가 있다면 죄를 묻지 않을 수 없다.〔如同販拒捕下手殺傷人 脫逃未獲 有顯跡者 仍須追究 蓋止理見獲 不究脫逃者 謂離鹽之人 無有憑據也 旣有殺傷 便有憑據 豈可使殺傷人之兇徒 聽其逃而不問乎〕《집주(상) 343쪽》

150
염법 2조
鹽法

염장(鹽場)의 조정(竈丁)[1]과 그 밖의 사람들[2]이 정액염(正額鹽)[3] 이외의 여염(餘鹽)을 몰래 가지고 염장을 나오거나 사사로이 소금을 구워서 판매[4]하면 사염법(私鹽法)과 같게 처벌한다.[5] 백부장(百夫長)[6]이 실정을 알고도 고

1 조정(竈丁) : 조호(竈戶)의 소금을 굽는 인정(人丁)이다.〔竈丁者 竈戶煎鹽之人丁也〕《집해 834쪽》 조호는 1정(丁)당 연간 할당된 소금 16인(引)을 마련해야 하는데 소인(小引) 1인은 200근(斤)이며 대인(大引) 1인은 400근이다. 대인 1인당 관에서 쌀 1석을 주어 만드는 비용으로 삼으며, 관염(官鹽)은 모두 여기에 근원을 두고 있다.〔凡竈戶 每丁歲辦課鹽十六引 每引二百斤 大引四百斤 一大引官給米一石 以爲工本 天下官鹽 皆源於此〕《집설 권3 108장》

2 그 밖의 사람들 : 염장에 있으면서 여러 가지 일을 맡거나 생산한 소금의 징수를 맡은 이들이다.〔曰人等 卽凡在鹽場執事承催諸人 皆是也〕《집주(상) 344쪽》 소금을 구워 세금을 내는 사람을 조호라 하고, 조호 안의 인정을 조정이라 한다. 그 외에도 세금을 거두어들이는 직책을 맡은 총최(總催) 등 명색의 사람이 있기 때문에 그 밖의 사람들이라고 하였다.〔煎鹽辦課者 謂之竈戶 戶下人丁 謂之竈丁 餘外又有總催等項名色 故曰人等〕《전석 권8 2장》

3 정액염(正額鹽) : 조정이 매일 마련해야 할 소금 할당량으로서 정액으로 설정된 정수(正數)가 있다.〔正額鹽 是竈丁每日所辦鹽課 有額設正數也〕《집해 834쪽》

4 판매 : 몰래 가지고 나온 소금과 사사로이 구운 소금 두 가지를 받아 말한 것이다.〔承夾帶私煎二者而言〕《집해 834쪽》

5 여염(餘鹽)을……처벌한다 : 여염은 당초 조정에게 할당된 정액염 이외의 또 다른 소금을 말한다. 각처 염장의 조호·염정인 등이 생산하도록 할당된 정수의 소금 이외의 잉여 소금을 몰래 가지고 나와 염장 밖으로 반출하거나 사사로이 구워 판매하면 사염법을 위반한 것과 같이 처벌하여 장 100 도 3년이다.〔凡各處鹽場 其竈戶鹽丁人等 除應辦本場額設正數課鹽外 其餘剩之鹽 如有夾帶出場 及私自煎燒 因而貨賣者 同私鹽法坐罪 杖一百徒三年〕《집해 834쪽》 이러한 경로로 세상에 사염이 나오는 것이므로 사염법을 범한 것과 같이 처벌하는 것이다.〔此正天下私鹽所從出 故卽同私鹽法坐之 杖一百徒三年〕《집설 권3 108장》

6 백부장(百夫長) : 총최·두목과 같은 부류로 조정을 관령(管領)하는 자이다.〔百夫長如總催頭目之類 管領竈丁者也〕《집해 834쪽》

의로 묵인하거나, 한통속이 되어 판매하면 범인과 더불어 같은 죄이다.[7]

7 백부장(百夫長)이……죄이다 : 실정을 알고도 적발하지 않으면 곧 고의로 묵인하는 것이다. 만약 백부장이 재물을 받고 고의로 묵인하면 왕법(枉法)(④ 367 官吏受財)으로 보되, 무거운 쪽으로 논한다.〔知情不究 卽是故縱 故知情故縱通言也 若百夫長有受財故縱者 當依枉法從重論〕《집주(상) 344쪽》

151
염법 3조
鹽法

부인이 사염(私鹽)을 범하였는데, 남편이 집에 있거나 아들이 그 실정을 알았다면, 남편이나 아들을 처벌한다.[1] 비록 남편이 있더라도 멀리 나갔거나 아들이 있더라도 어리면,[2] 당사자인 부인을 처벌한다.[3]

1 남편이……처벌한다 : 부인은 남편이 있으면 남편을 따르고 남편이 죽으면 아들을 따르는 것이 의리이므로 남편이나 아들을 처벌하는 것이다. 남편은 부인을 제어할 수 있으므로 집에 있었다면 실정을 모를 리가 없기에 실정을 알았는지의 여부를 막론하고 처벌한다. 아들은 비록 어머니를 제어할 수 없으나, 실정을 알고도 간하여 그만두게 하지 않았으면 자신이 범한 것이나 마찬가지이므로 실정을 알았으면 처벌하고, 몰랐으면 처벌하지 않는 것이다.〔婦人之義 夫在從夫 夫死從子 故罪坐夫男 夫得專制其妻 旣在家 則不應有不知情者 故不分知不知 皆坐也 子雖不得專制其母 然知情而不諫阻 猶身自犯之矣 故知情則坐 不知不坐也〕《집주(상) 345쪽》 장 100 도 3년이다.〔杖一百徒三年〕《집설 권3 109장》

2 어리면 : 15세 이하인 자를 이른다.〔幼弱 謂十五歲以下者〕《집설 권3 109장》

3 당사자인 부인을 처벌한다 : 남편이 멀리 나갔으면 부인이 독단적으로 일을 처리할 수 있고, 아들이 어리면 비록 알았다 할지라도 모르는 것과 마찬가지이므로 당사자인 부인을 처벌하는 것이다.〔夫遠出 則婦人得以專制 子幼弱 則知猶不知也 故罪坐本婦〕《집주(상) 345쪽》 장 100을 치고 남은 도죄(徒罪) 3년은 속전을 받는다.〔決杖一百 收贖所餘徒罪〕《집주(상) 345쪽》

152
염법 4조
鹽法

사염(私鹽)을 사 먹으면 장 100이다.[1] 이로 인하여 판매하면 장 100 도 3년이다.[2]

1 장 100이다 : 비록 이익을 꾀한 것은 아니지만 나라에 사염이 유통되게 하였으므로 많고 적음을 헤아리지 않고 모두 장 100이다.〔雖非規利 而實天下私鹽所由行 故不計多寡 皆杖一百〕《집설 권3 109장》

2 이로……3년이다 : 사 먹는 것으로 인해 다른 사람에게 다시 팔아서 이익을 구하면 사염을 파는 것과 같으므로 장 100 도 3년이다.〔若因買食而轉行貨賣求利者 則與私販之情同 故杖一百徒三年〕《집해 837쪽》

153

염법 5조

鹽法

수어 관사(守禦官司)[1]나 염운사(鹽運司), 순검사(巡檢司)[2]에서 순찰 중 사염(私鹽)을 압수하면 사염을 가지고 있던 사람을 바로 유사(有司)[3]에게 넘겨 추문(推問)하도록 한다.[4] 각 아문[5]에서 함부로 추문하는 것을 허락하지 않는다.[6] 유사 관리가 한통속이 되어 풀어 주면[7] 범인과 더불어 같은 죄이다.[8]

1 수어 관사(守禦官司) : 각 위(衛)나 소(所) 등 지방을 지키는 관사이다.〔守禦官司 謂各衛所守禦地方之官司也〕《집해 837쪽》

2 순검사(巡檢司) : 천하의 요충지에 설치되어 간첩·사염 판매인·도망 군인·도망 죄수 등 낯선 사람을 단속하는 관사이다.〔吏文輯覽云 巡檢司 凡天下要衝去處 設立巡檢司 職專盤詰往來姦細 與販賣私鹽 及逃軍逃囚 一應面生之人 關隘ノ處ニ居テ法禁ヲ犯ス者ヲ巡視テ檢察スル官司也〕《언해 권12 13장》

3 유사(有司) : 부·주·현 및 문형 아문(問刑衙門)으로, 149조 염법 1조 2항에 있는 해당 관사이다.〔有司 謂府州縣及問刑衙門 卽前條官司也〕《집해 837쪽》

4 추문(推問)하도록 한다 : 원문의 귀감(歸勘)은 유사에게 보내어 추문하게 하는 것이다.〔歸勘ハ有司ノ手前ヘカタツケ併テ勘問シムルヲ云勘推鞫也〕《언해 권12 13장》

5 각 아문 : 수어 관사·염운사·순검사 등이다.〔各衙門 指守禦官司鹽運司巡檢司而言〕《집해 837~838쪽》

6 함부로……않는다 : 수어 관사·염운사·순검사 등 각 아문은 모두 사염을 순포(巡捕)하는 책임은 있으나 심문하는 관사가 아니다.〔守禦官司及鹽運司巡檢各衙門 皆有巡捕之責 而非勘問之司〕《집주(상) 346쪽》 사염을 체포하는 공로를 탐하여 함부로 죄 없는 사람까지 체포하는 것을 막으려는 것으로 만약 각 아문에서 유사에게 보내지 않고 멋대로 추문하면 64조 제서유위(制書有違)로 처벌한다.〔恐其貪捕獲之功濫及無辜也 若各衙門不發有司而擅問者 依違制〕《집주(상) 346쪽》

7 유사……주면 : 수어 관사 등의 관원과 한통속이 되어 풀어 주는 것이다.〔通同脫放 謂通同守禦等官 脫放也〕《집해 838쪽》

8 같은 죄이다 : 149조 염법 1조 1항에 있는 사염을 범하면 장 100 도 3년이며, 군기(軍器)가 있으면 1등급을 더하는 것이다. 만약 체포에 저항하여 참형에 해당하면 1등급을 줄인다.〔同首節私鹽 杖一百徒三年 有軍器加一等 若拒捕 斬則減一等也〕《집주(상) 346쪽》

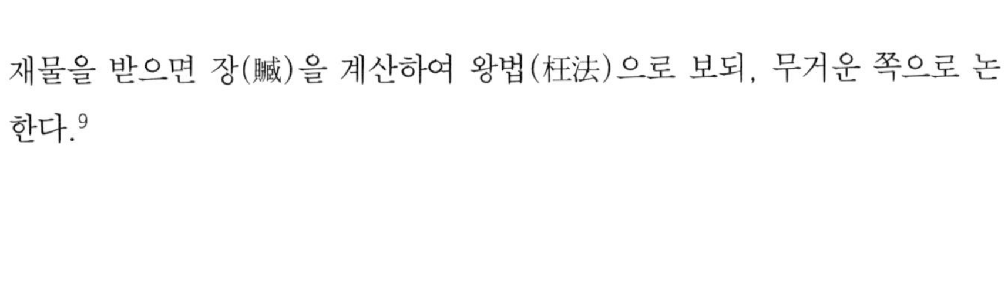

재물을 받으면 장(贓)을 계산하여 왕법(枉法)으로 보되, 무거운 쪽으로 논한다.[9]

9 무거운 쪽으로 논한다 : 재물을 받고 죄인을 놓아주면 제 것으로 만든 장물을 계산하여 왕법으로 논한다. 장죄(贓罪)가 도 3년보다 무거우면 장죄로 처벌하며, 장죄가 도 3년보다 가벼우면 사염법의 도 3년으로 처벌하므로 무거운 쪽으로 논죄한다고 한 것이다.〔若曾受財而賣放者 計其入己之贓 論以枉法 贓重於徒三年 則坐贓罪 贓輕 則坐徒三年 故曰從重論〕《소의(상) 530쪽》

154
염법 6조
鹽法

154-1 수어 관사(守禦官司) 및 유사(有司),[1] 순검사(巡檢司)는 조사할 방안을 강구하고,[2] 사람을 차정해서 해당 관할 지역[3] 및 염장(鹽場) 부근의 중요한 길목에서 항상 순찰하여 사염(私鹽)을 금하게 한다. 몰래 빠져나간 것이 있으면[4] 관(關)이나 진(津)의 파절관(把截官)[5] 및 각사에서 소금 순찰을 맡은 인원[6]이 초범이면 태 40, 재범이면 태 50, 3범이면 장 60이다.[7] 모두 부과(附過)하고 본래의 직역으로 돌려보낸다.[8] 실정을 알고도 고의로

1 유사(有司) : 153조 염법 5조의 유사 중 사염(私鹽)을 순찰하는 직책을 맡은 사람이다.〔上條有司中之職專巡鹽者〕《집설 권3 111장》

2 조사할 방안을 강구하고 : 사염을 판매하는 사람이 관(關)이나 진(津)을 통과하여 빠져나가는 은밀한 방법이 가지가지이기 때문에, 이를 막는 사람도 정교한 방법을 강구해야 한다.《언해 권12 15장》

3 해당 관할 지역 : 총괄적으로 관리하여 지키는 지역 전체를 말한다.《이문 14》는 원문의 '개(概)'를 '해(該)'의 뜻으로 보았는데 이에 따르면 관령(管領)해야 하는 지역을 말한다.〔ソウシテ管リ守ル所ノ地面殘ラズト云意也 集解 於境內一概所管地面 又吏文輯覽云 概管概本該字音同 故通使 此說ニ據レハ管領スヘキ內ノ地面也〕《언해 권12 15장》

4 몰래……있으면 : 긴요한 요충지를 몰래 빠져나가 사염이 밖으로 나가는 것을 이른다.〔透漏 謂緊關透漏 私鹽外出也〕《집해 840쪽》 비록 멋대로 풀어 준 것은 아니지만 각찰(覺察)을 제대로 하지 못한 죄를 면하기는 어렵다.〔雖非縱放 難免失覺察罪〕《집주(상) 347쪽》

5 파절관(把截官) : 관이나 진 따위의 요해처를 파수(把守)하면서 수상한 사람이나 범죄자를 검문검색하는 관원이다. 241조 사월모도관진(私越冒渡關津)에서 말하는 수파인(守把人)과 같다.《언해 권12 15장》

6 소금……인원 : 수어 관사 등의 아문에서 파견한 사람으로 사염인을 순포(巡捕)하는 관병과 같은 부류이다.〔守禦等衙門所差委者 如巡捕官兵之類〕《집해 840쪽》

7 3범이면 장 60이다 : 4범을 말하지 않은 것은 죄가 장 60에 그치기 때문이다. 다음 155조 염법 7조도 이와 같다.〔不言四犯者 罪止杖六十也 下條倣此〕《집설 권3 111장》

8 모두……돌려보낸다 : 죄가 공죄(公罪)임을 분명히 한 것인데 이는 실정을 몰랐을 경우를

묵인하거나, 군병(軍兵)이 사염인(私鹽人)을 따라 함께[9] 판매하도록 용인하면 범인과 더불어 같은 죄이다.[10] 재물을 받으면 장(贓)을 계산하여 왕법(枉法)으로 보되, 무거운 쪽으로 논한다.

154-2 순찰 중에 사염을 압수하여 자기의 것으로 삼고 관에 보내지 않으면 장 100 도 3년이다.[11] 죄 없는 사람을 무함하면[12] 3등급을 더한다.[13]

말한 것이다.〔必曰附過還職 明其爲公罪也 此自不知情者言之耳〕《집해 841~842쪽》

9 군병(軍兵)이……함께 : 소금을 몰래 파는 사람이 있기 때문에 군병이 그를 따라서 같이 범한 것이다. 군인 스스로 판매하였는데 관할하는 이가 검속(鈐束)에 실패하거나 묵인하는 경우는 나음 155조 염법 7조에 있다.〔須看隨同二字 謂因有私販之人 軍兵隨其同犯也 若軍人自販 本管失鈐束 及縱容者 則在下條〕《집주(상) 347쪽》

10 같은 죄이다 : 각각 장 100 도 3년이고, 재물을 받지 않은 것에 대해 말한 것이다.〔各杖一百徒三年 此自未受財者言之耳〕《집해 842쪽》

11 순찰……3년이다 : 자신의 이익을 얻으려 한 의도가 사염을 판 사람과 같으므로 장 100 도 3년이다.〔是意在利己 與興販者同矣 杖一百徒三年〕《집설 권3 111장》

12 죄……무함하면 : 입수한 사염을 죄 없는 사람이 사사로이 판 것이라고 꾸며 모두 관에 보내는 것은 포획한 공로를 바라는 것인데, 원한을 갖고 있거나 사기를 치려다가 이루지 못하자 모함하여 해하려는 것이다.〔裝誣平人 謂將所獲私鹽 裝點爲平人私販 一同送官 以邀捕獲之功 或挾讎怨 或圖詐不遂 因而陷害也〕《집주(상) 348쪽》

13 3등급을 더한다 : 의도가 다른 사람을 해치는 데 있으므로 관에 보내지 않은 죄인 장 100 도 3년에 3등급을 더하여 장 100 유 3000리이다.〔是意在害人 故加不解官罪三等 杖一百流三千里〕《집해 843쪽》

155
염법 7조
鹽法

군인[1]이 사염(私鹽)을 범하였는데 이들을 관할하는 천호(千戶)・백호(百戶)[2]가 검속(鈐束)을 제대로 하지 못하였을 경우, 백호가 군인을 검속하지 못한 것이 초범이면 태 50, 재범이면 장 60, 3범이면[3] 장 70에[4] 녹봉을 절반으로 줄여 지급한다.[5] 천호가 군인을 검속하지 못한 것이 초범이면 태 40, 재범이면 태 50, 3범이면 장 60에[6] 녹봉을 절반으로 줄여 지급한다. 모두

1 군인 : 사염(私鹽)을 체포해야 하는 군인뿐 아니라 수어 관사(守禦官司)의 관할 내의 모든 군인을 말한다. 그러므로 154조 염법 6조에서는 군병이라고 하였고 여기서는 군인이라고 하였다.〔指守禦官司部內一應軍人而言 不專謂應捕私鹽之軍 故上言軍兵 而此言軍人〕《집해 844쪽》

2 천호(千戶)・백호(百戶) : 이들은 직접 군대를 통솔하는 군관(軍官)이므로 마땅히 군인을 검속(鈐束)해야 한다.〔千百戶 乃親臨管軍之官 法應鈐束軍人〕《집주(상) 348쪽》

3 3범이면 : 천호・백호가 관할하는 각 군인들이 피차가 선후로 범한 것이 세 번이라는 뜻이지 한 군인이 세 번 범한 것이 아니다.〔謂千戶百戶所管各軍 彼此先後有犯 非一軍而三犯也〕《집설 권3 112장》

4 백호가……70에 : 154조 염법 6조의 파절관(把截官)・순염인(巡鹽人)이 투루(透漏)를 범한 것보다 1등급을 더하는 것은, 군인은 이들의 소관이어서 다른 사람이 그 책임을 필적할 수 있는 바가 아니기 때문이다.〔其罪視把巡犯透漏者加一等 以軍人其所管 而非若他人爲所敵耳〕《집설 권3 111장》

5 녹봉을……지급한다 : 감봉 처분은 3범에만 해당된다. 3범에 이르면 죄를 다스릴 뿐 아니라 각 군관인 천호・백호가 받을 봉량(俸糧)을 절반 줄인다.〔至第三犯 旣治其罪 又將各官合得俸糧 減去一半〕《소의(상) 532쪽》 154조 염법 6조는 외인(外人)이 사사로이 판매하는 것이기 때문에 사염이 밖으로 빠져나가도록 한 죄가 비록 세 번에 이르더라도 녹봉을 절반으로 줄이지 않는다. 그러나 이 조는 군인이 사사로이 파는 것이다. 천호・백호들이 자신이 관할하는 군인도 검속하지 못하면서 사염의 유출을 수어(守禦)할 수 없을 것이므로 3범에 이르면 죄를 묻고 본직에 돌려보내고, 녹봉을 절반으로 줄여 지급함으로써 처벌을 드러내 보인 것이다.〔前條乃外人私販 故透漏之罪 雖至三犯 亦不減半俸 此條乃軍人私販 所部軍人尙不能鈐束 安用守禦爲哉 故至三犯則問罪還職 仍減給半俸 以示罰也〕《집주(상) 349쪽》

부과(附過)하고 본래의 직에 돌려보낸다.[7] 실정을 알고도 고의로 묵인하여 내버려 두거나, 한통속이 되어 사염을 판매하면 범인과 더불어 같은 죄이다.[8]

6 천호가……60에 : 백호가 검속을 잘못한 것보다 1등급을 줄이는 것은, 군인이 비록 천호의 소관이지만 백호가 군인과 더 가까운 것만 같지 못하기 때문이다.〔其罪視百戶失鈐束者減一等 以軍人雖所管 而非若百戶尤更親耳〕《집설 권3 112장》

7 모두……돌려보낸다 : 녹봉을 줄여 지급하지만 죄가 본래 공무로 말미암은 것이기 때문에 모두 속전을 받고 부과하고 본직에 돌려보내도록 하는 것이다.〔然其俸雖減給 而罪本因公故竝得附過還職〕《집해 845쪽》

8 실정을……죄이다 : 각각 장 100 도 3년이다.〔各杖一百徒三年〕《집해 845쪽》 알고도 용인한 것과 한통속이 되어 판매한 것은 사죄(私罪)에 속하므로 각각 파직하여 서용하지 않는다. 재물을 받은 것에 대해 언급하지 않았으나 154조 염법 6조를 참고하면 된다.〔知縱通販屬私罪 各罷職不敍 不及受財者 蒙上文互見耳〕《집설 권3 112장》 만약 소금을 사사로이 판매한 사람이 수어관(守禦官)·순포관(巡捕官)이고 판매한 소금이 3000근 이상이면, 순포관이 기회를 틈타 사염을 판매한 것에 대한 조례(② 149~160 鹽法 1~12조)를 적용하여 변방의 위소(衛所)로 보내어 충군한다.〔若係守禦巡捕官 鹽至三千斤以上 亦要引巡捕官乘機興販例 發邊衛充軍〕《전석 권8 3장》

156
염법 8조
臨法

156-1 관염(官鹽)을 운반할 때 1인(引)[1]마다 200근을 1자루로 하고, 모염(耗鹽)[2] 5근을 더 가져가게 한다. 비험소(批驗所)[3]를 경과할 때 정해진 수량에 따라[4] 표본 검사하고[5] 무게를 단다. 여염(餘鹽)을 몰래 가지고 가는 사람이 있으면 사염법(私鹽法)과 같게 처벌한다.

156-2 객상(客商)의 소금[6]이 비험소를 건너뛰어 표본 검사와 관방(關防)[7]을 찍는 절차를 거치지 않으면 장 90이다.[8] 그 소금은 비험소로 돌려보내어 전수 검사한다.[9]

1 인(引) : 제조된 소금의 운송 허가 단위이다.

2 모염(耗鹽) : 자연 소모량을 보충하기 위하여 일정 분량을 더 마련하는 소금을 이른다.

3 비험소(批驗所) : 정부 전매 물품의 판매 허가증을 검사하는 관사이다. 명대에는 소금을 운송하는 경로 곳곳에 비험소를 설치하고 부근을 경과하는 소금의 무게를 수시로 검사하게 하였다. 《언해 권12 19장》

4 정해진 수량에 따라 : 매매 허가증인 인목(引目)에 정해진 정염(正鹽)과 모염(耗鹽)의 근수를 따르는 것이다.〔依數 依引目正耗鹽之斤數也〕《집해 846쪽》

5 표본 검사하고 : 임의로 소금 1자루를 취하여 그 무게가 얼마인지를 재어 보는 것이다.〔掣摯 謂隨手掣取鹽袋 而摯其輕重若干〕《집해 846쪽》

6 객상(客商)의 소금 : 각지를 돌아다니며 재화를 판매하는 객상이 판매하는 소금이다.〔客人市賣之鹽也〕《육부 60쪽》

7 관방(關防) : 사위(詐僞)를 막기 위하여 만든 인기(印記)를 관방인기라 하는데, 이를 줄여서 관방이라고 부르기도 한다. 품관(品官)의 인신(印信)만을 인신이라 하는 것이 아니다. 《언해 권12 21장》 명 태조는 폐단이 생기는 것을 방지하기 위해 반인(半印)을 사용하여 병합하여 대조하기 편하게 하였는데, 후에 장방형의 둘레에 붉은 무늬를 한 관방으로 발전하였다.

8 장 90이다 : 비험소를 건너뛰는 것은 관문을 사사로이 넘는 것과 같으므로 형량이 같다.〔越過批驗所 猶越關也 故其法同〕《집주(상) 350쪽》

9 전수 검사한다 : 하나하나 저울에 달아 검사하는 것으로, 한두 개를 표본 검사하는 것이 아니다.〔若盤驗則逐一秤盤 而非徒掣摯其一二矣〕《집설 권3 113장》

157

염법 9조

鹽法

157-1 객상(客商)이 관염(官鹽)[1]을 판매할 때 소금과 염인(鹽引)이 서로 떨어져 있어서는 안 된다. 어기면 사염법(私鹽法)과 같게 처벌한다.[2]

157-2 소금 판매를 완료하고[3] 10일 이내에 퇴인(退引)[4]을 반납[5]하지 않으면 태 40이다.[6]

157-3 구인(舊引)[7]을 다른 소금 거래에 속여 쓰면[8] 사염법과 같게 처벌한다.[9]

1 관염(官鹽) : 염인(鹽引)이 있으면 관염이고 염인이 없으면 사염(私鹽)이다.〔有引 謂之官鹽 無引 謂之私鹽矣〕《집주(상) 350쪽》

2 어기면……처벌한다 : 소금과 염인이 서로 떨어져 있으면 관염과 사염을 변별할 수 없으므로 비록 관염이라 할지라도 역시 사염법과 같게 논하여 장 100 도 3년이다.〔若違此而鹽引相離者 則官私無辯 故雖官鹽 亦同私鹽法論 杖一百徒三年〕《집해 848쪽》

3 소금 판매를 완료하고 : 1개의 염인에 해당하는 소금 200근을 다 판 것이다.〔謂引額已盡〕《집주(상) 350쪽》

4 퇴인(退引) : 객상은 염인에 의거하여 소금을 내어 파는데 염인에 기재된 소금의 수량을 다 판 것을 퇴인이라 한다.〔客商憑引發賣 引內鹽數賣盡 謂之退引〕《집주(상) 350쪽》 반납한 염인은 모서리를 절단하므로 퇴인이라고 이름 붙인 것이다.〔所繳之引曰退引者 以其旣經截角而名之也〕《집설 권3 113장》

5 반납 : 객상이 머물면서 소금을 판매한 지역의 관사에 가서 반납한다.〔赴住賣官司 繳納也〕《집해 848쪽》

6 태 40이다 : 별도로 속여서 판 소금이 없고, 다만 기한에 맞춰 염인을 반납하지 않았을 뿐이므로 태 40에 그친다.〔別無影射之鹽 但不依期繳引耳 故止笞四十〕《집주(상) 350쪽》

7 구인(舊引) : 퇴인이다.〔舊引 卽退引也〕《집주(상) 350쪽》

8 속여 쓰면 : 원문의 영사(影射)는 남의 명의를 빌려 현혹(眩惑)하여 속이는 것이다. 어떤 사물의 그림자로 다른 사물을 덮으면 그 사물에 그림자가 진 부분은 어두워 잘 보이지 않게 된다. 이렇게 그림자가 지게 하여 모습을 숨기는 것을 영사라 한다.《언해 권12 24장》

9 구인(舊引)을……처벌한다 : 이는 염인이 없는 사염과 마찬가지이므로 사염법과 같게 논죄하며 그 소금도 모두 관에 들인다.〔是亦無引私鹽 亦同私鹽法論罪 其鹽竝入官〕《집설 권3 113장》

158
염법 10조
鹽法

관염(官鹽)을 운반하거나[1] 조호(竈戶)가 소금을 운반하여 창고에 들일 때, 군기(軍器)를 가지고 있거나, 또는 관선(官船)을 쓰지 않고 운반하면[2] 사염법(私鹽法)과 같게 처벌한다.[3]

1 관염(官鹽)을 운반하거나 : 오늘날 회수(淮水) 이남과 이북 지방의 염장(鹽場)에서 대군(大軍)을 먹일 소금을 운반하는 것과 같은 따위이다.〔如今兩淮鹽場 運納大軍食鹽之類〕《집해 849쪽》

2 관염(官鹽)을……운반하면 : 군기 휴대 금지와 관선 사용에 대해, 관염의 운반이나 조호가 창고에 들일 때 모두 적용된다고 보는 설과〔此二項人 皆不許將帶軍器 遵用設立官船〕《집주(상) 350쪽》《언해 권12 24장》 관선 사용은 관염의 운반에만 적용되고, 군기 휴대 금지는 관염의 운반과 조호가 창고에 들이는 것 모두에 적용된다는 설이 있다.〔官船專就起運者言 將帶軍器 兼承起運與運鹽上倉兩項言〕《집설 권3 114장》

3 군기(軍器)를……처벌한다 : 비록 소금을 몰래 가지고 나오거나 체포에 저항하는 행적은 없으나 실제로는 조정을 속이고 법을 경시하는 마음의 조짐이 있으므로 각각 사염법과 같게 논한다.〔雖未有夾帶拒捕之迹 而實已萌欺公玩法之心矣 各同私鹽法論〕《집설 권3 114장》 관선을 사용하지 않으면 장 100 도 3년이며, 군기를 휴대하면 여기에 1등급을 더한다. 관선을 사용하는 것은 소금을 몰래 가지고 나오는 것을 막으려는 것이며 군기를 금지하는 것은 체포에 저항하는 것을 막으려는 것이다.〔如不用官船 杖一百徒三年 帶軍器 加一等 夫用官船 所以防夾帶 禁軍器 所以防拒捕也〕《집해 850쪽》

159

염법 11조

鹽法

객상(客商)이 관염(官鹽)에 모래나 흙을 섞어 넣어 판매하면 장 80이다.[1]

1 객상(客商)이……80이다 : 기망(欺罔)하여 이익을 도모할 줄만 알았지, 소금이 쓸모없어지는 것은 헤아리지 않았기 때문이다. 관염을 세상에 유통시키는 것은 실제로 쓸 수 있도록 하려는 것인데 여기에 모래나 흙을 섞어서 판다면 사염이 백성에게 편리한 것만 못하다. 백성들이 사염을 즐겨 쓰는 것은 이에서 비롯되었다. 이를 장형(杖刑)으로 처벌하는 것은 작은 것을 징벌하여 큰 조짐을 막으려는 뜻이다.〔以徒知欺罔圖利 而不顧鹽無實用也 官鹽之通行於天下者 惟其可得以實用耳 貨賣者 乃插和以亂之 顧不若私鹽之便於民矣 亦可賴於此乎 故驅天下之民而樂用夫私鹽者 必自此始 坐之以杖 亦小懲大戒之意也〕《집설 권3 114장》

160

염법 12조

鹽法

염인(鹽引)이 있는 관염(官鹽)을 가지고, 소금을 운송하여 팔 수 있는 소속 지역[1]에서 판매하지 않고 다른 지역으로 운반하여 경계를 벗어나 판매하면 장 100이다. 이를 알고 사 먹으면 장 60이고,[2] 몰랐으면 처벌하지 않는다. 그 소금은 관에 들인다.

•••

소금 중매 절차

객상(客商)이 소금을 중매하는 절차는 다음과 같다. 호부(戶部)에서 염인(鹽引)이라고 하는 증명서를 주는데, 이때 반인(半印)을 찍은 감합(勘合)을 가지게 하여 소금을 파는 증문(證文)으로 삼는다. 객상이 이 감합을 가지고 전운사(轉運司)에 가면, 전운사는 그 감합을 보고 다시 자호(字號)·주묵(硃墨)을 대조하여 차이가 없으면 또 반인을 찍은 염인을 내준다. 객상은 이 전운사의 증문을 가지고 염장(鹽場)에 가서 소금을 수취하여 발매한다.《언해 권12 4~5장》 개중법(開中法) 체제에서는, 호부가 감합을 변진(邊鎭)에 보내고 변진에서는 소정의 군량 등을 납입한 객상에게 발급하며, 감합을 발급한 저부(底簿)를 전운사로 보낸다. 객상이 감합을 들고 전

1 소금을……지역 : 염운사(鹽運司)에서 각각 관할해야 하는, 소금을 운송하여 팔 수 있는 지역을 규정해 두었다. 예컨대 회염(淮鹽)은 절(浙) 지역으로 넘어가는 것을 허락하지 않고, 절염(浙鹽)은 회(淮) 지역으로 넘어가는 것을 허락하지 않는 따위이다.〔拘該行鹽地面 謂鹽運司各有拘定該管行鹽地面也 如淮鹽不許過浙 浙鹽不許過淮之類〕《집해 851쪽》

2 장 60이고 :《대명률직해》 세종판에는 '장팔십(杖八十)'으로 되어 있다. 명률의 처벌 규정이 장 80에서 장 60으로 완화된 모습을 보여 주는 것일 가능성과 세종판의 오류일 가능성이 모두 있다.

운사에 와서 제시하면, 전운사에서는 저부와 대조한 뒤 염인을 내주는데 객상은 이 염인을 들고 염장에 가서 소금을 받는다.

•••

압수한 사염의 불법적 처리

적발되어 압수된 사염(私鹽)은 모두 관의 소유로 삼아야 한다. 만약 관리가 압수된 사염을 규정대로 처리하지 않으면 처벌을 받게 되는데, 이러한 불법적 처리에는 다양한 종류가 있으며, 이에 따라 적용되는 조문도 다양하다. 이를 정리하면 다음 표와 같다.

압수한 사염의 불법적 처리 양상과 처분

<table>
<tr><th colspan="2">불법 양상</th><th>죄목</th><th>조문</th></tr>
<tr><td colspan="2">사염을 팔아 그 은(銀)을 자기 것으로 삼음</td><td>왕법장(枉法贓)</td><td>367조 관리수재(官吏受財)</td></tr>
<tr><td colspan="2">사염을 자기 것으로 삼음</td><td>순획입기(巡獲入己) 본율(本律)</td><td>154조 염법 6조 2항</td></tr>
<tr><td colspan="2">정범은 도망가고 지방 사람이 소금을 숨김</td><td rowspan="2">응입관지물이은닉(應入官之物而隱匿)</td><td rowspan="2">129조 은닉비용세량과물(隱匿費用稅糧課物)</td></tr>
<tr><td colspan="2">궁병(弓兵)이 압수한 배를 사매(私賣)</td></tr>
<tr><td rowspan="2">소금을 관에 보낸 뒤 팔거나 훔침</td><td>경관지인(經管之人)</td><td>수장침기(守掌侵欺)</td><td>147조 수장재관재물(守掌在官財物)</td></tr>
<tr><td>나머지</td><td>상인도(常人盜)</td><td>288조 상인도창고전량(常人盜倉庫錢糧)</td></tr>
<tr><td colspan="2">군병이 사염인을 따라 함께 판매하는 것을 파절관(把截官) 및 위임받은 관원이 용인하여 그 소금의 수량이 3000근 이상에 이름</td><td>순포관원승기흥판(巡捕官員乘機興販)</td><td>149~160조 염법 1~12조에 붙은 조례</td></tr>
</table>

161
감림이나 권세 있는 사람이 소금을 관으로부터 사들임[1]
監臨勢要中鹽

감림(監臨) 관리[2]가 이름을 속여서[3] 또는 권세 있는 사람이, 돈이나 곡식을 중납(中納)하여[4] 염인(鹽引)이나 감합(勘合)[5]을 살 것을 청해 백성의 이익을 침탈하면[6] 장 100 도 3년이다. 소금은 관에 들인다.[7]

1 소금을 관으로부터 사들임 : 원문 중염(中鹽)의 중(中)은 중매(中買)로서, 관으로부터 산다는 뜻이다. 소금의 중매에 대해서는 250쪽 보충 해설 참조.

2 감림(監臨) 관리 : 염법(鹽法)을 감림하는 책임자로서 순염 어사(巡鹽御史), 포정사(布政司)・염운사(鹽運司)・염과사(鹽課司)의 관리들이다.〔監臨官吏 謂監臨鹽法之官吏 如布政司鹽運司鹽課司官吏之類〕《전석 권8 9장》

3 감림(監臨)……속여서 : 감림 관리는 염법을 직접 관장하는 직책이므로 소금을 중매하려면 반드시 자기 이름이 아닌 다른 사람의 이름을 사칭해야 한다.

4 돈이나 곡식을 중납(中納)하여 : 전량(錢糧)을 관부(官府)에 납부하여 염인(鹽引)을 신청하여 받는 것이다.〔鹽ノ代ニ錢糧ヲ以テ官司ニ納メ入レテ鹽引ヲ請ヲ中納ト云 吏學指南云 中納以諸物投賣於官也〕《언해 권12 41장》〔中納錢糧とは錢糧を官府へ納めて鹽引を申うくるなり〕《국자해 248쪽》

5 염인(鹽引)이나 감합(勘合) : 염인과 감합 모두 호부에서 발급하는 증문(證文)인데, 감합은 창고의 관리가 발급하고, 염인은 염운사에서 발급한다. 전량(錢糧)을 중납하는 상인이 있으면, 이 전량을 수장(收掌)하는 창고의 관리가 그 상인의 성명과 전량의 수목(數目)을 명백히 장부에 기록하고 감합을 발급하는데, 상인은 이 감합을 가지고 염운사에 간다. 염운사는 감합을 근거로 하여 염인을 발급하고, 상인은 이 염인을 근거로 하여 염장(鹽場)의 소금을 수취하여 판매한다.〔鹽引勘合トモニ戶部ヨリ頒チ給スル證文也但勘合ハ倉庫ノ官吏ヨリ出給ス鹽引ハ運司ヨリ出給ス商人錢糧ヲ中納スル者アレハ收メ掌ル倉庫ノ官吏其商人ノ姓名錢糧ノ數目ヲ明白ニ簿籍ニ登記テ勘合ヲ給與ス此勘合ヲ以テ運司ニ赴ク運司勘合ヲ憑據トシテ鹽引ヲ給與ス此鹽引ヲ以テ憑據トシテ鹽場ノ鹽ヲウケ取テ貨賣スルノ法也〕《언해 권12 41장》 원문의 염인감합(鹽引勘合)은 염인과 감합의 병칭으로 볼 수도 있고, 염인을 발급받기 위한 감합으로 볼 수도 있다.

6 감림(監臨)……침탈하면 : 감림이나 권세 있는 무리가 소금을 중매하면 판매 이익이 늘어날 것이 분명하고, 그만큼 백성의 이익은 줄어들 것이기 때문에 백성의 이익을 침탈한다고 한 것이다.〔監臨勢要 皆人之所畏 此輩中鹽 販利必陪 彼利廣 則民利微 故曰侵奪民利〕《석의 권8 4~5장》

해설

감림 관리나 권세 있는 사람이 소금을 관(官)으로부터 사들이는 중매(中買)를 금지한 규정이다. 송대에 군량이 부족하여, 상인들이 변방에 군량을 공급하면 수도에도 식량 공급을 허용하고 그 값을 좋게 쳐주어 소금을 내주었는데 이를 절중(折中)이라 하며, 이것이 중염(中鹽)의 시초이다. 이 제도가 잘 시행되면 상인은 국가 재정에 보탬이 되고 백성은 관염(官鹽)을 먹을 수 있어 상인과 백성 양쪽 다 이롭게 된다. 만약 염법을 관장하는 감림 관리나 권세 있는 자가 중염에 개입하면 백성의 이익을 침해할 뿐 아니라 염법, 나아가 국가 재정 전반에 해를 끼치게 되므로, 이를 엄히 금하는 것이다. 감림 관리는 염법을 직접 관장하는 직책이므로 소금을 중매하려면 반드시 자기 이름이 아니라 다른 사람의 이름을 사칭해야 하며, 권세 있는 자는 염법을 관장하는 사람이 아니므로 남의 이름을 사칭하지 않고도 소금 중매에 개입할 수 있다. 이 두 행위는 대개 친척이나 가인(家人)을 시켜서 하게 되는데, 149조 염법 1조에 따라 과단(科斷)한다.

7 소금은 관에 들인다 : 반드시 염인과 감합도 추환(追還)하여 거두어들인다. 《집설 권3 118장》

162
염법을 무너뜨림
沮壞鹽法

객상(客商)이 염인(鹽引)과 감합(勘合)[1]을 중매(中買)하여 직접 염장(鹽場)에 가서 소금을 지급받지 않고 중도에서 값을 올려 팖[2]으로써 염법(鹽法)을 무너뜨리면 판 사람과 산 사람 각각 장 80이고, 중개인과 보증인[3]은 1등급을 줄인다. 그 소금과 소금 값으로 치른 돈은 모두 관에 들인다. 포호(鋪戶)[4]가 그것을 사서 나누어 팔면[5] 이 율을 적용하지 않는다.

1 감합(勘合) : 공문서를 발행할 때 문서를 가진 사람이 정당한 소지인인지를 확인하기 위하여 고안된 동일성 식별 방법이다. 예를 들어 갑·을 두 문서를 맞대어 놓고 《천자문(千字文)》의 한 글자를 갑 문서에 문자의 반쪽이, 을 문서에도 문자의 반쪽이 구현되도록 써넣은 다음 갑 문서는 관사가 보관하고 을 문서는 소금의 운송·판매 권리를 중매한 객상에게 건네준다. 그러면 객상은 을 문서를 소지하고 있다가 필요할 때 자신이 관으로부터 소금 거래를 허가받은 사람임을 입증하여 관염(官鹽)을 필요한 만큼 매입할 수 있다. ② 135 那移出納

2 값을 올려 팖 : 객상이 취득한 염인이나 감합을 직접 소금을 수령하는 데 쓰지 않고 다른 사람에게 고가로 파는 것이다. 그것을 사는 사람은 매입한 가격보다 높은 가격에 소금을 판매하게 되므로 전매(轉賣)는 물가를 올리는 요인으로 작용하여 염법의 시행을 무너뜨리는 역할을 하게 된다. 《국자해 249쪽》

3 중개인과 보증인 : 원문의 아보(牙保)는 아인(牙人)과 보인(保人)이다. 아인은 아항(牙行)이라고도 한다. 보인은 보증인이다.〔牙保 牙人保人也 牙ハ卽チ前ノ條例ノ牙行也保ハ此ニ謂ウケ人也〕《언해 권12 43장》 아(牙)는 중개인(broker), 보(保)는 보증인(guarantor)이다. 《GMC 103쪽》《GQC 157쪽》

4 포호(鋪戶) : 저잣거리에서 소규모로 물건을 거래하는 소매 점포(retail shops)이다. 《언해 권12 43장》《GMC 103쪽》《GQC 158쪽》

5 나누어 팔면 : 소규모로 나누어 파는 것이다. 《국자해 249쪽》《언해 권12 43장》

163
사사로이 차를 제조·판매함
私茶

사차(私茶)[1]를 범하면 사염법(私鹽法)과 같게 논죄한다.[2] 이미 검사를 마쳐 모서리를 절단한[3] 퇴인(退引)을 가지고 차밭이 있는 산에 들어가 속임수로 대조하여 차를 받으면 사차로 논한다.[4]

해설

사차를 금하기 위해 제정한 조문으로, 국가가 이권을 총괄하고 국용(國用)을 마련하려는 취지이다. 나라에서 차의 이익을 취하여 쓰는 것은 소금과 마찬가지이므로 사차를 범하면 사염(私鹽)과 똑같이 처벌한다.

1 사차(私茶) : 차(茶) 판매 허가증이 있으면 관차(官茶)이며 없으면 사차이다.《국자해 250쪽》 차의 제조·판매를 시행하는 법은 남경(南京)의 차과사(茶課司)에서 호부이 차인(茶引)과 감합(勘合)을 중매(中買)하여 객상에게 주어 차화(茶貨)를 수령할 때 대조한다. 이 차인과 감합이 있으면 비로소 관차가 된다.〔行茶之法 亦於在京茶課司 中買戶部茶引勘合 付客商收照 有此勘合 方爲官茶〕《소의(상) 539~540쪽》

2 사차(私茶)를……논죄한다 : 장 100 도 3년이며, 죄를 더하고 줄이는 것도 사염법과 같다.〔凡有私茶者 卽同私鹽法論罪 杖一百徒三年 其有所加減 亦如之〕《집설 권3 119장》 차화의 이익은 염화(鹽貨)와 같으므로 차법(茶法)도 염법(鹽法)과 같다.〔茶貨之利 與鹽貨同 故茶法 亦與鹽法同〕《석의 권8 5장》

3 모서리를 절단한 : 관사 한 곳에서 조사를 거치면 종이로 된 허가장의 한 곳을 잘라 버리는데 이는 거듭 사칭하는 폐단을 혁파하기 위함이다.〔截角者 凡經過官司一處驗過 將引紙截去一角 所以革重冒之弊也〕《집설 권3 120장》

4 이미……논한다 : 퇴인은 규례상 관에 반납해야 하며, 차를 판매하는 데 다시 사용해서는 안 된다. 만약 차인이 없는 사차를 판매하는 죄를 범하면 사염법과 같게 장 100 도 3년으로 논죄하며, 차화·수레·배·가축은 모두 관에 들인다.〔引已經官驗過截角 卽爲退引 例當繳官 不許重冒照茶 此行茶一定之法也 若有犯興販無引私茶者 同私鹽法論罪 杖一百徒三年 茶貨車船頭匹竝須入官〕《집해 861쪽》

164
사사로이 명반을 제조·판매함
私礬

사사로이 명반(明礬)을 구워[1] 판매하면 사염법(私鹽法)과 같게 논죄한다.

해설
명반은 그 이익이 비록 적지만 관에 예속시키려는 것은, 만약 사사로이 명반을 굽도록 하면 국가의 재정이 어그러질 뿐만 아니라 백성들의 이익 쟁탈을 야기할 수 있기 때문이다. 《대명회전》을 살펴보면, 1370년(홍무3) 영(令)에 여주부(廬州府)의 황돈곤산(黃皦崑山)과 안경부(安慶府)의 동성현(桐城縣)에 매년 명반 27만 700근(斤)을 부과하고 3근을 1인(引)으로 삼아 관에서 공역 비용인 공본전(工本錢) 150문(文)을 지급하게 하였는데, 이것이 명반 과세의 설립 유래이다.

1 사사로이 명반(明礬)을 구워 : 관에서 허가받지 않은 가마에서 굽거나 새로 광산을 열어 구운 명반으로 관에 보고하여 세금을 내지 않은 것을 말한다.〔私煎 謂不係燒礬窯廠 及新開山燒礬而不報官辦果者 皆是〕《집해 865쪽》

165
세금을 숨김
匿稅

165-1 객상(客商)이 세금을 숨기거나, 술·초(醋)를 파는 집에서 정해진 세금을 내지 않으면[1] 태 50이다. 물화(物貨)와 술·초의 절반을 관에 들인다. 관에 들인 물화는 10등분하여 3분은 신고한 사람에게 상으로 준다. 무관(務官)[2]이나 찬전(攢典)·난두(攔頭)[3]가 직접 잡으면 상을 주지 않는다. 객상이 관문(關門)에 들어갈 때 인(引)을 제시하지 않으면[4] 익세법(匿稅法)과 같게 처벌한다.[5] 술이나 초를 빚어 자신이 쓰는 것은 이 규정을 적용하지 않는다.[6]

1 정해진……않으면 : 제색인(諸色人) 등이 술이나 누룩을 주조하여 판매할 때에는 반드시 세무 아문에 가서 세금을 내야만 판매를 허락한다. 위반하면 모두 세금을 숨긴 것으로 과단(科斷)한다.〔凡諸色人等 踏造酒麯貨賣者 須要赴務投稅 方許貨賣 違者 幷依匿稅科斷〕《大明令 戶令 和雇和賣 12쪽》

2 무관(務官) : 상인이 왕래하는 중요한 길목에 관사를 두어 세금을 거두는 곳을 무(務)라고 한다. 무관은 무의 일을 관장하는 관원이다.〔商人往來スル關隘ノ處ニ於テ官司ヲ置キ稅ヲ收ル所ヲ務ト云務官ハ務ノ事ヲ管掌スル官員ヲ云〕《언해 권12 56장》

3 찬전(攢典)·난두(攔頭) : ② 138 錢糧互相覺察

4 인(引)을 제시하지 않으면 : 인은 객상의 물화를 보고한 문서로, 관부에서는 이것에 근거해서 조사한다. 적인(吊引)은 다른 지방의 상인이 물화를 운반하거나 혹은 지역의 관문을 들어갈 때 수송 물화에 대한 매매 허가증인 인목(引目)을 제시하여 관문의 관리가 보게 하는 것인데, 적(吊)은 문서를 내게 한다는 뜻이다. 관에서 발행하지만 실제는 객상이 물화 내역을 열거하여 보고한 것이다.〔引者 客商報貨之引 官府據之以照查 吊者 吊取文書之吊 雖官行而實由客商開報也〕《집설 권3 122장》

5 익세법(匿稅法)과 같게 처벌한다 : 객상이 판매하는 물화는 분량에 따라서 세금을 납부하고 관사의 확인을 받은 후에 매매하는 것이 허락된다. 만약 물화를 가지고 관사에 알리지 않고 사적으로 판매하면 세금을 숨긴 것이다.〔客商ノ販賣ル貨物ハ其多少ニ隨テ稅ヲ納メ官司ノ批驗ヲ經テ後に賣買スルコトヲ許ス若貨物ヲ以テ官司ニ報セス{ズ}シテ私ニ賣ル者ハ稅ヲ匿ス也〕《언해 권12 54~55장》

165-2 소나 말[7]을 사고도 세계(稅契)하지 않으면[8] 죄가 또한 같다.[9] 이어 산 사람에게서 값을 추징하여 절반을 관에 들인다.

6 술이나……않는다 : 술이나 초를 빚어서 자신이 사용한 자는 원래 이익을 구하는 마음이 없기 때문에 세금을 납부하는 규정을 적용하지 않는다.〔其造酒醋自用者 原無求利之心 故不在納課之限〕《집해 868쪽》

7 소나 말 : 원문의 두필(頭疋)은 우마(牛馬)이다. 소를 몇 두라고 칭하고 말을 몇 필이라고 말하기 때문이다.〔牛馬也 牛ヲ幾頭ト稱シ馬ヲ幾疋ト云ヲ以也〕《언해 권12 57장》

8 세계(稅契)하지 않으면 : 세계는 노비・우마・전택 등을 매매할 때 관에 일정한 세금을 납입하면 관에서 교부해 주는 '계인(契印)을 찍은 납세 영수증'이다. 계(契)는 손의 형상인데, 《정자통(正字通)》에서 계는 약속이라고 하였다. 우마를 살 때는 사는 사람과 파는 사람이 손의 모양을 그린 문서를 세워서 증거로 삼고 그 계약을 관사에 보고하며 값의 다소에 따라서 세금을 납부한다.〔契 手形也 正字通云 契約也……牛馬ヲ買時は買主賣主手形ヲ書立テ證據ト其契ヲ以テ官司ニ報シテ價ノ多少ニ隨テ稅ヲ納ル也〕《언해 권12 57~58장》 ② 101 典賣田宅

9 죄가 또한 같다 : 우마를 사고도 세계하지 않으면 관을 속인 것이므로 익세율(匿稅律)과 같게 태 50으로 처벌한다.〔若買頭匹而不稅契 亦係欺官 故坐罪 亦如匿稅之律〕《집해 869쪽》

166
항해하는 객상이 물화를 숨김
舶商匿貨

166-1 항해하는 객상(客商)은 선박이 해안에 이르면 즉시 물화(物貨)의 명세를 빠짐없이 관(官)에 보고하고 일부를 세금으로 낸다.[1] 항구에 인접한 지역의 상인이나 중개인의 집에 쌓아 두고 보고하지 않으면 장 100이다.[2]

166-2 비록 보고하였더라도 빠뜨린 것이 있으면 죄가 또한 같다. 물화는 모두 관에 들인다.[3] 물화를 숨겨 준 사람도 같은 죄이다. 고발하여 체포・압수하게 하면[4] 관에서 상으로 은 20냥을 준다.

해설

객상이 연안이나 항구에 정박하였을 때 화물의 양을 관에 사실대로 보고하여 현물세를 내야 하는데, 화물을 토착 상인이나 중개인에게 맡겨 숨겨 둔 채 보고하지 않을 경우, 당사자와 이를 숨겨 준 자들에 대한 처벌 규정이다. 이 또한 익세(匿稅)이지만 항해하는 객상은 대체로 화물이 많고 그 이

1 물화(物貨)의……낸다 : 납세는 물화를 헤아려 은을 내게 하여 그 절색(折色)으로 징수하는 것이고, 추분(抽分)은 물화 중에서 뽑아서 나누어 그 본색(本色)으로 징수하는 것이다.〔納稅者 量貨出銀 征其折色也 抽分者 就物貨中推而分之 征其本色也〕《집설 권3 123장》

2 장 100이다 : 물화를 숨기면 이익이 커서 세금을 숨기는 것에 비교해 볼 때 실정이 같지 않으므로 처벌이 무거운 것이다.〔匿貨利大 視匿稅情自不同 罰故重也〕《부례(상) 473쪽》

3 물화는……들인다 : 빠뜨린 수량을 관에 들이는 것이므로 전체를 보고하지 않았으면 전체를 관에 들인다.〔物貨幷入者 如報不盡之數入官 全不報 則全入官也〕《부례(상) 473쪽》

4 고발하여 체포・압수하게 하면 : 보고하지 않았거나 보고하되 빠뜨림이 있는 것 둘 다에 해당한다.〔告獲給賞句 兩承不報及報不盡說〕《부례(상) 473쪽》

익도 그만큼 큰 데다가 외번(外番)에서 기찰(譏察)하는 뜻도 고려하여 165조 익세에 비하여 더욱 엄하게 다스려 처벌도 중하게 하였다.

167
인호가 세금을 완납하지 않음
人戶虧兌課程

167-1 민간은 1년 단위로 차세 · 염세 · 상세 등의 각종 세금을 법대로 납부해야 한다.[1] 연말이 되었는데도 완납하지 못하면, 부족한 액수를 계산해서 10등분하여 1분이면 태 40이고 1분마다 1등급을 더하되 죄는 장 80에 그친다. 미납한 세금은 추징하여 관에 들인다.

167-2 차운사(茶運司)[2] · 염운사(鹽運司) · 염장(鹽場) · 차국(茶局) 및 세무(稅務) · 하박소(河泊所)[3] 등의 관원이 세금을 전념하여 징수하지 않아, 연말에 전년과 비교하여 거둔 세금의 액수에 결손이 있으면[4] 역시 10등분하여[5] 1분이면 태 50이고 1분마다 1등급을 더하되 죄는 장 100에 그친다. 모자라는 세금은 해당 관원에게 추징하여 보충해서 관에 들이도록 조치한다.[6]

1 법대로 납부해야 한다 : 원문의 액판(額辦)은 정해진 액수에 따라 마련하여 납부하는 것이다.〔額辦定額ノ數ニ依テ辦納スルヲ云〕《언해 권12 62장》

2 차운사(茶運司) : 명 건국 초에 설치되었다가 나중에 혁파되었다〔國初有茶運司 今革〕《석의 권8 7장》

3 차국(茶局)……하박소(河泊所) : 차국은 차의 세금을 취하는 관부, 세무는 일체의 상세를 취하는 관부, 하박소는 어세(漁稅)를 취하는 관부이다.〔茶局は茶の運上をとる官府なり稅務は總じての商稅をとる官府なり河泊所は魚の運上をとる官府なり〕《국자해 253쪽》

4 결손이 있으면 : 원문 휴태(虧兌)의 태(兌)는 결(缺)로, 《주역(周易)》〈태괘(兌卦)〉에 나오는 상결(上缺)의 뜻에서 따온 것이다. 휴태는 모자라서 정해진 액수를 채우지 못한 것을 이른다.〔虧兌ノ兌ハ缺ナリ兌卦上缺ノ意ニトル虧兌ハ虧欠シテ額ニ滿チタラサルヲ云〕《언해 권12 62장》

5 10등분하여 : 예컨대 염운사에서 전년에 통틀어 소금 10만 인(引)을 징수하였을 때, 이를 10등분하여 이듬해에 9만 인을 징수하는 데 그치면 이것이 1분이 부족한 것이다.〔且如運鹽司上年通辦鹽十萬引 約爲十分 下年止辦九萬引 是爲虧兌一分也〕《강해 216쪽》

6 차운사(茶運司)……조치한다 : 각 관원이 세금을 징수할 때 인호(人戶)를 기준으로 하면

167-3 세금을 감추고 속이거나, 횡령하거나, 빌려 쓰면[7] 모두 장(贓)을 계산하여 감수자도(監守自盜)[8]로 논한다.

해설

각종 세금을 납부·징수할 때 정해진 액수를 채우지 못한 경우에 대한 처벌을 규정한 조문이다. 과정(課程)은 일정한 기한 내에 관에 납부하도록 백성에게 부과되는 돈이나 물품 일체를 이른다. 1항에서는 백성의 세금 미

인호의 증감에 따라 징수하는 세금에 많고 적음이 있게 된다. 그러므로 전년을 기준으로 삼는 것이다. 전년의 액수를 10등분하여 논죄해야 하나, 추징하여 보충하는 것은 각 관원에게 책임 지울 뿐, 인호에게 추징하는 것은 아닌 듯한데, 추가적인 고찰이 필요하다.〔各官辦課有額 應以額數爲考成分數 何以比附上年 辦課不足額 必應論罪 若上年不足 又可比附乎 竊謂人戶有額 經管官無額 人戶有增感 則官課有多少 不能定額也 故以上年爲準 其義可見 似應以上年之數 作十分論罪 而追補亦止着落各官 非追徵人戶也 俟考〕《집주(상) 362쪽》《집주》는 2항에 대해 의문을 제기하고 있다. 세액은 그해의 사정을 감안하여 결정해야지 전년과 비교하는 것은 부적절하다는 것이다. 그러나 1항과 2항에서 표현이 미묘하게 다른 것을 보면 입법자의 의도가 있을 것으로 추측할 수 있다. 해마다 세액이 달라진다고 세금 징수를 맡은 관리를 독려할 기준을 세우지 않는다면 세수(稅收)에 결손을 초래하여 국가 재정에 큰 문제가 될 수 있기 때문이다. 그래서 전년의 세액을 기준으로 삼아 담당 관리에게 책임 지운 것으로 추측할 수 있다. 그런데 이 2항은 인호가 아니라 담당 관리에게 책임 지우는 것이다. 《집주(상) 362쪽》 그런데 《전석》은 이 마지막 문장을 비판하고 있다. 인호가 내야 할 세금을 완납해도 세액에 결손이 생겼다면 담당 관리가 착복하였다는 뜻이고 그러면 감수자도(監守自盜)로 논해야 할 텐데, 여기서 태 50부터 장 100까지로 처벌한다는 것은 인호가 내야 할 세금을 완납하지 않았다는 의미이고, 그렇다면 결국은 인호에게 책임 지워 징수하게 된다는 것이다. 《전석 권8 16장》

7 감추고……쓰면 : 《집설》·《집해》·《언해》·《집주》에서는 은만(隱瞞)하여 침기(侵欺) 또는 차용(借用)하는 것으로 보았고, 《소의》에서는 은만·침기·차용 세 가지 행위가 병치된 것으로 보았다. 《집주》의 설명에 따르면 3항 은만·침기·차용의 주체는 인호일 수도 있고 관리일 수도 있다는 것이나〔故加圈以總承上二節言 觀不言官吏 而但曰若有 其義可知〕《집주(상) 362쪽》《집설》·《집해》·《언해》 등의 다수 주석서에서는 2항의 관원으로 보고 있다.(② 133 私借錢糧 ② 136 庫秤雇役侵欺 ② 138 錢糧互相覺察 ② 144 損毁倉庫財物 ② 145 轉解官物 ② 147 守掌在官財物 ② 148 隱瞞入官家產) 본 번역문은 은만·침기·차용을 병렬로 보는 입장을 취하였다.

8 감수자도(監守自盜) : ③ 287 監守自盜倉庫錢糧

납에 대한 처벌을, 2·3항에서는 관리의 세금 징수 결손에 대한 처벌을 규정하였다. 백성에게는 납부할 액수가 그해의 상황에 따라 정해지고, 세금을 징수하는 관리에게는 전년의 징수액이 기준으로 상정된다. 두 경우 모두 이렇게 정해진 액수를 10등분하여 미납액이 1분 증가할 때마다 등급을 올려 처벌한다.

대명률직해

제9권 호율戶律 전채錢債

전채 錢債

〈전채〉는 한(漢)·진(晉) 이후 그 제도를 상고할 수 없다. 수(隋) 개황(開皇) 연간(581~600)에 〈잡률(雜律)〉에 속하였고, 당(唐)에서도 계승하였다. 당제(唐制) 중 〈잡률〉의 당률 397조 수기물첩비용(受寄物輒費用), 398조 부채위계불상(負債違契不償), 399조 부채강견재물(負債强牽財物), 447조 득숙장물은이불송(得宿藏物隱而不送), 448조 득란유물불송관(得闌遺物不送官) 등이 〈전채〉의 원형에 해당한다.

명대(明代)에 이르러 〈호율(戶律)〉에서 별도의 편목(篇目)을 세웠다. 당률 398조 부채위계불상과 399조 부채강견재물에 규정을 보완하여 168조 위금취리(違禁取利)로 만들었다. 당률 447조 득숙장물은이불송, 448조 득란유물불송관은 170조 득유실물(得遺失物)로 합쳤고, 당률 397조 수기물첩비용은 169조 비용수기재산(費用受寄財産)으로 하였으며, 이를 묶어 〈전채〉라 하였다. 모두 3조이다.

168
금령을 어기고 이자를 받음
違禁取利

168-1 사사로이 돈을 빌려주거나[1] 재물을 전당(典當)[2] 잡을 때, 매달 받는 이자는 모두 3푼(分)[3]을 넘을 수 없다. 시간이 비록 오래 지나더라도 이자는 원금보다 더 많이 받을 수 없다.[4] 어기면 태 40이다. 더 받은 이자[5]는 장(贓)을 계산하여 죄가 무거우면[6] 좌장(坐贓)[7]으로 논하되, 죄는 장 100에 그친다.[8]

1 돈을 빌려주거나 : 원문의 방전채(放錢債)는 전(錢)을 타인에게 빌려준 뒤 이자를 받는 것이다. 《언해 권13 2장》

2 전당(典當) : 재물은 있는데 돈이 필요한 사람, 돈을 빌려주고 이자를 받고 싶은 사람이 있을 때 전당이 행하여진다. 돈이 필요한 사람은 재물을 전주(典主)에게 넘겨준 후 돈을 꾸고, 돈을 꾸어 주는 사람은 재물을 전당 잡아 원리금을 상환하지 않을 때 그 재물을 시장에서 환가(換價)할 수 있다. 돈을 꾼 사람이 기한 내에 원리금을 상환하면 전당물을 회수할 수 있다. 《언해 권13 2~3장》

3 3푼(分) : 예를 들어 원금이 1000문(文)이면 1개월 이자는 3퍼센트인 30문에 그치는 따위이다.〔如本錢一千文 月利止三十文之類〕《집설 권3 125장》

4 시간이……없다 : 예를 들어 돈 1관을 빌려주면 매달 이자 30문을 받는데, 33개월 10일이 되면 이자가 1관이 되어 이자와 본전(本錢)이 서로 같아진다. 이를 일본일리(一本一利)라 한다. 이자와 본전이 서로 같기에 이르면 비록 세월이 오래 지나도 이자를 받을 수 없다.〔如借錢一貫 每月取利錢三十文 計三十三箇月零十日 則利錢已滿一貫 利錢與本錢相停 是謂一本一利 到得利本相停 雖年月之多 亦不得復援每月三分之例而算取其息也〕《전석 권9 1장》 이는 공식적인 금령이다.〔此 公禁也〕《집설 권3 125장》

5 더 받은 이자 : 금지 제한을 어기고 3푼 이상의 이자를 받거나 이자가 본전을 넘은 것을 말한다.〔違禁取利 卽違此禁限取利 三分以上 及利錢過於本錢〕《전석 권9 1장》

6 죄가 무거우면 : 태 40보다 죄가 무거운 것이다.

7 좌장(坐贓) : ④ 368 坐贓致罪

8 죄가……그친다 : 30관이면 태 50이고 10관마다 1등급을 더하되 80관 이상이면 장 100에 그친다.〔罪有重于笞四十者 以坐贓致罪論 三十貫笞五十 每十貫加一等 至八十貫之上 罪止杖一百〕《집설 권3 125장》

168-2 감림 관리가 관할 내에서 돈을 빌려주거나 재물을 전당 잡으면 장 80이다.[9] 금령을 어기고 이자를 받으면, 더 받은 이자는 장을 계산하여 죄가 무거우면[10] 불왕법(不枉法)[11]으로 논한다.[12]

168-3 더 받은 이자는 모두 추징하여 주인에게 지급한다. 사채(私債)를 진[13] 자가 약속을 어기고 돌려주지 않으면 다음과 같이 처벌한다. 5관(貫) 이상은 3개월을 어기면 태 10이고[14] 1개월마다 1등급을 더하되, 죄는 태 40에 그친다. 50관 이상은 3개월을 어기면 태 20이고 1개월마다 1등급을 더하되, 죄는 태 50에 그친다. 250관 이상은 3개월을 어기면 태 30이고 1개월마다 1등급을 더하되, 죄는 장 60에 그친다. 원금과 이자를 모두 추징하여 주인에게 지급한다.

168-4 호강하며 권세 있는 사람이 관사에 아뢰지 않고 사채를 이유로 타인의 가축이나 산업(産業)[15]을 강제로 빼앗아 가면 장 80이다.[16] 시가(時

9 감림……80이다 : 감림 관리가 관할 구역의 백성에게 금령 이상의 이자를 받지 않더라도 금령을 범하기만 하면 장 80이다. 감림의 체통을 잃었기 때문이다.〔若監臨官吏於所部民 不必多取餘利 但有犯卽杖八十 以其失監臨之體也〕《집설 권3 125장》

10 죄가 무거우면 : 장 80보다 죄가 무거운 것이다.

11 불왕법(不枉法) : ④ 367 官吏受財

12 금령을……논한다 : 유록인(有祿人)은 30관, 무록인(無祿人)은 40관이면 모두 장 90이고, 10관마다 1등급을 더하되 죄는 장 100 유 3000리에 그친다. 감림의 권세를 부렸기 때문이다.〔罪有重于杖八十者 依不枉法論 有祿人三十貫無祿人四十貫 竝杖九十 每十貫加一等 罪止杖一百流三千里 以其挾監臨之勢也〕《집설 권3 125장》

13 사채(私債)를 진 : 부흠(負欠) 즉 사채를 졌다는 것은 빌린 후 기한 내에 완납하지 못한 것에 국한되는가와 기한 내라 하더라도 부채가 있으면 곧 부흠인가라는 문제가 있다. 《집주》에서는 민간 사채에는 반드시 변제 기한이 있으므로 원래 약속한 기한 내에 변제하지 못하더라도 3개월에 미치지 않으면 논하지 않는다고 하여 전자에 가깝게 보았고,〔其民間私債 必有歸還期約 其負欠私債 有故違原約之期不還 未至三月 弗論〕《집주(상) 366쪽》 조선왕조실록의 부흠의 용례도 이와 같다. 《GQC 161쪽》도 전자에 가까운 번역이나 《GMC 105쪽》은 후자도 부흠에 포함되는 것처럼 번역하였고, 《언해 권13 6장》의 주석은 어느 쪽인지 확실하지 않다.

14 5관(貫)……10이고 : 빚진 것이 5관에 미치지 않거나 기한을 어긴 것이 3개월에 미치지 않으면 처벌하지 않는다.〔所負不及五貫 所違未及三月者 不坐〕《집설 권3 125장》

價)를 조사해 보아[17] 원금과 이자를 넘으면, 더 많이 받은 재물을 계산하여 좌장으로 논하고, 더 많이 받은 액수만큼 추징하여 돌려준다.[18]

168-5 타인의 처·첩이나 자녀로 준절(準折)[19]하면 장 100이다. 강탈하면 2등급을 더한다.[20] 이로 인하여 부녀자를 간음하여 차지하면 교형이다. 사람은 가족에게 돌려보내고,[21] 사채는 추징을 면해 준다.

직해 사사로이 돈이나 재물을 꾸어 주거나 돈이나 재물을 전당 잡아 매달

15 산업(産業) : 전포(田圃)·산림(山林)·가옥 따위이다.《언해 권13 7장》

16 호강하며……80이다 : 이자를 금령 이상으로 많이 받지 않았더라도 남의 것을 빼앗아 자기를 살찌게 하는 정도가 심하므로 장 80이다. 이자를 많이 받지 않았으면 속전(贖錢)을 내는 것을 들어주고 추징하지 않는다.〔雖非多取餘利 其剝人肥己 亦甚矣 杖八十 利不多餘者 聽贖不追〕《집설 권3 126장》

17 시가(時價)를 조사해 보아 : 어떤 재물을 매매할 당시의 시가(市價)를 조사하는 것이다.《언해 권13 7장》

18 더 많이 받은 재물을……돌려준다 : 빼앗은 가축이나 산업의 값을 계산하여 월 이자가 3푼을 넘거나 연 이자가 원금을 넘으면, 3푼이나 원금보다 더 많이 받은 재물을 계산하여 장(贓)으로 보아, 죄가 장 80보다 무거우면 368조 좌장치죄(坐贓致罪)로 논죄한다. 더 많이 받은 재물이 70관이면 장 90이고, 500관 이상에 이르면 죄는 장 100 도 3년에 그친다. 더 많이 받은 액수만큼 추징하여 주인에게 돌려준다.〔若估其所奪畜産之價 或月利過三分 年利過本利者 計所多餘之物爲贓 罪有重于八十者 以坐贓致罪論 七十貫杖九十 至五百貫以上 罪止杖一百徒三年 仍依多餘之數 追給還主〕《집설 권3 126장》

19 준절(準折) : 본래의 재물이 아닌 다른 재물로 바꾸어 지급하는 것으로, 현대의 대물 변제(代物辨濟)이다. 돈을 빌리면 돈으로 갚는 것이 원칙이지만 채무자에게 갚을 돈이 없으므로 채무자와 채권자가 가축이나 전택(田宅)으로 바꾸어 갚을 것을 합의할 수 있다. 이때 가축이나 전택을 어떤 비율로 환산하여 원리금에 충당할 것인지가 문제가 되는데 채무자와 채권자 모두가 납득하는 환산 비율, 즉 준절을 정하여 다른 재물로 바꾸어 지급하는 것이 순리일 것이다. 처·첩이나 자녀는 사람인데 재물을 사람으로 준절하기 때문에 장 100의 형벌이 부과되는 것이다.《언해 권13 8장》 채무자가 채권자의 준절 요구에 동의한다 하더라도 이는 순수한 동의가 아닌 경우가 많을 것이다.《집주(상) 367~368쪽》

20 강탈하면 2등급을 더한다 : 처·첩이나 자녀로 준절하는 것과 비교하면 그 죄상이 더욱 심하므로 2등급을 더하여 장 70 도 1년 반이다.〔比之準折 其勢益甚矣 加二等 杖七十徒一年半〕《집설 권3 126장》

21 사람은 가족에게 돌려보내고 : 부인은 남편에게 돌려보내고, 딸은 아버지에게 돌려보내므로 급친(給親)이라고 한 것이다.〔婦歸其夫 女歸其父 故曰給親〕《집설 권3 66장》

이자를 받을 때 3푼을 넘지 못한다. 시간이 비록 오래 지났어도 원금만큼의 이자〔一本一利〕를 넘게 받을 수 없다. 이를 어기면 태 40이며, 규정 이상의 이자에 대해 수량을 계산하여 무거우면 좌장으로 논하고 장 100을 한도로 한다.

○ 감림 관리가 관할 구역 내에서 돈이나 재물을 꾸어 주거나 전당 잡으면 장 80이다. 금령을 어겨 따르지 않고 이자를 취하면, 규정 이상의 이자에 대해 수량을 계산하여 무거우면 불왕법장의 예로 논죄하고, 규정 이상의 이자는 모두 추징하여 본래 주인에게 되돌려 준다.

○ 남의 돈이나 재물을 빌리고 정해진 달 안에 되갚지 않을 경우,[22] 5관 이상을 3개월 동안 기한을 어겨 갚지 않으면 태 10이고 1개월마다 1등급을 더하되 태 40을 한도로 한다. 50관 이상을 3개월 동안 기한을 어겨 갚지 않으면 태 20이고 1개월마다 1등급을 더하되 태 50을 한도로 한다. 250관 이상을 3개월 동안 기한을 어겨 갚지 않으면 태 30이고 1개월마다 1등급을 더하되 장 60을 한도로 한다. 모두 원금과 이자를 추징하여 본래 주인에게 준다.

○ 세력 있는 사람이 관사에 고하지 않고 사사로이 빌려준 여러 가지 물품의 값어치에 대해, 남의 우마나 가산을 강탈하면 장 80이고, 시가를 계산하여 원금과 이자보다 더 남겨서 받으면 초과 액수를 계산하여 좌장으로 논죄하며, 그 초과한 액수만큼 추징하여 돌려준다.

○ 빌린 사람의 처자식을 값을 매겨서 부려 쓰면 장 100이다. 강제로 겁탈하면 2등급을 더한다. 이로 인하여 남의 부녀자를 통간하면 교형으로 죽이며, 부녀자는 주인에게 돌려보내고 빌려준 물품은 징수를 면해 준다.

22 되갚지 않을 경우 : 원문은 환진(還鎭)인데, 《대명률직해》 조선총독부 교정본에서는 환전(還錢)의 잘못일 것으로 추정하였다. 혹은 전(塡)으로 보아 되돌려 메우지 못한다는 뜻으로 해석할 수도 있겠다.

•••

사채 이자율

이자율은 전당 기간이 길고 빌리는 돈이 많고 전당물이 비쌀수록 낮고, 전당 기간이 짧고 빌리는 돈이 적고 전당물이 쌀수록 높다. 지역 사회에서 공인된 대규모 전당업자는 담보 물건 및 상환 능력을 감안하여 대출 심사를 까다롭게 하는 경향이 있으므로, 이런 데서 돈을 빌리지 못한 사람은, 모험적인 영업을 해서라도 고객을 끌어모아야 하는 영세 전당업자를 찾게 된다. 그런데 소규모 전당업자일수록 빌려준 돈을 돌려받지 못하여 도산할 위험이 크므로 이에 대비하여 이자율을 높게 책정하는 경향이 있다. 특히 외지에서 온 영세 전당업자들이 높은 이자율을 책정하여, 이로 인해 고통받는 백성이 늘어나게 되자 국가에서 이자율을 법으로 규정하였다.

전통 중국에서 사채 이자율은 월 5~6퍼센트(당대)에서, 4퍼센트(송대), 3퍼센트(원대)로 축소되었다. 명・청대에는 원대의 이율을 답습하였는데, 이자율이 월 3퍼센트를 넘을 수 없고, 전당 기간이 아무리 길더라도 이자 총액이 원금을 넘을 수 없다고 규정하고 있다. 그러나 이런 법정 이자율이 항상 지켜진 것은 아니고, 실제로 채택된 이자율은 지역에 따라 전당업자에 따라 차이가 있다. 이자는 매달 납부하는 방식이 일반적이다. 채무자가 이자를 매달 꼬박꼬박 납부하지 못하였을 때, 전당업자는 원금에 미납 이자를 더하여 이를 바탕으로 그 후의 이자를 산정하는 복리법(複利法)을 채용하기도 하였는데, 국가에서 이를 금지하는 조치를 취하기도 하였다.

흥미 있는 부분은 자력 구제(自力救濟, self-help) 곧 채무자가 갚지 않을 때 채권자가 관의 힘을 빌리지 않고 스스로 변제받는 것이 허용되는지 여부이다. 근대의 사법 제도에서 자력 구제는 금지되어 있어 채권자는 민사소송을 제기하여 국가의 힘을 빌려 강제로 채권을 실현할 수 있다. 물론 채무자에게 변제 능력이 있을 때에 한한다. 168조 4항의 "권세 있는 사람이 관사에 아뢰지 않고 사채의 변제조로 타인의 가축이나 산업을 강제로 빼앗아 가면 장 80"이란 조문이 관사에 고하여 허락을 받으면 일본일리(一本一利)의 범위에서 자력 구제가 가능한 것을 염두에 둔 것인지 검증이 필요하다.

169
맡은 재물이나 가축을 소비하거나 사용함
費用受寄財産

타인의 재물[1]이나 가축[2]을 맡았는데 멋대로 소비하거나 사용하면 좌장(坐贓)으로 논하되 1등급을 줄인다.[3] 죽거나 잃어버렸다고 거짓말하면 절도에 준하여 논하되 1등급을 줄인다.[4] 모두 그 물건을 추징하여 주인에게 돌려준다.[5] 수해・화재・도적을 맞아 없어졌거나 가축이 병으로 죽었을 경우, 확실한 증거가 있으면 논하지 않는다.[6]

직해 남의 재물이나 우마를 맡아 써 버리면 장죄로 논하되 1등급을 줄인

1 재물 : 은전(銀錢)・포백(布帛)・미곡(米穀)・복식(服食)・기용(器用)과 같은 따위이다.〔財物 如銀錢布帛米穀服食器用之類〕《집설 권3 128장》

2 가축 : 말・낙타・노새・나귀・소・양과 같은 따위이다.〔畜産 如馬駝騾驢牛羊頭疋之類〕《집설 권3 128장》

3 멋대로……줄인다 : 아직 상환하려는 뜻이 있으므로 좌장으로 논하되 1등급을 줄인다. 가령 좌장에서 장물이 1관 이하이면 태 20인데 1등급을 줄이면 태 10이다. 500관 이상에 이르면 죄는 장 90 도 2년 반에 그친다.〔猶有賠償之心也 故坐贓論 減一等 如坐贓一貫以下者笞二十 減一等則笞一十 至五百貫之上 罪止杖九十徒二年半〕《집해 888쪽》

4 죽거나……줄인다 : 속이고 훔치려는 뜻이 있으므로 절도에 준하여 논하되 1등급을 줄인다. 가령 절도한 장물이 1관 이하이면 장 60인데 1등급을 줄이면 태 50이다. 100관 이상에 이르면 죄는 장 100 도 3년에 그친다.〔有欺騙之意也 故準竊盜論 減一等 如竊盜一貫以下者杖六十 減一等則笞五十 至一百貫之上 罪止杖一百徒三年〕《집해 888쪽》 ③ 292 竊盜

5 모두……돌려준다 : 멋대로 소비하거나 사용한 것과 죽거나 잃어버렸다고 거짓말한 것 두 가지를 받아 말한 것이다.〔竝追物還主 承輒費用及詐言死失二項言〕《집해 888쪽》

6 논하지 않는다 : 죄를 다스리지 않으며 또한 추징하여 배상하지도 않는다. 일이 예상하지 못한 데서 발생하였고 기탁을 받은 사람의 잘못이 아니기 때문이다.〔不坐罪 亦不追賠 事出不測 非受寄者之過也〕《집주(상) 370쪽》 144조에서는 "도적이 위협과 폭력으로 빼앗으면 죄를 면해 주고 배상하지 않는다."라고 하였으나, 여기서는 단지 도적을 맞아도 논죄하지 않는다고 하였는데, 기탁받은 물건은 주수(主守)가 지키는 관물과는 같지 않기 때문이다. ② 144 損毀倉庫財物

다. 사고로 죽었거나 잃어버렸다고 거짓으로 칭하면, 절도의 예에 준하여 논하되 1등급을 줄이고, 본 물품은 추징하여 주인에게 되돌려 준다. 수해·화재·도적에 의해 분실하였거나 우마 등이 병으로 죽었는데 드러난 자취가 명백하면 논죄하지 않는다.

해설

기탁받은 타인의 재물이나 가축의 관리에 대한 규정이다. 기탁받은 재물이나 가축을 기탁자의 허락 없이 제멋대로 써 버리거나 잃어버렸거나 죽었다고 하는 경우, 기탁받은 재물이나 가축은 외부에서 취한 것과는 다소 다르므로 좌장과 절도에 준하는 것으로 논하고 모두 1등급을 줄인다. 수해·화재·도적을 맞아 없어졌거나 가축이 병으로 죽었다는 확실한 증거가 있으면 논죄하지 않는다.

170
유실물을 습득함
得遺失物

170-1 유실물(遺失物)을 습득하면 5일 안에 관에 보내야 한다. 관물(官物)이면 관에 돌려준다. 사물(私物)이면 잃어버린 사람을 불러 확인하게 하고,[1] 그중 절반은 물건을 습득한 사람에게 상으로 주고, 절반은 물건을 잃어버린 사람에게 돌려준다. 만일 30일 안에 유실물을 확인하는 사람이 없으면 습득한 사람에게 모두 준다. 습득한 유실물을 5일의 기한이 지나도록 관에 보내지 않으면, 관물은 좌장(坐贓)으로 논한다.[2] 사물은 2등급을 줄이고,[3] 그 물건의 절반은 관에 들이며, 절반은 주인에게 돌려준다.[4]

170-2 관유지나 사유지에서 땅을 파다가 매장된 물건을 습득하면 모두 거두어 쓸 수 있게 해 준다.[5] 고기(古器)·종정(鍾鼎)·부인(符印)[6] 등 범

1 확인하게 하고 : 원문의 식인(識認)은 물건의 모양을 기억하고 있어서 눈으로 보면 알아차려서 바로 이것이라고 하는 것이다.〔識ハ能別識也認ハ辨識也物ノ形象ヲ心ニヲボユル所アツテ眼ヲ經レハ卽チ見トメテ是ナリト識ルヲ認識ト云也〕《언해 권13 20장》

2 좌장(坐贓)으로 논한다 : 1관 이하는 태 20이고, 500관 이상은 죄가 장 100 도 3년에 그친다. 물건을 추징하여 관에 돌려주는 것을 말하지 않은 것은 글을 생략한 것이다.〔一貫以下笞二十 五百貫之上 罪止杖一百徒三年 不言追物還官者 省文也〕《집해 891쪽》

3 사물은 2등급을 줄이고 : 1관 이상 10관에 이르면 태 10이고, 500관 이상에 이르면 죄가 장 80 도 2년에 그친다.〔一貫之上至十貫 笞一十 至五百貫之上 罪止杖八十徒二年〕《집해 892쪽》

4 유실물(遺失物)을……돌려준다 : 객상(客商)이 외지에 나갔다가 병사하면, 그가 남긴 재물은 관에서 원적지 관사에 행이(行移)하여 그 유가족을 불러 확인하게 한다. 1년간 확인하는 사람이 없으면, 그때서야 관에 들인다. 유실된 관마(官馬)인 줄 알고도 사면 288조 상인도창고전량(常人盜倉庫錢糧)과 같은 죄이지만 사죄에 이르면 1등급을 줄인다. 유실물을 습득하였는데 아문의 인봉(印封)이 있거나 가축에 낙인이 있어서 관물인 줄 알면서 써 버리거나 전매(轉賣)하면 모두 상인도창고전량으로 논한다.〔會解云 客商出外病死 所遺財物 官爲見數行移原籍 召人認還 一年後無人認識 方入官 知遺失官馬而買者 依知情故縱與留 與常人盜同罪 至死減一等 得遺失物 若有衙門印封 畜有烙記 明知而費用轉賣者 竝依常人盜〕《언해 권13 21장》

상치 않은 물건이 있으면 30일 안에 관에 보낸다. 어기면 장 80이고, 그 물건은 관에 들인다.[7]

직해 모든 잃어버린 물건은 습득하면 5일 안에 관에 알리고 바친다. 관물이면 관에 들이고, 사유물이면 본래 주인을 불러 확인시켜 그중에 절반은 물건을 습득한 사람에게 상으로 주고 절반은 본래 주인에게 돌려준다. 30일 안에 본래 주인이 나타나지 않으면 물건을 습득한 사람에게 전부 준다. 습득한 물건을 기한 내에 관에 바치지 않으면, 관물은 장물의 액수를 따져 좌장으로 논하고, 사유물은 2등급을 줄여 논하며 그 물건의 절반은 관에 들이고 절반은 주인에게 준다.

○ 관유지나 사유지 안에 매장된 물건을 파내어 취득하면 모두 찾아낸 자에게 주어 전부 쓰게 하되, 만일 고기·종정·도장 등 범상치 않은 물건이면 30일 안에 관에 바친다. 이를 어기면 장 80이고 그 물건은 관에 들인다.

5 매장된……준다 : 금·은으로 만든 그릇이나 장신구 따위로 모두 습득한 사람이 거두어 쓸 수 있도록 하는데 매장된 물건은 원래 주인이 없기 때문이다.〔如金銀器玩之類 竝聽掘得之人收用 以埋藏之物 原無所主也〕《집해 892쪽》

6 고기(古器)·종정(鍾鼎)·부인(符印) : 고기는 옛 악기(樂器), 종정은 종(鍾), 부인은 군대를 파견할 때 증빙으로 사용하는 병부 인신(兵符印信)이다.

7 범상치……들인다 : 민간이 소유할 수 있는 것이 아니기 때문이다.〔以異常之物 非民間宜有也〕《집해 893쪽》

대명률직해

제10권 호율戶律 시전市廛

시전 市廛

〈시전〉은 한(漢)이나 진(晉)의 율에는 모두 실려 있지 않다. 양 무제(梁武帝)가 양률(梁律) 21편을 정하고 그중 19편을 〈관시진도(關市津渡)〉라고 하였는데, 북제(北齊)에서 그 편을 덜어 냈으나 북주(北周)에서 다시 〈시전(市廛)〉이라 하였다. 수(隋) 개황(開皇) 연간(581~600)에 다시 그 편목(篇目)을 덜어 냈다가 양제(煬帝) 대업(大業) 연간(605~617)에 다시 〈관시〉라고 하였고, 당(唐)에서는 개황 연간에 관계된 것을 〈잡률(雜律)〉에 넣었으나 〈관시〉라는 이름은 남아 있지 않다.

명(明)에서는 북주의 옛 이름을 취하고 당제(唐制)를 참고하였다. 당률 417조 교곡두칭도불평(校斛斗秤度不平)과 420조 사작곡두칭도(私作斛斗秤度)를 합쳐서 174조 사조곡두칭척(私造斛斗秤尺)으로 만들고, 당률 421조 매매불화교고(賣買不和較固)를 고쳐서 173조 파지항시(把持行市)로 하였으며, 당률 418조 조기용견포행람단협이매(造器用絹布行濫短狹而賣)는 175조 기용포견불여법(器用布絹不如法)으로 하여 〈시전〉으로 명명하였다. 모두 5조이다.

171
아항이나 부두를 사사로이 맡음
私充牙行埠頭

도시와 향촌의 여러 명색의 아항(牙行)과 선박의 부두(埠頭)[1]는 모두 손실에 대한 배상을 감당할 만한 인호(人戶)[2]를 선발하여 충원해서 담당하게 한다.[3] 관에서 인신(印信)이 찍힌 장부를 지급하면 객상(客商)이나 선호(船戶)의 거주지, 본관, 성명, 노인(路引)[4]의 등록 번호,[5] 화물의 수량을 기재하여 매달 관에 나아가 조사・확인받는다.[6] 사사로이 맡으면 장 60이

1 아항(牙行)과 선박의 부두(埠頭) : 아항은 관에서 임명한, 시(市)나 진(鎭)의 매매를 담당하는 자로서 물건의 흥정을 붙이는 거간꾼인 아쾌(牙儈)와 같다. 부두는 항해하는 객상(客商)이 매매하는 화물을 담당하는 자이다.〔牙行者 謂官設牙行 主市鎭買賣也 埠頭者 謂主舶客商買賣貨物也〕《변의 126쪽》 도시와 향촌에서 매매하는 곳에는 아항이 있고 객선(客船)이 모여서 정박하는 곳에는 부두가 있는데, 객상의 화물을 매매할 때 모두 이들에게 의지하여 무역한다.〔在城市鄕村買賣去處 則有牙行 在聚泊客船去處 則有埠頭 此二項之人 凡客商貨物 皆憑藉以貿易者也〕《집해 896쪽》 부두는 항해하는 객상이 물화(物貨)를 매매하는 것을 관리・감독하는 자이다. 아항과 부두 모두 관사에서 선발하여 객상의 거래에 대한 감독을 맡긴 사람이므로, 사사로이 아항이나 부두가 되는 것을 금지하는 것이다.〔講解云 埠頭者 謂主舶船客商買賣貨物之人也 牙行ト埠頭ト共ニ官司ヨリ選ヒ置テ客商ノ買賣ヲ主テ客商ノ出入物貨ノ多寡ヲ點驗セシムル者也故ニ私ニ自ラ名數ニ充テ牙行埠頭トナルコトヲ禁スル也〕《언해 권13 24장》

2 손실에……인호(人戶) : 원문의 저업인호(抵業人戶)는 가산을 넉넉히 소유하여 객상의 물화를 감당할 만한 사람을 이른다.〔抵業人戶 謂其人有家業而可以抵當客貨也〕《집해 896쪽》

3 모두……한다 : 맹자(孟子)가 말한 "항산(恒産)이 있어야 항심(恒心)이 있다."라는 뜻을 취한 것이다.〔有司 必竝選有抵業人戶充應 取其有恒産恒心之意也〕《집해 896쪽》

4 노인(路引) : ③ 242 詐冒給路引

5 노인(路引)의 등록 번호 : 원문의 노인자호(路引字號)는 '노인의 자호' 또는 '노인과 자호' 등 두 가지로 해석이 가능하다. 《언해》・《역의》・《국자해》 등에서는 전자로 보았으며, 《GMC》에서는 'travel permits, identification'으로 보아 후자로 이해하였다. 본 번역문에서는 전자를 따랐다.

6 조사・확인받는다 : 원문은 사조(査照)인데, 《정자통(正字通)》에서 이르기를, 세간에서

고, 얻은 중개 수수료는 관에 들인다. 관에서 지정한 아항이나 부두가 사사로이 맡은 아항이나 부두를 용은(容隱)하면 태 50이고 쫓아낸다.[7]

직해 도시와 향촌의 각 시장에 있는 여러 명색의 중개인 및 배가 다니는 각 곶(串)에서 배의 출입 관리를 담당하는 두목인(頭目人)들은 재산이 있는 인호로써 정하여 맡긴다. 관사에서 도장을 찍은 책자를 만들어 주면, 다른 곳으로부터 도착한 장사꾼들의 거주지·이름·통행 허가증의 등록 번호 및 지닌 물건 등을 책자에 기록하고 매달 관에 나아가 계산한다. 두목이나 색장인(色掌人)들을 사사로이 정하여 맡기면 장 60이고, 그가 얻은 아전(牙錢)은 관에 몰수한다. 관사에서 정하여 맡긴 중개인 및 두목인들이 사사로이 맡은 자를 용인하여 숨겨 두면 태 50이고 쫓아낸다.

•••

명대 상공업의 발달과 중개 상인 아항

민간 상공업자에 대한 국가의 통제는 시대에 따라 변화가 있었다. 한(漢)부터 당(唐)까지의 제도는 시제(市制)라 불리는데, 민간 상공업자를 시적(市籍)에 등록하여 시사(市司)와 시관(市官)이 이들의 시장에서의 거래를 통제하게 하였다. 상공업자는 국가가 필요로 하는 물품이나 노동력을 무상으로 제공해야 했다.

8세기 이후 민간 상공업자가 늘어남에 따라 시제가 점차 해체되어 신분상의 제약을 벗고 상업 행위도 정해진 시사(市肆) 구역의 제한을 벗어나게 되었다. 그래도 황실이나 정부에서 상공업자의 물품이나 노동력을 필요로 할 때 원활한 공급을 보장하기 위해, 만당(晚唐)에서 명(明) 초에 이르는

사(査)를 고(考)라고 하니 살핀다는 뜻이라고 하였으니〔正字通云 俗以查爲考 察義〕《언해 권13 16장》 조사하여 대조함을 이른다. 객상이 관(關)을 넘을 때 세금을 숨기려는 뜻을 품는 것을 막기 위한 것이다.〔防客商有越關匿稅之意也〕《집해 896쪽》

7 쫓아낸다 : 《주해》에는 혁거(革去) 앞에 세주(細註)로 각(各) 자를 표기하여 쫓아내는 대상이 관에서 지정한 아항이나 부두와 사사로이 맡은 아항이나 부두 모두 해당한다고 보았다. 《주해 456쪽》

동안 편심항역제(編審行役制)가 점차 형성되어 갔다. 책적(冊籍) 속에 편입된 동일 업종의 상공업자 집단을 송대에는 단항(團行), 명대에는 포항(鋪行)이라 불렀으며, 항(行)마다 책임자 1명을 선발하여 항두(行頭)라 불렀다. 황실이나 정부에서 물품이나 노동력이 필요할 때는 해당 업종의 책적에 포함된 항호(行戶)를 차정하여 유상 또는 무상으로 물품 및 노동력을 조달하였다. 그리고 무상 조달보다는 공정한 시장 가격을 지불하는 이른바 화매(和買)가 점차 일반화되었다. 그러나 관리가 서류상으로는 공정 가격을 지불한 것으로 처리하되 실제로는 그보다 낮은 가격을 지불하여 민간 상공업자에게 손실을 끼치는 일도 흔하였다. 이런 폐단을 방지하기 위해 북송 때부터 시고(時估) 제도가 만들어졌다. 관원이 각 단항의 항두에게 10일마다 물품과 노동력의 시장 가격을 자문하여 정하였는데, 이를 순가(旬價)라 불렀다. 원대의 상황도 비슷하였는데, 다만 순가가 월가(月價)로 바뀌었다.

명 중기에 이르면, 일부 지방관의 시고가 포항의 상공업자의 협조를 얻어 이루어지기도 하였다. 또한 중개 상인인 아항(牙行)의 활동도 갈수록 활발해졌는데, 편심항역제하에서 아항도 일반 민간 상공업자와 마찬가지로 단항·포항 속에 편입되어 정부의 시고 및 화매에 협조하고 있었다. 특히 상업이 발달한 일부 도시에서는 외래 객상(客商)과 거래하는 물품이 매우 많아서, 시고 및 화매에 있어서 아항에 더욱 많이 의존하게 되었다. 명 초에 모든 아항은 관(官)에 등록하고 매월 증명서를 가지고 관에 가서 검사를 받게 하였다. 이것이 이른바 관아제(官牙制)이다. 관아제의 맹아는 이전 시기부터 있었으나 이것을 전국적으로 시행한 것은 명대에 들어서이다.

관아제하에서 아항의 역할이 증대되고, 명대 후기부터 지정합일(地丁合一), 은납화(銀納化), 요역 폐지 등의 경향이 심화되어 편심항역제는 쇠퇴하였다. 정부가 필요로 하는 물품과 노동력을 아항을 통해 조달할 수 있게 됨에 따라 민간 상공업자를 포항으로 편성할 필요성이 줄어든 것이다.[8]

8 邱澎生, 由市廛律例演變看明淸政府對市場的法律規範, 國立台灣大學歷史系編, 史學：傳承與變遷學術硏討會論文集, 1998(http://idv.sinica.edu.tw/pengshan/marketlaw.htm).

172
시사에서 물건값을 매김
市司評物價

172-1 여러 명색의 항인(行人)[1]이 물건값을 매길 때[2] 비싸게 하거나 싸게 하여 물건값을 공평하지 않게 하면, 더하거나 줄인 가격을 계산하여 좌장(坐贓)으로 논한다.[3] 이익을 자기 것으로 삼으면 절도에 준하여 논하고, 자자(刺字)는 면제한다.

172-2 죄인의 장물 액수를 계산할 때 사실대로 하지 않아서 죄가 가볍거나 무겁게 되면 고의로 타인의 죄를 가볍게 하거나 무겁게 한 죄로 논한다.[4]

1 여러 명색의 항인(行人) : 원문의 제색항인(諸色行人)이 《집해》에는 제물항인(諸物行人)으로 되어 있는데, 여러 가지 물화의 항(行) 곧 일종의 동업자 조합에 속한 중개인을 이른다.〔諸物行人 謂諸色貨物本行之牙人也〕《집해 898쪽》 만당(晩唐)에서 명 초에 이르는 동안 편심항역제(編審行役制)가 점차 형성되어 갔고, 책적(冊籍) 속에 편입된 동일 업종의 상공업자 집단을 송대에는 단항(團行), 명대에는 포항(鋪行)이라 부르고 항마다 1명의 책임자를 선발하여 항두(行頭)라고 불렀다고 한다. 그렇다면 항인은 중개인뿐 아니라 이들 단항·포항 등의 사람을 가리키는 말로도 볼 수 있다. 280쪽 보충 해설 참조.

2 여러……때 : 당률 419조 시사평물가불평(市司評物價不平)에 같은 내용이 실려 있다. 당대에는 시사(市司)에서 시장의 관리를 주관하였는데 송·원대를 거쳐 명대에 이르면 상공업이 발전하게 됨에 따라 물건의 공정 가격을 평고(評估)하는 주체가 시사뿐 아니라 각종 항업(行業)의 상공업자로 확대되었다. 따라서 조문명에 시사라는 말을 썼는데도 정작 내용에서는 제색항인(諸色行人)이 물건값을 매기는 것으로 기술한 것으로 보인다. 280쪽 보충 해설 참조.

3 여러……논한다 : 여러 물건의 값을 매기는 것이 항인에게 달려 있는데 반드시 공평하게 값을 계산한 이후에야 사고파는 양쪽이 모두 편하다. 예컨대 하등품인 물건의 값을 비싸게 책정하거나, 상등품인 물건의 값을 싸게 책정하여 물건값이 공평하지 못하게 하면 증감하여 매긴 값을 계산하여 좌장으로 논한다.〔蓋凡諸物之價評在行人 必平等估計而後 買賣兩便 如有將下物本賤而估作貴 或上物本貴而估作賤 致令物價不得其平者 計所估增減之價 坐贓論〕《집해 898쪽》

4 고의로……논한다 : 아직 집행하지 않았으면 1등급을 줄인다.〔若未決放 減一等〕《大淸律例 戶律 市司評物價》

재물을 받으면 장(贓)을 계산하여 왕법(枉法)으로 보되, 무거운 쪽으로 논한다.

직해 시장 사람들이 시가(時價)를 의논하여 정할 때 비싸게 하거나 싸게 하여 시가를 공평하게 하지 않으면 더하거나 줄인 액수로써 좌장죄로 논하고, 멋대로 써 버리면 절도의 예로 논한다.

○ 죄인이 범한 장물을 계산할 때 많고 적음을 불공평하게 산정하면 고출입인죄(故出入人罪)의 예로 논한다. 재물을 받았으면 장물의 수를 계산하여 왕법으로 논한다.

173
시장을 장악함
把持行市

173-1 각종 물건을 매매할 때 쌍방이 합의하지 않고 시장[1]을 장악하여[2] 그 이익을 독차지하거나, 거래하는 자들이 아항(牙行)[3]과 한통속이 되어 함께 간계를 부려서 물건을 팔 때 싼 것을 비싸게 하거나, 물건을 살 때 비싼 것을 싸게 하면 장 80이다.[4]

1 시장 : 원문 항시(行市)의 항(行)은 정(町), 즉 가게들이 죽 늘어서 있어 번화한 지역이라는 뜻이다. 가게가 줄지어 늘어서 있는 것을 말한다.〔行市ノ行ハ町ト云意也 市ノ列行タルヲ云〕《언해 권13 30장》

2 시장을 장악하여 : 예컨대 억지로 사게 하거나 강제로 떠맡겨 팔아 다른 사람이 매매하는 것을 허용하지 않는 것이다.〔如俗所謂强買强賣 而又不許他人買賣也〕《전석 권10 6장》 원문 파지항시(把持行市)에 대해 《유서찬요(類書纂要)》에서는 "손으로 쥐고 그 시장의 물건값을 정하여 조금도 남에게 양보하지 않는 것과 같은 것이다."라고 하였고, 《이학지남(吏學指南)》에서는 "권세를 쥐고 일을 주관하여 뭇사람이 두려워하는 것을 이르며 강매(强賣)·강매(强買)하는 따위가 바로 파지이다."라고 하였다.〔把持ハ己擅ラ手ヲ以テ把定テ强ヒ爲少モ人ニ讓ルコトナキヲ云 類書纂要云把持行市如以手把執持定其行市之貨價不少讓人也 吏學指南云 把持謂操權主事衆畏者 ヲシウリヲシカイスルノ類是把持也〕《언해 권13 30장》 사서(史書)에 나타나는 파지는 예컨대 파지공사(把持公事), 파지선거(把持選擧) 등과 같이 대개 정치와 관계된 것이다. 송대 지방 소송과 관련하여 파지현관(把持縣官)이라는 표현이 쓰였으며, 명·청대의 송사(訟師)와 비슷한 인물을 파지인(把持人)이라 부르기도 하였다. 파지를 경제 분야에 사용한 것은 명률의 이 조문이 처음인 듯하나, 파지항시와 비슷한 용어는 원대 문헌에도 나타난다.〔把握行市〕《元史 卷97 鹽法》〔占據行市〕《通制條格 卷18 關市 牙保期蔽》〔把柄行市〕《元典章 卷57 斛斗秤尺牙人》

3 아항(牙行) : 《소의》에서는 아항을 아인(牙人)과 항인(行人)의 병칭으로 보았다. 《소의(상) 563쪽》 ② 171 私充牙行埠頭 ② 172 市司評物價

4 각종……80이다 : '시장을 장악하는 것'은 공공연히 강함을 믿고 이익을 취하는 것이고, '한통속이 되어 간계를 부리는 것'은 은밀히 폐단을 만들어 이익을 꾀하는 것으로 정상(情狀)은 비록 다르나 모두 시장을 교란하는 것이므로 그 죄가 같다.〔把持行市 則公然恃强以取利 通同爲姦 則暗地作弊以謀利 情雖不同 而皆擾害市廛 故其罪同〕《집주(상) 377쪽》 아항인(牙行人)에 대해서는 172조 시사평물가(市司評物價)에 값을 매길 때 불공평하게 하여 이익을 자기가 차지한 것에 대한 율이 따로 있다.〔牙行人不與 自有上條估價不平入己律〕《집설 권3 133장》

173-2 타인이 매매하는 것을 보고, 곁에서 싸니 비싸니 하며 물건값을 비교하여 현혹시켜 이익을 취하면[5] 태 40이다.

173-3 얻은 이익이나 물건은 장(贓)으로 계산하여 죄가 무거우면[6] 절도에 준하여 논하고, 자자(刺字)는 면제한다.

직해 여러 가지 물건을 매매할 때 사는 자와 파는 자가 합의하지 않고 시장의 모든 일을 멋대로 하여 그 이익을 독점하거나, 또는 파는 사람들이 중개인과 뜻을 같이하여 간사하게 모의해서, 파는 물건은 값이 싼 것을 비싼 물건이라 하고 사는 물건은 값이 비싼 것을 싼 물건이라 하면 장 80이다.

○ 다른 사람이 물건을 매매할 때 중간에서 교묘하게 농간을 부려 물건값을 혹 높거나 혹 낮게 하여 현혹시켜 이익을 취하면 태 40이다.

○ 얻은 물건이나 이익은 장물을 계산하여 무거우면 절도의 예로 논하고 자자는 면제한다.

5 타인이……취하면 : 남이 물건을 매매하는 것을 보고, 곁에서 매매하는 물건에 대해 값이 싸다느니 비싸다느니 하는 식으로 고의로 거짓말을 하여 매매하는 사람을 현혹시켜 싼 물건을 비싸게 사게 하거나 비싼 물건을 싸게 팔게 해서 그로 말미암아 남은 이익을 나누어 취하려고 하는 것이다.〔此一節ノ意ハ若人ノ物ヲ買賣スル所アルヲ見テ其傍ニ在テ其買賣スル所ノ物ヲ故詐テ或ハ高直ナル或ハ下直ナルト稱シ他ノ物ト價數ヲ比擬シ是ヲ以テ買賣スル人ノ心ニ疑ヲ生ジサセ目マギレシテ專ラ定見ヲ主トスルコトナラザラシメ相惑亂シテ人ノ言フニマカセテ賤キ物ヲ貴ク買ハセ貴キ物ヲ賤ク賣ラセテコレニ因テ其餘利ヲ分チ取ント求ル者ハ〕《언해 권13 32장》

6 죄가 무거우면 : 1항의 두 가지 장죄가 장 80보다 무거우면, 또는 2항의 장죄가 태 40보다 무거우면, 절도죄로 과단한다.〔前二項之贓罪 重於杖八十 後一項之贓罪 重於笞四十 則從盜科斷〕《집주(상) 376~377쪽》

174
섬·말·저울·자를 사사롭게 만듦
私造斛斗秤尺

174-1 사사로이 섬[1]·말·저울·자를 규격에 맞지 않게 만들어[2] 시장에서 사용하거나, 관에서 내려 준 섬·말·저울·자에 속임수를 써서 늘리거나 줄이면 장 60이다. 이를 제조한 공장(工匠)도 같은 죄이다.

174-2 관에서 내려 줄 때 법대로 하지 않으면 장 70이다.[3] 제조(提調) 관원이 교감(校勘)[4]을 제대로 하지 못하면 1등급을 줄인다. 실정을 알았으면 더불어 같은 죄이다.

174-3 시장에서 사용하는 섬·말·저울·자가 비록 규격에 맞더라도 관사에서 교감하여 낙인을 찍은 것[5]이 아니면 태 40이다.

174-4 창고를 담당하는 관리가 관에서 내려 준 섬·말·저울·자를 사사로이 늘리거나 줄여[6] 관물을 거두거나 지출할 때 공평하게 하지 않으면[7] 장

1 섬 : 명대에는 5두(斗)를 1곡(斛), 10두를 1석으로 정하였다.《언해 권13 51장》 이것은 15두를 1곡, 20두를 1석으로 삼은 조선과 다르다.

2 섬……만들어 : 크고 작음, 가볍고 무거움, 길고 짧음이 공평하지 못한 것으로 즉 크기·무게·길이 등을 법대로 하지 않은 것이다.〔斛斗秤尺不平 謂大小輕重長短之不平 卽不如法之意〕《집해 910쪽》

3 관에서……70이다 : 관에서 내려 준 섬·말·저울·자가 당초 반포된 법식과 같지 않으면 이를 만든 공장 역시 장 70이다.〔若官降斛斗秤尺 不如原頒法式者 所造之工匠 杖七十〕《집해 912쪽》《언해 권13 52장》

4 교감(校勘) : 법식(法式)에 맞는 것과 교감 대상인 것을 비교하여 같은지 다른지를 살피는 것이다.《언해 권13 52~53장》

5 관사에서……것 : 민간에서 만든 섬·말·저울·자라 하더라도 관에 나아가 교감을 청하여 규격 검사에 합격하면 관에서 낙인을 찍어 준다. 이러한 절차를 거친 섬·말·저울·자는 적법하다.《언해 권13 53장》

6 사사로이 늘리거나 줄여 : 사사로이 깎거나 붙여 보충하는 따위이다.〔私自增減 如斲削貼補之類〕《집해 910쪽》

100이다. 늘거나 줄어든 물건은 장(贓)으로 계산하여 죄가 무거우면[8] 좌장(坐贓)[9]으로 논한다. 이로 인하여 얻은 물건을 자기 것으로 삼으면 감수자도(監守自盜)[10]로 논한다. 공장은 장 80이다. 감림관이 알면서도 적발하지 않으면 범인과 더불어 같은 죄이다. 제대로 각찰(覺察)하지 못하였으면 3등급을 줄이며, 죄는 장 100에 그친다.

직해 사사로이 만든 섬·말·저울·자가 규격에 맞지 않는데 시장에서 사용하거나, 관사에서 만들어 지급한 섬·말·저울·자를 중간에서 늘리거나 줄이면 장 60이고, 조작한 장인도 같은 죄이다.

○ 담당 관사[11]에서 만들어 지급할 때 법식대로 하지 않으면 장 70이고, 관원이 교감할 때 잘못하여 착오를 일으키면 1등급을 줄이고, 사정을 알았으면 죄가 같다.

○ 시장에서 사용하는 섬·말·저울·자가 비록 규격에 맞더라도 관사에서 대조하여 불도장〔火印〕[12]을 찍지 않으면 태 40이다.

7 관물을……않으면 : 규정보다 많이 거두어들이고 규정보다 조금 지출하여 불공평한 것을 이른다.〔收支官物而不平 謂其多收少支之不平也〕《집해 910쪽》

8 죄가 무거우면 : 장 100보다 죄가 무거운 것이다.

9 좌장(坐贓) : ④ 368 坐贓致罪

10 감수자도(監守自盜) : ③ 287 監守自盜倉庫錢糧

11 담당 관사 : 여러 관사 및 여러 읍의 도량형(度量衡)은 공조에서 제정(制定)하고 이를 제조(製造)하여 표준 척량(尺量)을 여러 도(道)에 보내어 관찰사로 하여금 검정(檢定) 낙인(烙印)하게 하였다. 《경국대전》에서 민간에서 만든 척량은 매년 추분일(秋分日)에 서울에서는 평시서(平市署), 지방에서는 거진(巨鎭)이 검정하고 모두 검인(檢印)을 찍도록 하였으나, 《속대전》에서는 매년 추분일에 서울에서는 공조, 지방에서는 각 영(營)이나 각 진(鎭)에서 공용(公用)·사용(私用)의 두곡(斗斛)을 모두 모아 다시 검사하고 낙인을 찍으며, 그 두곡의 조제(造制)가 법에 정한 바와 같지 않거나 낙인의 흔적이 명백하지 않은 것이 있으면 409조 위령(違令)에 따라 논죄하도록 하였다. 당시 사용되었던 곡(斛)·두(斗)·승(升)·척(尺) 등 도량형의 크기나 용량에 대해서는 《대전회통》〈공전 도량형〉에 자세하다.

12 불도장 : 화인(火印)은 관의 낙인을 의미하는데, 고종(高宗) 대에는 화인 자체가 시장에서 사용하는 공용의 말과 되를 일컫는 용어인 시화인(市火印)으로 쓰였다. 《국역 승정원일기 고종 22년 9월 22일》

(○) 창고의 관리가 관에서 내려 준 섬·말·저울·자를 사사로이 늘리거나 줄여 규격에 맞지 않게 해서 관물을 받아들이거나 지급할 때 불공평하게 하면 장 100이고, 늘어나거나 줄어든 물건을 계산하여 무거우면 좌장으로 논한다. 이로 인하여 얻은 물건을 멋대로 써 버리면 감수자도의 예로 논한다. 조작한 장인은 장 80이다. 감림관이 알면서도 고발하지 않으면 죄가 같다. 상세히 살피지 않아 착오가 생겼으면 3등급을 줄이되 죄는 장 100에 그친다.

해설

제도를 통일하여 인심을 가지런히 하려는 것이 도량형 법의 취지임을 말한 조문이다. 128조 다수세량곡면(多收稅糧斛面)과 비교하여 살펴볼 필요가 있는데, 128조에서 규제 대상으로 삼는 행위는 관리가 백성으로 하여금 평미레질을 못 하게 하거나 마질을 고봉으로 하는 행위인 데 비하여, 이 조에서 규제 대상으로 삼는 행위는 도량형 기구인 섬·말·저울·자 자체를 규격대로 하지 않는 것이다. 규정 외로 더 거두는 행위에 대한 처벌 조문이 모두 368조 좌장치죄(坐贓致罪)인 점에서는 다름이 없으나 128조 위반에 대한 처벌은 장 100을 넘을 수 없는 데 반하여 이 조의 위반 행위는 만도(滿徒) 곧 장 100 도 3년까지 확대되고 있다.

175
기물이나 직물을 법대로 만들지 않음
器用布絹不如法

기물[1]을 만드는 데 견고하고 실하게 하지 않거나, 비단이나 베 따위를 성기거나[2] 짧거나 좁게 하여 팔면 각각 태 50이다.[3] 그 물건은 관에 들인다.[4]

직해 서울과 지방에서 기물 등을 견실하게 만들지 않거나, 비단·명주·베 등을 성기거나 짧거나 좁게 만들어 팔면 태 50이고 그 물건은 관에 들인다.

1 기물 : 원문의 기용(器用)은 모든 기물이다. 사람이 사용하는 데 갖추어야 하는 것을 총괄하여 말하였다.《언해 권14 55장》

2 성기거나 : 천의 날줄과 씨줄이 서로 촘촘히 짜여 있지 않아서 해어지려고 하는 것을 비박(紕薄)이라고 한다.〔六書故云 經緯不相持曰紕 錯亂曰繆 繒ノ經緯密スシテ壞ント欲ルヲ紕薄ト云〕《언해 권14 56장》

3 각각 태 50이다 : 법식에 어긋나게 만들거나 짜서 팔면 사기에 가까우므로 각각 태 50이다. 파는 사람이 다른 사람으로 하여금 법식대로 만들거나 짜지 못하도록 하면 직물을 짠 사람과 함께 처벌한다.〔造織而賣者 近於詐欺 故各笞五十 其物入官 賣者令人不如法造織 則幷坐之〕《집주(상) 380쪽》

4 기물을……들인다 : 이는 시전(市廛)의 법이며, 만약 관부와 관련되면 별도로 450조 조작불여법(造作不如法)을 적용한다.

대명률직해

제11권 예율禮律 제사祭祀

제사 祭祀

〈제사〉는 전국 시대 이회(李悝, 기원전 455~기원전 395)의 《법경(法經)》 6편에서부터 한(漢)의 《구장률(九章律)》에 이르기까지, 진(晉)·제(齊)·양(梁)의 율에 모두 실리지 않았으나, 북주(北周)에서 《대율(大律)》 25편을 제정할 때 그중 제3편에 〈사향(祀享)〉이 들어갔다. 수(隋)·당(唐)에서는 별도의 편목(篇目)은 없으나 당률 98조 대사불예신기(大祀不預申期), 99조 대사산재조상(大祀散齋弔喪), 101조 묘향유상(廟享有喪) 등이 〈직제(職制)〉에, 200조 대사희생양사불여법(大祀犧牲養飼不如法)이 〈구목(廏牧)〉에, 435조 기훼망실신어지물(棄毁亡失神御之物), 436조 훼대사구단(毁大祀丘壇)이 〈잡률(雜律)〉에 보인다.

명대에 이르러 〈예율(禮律)〉의 첫머리에 별도의 편목을 세웠다. 당률 98조 대사불예신기, 99조 대사산재조상, 101조 묘향유상, 200조 대사희생양사불여법 등을 176조 제향(祭享)으로 합쳤고, 당률 436조 훼대사구단, 435조 기훼망실신어지물을 177조 훼대사구단으로 만들었다. 178조 치제사전신기(致祭祀典神祇), 179조 역대제왕능침(歷代帝王陵寢), 180조 설독신명(褻瀆神明), 181조 금지사무사술(禁止師巫邪術) 등을 추가하였고 이들을 통틀어 〈제사〉라 명명하였다. 모두 6조이다.

176
제향
祭享

176-1 대사(大祀)나 묘향(廟享)에 대해 해당 관사[1]가 제사 기일을 미리 여러 아문에 고시(告示)하지[2] 않으면 태 50이다. 이로 인하여 행사(行事)[3]를 그르치면 장 100이다. 이미 고시를 받고서도 그르치면 행사를 그르친 사람을 처벌한다. 백관들이 이미 서계(誓戒)[4]를 하였음에도 조문하거나, 문병하거나, 사형 집행 문서에 판서(判署)[5]하거나, 연회에 참여하면 모두 벌봉전(罰俸錢)[6] 1개월이다. 시마친(緦麻親) 이상이 상중이거나 혹은 장죄(杖罪)를 받은 사실이 있는 줄 알고서도 파견하여 집사(執事)[7]에 충원하거

1 해당 관사 : 제사에 관한 일을 전담하는 태상시(太常寺)이다.〔所司 謂太常寺 職專祭祀之事〕《석의 권11 1장》

2 미리……고시(告示)하지 : 천지에 대사(大祀)를 올릴 때나 조일(朝日)·석월(夕月)에 중사(中祀)를 올릴 때 각 단(壇)의 분헌관(分獻官)을 맡을 사람에 대해서는 태상시가 미리 직명(職名)을 적어 천자에게 올려 점정(點定)을 받고, 낙점된 분헌관들에게 각각 수본(手本)으로 알리고, 신악관(神樂觀) 앞에 방문(榜文)을 게재하여 통지한다.〔凡大祀天地及朝日夕月各壇分獻官 本寺預取職名 具奏請旨點定 各具手本知會 仍揭榜於神樂觀前通知〕《회전 권215 太常寺》

3 행사(行事) : 제사를 돕고 제사에 배행(陪行)하는 것이다.〔行事 助祭陪祭之事也〕《집해 919쪽》

4 서계(誓戒) : 대제(大祭)를 앞두고 제관으로 임명된 관원이 술과 고기를 먹지 않고, 파·부추·마늘 등 매운 것을 먹지 않고, 조상이나 문병을 하지 않고, 음악을 듣지 않고, 형벌을 행하지 않고, 형살(刑殺) 문서에 판결 서명하지 않겠다는 등의 내용을 서약하는 것이다. 제사 지내기 전 7일 가운데 앞의 4일은 문서 처리를 내려놓고 밖에서 재계(齋戒)하여 정결한 방에서 자고, 뒤의 3일은 안에서 치재(致齋)하여 반드시 본사(本司)에서 잔다.〔誓戒 是未祭先儆戒也 祭祀先四日 散下文書 是齋戒於外 須宿淨室 後三日 是致齋於內 須宿本司〕《부례(상) 501쪽》《대명회전(大明會典)》 권74에 〈서계의(誓戒儀)〉가 실려 있다.

5 판서(判署) : ① 74 同僚代判署文案

6 벌봉전(罰俸錢) : ① 63 講讀律令

나 배사(陪祀)[8]하게 하면 죄가 같다. 몰랐으면 처벌하지 않는다. 시마친 이상이 상중에 있거나 장죄를 받은 죄과가 있는데 스스로 말하지 않으면 죄가 또한 같다. 이미 서계를 한 인원이 산재(散齋) 중에 정결한 방[9]에서 자지 않으면 벌봉전 15일, 치재(致齋) 중에 해당 관사[10]에서 자지 않으면 벌봉전 1개월이다.

176-2 대사에 쓸 생뢰(牲牢)[11]・옥백(玉帛)[12]・서직(黍稷)[13] 등의 제물(祭物)[14]을 법대로 하지 않으면[15] 태 50이다. 제물 한 가지를 빠뜨리면 장 80이

7 집사(執事) : 제사와 관련된 일을 맡아보는 관리를 말한다. 분헌(分獻)・독축(讀祝)・사준(司尊)・사백(司帛) 따위이다.〔凡ソ祭事ノ役人ヲ總テ執事ト云分獻讀祝司尊司帛ノ類是也〕《언해 권14 6장》

8 배사(陪祀) : 배사는 천자를 배종(陪從)하여 사소(祀所)에 있기는 하지만, 제사 관련 일을 맡은 사람은 아니다.〔陪祀ハ天子ニ陪從シテ祀所ニ在テ祀ノ事ヲ執ル者ニ非ルヲ云〕《언해 권14 6장》 배사는 대사(大祀)의 경우 문관은 5품 이상, 무관은 4품 이상, 그리고 육과(六科)의 도급사중(都給事中)이 맡는다. 형(刑)・상(喪)・과범(過犯)・체기(體氣)가 있는 사람은 참여하지 않는다. 나머지 제사도 모두 같으나 도급사중은 참여하지 않는다.〔凡陪祀 大祀文官五品以上武官四品以上及六科都給事中 皆陪 內有刑喪過犯體氣之人不預 餘祭竝同 惟都給事中不預〕《회전 권81 祭祀通例》

9 정결한 방 : 청정한 별실로서, 처・첩・자・녀가 출입하지 않는 곳을 말한다.〔淸靜別室妻妾子女ノ出入セザル處ヲ云〕《언해 권14 6장》

10 해당 관사 : 태상시가 관장하는 제소(祭所)로 제사를 지내는 곳이다.《언해 권14 6장》

11 생뢰(牲牢) : 생(牲)은 순색의 소・양・돼지이고, 뇌(牢)는 희생을 통째로 바치는 것이다.〔牲 是牛羊豕純色者 牢 是牲體以獻者〕《부례(상) 501쪽》

12 옥백(玉帛) : 옥(玉)은 하늘에 제사 지낼 때는 창영(蒼瑩)으로 하는데 원형에 푸른색이며, 땅에 제사 지낼 때는 황종(璜琮)으로 하는데 방형에 황색이다. 모두 하늘과 땅의 모양을 본뜨기 때문이다. 백(帛)은 제사 지낼 때 바치는 견백(絹帛)이다.〔玉 是祀天以蒼瑩 形圓色蒼 祀地以璜琮 形方 色黃 皆所以取象也 帛 是祭祀所獻絹帛也〕《부례(상) 501쪽》

13 서직(黍稷) : 서(黍)는 벼 중 일찍 산출되는 것이고, 직(稷)은 오곡의 으뜸이다.〔黍 是禾之早出者 稷 爲五穀之長〕《부례(상) 501쪽》

14 등의 제물(祭物) : 돼지고기, 과일 따위이다.〔豚膊果品之類〕《부례(상) 501쪽》

15 법대로 하지 않으면 : 고기를 자를 때 순서대로 하지 않거나, 삶고 조리할 때 절도를 잃거나, 제물을 진설할 때 순서대로 하지 않는 따위이다.〔不如法 謂宰割失序 烹調失節 陳設失序之類〕《집해 919쪽》

고, 한 자리[16]를 모두 빠뜨리면 장 100이다.

176-3 대사에 바치는 희생(犧牲)을 주관하는 관사[17]가 법대로 기르지 않아 마르거나 다치게 하면[18] 희생 한 마리는 태 40이고, 한 마리마다 1등급을 더하되 죄는 장 80에 그친다. 이로 인하여 죽게 하면 1등급을 더한다.[19]

176-4 중사(中祀)에서 죄를 범해도 죄가 같다. 나머지 조항도 이에 준한다.[20]

16 한 자리 : 신에게 바치는 제물 일습(一襲)이다.

17 희생(犧牲)을 주관하는 관사 : 희생소(犧牲所)와 같은 관사 따위이다.〔主司 如犧牲所官之類〕《집해 920쪽》 홍무(洪武) 초에 신생소(神牲所)라고 하였다가 1370년(홍무3) 희생소로 고쳤다. 희생으로 쓸 짐승을 사육하는 곳인 척궁(滌宮)에 들이는 기간은 대사는 9순(旬), 중사는 3순, 소사는 1순이다. 생방(牲房)의 가운데 3칸에서는 교사(郊祀)의 생(牲)을, 왼쪽 3칸에서는 종묘(宗廟)의 생을, 오른쪽 3칸에서는 사직(社稷)의 생을, 나머지에서는 산천의 온갖 신의 생을 기른다.〔凡牲四等 曰犢曰牛曰太牢曰少牢 色尙騂或黝 大祀入滌九旬 中祀三旬 小祀一旬 洪武初定神牲所 設官二人牧養神牲 前三月付廩犧令滌治如法 三年改立犧牲所 設武職幷軍人 專管牧養 其牲房 中三間以養郊祀牲 左三間養宗廟牲 右三間養社稷牲 餘屋養山川百神之牲〕《회전 권81 祭祀通例》

18 희생(犧牲)을……하면 : 아직 잡기 전의 생(牲)을 희(犧)라 한다. 순색의 것을 골라 척궁에서 길러 대사에는 3개월, 중사에는 1개월, 소사에는 10일 지난 후에 사용한다. 마르거나 다치게 하였다는 것은 척궁에 있을 때를 가리켜 말하는 것이고, 아직 척궁에 들어가기 전의 것은 마르거나 다치지 않도록 금하지 않는다.〔牲未宰曰犧 擇純色者 養之滌宮 大祀三月 中祀一月 小祀十日而後用也 致瘦損者 指在滌所而言 不禁于未入滌者〕《부례(상) 501쪽》

19 죽게……더한다 : 말라서 죽으면 희생 한 마리에 태 50이고, 한 마리마다 1등급을 더하며 죄는 장 90에 그친다.〔謂瘦死 一牲笞五十 每一牲加一等 罪止杖九十〕《강해 228쪽》

20 나머지……준한다 : 《고경》 및 여러 주석서에는 이 부분이 소자쌍행(小字雙行)의 주석으로 되어 있다. 예컨대 다음 177조에서 대사의 구단(丘壇)을 훼손하거나 대사의 신이 쓰는 물건을 버리거나 훼손하면 죄가 각각 차이가 있으나, 만약 중사의 단장(壇場)이나 어물(御物)을 범하면 역시 대사의 예에 따라 같게 논하므로 '이에 준한다'고 한 것이다.〔如下條 大祀丘壇毁損 及棄毁大祀神御 罪各有差 若中祀壇場御物有犯者 亦依大祀同論 故曰準此〕《집설 권4 2~3장》 '나머지 조항도 이에 준한다.'가 177조 훼대사구단(毁大祀丘壇)뿐 아니라 형률 280조 도대사신어물(盜大祀神御物)까지 적용된다고 보는 설도 있으나, 《집해》는 그렇게 볼 경우 중사의 신이 사용하는 물건을 훔쳐도 참형(斬刑)인데 이는 지나친 듯하므로 다음 조에만 적용되는 것으로 보는 것이 좋다고 하였다.〔或謂 餘條字所該者廣 欲兼刑律盜大祀神御物 按 盜大祀神御物 坐斬 若盜中祀神御物 亦擬斬罪 似涉太重 還依疏議止指下條爲是 餘字不必太拘〕《집해 924쪽》

직해 대사 및 묘향을 관장하는 관사에서 제삿날을 각사(各司)에 미리 알리지 않으면 태 50이다. 이로 인하여 행사의 때를 그르치면 장 100이다. 행사하는 날에 대해 통첩(通貼)을 받고도 때를 그르치면 그 잘못한 사람을 처벌한다. ○ 각사에서 이미 명첩(命牒)을 받은 후 조문하거나 문병하거나 형벌 문서에 서명하거나 연회에 참여하면 벌봉[21] 1개월이다. 시마친 이상의 상중이거나 이전에 장죄를 받은 사람을 향관(享官)이나 다른 집사로 정하거나 제사에 참여시키면 죄가 같다. 몰랐으면 처벌하지 않는다. 복제 중이거나 일찍이 장죄를 지은 사람이 스스로 알리지 않으면 죄가 같다. 이미 맹서를 한 관원이 산재 중에 정결한 방에서 자지 않으면 벌봉 15일이다. 치재 중에 해당 관사에서 자지 않으면 벌봉 1개월이다.

○ 대향(大享)에서 희생·옥백·서직 등의 제물이 법식과 같지 않으면 태 50이다. 한 가지 일을 맞게 하지 않으면 장 80이고, 제상(祭床)의 한 자리를 모두 빠뜨리면 장 100이다.

○ 대향에 바칠 희생을 주장하는 관원이 법대로 기르지 않아 마르고 허약하게 하면, 한 마리는 태 40이고 한 마리마다 1등급을 더하되 장 80을 한도로 한다. 이로 인하여 죽게 하면 죄 1등급을 더한다.

○ 중사에서 규정을 어기고 잘못을 범하면 죄가 같다. 나머지 조항도 이에 준한다.

21 벌봉 : 조선에서는 관인이 지은 죄가 파직될 정도가 아니어서 송서(送西)하는 자에게 녹을 징수하는 것을 벌봉전이라고 하였다. 벌봉전은 1535년(중종30)에 구체적으로 논의되었다. 당시 공죄(公罪)를 추문하고 징계하는 방법으로 종친의 경우 구사(丘史)를 거두어들이고 조관(朝官)의 경우 자급을 강등하였으나 체직(遞職)이 잦아 사람을 구하기 어려운 폐단이 있었다. 따라서 그 대안으로 《대명률》의 벌봉전 시행이 논의되었다. 조선에서는 봉전(俸錢) 제도가 없으므로 벌봉전 시행을 녹봉으로 하자고 하여 의정부·호조·형조가 함께 의논하여 벌봉전법을 제정하였다. 모두 7조항이 마련되었는데 그 내용은 실록에 자세하다. 《국역 중종실록 30년 10월 22일》 벌봉전법 7조항 중 "율에 벌봉전 10일이라 칭하는 것은 태 10에 준하여 반달은 태 20, 한 달은 태 30, 두 달은 태 50으로 한다."라는 내용은 《경국대전(經國大典)》 〈형전(刑典) 죄범준계(罪犯準計)〉에 조문화되었다. 1책 88쪽 보충 해설 참조.

●●●

대사와 묘향

국가적 차원에서 제사 지내야 할 대상을 정하고 적절히 등급을 나누는 일은 국가 예제(禮制)의 매우 중요한 부분이다. 대사(大祀), 중사(中祀), 소사(小祀), 묘향(廟享) 등으로 나누는데, 각 범주에 구체적으로 어떤 대상에 대한 제사가 속하는지는 시기에 따라 변화가 있었으며, 이에 따라 여러 주석서의 설명도 차이가 있다. 《강해》는 천지에 제사 지내는 것을 사(祀), 종묘에 제사 지내는 것을 향(享), 이들을 함께 대사라고 하였다. 《부례》는 대제(大祭)는 천지에, 묘향은 태묘(太廟)에, 사(祀)는 산릉(山陵)에 지내는 제사이며, 이상을 통틀어 대사라고 하였다. 《집주》는 대제는 천지·태사(太社)·태직(太稷)에, 묘향은 태묘·산릉에, 중사는 조일(朝日)·석월(夕月)·풍운(風雲)·뇌우(雷雨)·악진(嶽鎭)·해독(海瀆) 및 역대 제왕(帝王)·선사(先師)·선농(先農)·기독(旗纛) 등의 신에게, 소사는 여러 신에게 제사하는 것이며, 제왕의 능침(陵寢) 및 공자묘(孔子廟)에는 제서(制書)를 전해 특별히 제관을 보낸다고 하였다. 《강해》와 《부례》에서는 사직(社稷)에 대한 제사를 중사로 보았다.

시기에 따른 제사 범주의 변동에 대해서는 《회전》의 설명이 자세하다. 명대 초에 교묘(郊廟)·사직·선농을 모두 대사로 하였다가, 뒤에 선농·산천(山川)·제왕·공자·기독은 중사로 고치고 여러 신은 소사로 하였다. 가정(嘉靖) 연간(1522~1566)에는 조일·석월·천신·지기(地祇)를 중사로 하였다. 교묘·사직·산천·여러 신은 모두 천자가 친히 제사하였다. 나라에 큰일이 있으면 관원을 보내어 제사하고 아뢰었다. 선농·기둑·오사(五祀)·성황(城隍)·경창(京倉)·마조(馬祖)·선현(先賢)·공신(功臣)·태려(太厲)는 모두 관원을 보내어 제사를 지냈다. 제왕의 능침과 공자묘만은 특별히 제서를 보내어 제사 지냈다.

묘향은 종묘의 시향(時享)이다. 1368년(홍무 원년) 사시(四時)의 맹월(孟月)과 세제(歲除)에 지내는 다섯 가지 제사를 오향(五享)으로 하였다. 1369년 시향을 다시 정하여 봄은 청명, 여름은 단오, 가을은 중추절, 겨울은 동지로 하고, 세제만 그대로 두었다. 1370년 다시 사시의 맹월로 바꾸었다. 맹춘(孟春)에는 각 묘(廟)에서 각각 시향을 지내고 예악을 갖추었다. 나머지는 모두 삼조(三祖)의 신주를 받들어 덕조(德祖)의 묘에서 합향(合享)하였다. 1376년 처음으로 태묘를 개건(改建)하였다. 맹춘은 상순(上旬)의 길일을 택하고, 맹하·맹추·맹동은 모두 삭일(朔日)을 택하고, 연말은 제일(除日)을 택하였다. 모두 합향의 예를 행하였다. 덕묘악(德廟樂)을 연주하고, 특향(特享)의 예와 각 묘의 악은 폐하였다.

177
대사의 구단을 훼손함
毁大祀丘壇

177-1 대사(大祀)의 구단(丘壇)[1]을 훼손하면[2] 장 100 유 2000리이다. 유문(壝門)[3]이면 2등급을 줄인다.[4]

177-2 대사에서 신이 쓰는 물품[5]을 버리거나 훼손하면 장 100 도 3년이다. 유실(遺失)하거나 실수로 훼손하면 각각 3등급을 줄인다.

직해 태묘(太廟)나 원구(圓丘) 등의 대사 지내는 단장(壇場)을 훼손하면 장 100에 먼 곳으로 유배 보낸다. 단장의 문을 훼손하면 2등급을 줄인다. ○ 대사에 들이는 신이 쓰는 물품을 버리거나 훼손하면 장 100 도 3년이다. 유실하거나 실수로 훼손하면 각각 3등급을 줄인다.

1 구단(丘壇) : 하늘에 제사 지내는 곳은 원구(圓丘)이고, 땅에 제사 지내는 곳은 방구(方丘)인데, 구(丘)에는 반드시 단(壇)이 있으므로 구단이라 한 것이다.〔丘壇者 祭天圓丘 祭地方丘 丘必有壇 故曰丘壇〕《집해 925쪽》 하늘을 제사 지내는 것은 원구, 땅을 제사 지내는 것은 방택(方澤), 사직을 제사하는 것은 단이며, 이를 합친 것을 모두 단이라고 한다는 설명도 있다.〔丘壇とは天地を祭る處なり 天を祭るには圓丘と云あり 地を祭るには方澤と云あり 社稷を祭るには壇あり 合て皆壇と云〕《국자해 266쪽》 즉, 땅에 제사 지내는 곳을 《강해》·《언해》 등에는 방구로, 《국자해》에는 방택으로 설명하였다. 《대명회전》에는 1364년(지정24)에 방구를 세웠다가 1378년(홍무11) 폐지하였으며, 1530년(가정9) 방택으로 복구하였다고 하여 양자는 통한다고 하였다. 《회전 권187 方澤壇》

2 훼손하면 : 크게 무너진 것을 훼(毁)라고 하고, 작게 무너진 것을 손(損)이라고 한다.〔大壞曰毁 小壞曰損〕《집해 925쪽》

3 유문(壝門) : 구단 주위를 둘러싼 담을 유(壝)라 하며, 이 담에 나 있는 문을 유문이라 한다.〔壝門ハ丘壇ノ外ヲ圍ミ繞ル垣ヲ壝ト云垣ニ門アツテ出入ヲ通スルヲ壝門ト云〕《언해 권14 12장》

4 대사(大祀)의……줄인다 : 구단은 신이 흠향하는 곳이고, 유문은 신을 맞이하는 곳으로 모두 천자가 친히 임하여 공경을 다하는 곳이므로 신이 쓰는 물품보다 무겁게 처벌하는 것이다.〔丘壇 享神之所 壝門 迎神之所 皆天子親臨致敬之處 故重于神御之物〕《집주(상) 386쪽》

5 신이 쓰는 물품 : 신령이 쓰도록 제공하는 물품으로, 유장(帷帳)·궤장(几杖)·주례(酒醴)·찬구(饌具)·변두(籩豆)·보궤(簠簋) 따위이다.〔神御之物ハ神靈ノ所御ニ供ル物ヲ總テ言也帷帳几杖酒醴饌具籩豆簠簋ノ類皆是神御ノ物也〕《언해 권14 12장》

178
사전에 기재되어 있는 신기에게 제사 지냄
致祭祀典神祇

사직(社稷)[1]·산천(山川)·풍운뇌우(風雲雷雨) 등의 신[2]과 성제(聖帝)·명왕(明王)·충신(忠臣)·열사(烈士)로 사전(祀典)[3]에 기재되어 있어서[4] 마땅히 제사 지내야 할 신기(神祇)[5]는 소재지의 유사(有司)[6]가 패면(牌面)을 세워 신의 칭호와 제사 기일을 낱낱이 기입하여 정결한 곳에 항상 걸어 두고 때에 맞추어 제사 지낸다. 기일이 되었는데 제사를 그르치면 장 100이다. 제사를 받드는 것이 합당하지 않은 신[7]을 제사 지내면 장 80이다.

직해 사직·산천·풍운뇌우 등의 신이나 성제·명왕·충신·열사가 사전에 기재되어 있어 마땅히 제사 지내야 할 대상은, 소재지의 유사 관원이 패면에 신의 칭호 및 제사 기일을 자세히 써서 깨끗한 곳에 항상 걸어 두고 기일에 맞추어 제사 지낸다. 기일을 지나치거나 그르치면 장 100이다. 제

1 사직(社稷) : 토지와 곡식의 신이다.〔社稷 土穀之神〕《집해 928쪽》

2 등의 신 : 오악(五嶽)·사독(四瀆) 따위로, 지방의 부·주·현에서 제사 지내는 것을 가리키며, 176조에서 말한 중사(中祀)와는 같지 않다.〔曰等神如五嶽四瀆之類 此皆指在外府州縣所祭者 與上條所云中祀不同〕《집해 928쪽》

3 사전(祀典) : 제사를 올려야 하는 신의 명호를 기재한 전적이다.〔祀典ハ祭ヲ致スベキ神祇ノ名號ヲ書載タル典籍ヲ云〕《언해 권14 14장》

4 사전(祀典)에 기재되어 있어서 : 조정에서 해마다 제사 지내는 정해진 대상이 있다는 것이다.〔載祀典 是朝廷歲祭有定額者〕《집해 928쪽》

5 신기(神祇) : 하늘에 있는 신령을 신(神), 땅에 있는 신령을 기(祇)라고 한다.〔天曰神 地曰祇〕《史記 卷38 宋微子世家 裴駰 集解》

6 소재지의 유사(有司) : 성(省)의 포정사(布政司), 부의 지부(知府), 주의 지주(知州), 현의 지현(知縣)을 가리킨다.〔省ノ布政司府ノ知府州ノ知州縣ノ知縣ヲ指テ云也〕《언해 권14 16장》

7 제사를 받드는……신 : 사전에 실리지 않은 신 모두를 가리키며 반드시 음사(淫祠)만을 지칭한 것은 아니다.〔不當奉祀之神 凡祀典所不載者 皆是 不必專指淫祠〕《집해 928쪽》

사를 받들기에 합당하지 않은 신기를 제사 지내면 장 80이다.

해설

사전에 기재되어 있어 마땅히 제사 지내야 할 신에 대하여 소재지의 담당 관원이 위패를 만들어 두고, 신의 칭호와 제사 날짜 등을 자세히 기록하여 정결한 곳에 항상 걸어 두었다가 때에 맞추어 제사를 지내야 함을 주지시키는 내용이다. 제사 기일이 되었는데도 제사를 지내지 않거나 잘못 지내면 이를 처벌하고, 제사하기에 적합하지 않은 신을 제사 지내면 처벌한다는 내용을 담고 있다.

179
역대 제왕의 능침
歷代帝王陵寢

역대 제왕(帝王)[1]의 능침(陵寢)[2]이나 충신(忠臣)·열사(烈士)[3]·선성(先聖)·선현(先賢)의 분묘[4] 위에서 나무하거나 농사짓거나 소·양 등의 가축을 방목하는 것을 허락하지 않는다. 어기면 장 80이다.[5]

직해 역대 제왕의 능침 및 충신·열사·선성·선현의 분묘에서 나무하거

1 제왕(帝王) : 천자(天子)이다. 앞의 178조 치제사전신기(致祭祀典神祇)에 있는 것은 성제(聖帝)·명왕(明王)으로 덕 있는 옛날의 천자를 제사 지내는 것이다. 덕 있는 이도 덕 없는 이도 능(陵)은 소홀히 하지 않는다.〔帝王と云は天子なり前の條にあるは聖帝明王とありて德ある古の天子を祭ることなり德あるも德なきをも陵をばそまつにせぬことなり〕《국자해 267쪽》

2 능침(陵寢) : 제왕이 묻혀 있는 곳을 능(陵), 묻혀 있는 곳의 사당을 침(寢)이라 한다. 한대(漢代)에는 능에 사당을 세우고 거기에 정원도 붙여서 침원(寢園)이라고 하였으나 여기서는 그저 능이라고 보아야 한다.〔帝王ノ葬處ヲ陵ト云葬處ノ廟ヲ寢ト云也〕《언해 권14 17장》〔陵寢と云はみささぎのことなり漢の世には陵に廟を立てそれに園をもつけて寢園と云ここには其詞を用てただ陵のことと見るべし〕《국자해 267쪽》

3 열사(烈士) : 충신 가운데서도 맹렬한 일을 하고 죽은 이를 이른다.〔烈士と云は忠臣の中にも猛烈のはたらきをして死たるを云なり〕《국자해 267~268쪽》

4 역대……분묘 : 제왕의 능묘는 《대명회전》에 빠짐없이 실려 있다. 그 밖의 충신·열사·선성·선현의 분묘는 소재지의 유사(有司)가 직접 조사해서 그에 따라 제사를 봉행해야 한다.〔帝王陵廟 具載會典 其餘忠臣烈士先聖先賢墳墓 所在有司宜査擧奉行〕《전석 권11 5장》

5 역대……80이다 : 산릉(山陵)의 침묘(寢廟)를 능침이라 하는데 제왕이 묻혀 있는 곳이다. 땅이 높은 것을 분(墳)이라 하고, 흙을 쌓아 올리고 나무를 심어 놓은 곳을 묘(墓)라 한다. 제왕은 한때 천하에 임하여 다스렸고 충신·열사·선성·선현은 세속의 전범(典範)으로서 능침·분묘는 그들의 시신이 있는 곳이다. 만약 이 위에서 땔감·꼴을 채취하거나 벼·기장 등을 심어 경작하거나 소·양 등의 가축을 풀어놓아 밟아서 손상시키면, 국가가 이들을 존숭하고 기리고 드러내는 뜻을 잃게 되고 설만(褻慢)함이 심하므로 장 80이다.〔山陵寢廟謂之陵寢 帝王葬處也 土高曰墳 封植曰墓 此見帝王嘗臨制天下 忠烈聖賢足以師世範俗 其人雖係先代 而其陵寢墳墓乃其體魄所藏 若於上樵採薪蒭耕種禾黍等物 及縱放牛羊等畜踐害 則失國家尊崇褒表之意 而褻慢甚矣 故杖八十〕《집해 930쪽》

나 농사짓거나 소·말을 방목하면 장 80이다.

해설

이전 역대 왕조의 제왕 능침 및 충신·열사 등의 분묘를 보호하기 위한 규정이다. 《홍무예제(洪武禮制)》에 역대 제왕의 능침에서 1년에 중춘(仲春)과 중추(仲秋) 두 차례 제사를 지내도록 되어 있다.

180
신명을 더럽힘
褻瀆神明

180-1 사가(私家)에서 하늘에 고하거나 북두칠성(北斗七星)에 절하거나,[1] 밤에 향을 피우거나,[2] 천등(天燈)이나 칠등(七燈)[3]에 불을 밝혀 신명(神明)을 더럽히면 장 80이다.[4] 부녀가 이를 범하면 가장을 처벌한다. 승(僧)이나 도사(道士)가 재(齋)를 올리거나 초제(醮祭)를 베풀면서[5] 절하며 청사(青詞)나 표문(表文)[6]을 올리거나, 화재를 물리치려고 빌면 같은 죄이다. 환속시킨다.

1 하늘에……절하거나 : 하늘에 고하는 것은 천지신명(天地神明)에 제사 지내 소원을 고하는 것이고, 북두칠성에 절하는 것은 북두칠성에 예를 갖추어 절하는 것이다.〔告天者 告祭天地 拜斗者 拜禮北斗〕《집설 권4 4장》《언해 권14 19장》

2 밤에 향을 피우거나 : 밤에 탁자를 설치하고 향을 피워 기도하는 것이다.《언해 권14 19장》

3 천등(天燈)이나 칠등(七燈) : 천등은 하늘의 형상을 본뜬 등이고 칠등은 해와 달, 수성·금성·화성·목성·토성이 늘어선 형상을 본뜬 등으로 북두칠성의 등을 이르는 것이 아니다. 천등과 칠등은 하늘에 고하고 북두칠성에 절할 때 쓰는 등이다.〔天燈 天象之燈 七燈 布列日月五星之象 非謂北斗七星之燈 蓋天燈七燈 卽告天拜斗之燈也〕《집설 권4 4장》《언해 권14 19장》《언해》에서는 칠등이 해·달·수성·금성·화성·목성·토성을 본뜬 등이라는 설과 북두칠성을 본뜬 등이라는 설의 두 가지 가능성을 다 인정하고 있다.

4 사가(私家)에서……80이다 : 천제(天帝)와 북두칠성은 모두 신명(神明)한 지존(至尊)으로, 사가에서 하늘에 고하거나 북두칠성에 절하거나 향을 피우거나 등을 밝히는 것은 모두 천지신명을 더럽히는 일이므로 장 80이다.〔天帝北斗 皆神明之至尊者 故私家告天拜斗焚香燃燈者 皆爲褻瀆 坐杖八十〕《집설 권4 4장》

5 승(僧)이나……베풀면서 : 재(齋)는 마음을 청결하게 하여 망상과 잡념을 물리치는 것이고 《언해 권14 6장》 수재(修齋)는 그런 상태에 도달하도록 심신을 수양하는 수행을 하는 것으로서 승려의 업(業)이다.《언해 권14 19장》 사람이 원하는 바를 천제에게 기도하는 것을 초(醮)라 하는데, 초법(醮法)을 베풀어 행하는 것은 도사의 업이다.《언해 권14 19장》

6 청사(青詞)나 표문(表文) : 도사가 하늘에 기도하는 기도문을 청사라 한다. 신하가 천자에게 글을 올릴 때 쓰는 문체를 표(表)라 하므로 하늘에 주달(奏達)하는 문장을 표문으로 표현한 것이다.《언해 권14 20장》 청사나 표문은 하늘에 제사 지내는 것을 상징하므로 금지하는 것이다.

180-2 관원이나 군민(軍民)의 집에서 처나 딸이 사찰·도관(道觀)·신묘(神廟)[7]에서 향을 피우는 것을 방임하면 태 40이다. 남편이나 아들에게 죄주고, 남편이나 아들이 없으면 해당 부녀자를 처벌한다. 그 사찰·도관·신묘의 주지 및 문을 지키는 자가 금지하지 않으면 더불어 같은 죄이다.

직해 사가에서 하늘에 고하고 북두칠성에 절하거나, 향불을 태우고 천등에 불을 밝혀 신명을 향하여 함부로 굴거나[8] 번잡하게 하면 장 80이다. 부녀가 이를 범하면 가장에게 죄준다. 승·도사가 법석(法席)·초례(醮禮)를 설행하고 청사나 표문으로 절하고 빌거나 불이 나지 않기를 빌면 같은 죄를 주고 환속시킨다.

○ 관직이 있는 사람과 군민의 집에서 처나 딸 등을 각 절이나 신묘에 보내 향을 피우면 태 40이다. 그 사람의 남편이나 아들에게 죄주고, 남편이나 아들이 없으면 해당 부녀자를 처벌한다. 그 절의 주지 및 신묘를 지키는 사람들이 금지하지 않으면 죄가 같다.

해설

제사의 예법에는 각각 분수가 있는데, 황제만이 하늘과 북두칠성에 제사 지낼 수 있고, 사가에서는 조선(祖先)에 대한 제사와 마을 제사인 이사(里社), 금·목·수·화·토 오행신(五行神)에 대한 제사인 오사(五祀)만 지낼 수 있다. 그러므로 사가에서 하늘과 북두칠성에 제사 지내는 것은 분수를 망각한 참월(僭越) 행위이기 때문에 처벌되었다. 청사와 표문은 하늘에 제사 지내는 것을 상징하므로 사가에서 승과 도사에게 의뢰하여 사용하게 하는 것도 금지 대상이며, 이를 승낙하여 실행에 옮기는 승·도사도 처벌 대상이다.

7 사찰·도관(道觀)·신묘(神廟) : 모두 승이나 도사가 거처하는 곳이다. 《언해 권14 20장》

8 함부로 굴거나 : 《대명률직해》 만송문고본에는 '친압(親押)'으로 되어 있는데, 《대명률직해》 조선총독부 교정본에서는 '친압(親狎)'의 잘못이 아닐까 추정하였다.

181
법사나 무당의 사술을 금지함
禁止師巫邪術

181-1 법사(法師)나 무당[1]이 사신(邪神)이 내렸다고 가탁하여[2] 부적을 쓰고 물을 떠 놓고 주문을 외우고[3] 방울을 흔들며 신령에게 기도하거나,[4] [5] 스스로 단공(端公)·태보(太保)[6]·사파(師婆)[7]라 일컫거나, 미륵불(彌勒佛)·백련사(白蓮社)[8]·명존교(明尊教)[9]·백운종(白雲宗)[10] 등의 종류[11]를 거짓

1 법사(法師)나 무당 : 사신이 내린 남자 무당을 무(巫)라고 한다. 사(師)는 그 술법을 행하는 사람으로, 세속에서 법사라고 일컫는다.〔男子降邪曰巫 師則爲其行法者 世俗稱法師〕《소의(상) 585쪽》

2 사신(邪神)이 내렸다고 가탁하여 : 사악한 신이 내렸다고 가탁하여 신의 말을 전한다고 하는 것이다.〔假降邪神者 傳神語也〕《석의 권11 6장》

3 물을……외우고 : 물을 떠서 사람에게 주고 주문을 외워 질병을 고치려고 하는 것이다.〔水ヲ呪シテ人ニアタヘ疫瘧等ヲマジナヒ愈スヲ云〕《언해 권14 24장》

4 방울을……기도하거나 : 난(鸞)은 방울로 난(鑾)과 통한다. 부란도성(扶鸞禱聖)은 방울·키를 잡고 신성(神聖)에게 기도하여 신의 말을 전하는 것인데, '성(聖)'은 여동빈(呂東賓)·자고선(紫姑仙) 따위를 가리킨다. 젓가락을 키 머리에 꽂고 깨끗한 재를 키 위에 펼쳐 놓으면 신이 와서 키를 움직여 꽂아 놓은 젓가락이 재 위에 글을 쓰는데 이 글을 해석하여 신성의 뜻을 헤아린다는 것이다.〔扶執鸞箕 祈禱神聖 以傳寫神語〕《소의(상) 585쪽》〔吏文輯覽云 扶鸞禱聖 謂扶執鸞箕 祈禱神聖 以寫神語也 聖指呂東賓紫姑仙之屬 其法用筯一枚揷於箕首 又用淨灰 布攤箕上 神至則箕動 而所揷之筯 剌灰書詞 求解經籍文章幾密畫格命課婚姻風水 無不寫報 鸞與鑾通 鈴也〕《언해 권14 25장》

5 부적을……기도하거나 : 부적을 쓰고 물을 떠 놓고 주문을 외우고 방울을 흔드는 것이 모두 하나의 일이다. 신령에게 기도하면서 신의 말을 옮겨 쓰기 때문이다.〔書符呪水扶鸞 皆一事 所以祈聖而傳寫神語者也〕《석의 권11 6장》

6 단공(端公)·태보(太保) : 남자 무당의 속칭이다.〔端公太保 男巫之俗號〕《집주(상) 390쪽》

7 사파(師婆) : 여자 무당의 속칭이다.〔師婆 女巫之俗號〕《집주(상) 390쪽》

8 백련사(白蓮社) : 《해이(解頤)》는 백련사가 진(晉)나라 원사(遠師)가 주창한 연사(蓮社)를 가리킨다고 보았으나, 《전석》과 《언해》는 백련사를 사교(邪教)라고 하기 어렵다는 이유로 이 설을 비판하고, 당시 유행하던 백련교(白蓮教)로 보았다.〔解頤云 謂晉遠師修淨土

으로 칭하거나, 일체[12]의 좌도(左道)로 정도를 어지럽히는 술법을 부리거나, 도상(圖像)을 은밀히 보관하거나,[13] 향을 피워 무리를 모으거나, 밤에 모였다가 새벽에 흩어지거나,[14] 겉으로는 착한 일을 하는 척 꾸미고 인민(人民)을 부추겨 현혹시키면[15] 수범(首犯)은 교형이고[16] 종범(從犯)은 각각 장 100 유 3000리이다.[17]

之教 如奉彌勒十八龍天 是也〕《언해 권14 25장》〔此說ニ因ラハ邪教トハ云ガタシ別ニ白蓮教ト云モノ有ルニ似タリ〕《언해 권14 26장》〔白蓮教 稱彌勒下生 救衆生刀兵劫難 鼓惑愚民 故曰彌勒佛白蓮社 非遠公念佛之蓮社也 此教 今最盛〕《전석 권11 6장》

9 명존교(明尊教) : 외국에서 전래된 종교로서 명사(明師)라고도 한다. 모니광불(牟尼光佛)의 교법(教法)을 받들고 남녀가 앉아서 칠경(漆經)을 송(誦)하며 수행하며, 종이나 북을 울리지 않는다.〔會解曰 明尊教 男女修行齋戒 奉牟尼光佛教法者 俗謂之明師 外夷所傳 男女坐誦漆經 不鳴鐘鼓者〕《언해 권14 26장》

10 백운종(白雲宗) : 《회해(會解)》에서는 백운종을 불교 지파 중 하나로 보았으나〔會解云 白雲宗 釋氏支流後世分爲七十二宗 此其一也〕《언해 권14 26장》《언해》는 명존교와 백운종을 백련교와 비슷한 종교로 보았다.〔二教共ニ白蓮教ノ如キ教ト見ヘタリ〕《언해 권14 27장》

11 미륵불(彌勒佛)……종류 : 미륵불·백련사·명존교·백운종 등은 모두 사교(邪教)의 이름이며, 그 부류가 하나가 아니므로 '등의 종류'라는 글자로 총괄한 것이다.〔彌勒佛白蓮社明尊教白雲宗等 皆邪教之名 會其總稱也 其類非一 故以等會字括之〕《집주(상) 390쪽》

12 일체 : 이상은 똑같이 모두 좌도(左道)인데 더러 미진한 것이 있으므로 '일체'라는 글자로 아우른 것이다.〔以上均屬左道 或有不盡於此 故以一應字該之〕《집주(상) 390쪽》

13 도상(圖像)을 은밀히 보관하거나 : 도상을 은밀히 보관하는 것은 민간에서 공통으로 섬기는 신령이나 부처가 아니기 때문이다.〔隱藏圖像 則非民間共事之神佛〕《집주(상) 390쪽》

14 향을……흩어지거나 : 향을 피워 무리를 모으거나 밤에 모였다가 새벽에 흩어지면 그 도모하는 것이 반역이라는 확실한 증거이다〔燒香集衆 夜聚曉散 則其謀爲不軌之實跡〕《집주(상) 390쪽》

15 겉으로는……현혹시키면 : 겉으로는 착한 일로 꾸미고 뒤로는 백성을 부추겨 현혹시키는 것을 허용하면 난을 일으키는 데 이를 수 있으므로 수범은 교형, 종범은 각각 장 100 유 3000리로 법을 엄히 한 것이다.〔陽以修爲善事 陰以煽惑人民 往往藏姦 因致作亂 故嚴其法以禁之 爲首者 絞 爲從者 各杖一百流三千里〕《집주(상) 390쪽》

16 도상(圖像)을……교형이고 : 반드시 이와 같이 도상을 은밀히 보관하거나, 무리를 모으거나, 밤에 모였다 새벽에 흩어지거나, 백성을 부추겨 현혹시키는 등의 일이 있어야 교죄(絞罪)로 처벌한다.〔隱藏圖象五句最重 總承上文 蓋必有此隱藏集衆夜聚曉散煽惑人民等事 然後坐以絞罪〕《집설 권4 5장》

181-2 군인이나 백성이 신상(神像)을 꾸미고 징을 치고 북을 두드리면서 신을 맞이하고 새회(賽會)[18]를 하면 장 100이다.[19] 앞장선 사람을 처벌한다.[20] 이장(里長)이 알면서도 고발하지 않으면 각각 태 40이다.[21]

181-3 민간의 봄가을 의사(義社)[22]는 금지 규정을 적용하지 않는다.

직해 박사(博士)·무녀(巫女)·화랑(花郎) 등이 사악한 신을 빙자하여 물을 떠 놓고 주문을 외우고 부적을 쓰거나, 미륵이나 제석(帝釋)이 내려왔다고 거짓으로 칭하거나, 향도(香徒)들이 일체의 사악한 도로 바른 도를

17 수범(首犯)은……3000리이다 : 미연에 방지하여 더 이상 커지지 않도록 하는 것이다.〔防微杜漸〕《소의(상) 587쪽》

18 새회(賽會) : 새회의 사전적 정의는 의장(儀仗), 고악(鼓樂), 잡희(雜戲) 등을 갖추고 사당의 신상(神像)을 모시고 나와 동네를 돌던 일이나, 《언해》에서는 신에게 기도하여 소원대로 되었을 때 감사의 뜻으로 올리는 제사를 말한다고 보았다.〔神ニ祈テ所願ノ如クナルコトヲ得レバ報祭スルヲ賽ト云俗ニ願ホドキト云是也〕《언해 권14 28장》

19 군인이나……100이다 : 비록 옳지 않은 일이기는 하지만 사신(邪神)의 도상을 숨기거나, 밤에 모였다가 새벽에 흩어지거나, 백성을 부추겨 현혹시키는 것과는 같지 않으므로 장 100에 그친다.〔雖亦不正之事 而與隱藏圖像夜聚曉散扇惑人民者 不同 故止杖一百〕《집해 937쪽》 새회는 더러 복을 빌고 재앙이 물러가기를 비는 것으로 법에 위배되지는 않지만 다만 신상을 꾸미고 징을 치고 북을 두드려 신의 위엄을 더럽히는 것이 옳지 않기 때문에 죄는 장 100에 그치고 앞장선 사람을 처벌하는 것이다.〔賽會者 或有所祈禳 於法未有所違 但不當裝扮鳴鑼擊鼓以褻神威耳 故止杖一百 罪坐爲首之人〕《석의 권11 7장》

20 앞장선 사람을 처벌한다 : 이와 같은 일은 반드시 앞장서서 제창한 사람이 이끈 것이므로 앞장선 사람만 장 100이고 이를 따른 대중은 처벌하지 않는 것이다.〔止將爲首之人杖一百者 此等事 必由唱始之人以導之 故不加於衆也〕《집주(상) 390쪽》〔不言爲從者 罪難加衆故也〕《집설 권4 6장》

21 이장(里長)이……40이다 : 무당이 대중을 현혹시키거나 군인과 백성이 새회하는 실정을 알면서도 고발하지 않으면 각각 태 40이다. 모르는 경우를 언급하지 않은 것은 이와 같은 일은 한 사람이나 한 집안에서 하는 것이 아니기에 이장이 모를 리가 없기 때문이다.〔其里長 明知師巫惑衆軍民賽會之情 而不擧首者 各笞四十 不言不知者 以此等事 非一人一家所爲 無不知之理也〕《집설 권4 6장》

22 의사(義社) : 의사의 사전적 정의는 후손이 없는 넋을 받들기 위하여 민간에서 공동으로 세운 사(社)이다. 그러나 《언해》에서는 사일(社日) 곧 2월과 8월의 무일(戊日)에 모여서 오토(五土)·오곡(五穀)의 신에게 제사드리고 모여서 술을 마시며 교제하는 의(義)로써 맺어진 것이라고 보았다.〔義ヲ以テ社會ヲ結テ祭祀ノ禮ヲ行ヒ一里ノ民相聚テ會飮スルヲ云二月八月ノ戊日ヲ社日ト云此日ニ五土五穀ノ神ヲ祭也〕《언해 권14 29장》

어지럽히는 사술을 부리거나, 도상을 숨겨 두고 밤에 모였다 새벽에 흩어지며 착한 일을 하는 듯이 꾸며 인민을 현혹하면, 주범은 교형으로 죽이고 따른 사람은 각각 장 100을 치고 먼 곳으로 유배 보낸다.

(○) 군인이나 백성이 신상을 꾸미거나, 나발을 불고 북을 치며 신을 맞이한다고 모여 기도를 드리면 장 100인데 앞장선 사람에게 죄준다. 이장이 알고서도 미리 관에 고하지 않으면 각각 태 40이다.

(○) 이때 민간에서 이전부터 행해 오던 봄가을 사회(社會)는 금지하지 않는다.

해설

법사나 무당이 사술로 백성을 선동하여 현혹시키는 것을 미리 막기 위한 조문이다. 후한대(後漢代)에 도교의 원류가 된 태평도(太平道)의 창시자 장각(張角)이 황건적(黃巾賊)의 난을 일으켜 농민들을 규합하자 그를 따르는 무리가 천하에 가득하여 마침내 나라의 큰 화가 되었다. 이처럼 사술이 창궐하여 화가 천하에 널리 퍼지는 폐해를 막기 위한 취지에서 본 조문을 제정하였다.

대명률직해

제12권 예율禮律 의제儀制

의제 儀制[1]

〈의제〉는 한(漢)의 《구장률(九章律)》에는 실려 있지 않으나, 진(晉)에서 《진율(晉律)》 11편으로 늘릴 때 〈위제(違制)〉를 두었고, 양(梁)·북제(北齊)에서 모두 〈위제〉라고 하였다. 북주(北周)의 《대율(大律)》 25편에 비록 〈조회(朝會)〉가 제4편에 있으나 역시 그 제도는 상고할 수 없다. 당(唐)은 수(隋)를 계승하였으므로 비록 편목(篇目)을 세우지 않았으나 의제와 관련된 일은 여러 곳에 산재하였다.

명대(明代)에 이르러 비로소 편목을 세워 〈예율(禮律)〉에 두었다. 당제(唐制)에서 많이 취하였는데, 182조 합화어약(合和御藥), 183조 승여복어물(乘輿服御物), 184조 수장금서급사습천문(收藏禁書及私習天文), 198조 익부모부상(匿父母夫喪), 191조 현임관첩자입비(見任官輒自立碑) 등은 〈직제(職制)〉에서 가져왔고, 194조 복사위식(服舍違式)은 〈잡률(雜律)〉에서 가져왔다. 여기에 189조 조현유난(朝見留難), 192조 금지영송(禁止迎送), 190조 상서진언(上書陳言), 196조 실점천상(失占天象), 201조 향음주례(鄕飮酒禮) 등을 추가하였고, 이를 묶어서 〈의제〉라고 명명하였다. 모두 20조이다.

1 의제(儀制) : 의(儀)는 예의이고, 제(制)는 법제이다.〔儀ㅅ禮儀也制ㅅ法制也〕《언해 권14 34장》

182
황제가 복용하는 약을 조제함
合和御藥

182-1 황제가 복용하는 약[1]을 조제할 때 착오로 본방(本方)대로 하지 않거나 봉제(封題)[2]에 착오가 있으면[3] 의원(醫員)[4]은 장 100이다. 약재의 요리[5]나 간택(揀擇)[6]이 정밀하지 않으면 장 60이다. 황제에게 올리는 음식을 만들 때 착오로 식금(食禁)[7]을 범하면 주자(廚子)[8]는 장 100이다.[9] 음식[10]

1 황제가 복용하는 약 : 천자가 복용하는 약을 어약(御藥)이라 하고, 먹는 음식을 어선(御膳)이라고 한다.〔天子所用之藥曰御藥 食曰御膳〕《집해 942쪽》

2 봉제(封題) : 약의 명칭이나 복용 방법 등을 지시한 설명서이다.

3 봉제(封題)에 착오가 있으면 : 약봉지의 겉면에 약성의 느리고 빠름과 차고 뜨거움을 기록하고 본방을 같이 써서 함께 올리는데 만약 잘못하여 본방에 따르지 않거나 약봉지에 쓰는데 잘못이 있으면 장 100이다.〔題封其上注寫藥性遲疾冷熱 并寫本方俱進 如有誤不依本方及題封有誤者 杖一百〕《강해 233쪽》 약 이름・품미(品味)・분량(分兩)을 명확하게 나열하지 않거나 비록 나열하였어도 빠뜨린 것이 있으면 모두 착오이다.〔封題錯誤 謂不明開藥名品味分兩之類 或雖開而有遺 皆錯誤也〕《집해 942쪽》

4 의원(醫員) : 태의원(太醫院) 소속의 의사(醫士), 의생(醫生)을 가리킨다.〔醫人ハ太醫院ノ所屬醫士醫生ヲ指テ云〕《언해 권14 37장》

5 요리 : 익히고 자르고 씻고 우려내는 따위이다.〔料理 謂熬削洗漬〕《강해 233쪽》〔料理 炮製熬洗也〕《집해 942쪽》

6 간택(揀擇) : 나쁜 것을 없애고 좋은 것을 남기거나,〔揀擇 謂去惡留善之類〕《강해 233쪽》 정갈하고 좋은 것을 가려서 취하는 것이다.〔揀擇 選取精美也〕《집해 942쪽》

7 식금(食禁) : 황제에게 올리는 음식을 만드는 것은 반드시 《식경(食經)》에 따라야 하며, 금기가 있으면 함부로 만들 수 없다. 건포는 기장쌀 속에 넣지 않는다든지 비름나물은 자라 고기에 섞지 않는 따위이다. 만약 착오로 범하면 장 100이다.〔凡造御膳 須依食經 設有禁忌 不得輒造 如乾脯不得入黍米中 莧菜不得和鱉肉之類 如有誤犯之者 杖一百〕《강해 233쪽》

8 주자(廚子) : 광록시(光祿寺)에 예속된 선부요리방(膳部料理方)의 역인(役人)이다.〔廚子ハ光祿寺ニ隷スル膳部料理方ノ役人ヲ云〕《언해 권15 55쪽》

9 황제가……100이다 : 황제가 복용하는 약을 조제할 때 착오로 본방대로 하지 않거나, 봉제에 착오가 있거나, 황제에게 올리는 음식을 만들 때 착오로 식금을 범하는 등의 세 가지는

이 정결하지 않으면 장 80이고, 재료의 간택이 정밀하지 않으면 장 60이다. 맛보거나 미리 먹어 보지 않으면[11] 태 50이다. 감림 제조관(監臨提調官)[12]은 각각 의원이나 주자의 죄에서 2등급을 줄인다.

182-2 감림 제조관이나 주자 등이 착오로 잡약(雜藥)을 가지고 황제에게 올리는 음식을 만드는 처소에 이르면 장 100이다. 가지고 있는 잡약은 자신이 먹게 한다. 문관(門官)[13]이나 수위관(守衛官)[14]이 제대로 수색하여 적발하지 못하면 범인과 더불어 같은 죄이다. 모두 발생할 당시 주문(奏聞)하여 구처(區處)한다.[15]

직해 진상하는 약을 조제할 때 잘못하여 본방문(本方文)에 따른 법대로 하지 않거나 약봉지에 이름을 잘못 쓴 의원은 장 100이다. 약재를 섞을 때 정밀하게 다루지 않으면 장 60이다. 진상하는 음식물을 조리할 때 잘못하여 음식의 금기를 범하면 맡아 요리하는 각 담당자들은 장 100이다. 음식물이 정결하지 않으면 장 80이다. 재료의 간택을 정밀하고 자세하게 하지 않으면 장 60이다. 맛보지 않거나 미리 먹어 보지 않으면 태 50이고, 감림 제조나 반감(飯監) 들은 의원이나 담당 요리인의 죄에서 각각 2등급을 줄인다.

십악(十惡) 중 여섯 번째인 대불경(大不敬)에 해당된다. 그러나 약재의 요리나 간택이 정밀하지 않은 것은 대불경에 해당되지 않는다.

10 음식 : 《대명률직해》의 여러 이본과 《강해》에는 '병식지물(餠食之物)'이라 되어 있고, 《소의》, 《석의》, 《부례》, 《집해》, 《집설》, 《전석》, 《언해》, 《집주》에는 '음식지물(飮食之物)'이라 되어 있다. 한편 직해에서는 이 부분을 '음선등물(飮膳等物)'로 번역하였다.

11 맛보거나……않으면 : 시고 짜고 쓰고 매운 맛을 맛보지 않거나, 미리 먹어 보아야 하는데 먹어 보지 않은 것을 말한다.〔謂如酸鹹苦辛之味不品及應嘗不嘗者〕《강해 234쪽》

12 감림 제조관(監臨提調官) : 예컨대 태의원사(太醫院使)·태의원판(太醫院判)·어의(御醫)는 의인(醫人)의 감림 제조이고, 어선소(御膳所)의 관원은 주자(廚子)의 감림 제조이다.〔監臨提調 如太醫院使院判御醫 醫人之監臨提調也 御膳所官 廚子之監臨提調也〕《집해 943쪽》

13 문관(門官) : 내관 가운데 궁문을 여닫는 일을 맡은 사람을 말한다.〔內官ノ宮門ヲ啓閉ヲ掌ル者ヲ云〕《언해 권14 38장》

14 수위관(守衛官) : 숙위하는 군직을 말한다.〔守衛官ハ宿衛ノ軍職ヲ云〕《언해 권14 38장》

15 주문(奏聞)하여 구처(區處)한다 : 이상의 범죄는 모두 중대한 일이므로 관리 스스로 결단하지 말고 그때그때 주문하여 황제가 결정하게 한다. 《언해 권14 38장》

○ 잡약 등을 감림이나 반감 및 사옹원(司饔院) 사람 등이 임금의 음식을 만드는 곳에 잘못 가지고 오면 장 100이고, 앞서 말한 잡약은 스스로 먹게 한다. 사문관(司門官)과 시위관(侍衛官) 등이 수색하여 조사하지 않으면 범인과 죄가 같으며, 모두 임금에게 아뢰어 결단한다.

해설

황제가 복용할 약을 조제하거나 음식을 만들 때 각별히 신중해야 함을 말한 조문이다. 약을 조제할 때는 본방에 따라야 하고, 약봉지에 본방과 약재의 품미(品味)와 양을 자세히 기록해야 하며, 약재를 정밀하게 가려야 한다. 음식을 만들 때에도 반드시 《식경(食經)》에 따르고, 재료를 정결하게 가려야 하며, 황제에게 올리기 전에 반드시 먼저 맛보도록 하였다. 음식을 조리하는 곳에 잡약을 반입하지 못하도록 하였고, 이를 어기면 미리 막지 못한 담당 관원까지 문책하였다.

183
황제가 입거나 쓰는 물건
乘輿服御物

183-1 황제[1]가 입거나 쓰는 물건을 법대로 보관하거나 정비[2]하지 않으면 장 60이다. 황제에게 바치는 데 잘못하면[3] 태 40이다. 수레를 끄는 말들이 훈련되지 않았거나 말을 부리는 도구가 튼튼하고 완전하지 않으면[4] 장 80이다.

183-2 주수(主守)하는 사람이 황제가 입거나 쓰는 물건을 사사로이 자신

1 황제 : 원문의 승여(乘輿)에 대해 당률에서는 "승여복어물(乘輿服御物)은 주상이 입고 쓰는 물건을 이른다. 인주는 천하를 집으로 삼기 때문에 승여를 타고 순행하므로 감히 존호를 들어서 말할 수 없어 승여를 빌려 말한 것이다."라고 하여 대상을 황제로 설명하였다. 〔乘輿服御物 謂主上服御之物 人主以天下爲家 乘輿巡幸 不敢指斥尊號 故託乘輿以言之〕《당률 6조 十惡》 반면에 명률에서는 2조 십악(十惡)에 해당 조문만 부기되어 있고, 40조 칭승여거가(稱乘輿車駕)에는 "승여, 거가(車駕), 어(御)라 칭하는 것은 태황태후, 황태후, 황후에게도 모두 동일하다."라고 하여 황실 직계까지 넓게 보았다. 《소의》·《국자해》·《언해》·《GMC》 등에서는 황제로 보았으며, 직해에서는 덩·교자로 직역하였다. 율문의 구성을 보면, 앞의 182조 합화어약(合和御藥)과 여러 면에서 대칭을 이루며, 두 조문 모두 대불경의 해당 조문으로 부기되어 있다. 이것은 〈예율〉의 황제와 관련된 구체적인 사례를 간추린 뒤, 〈명례율〉에서 일반화하여 황제에 대한 불경이란 범주를 만드는 데 활용하였음을 알 수 있다. 따라서 〈예율〉의 조문은 직해처럼 해석하더라도 반드시 틀렸다고 할 수는 없다. 다만 여기서는 많은 주석서에서 승여를 황제로 보고 있으므로 다수설을 따랐다.

2 정비 : 수조(修造)·장식(裝飾)하거나 정리하여 구비해 두는 것을 말한다.〔修整ハ修飾整頓ナリ修造裝飾シトトノヘオキソナユルヲ云〕《언해 권14 39장》

3 잘못하면 : 진헌해야 하는데 진헌하지 않거나, 진헌해서는 안 되는 것을 진헌하는 등 잘못 가져가는 것이다.〔當進者不進 而進所不當進 曰差失〕《집해 946쪽》〔差失はとりちがゆることなる〕《국자해 273쪽》 명률의 진어차실(進御差失)이 당률에는 진어괴실(進御乖失)로 되어 있다. 이에 대해 당률에서 《예기(禮記)》를 인용하면서 서 있는 사람에게 물건을 건네줄 때에는 받는 사람이 무릎을 꿇지 않도록 서서 주어야 하고 앉아 있는 사람에게 물건을 건네줄 때에는 받는 사람이 일어서게 하지 말아야 하는데 이러한 법도에 어긋나는 것이라고 풀이하고 있다.〔依禮 授立不跪 授坐不立之類〕《당률 105조 乘輿服御物》

4 수레를……않으면 : 황제의 말이 놀라거나 수레·가마의 안장·고삐 등이 손괴(損壞)되는 것을 말한다.〔或御馬驚駭 車輿鞍及轡之屬有損壞〕《당률 105조 乘輿服御物》

이 빌려 쓰거나, 그것을 타인에게 다시 빌려주거나, 타인이 그것을 빌리면 각각 장 100 도 3년이다. 버리거나 훼손하면 죄가 또한 같다. 유실(遺失)하거나 실수로 훼손하면 각각 3등급을 줄인다.

183-3 황제가 탈 배를 착오로 견고하게 만들지 않으면 공장(工匠)은 장 100이다.[5] 정돈·치장하지 않거나, 배에 삿대나 노 등이 모자라면 장 60이다. 모두 소유(所由)[6]를 처벌한다. 감림 제조관(監臨提調官)[7]은 각각 공장의 죄에서 2등급을 줄인다. 모두 발생할 당시 주문(奏聞)하여 구처(區處)한다.

직해 진상하는 덩, 교자(轎子), 의복과 같은 임금의 물건들을[8] 보관해 두거나 수리할 때 법대로 하지 않으면 장 60이다.

○ 진헌할 때 잘못하면 태 40이다. 수레의 말들을 길들이지 않거나, 수레나 말의 부속품이 견실하게 완비되지 못하면 장 80이다. 지키는 사람이 수레나 말, 의복과 같은 임금의 물건들을 사사로이 빌려 쓰거나, 또는 다른 사람에게 빌려주거나 빌려 쓴 사람들은 각각 장 100 도 3년이다. 버리거나 훼손하면 죄가 같고, 잃어버리거나 실수로 훼손하면 각각 3등급을 줄인다.

○ 임금이 타는 배를 잘못하여 견고하게 하지 못하면 공장인(工匠人)이 장 100이며, 그 배를 견실하게 보수하지 않거나 또는 배 위의 여러 도구를 빠뜨리거나 가지런히 하지 않으면 장 60이고, 오로지 직접 담당한 사람에게 죄준다. 감림관은 각각 공장의 죄에서 2등급을 줄이되 모두 발생할 당시 임금에게 아뢰어 결단한다.

5 황제가……100이다 : 십악 중 여섯 번째인 대불경(大不敬)에 해당된다.

6 소유(所由) : 소유는 귀책사유(歸責事由)가 있는 자이다. 소유의 범위에 대해서는 배를 직접 만든 사람만 처벌한다고 본 주석서도 있고,〔止坐所由經手造作者〕《부례(상) 513쪽》〔罪坐所由經手造作之人〕《집해 948쪽》 배를 직접 만든 공장(工匠)뿐 아니라 이 일을 맡은 관사의 관리도 포함된다고 본 주석서도 있다.〔各有所司 非獨工匠也〕《집주(상) 396쪽》

7 감림 제조관(監臨提調官) : 제거사(提擧司)의 관원과 공부에서 차견(差遣)된 관원을 말한다.〔監臨提調官ハ提擧司ノ官ト工部ヨリ委ネ指遣シタル官トヲ云也〕《언해 권14 41장》

8 진상하는……물건들을 : 〈명례율〉과 마찬가지로 율문의 승여(乘輿)를 직해에서는 임금을 가리키는 표현으로 보지 않았다.

184
금서를 수장하거나 천문을 사사로이 익힘
收藏禁書及私習天文

사가(私家)에서 천문 관측기구[1]·천문[2]·도참(圖讖)[3] 등 금지 서적 및 역대 제왕의 도상(圖像),[4] 금이나 옥으로 만든 부신(符信)·옥새(玉璽) 등의 물건을 수장하면 장 100이다. 사사로이 천문을 익히면 죄가 또한 같다.[5] 모두 범인에게서 은 10냥을 추징하여 고발한 사람에게 상금으로 준다.

직해 천문 관측기구, 천문·참기(讖記)와 같이 국가에서 금하는 문서 및 역대 제왕의 도상, 금이나 옥으로 만든 부신이나 인장(印章) 등의 물건을 사가에서 보관해 두면 장 100이며, 천문을 사사로이 익혀도 죄가 같다. 모두 범인에게서 은 10냥을 추징하여 고발한 사람에게 상으로 준다.

1 천문 관측기구 : 선기옥형(璇璣玉衡), 혼천의(渾天儀) 같은 따위로 하늘을 본떠 만든 기구이다.〔玄象器物 謂象天爲器 如璇璣玉衡渾天儀之類〕《집해 950쪽》

2 천문 : 천체의 운행을 추산하여 측량하고 검사하여 증명하는 책으로, 화복을 점치는《통천력(統天曆)》따위이다.〔天文 謂推步測驗之書 以占休咎 統天曆之類〕《집해 950쪽》

3 도참(圖讖) : 도상(圖像)과 길흉화복을 점치거나 미래를 예언하는 참위(讖緯)의 책으로, 치란(治亂)을 미리 추측하는《추배도(推背圖)》나《투천경(透天經)》따위이다.〔圖讖 謂圖像讖緯之書 預推治亂 謂推背圖透天經之類〕《집해 950쪽》《추배도》는 당(唐)의 이순풍(李淳風)과 원천강(袁天綱)이 지었다는 도참서이다.

4 도상(圖像) : 제왕의 신상(神像)이다.〔圖像 帝王神像也〕《집해 950쪽》

5 사사로이……같다 : 천문은 길흉화복을 점칠 수 있기 때문에 사사로이 익힐 수 없게 하였다. 이 조의 조문명 및 율문의 원문 사습천문(私習天文)에 관한 내용이 청(淸) 초에는 대청률(大淸律)에 그대로 유지되었으나 1725년(옹정3)에 삭제되었다. 이는 사적으로 천문을 학습하는 것을 더 이상 국가에서 금지하지 않게 된 것을 의미한다.

해설

천문 관측기구는 하늘의 운행을 드러나게 하는 것이고, 천문・도참 등은 혹세무민(惑世誣民)할 수 있기 때문에 금서 조치를 취하는 것이다. 제왕의 신상(神像) 또는 금이나 옥으로 만든 부신・옥새・인장 등은 민간이 가지면 안 되는 것이다. 이러한 것들을 개인이 수장하면 모두 처벌하였다. 천문은 길흉화복을 점칠 수 있기 때문에 보통 사람들이 사사로이 익히지 못하도록 하였고, 이를 어기면 이 또한 처벌하였다.

185
황제가 의복 등을 하사함
御賜衣物

황제가 백관(百官)에게 의복 등[1]을 하사하는데, 사신(使臣)이 직접 전달하지 않고 타인에게 전하여 대신 주게 하면[2] 장 100이다.[3] 파직하고 서용하지 않는다.[4]

직해 백관에게 내사하시는 의복 등을 사자(使者)가 직접 전달하지 않고 다른 사람에게 주어서 전송하면 장 100이고 정직시킨다.

1 의복 등 : 의복이나 금, 폐백과 같은 부류이다.〔衣物 如衣服金幣之類〕《집설 권4 10장》

2 사신(使臣)이……하면 : 하사 받는 관원이 혹 지방에 있거나 혹 진수(鎭守)에 살고 있기 때문이다.〔所賜之官 或在方面 或居鎭守〕《소의(상) 598쪽》

3 장 100이다 : 하사품을 직접 전달하지 않은 사람을 처벌하며, 하사품을 대신 준 다른 사람은 410조 불응위(不應爲)에 따라 장 80으로 처벌한다.〔此杖百 坐不行之人 他人代附給者 亦合依不應杖〕《부례(상) 514쪽》 ④ 410 不應爲

4 파직하고 서용하지 않는다 : 군관이면 강등하여 총기(總旗)에 충원한다.〔若軍職則降充總旗〕《전석 권12 4장》

186
조하를 그르침
失誤朝賀

조하(朝賀)[1]하거나 조서(詔書)[2]를 영접할 때[3] 해당 관사[4]가 미리 고시(告示)하지 않으면 태 40이다. 이미 고시를 받고도 그르치면 죄가 또한 같다.

직해 조하하거나 조서를 영접할 때 임무를 맡은 관사가 각사(各司)에 미리 알려주지 않으면 태 40이다. 각사에서 고지된 내용을 알고서도 그르치면 죄가 같다.

1 조하(朝賀) : 조(朝)는 신하가 조정에 참여하여 황제에게 배알하는 조현(朝見)이고, 하(賀)는 경하(慶賀)하는 것이다.〔朝謂朝見 賀謂慶賀〕《집해 953쪽》 대조하(大朝賀)가 있기 전에 문무백관과 외국에서 온 사절이 조천궁(朝天宮) 등의 장소에 가서 2일간 의식(儀式)을 익히고, 홍려시(鴻臚寺)가 어전(御前)에 아뢴다.〔凡大朝賀 文武百官 及外夷人員 先期赴朝天宮等處 習儀二日 本寺官於御前奏知〕《회전 권219 鴻臚寺》

2 조서(詔書) : 당률과 《대명률》에서는 조서를 제서(制書)로도 쓴다. 본래는 조서였지만, 측천무후(則天武后)의 휘(諱)인 조(曌)와 음이 같기 때문에 그것을 기피하여 제서로 쓰기도 한다.(① 64 制書有違) 천자의 말을 제(制)라 하는데 서(書)는 그 말을 기록한 것으로 조(詔)·칙(勅)·차(箚)·유(諭)와 같은 따위이다.〔天子之言制 而書則載其言者 如詔勅箚諭之類〕《집해 474쪽》 조는 격식상 가장 높은 단계의 것으로 다스림의 대강(大綱)과 강령(綱領)을 신민에게 포고하는 경우에 작성되는 문서, 칙은 황제가 특정 문제에 대하여 특정 지역의 인민에게 내려 주는 유시, 유는 특정 주청(奏請) 사항에 대하여 황제가 중앙과 지방에 선시(宣示)하는 것, 차는 가장 간단한 격식의 하달 문서이다.

3 조서(詔書)를 영접할 때 : 조정에서 각처에 사신(使臣)을 보내 조서를 내릴 때 소재 관사(所在官司)가 조서를 영접하는 의식이 있다. 조서를 영접하는 의식은 대례(大禮)에 속하므로 《대명회전》에 상세한 기록이 있다.《언해 권14 46장》

4 해당 관사 : 중앙에서는 예부·홍려시이고, 지방에서는 포정사·부·주·현이다.〔所司 在內如禮部鴻臚寺 在外如布政司府州縣〕《집해 953쪽》

해설

조하나 조서 영접은 조정의 대례(大禮)이므로 잘못이 없도록 해야 한다는 내용이다. 제향(祭享)해야 할 때 잘못이 있으면 태 50(② 176 祭享)인 데 비하여 조하해야 할 때 알림에 잘못이 있으면 태 40으로 가벼운 이유는 천지나 종묘의 제향 고시(告示)가 조하나 조서 영접보다 더 중요하기 때문이다.

187
예의를 잃음
失儀

187-1 제사[1]를 지내거나 원릉(園陵)[2]을 참배하거나 조회(朝會)의 예식을 행할 때, 착오가 있거나[3] 예의를 잃으면[4] 벌봉전(罰俸錢) 15일이다.

187-2 규의관(糾儀官)[5]이 규찰하여 적발해야 하는데 규찰하지 않으면 죄가 같다.[6]

직해 제사 지내거나 원릉에 배알할 때와 조회에서, 예를 행함에 착오가 있거나 행동거지나 관복에 착오가 있으면 봉록 15일 치를 징수한다.

(○) 규찰관[7]이 규찰하지 않으면 죄가 같다.

1 제사 : 제향조(祭享條)에 실린 대사(大祀), 중사(中祀)이다.〔祭祀 卽祭享條所載大祀中祀也〕《집설 4권 10장》 ② 176 祭享

2 원릉(園陵) : 제왕의 능침(陵寢)이 있는 곳에 원전(園田)이 있으므로 원릉(園陵)이라고 하였다.〔帝王陵寢之處 有園田 故曰園陵〕《석의 권12 5장》

3 착오가 있거나 : 절하는 횟수가 규정보다 많거나 적거나, 또는 머리를 조아려야 하는데 조아리지 않은 것과 같은 따위이다.〔差錯 如拜數多少 應叩頭不叩之類〕《부례(상) 515쪽》

4 예의를 잃으면 : 관(冠)을 떨어뜨리거나 넘어지거나 잡담하거나 기침하거나 침을 뱉거나 자리의 순서를 흐트러뜨리는 것과 같은 따위이다〔失儀 如落冠 跌仆 偶語 咳唾 亂班之類〕《부례(상) 515쪽》 예를 행할 때 의절(儀節)에 합치되지 않으면 이것이 실의(失儀)이다.〔凡行禮不合儀註 則爲差錯 卽是失儀也〕《집주(상) 399쪽》

5 규의관(糾儀官) : 감찰 어사나 홍려시(鴻臚寺)의 관원이다.〔糾儀官 指監察御史 鴻臚寺官〕《집해 955쪽》 예의의 착오를 규찰하여 처벌하는 일을 맡은 관원으로서, 감찰 어사·규의어사(糾儀御史)·시반 어사(侍班御史) 등이 있고, 홍려시에도 규의관이 있다.〔禮儀ノ失錯ヲ糾シ擧テ罰治スルコトヲ掌ルノ官也卽監察御史ノ官糾儀御史侍班御史ノ職アリ鴻臚寺ニモ糾儀官アリ〕《언해 권14 48장》

6 규의관(糾儀官)이……같다 : 규의관이 규찰해야 하는데 규찰하지 않았으면 사사로이 묵인한 것이므로 의식을 어긴 이와 규의관 모두 벌봉전 15일이다.〔糾儀官應糾不糾者 是私縱也 故皆罰俸錢半月〕《집해 955쪽》

7 규찰관 : 조선 시대 조참(朝參)·조하(朝賀)·상참(常參)에는 감찰이 동쪽 반열과 서쪽 반열에 각각 자리하여 신료들을 규찰하였다.《經國大典 禮典 朝儀》《國朝五禮儀 卷3 朝參儀, 常參朝啓儀》

188
아뢰거나 대답함에 차례를 잃음
奏對失序

조정에서 시종(侍從)하는 관원[1]이 특별히 황제의 물음[2]을 받들 때,[3] 벼슬이 높은 자가 먼저 회답하여 아뢰고 낮은 자들이 차례대로 나아가 대답한다. 선후의 차례를 잃으면[4] 각각 벌봉전(罰俸錢)[5] 15일이다.

1 시종(侍從)하는 관원 : 재상이나 집정 대신, 사관(史館), 간원(諫垣) 따위이다.〔侍從官員如宰執大臣史館諫垣之類 皆是〕《집해 956쪽》

2 황제의 물음 : 신하가 황제의 좌우나 뒤에서 모시고 있기 때문에 황제가 신하에게 물어볼 일이 있으면 반드시 돌아보면서 묻게 되므로 고문(顧問)이라고 한다.《언해 권14 49장》

3 황제의……때 : 주대(奏對)는 황제를 알현하여 현안을 아뢰고 재가를 받는 것을 말한다. 명대에 실질적인 정사를 논의하는 주대는 홍무제와 영락제까지 제한적으로 시행되다가 이후 공문을 통한 보고와 재가를 받는 형식으로 시행되었다. 본 조항의 주대 관련 규정이 제정된 것은 1372년(홍무5) 문무 관원으로 주대하는 자가 그 반차(班次)를 따르도록 정한 것과 연관이 있다.《明太祖實錄 卷76 洪武5年 11月 3日》이는 홍무제가 정국을 운영하면서 공신 세력의 발흥을 제어하려는 정치적 의도가 포함된 조치였다. 홍무 초기 황제가 조퇴(朝退) 이후 별도로 신하들을 부를 때나 행행처(行幸處)에 한하여 문관 3품 이상, 무관 2품 이상, 훈구문학지신(勳舊文學之臣)에게 자리에 앉도록 허가하였다. 1393년 황제의 앞에서 시좌(侍坐)하는 대소 관원이 아뢸 일이 있으면 일어나 아뢰고 다시 자리에 앉도록 규정하였다. 이후 자리에 관련하여 앉는 자리도 마음대로 옮겨 앉을 수 없었으며, 황제의 질문에 대해 처음에는 꿇어앉아 대답하고 바로 앉는데, 다시 질문을 받으면 황제를 바라보고 앉은 자세로 대답하도록 규정하였다. 여러 사람이 시좌한 경우에 질문을 받은 사람이 대답하면 나머지 사람은 경청해야 하고 중간에 끼어들거나 말을 많이 하여 노곤하게 하면 안 되었다. 각자 소견을 아뢰는 경우는 한 사람이 말을 마치면 다음 사람이 진언(進言)하는 것을 허락하였다.《회전 권44 朝儀》홍무 말엽에 구체적인 주사(奏事)의 차례를 규정하기도 하였다.《明太祖實錄 卷247 洪武29年 10月 13日》

4 선후의 차례를 잃으면 : 먼저 아뢰어야 할 사람이 뒤에 아뢰거나 뒤에 아뢰어야 할 사람이 먼저 아뢰는 것으로,〔若應先者而後之 應後者而先之 是爲失序〕《집해 956~957쪽》관직이 낮은 사람이 먼저 대답하면 참월(攙越)한 것이고, 관직이 높은 자가 뒤에 대답하면 계완(稽緩)한 것이니 모두 차례를 잃는 것이다.〔官卑者先對 爲攙越 高者後對 爲稽緩 皆失序也〕《석의 권12 5장》

5 벌봉전(罰俸錢) : ① 5 職官有犯 1책 88쪽 보충 해설 참조.

직해 임금을 조정에서 시종하거나 모시고 호위하는 관원은, 임금이 의견을 물으면 각각 직급의 차례대로 나아가 회답하되, 선후를 잘못 행하면 벌봉록(罰俸祿) 15일이다.

189
황제 알현을 트집을 잡아 지체시킴

朝見留難

의례사(儀禮司)[1]의 관원[2]이 조정에 나아가 황제를 뵈어야 하는[3] 관원 등을

1 의례사(儀禮司) : 명 건국 초에 종6품 아문 시의사(侍儀司)가 설치되어 조회(朝會), 빈객(賓客), 길흉(吉凶), 예의(禮儀)의 일을 전담하였고, 1376년(홍무9)에 전정의례사(殿庭儀禮司)가 되었다. 1397년에 홍려시(鴻臚寺)로 고치고 정4품 아문으로 승격시켰다.〔國初置侍儀司爲從六品衙門 職專朝會賓客吉凶禮儀之事 洪武九年改爲殿庭儀禮司 設使副承奉鳴贊序班 十三年革承奉添設司儀 十九年更使爲司正副爲左右司副 三十年始改鴻臚寺陞正四品衙門 定設卿左右少卿左右寺丞〕《회전 권219 鴻臚寺》 조현(朝見)하는 관원은 의례사에서 이름을 아뢰고 인견(引見)하게 한다.〔蓋朝見官員人等 儀禮司奏名引見〕《집설 권4 11장》 백관의 조현은 의례사 곧 뒤의 홍려시에서 담당하므로 조현하고자 하는 관원은 우선 의례사에 신청하고, 홍려시의 관원이 이 사람을 이끌고 들어가서 이름을 아뢰고 알현하게 한다. 이를 지체시켜서 빨리 조현하지 못하게 하면, 이는 상하의 정이 소통되지 않고 막히게 되므로 처벌하는 것이다.《언해 권14 49~50장》

2 의례사(儀禮司)의 관원 :《대명률직해》 봉좌문고본에는 시의관(侍儀官)으로 되어 있던 것이 만송문고본 이후의 여러 이본 및 주석서들에 모두 의례사관(儀禮司官)으로 바뀌었다. 이를 통해 의례사가 설치되기 이전에는 시의관이 조현의 절차를 관장하였음을 알 수 있다. 또한 봉좌문고본의 저본이 된 텍스트는 의례사가 설치된 1376년(홍무9) 이전의 명률을 반영하고 있음을 추정할 수 있다.

3 조정에……하는 : 명대 조현은 황제를 알현하는 것으로 엄격한 절차가 명시된 의식 중 하나이다. 조현은 백관이 사은(謝恩)·유고(有故)·고가(告假)·출사(出使)·사환(辭還)·제수(除授)·특지수관(特旨授官) 등 사안으로 황제를 알현하는 것이다. 구체적인 내용은 《대명회전》 권44 〈조의(朝儀)〉에 규정되어 있는데, 제왕조현의(諸王朝見儀), 외척조현의(外戚朝見儀), 백관조현의(百官朝見儀) 등으로 구분하고, 왕부(王府)에서 행하는 조현의도 별도로 규정하였다. 명대 조현은 직접 황제를 대면하여 논의하는 자리가 아니라 의례행사의 일환으로 진행되었다. 홍려시에서 조현하는 인원의 명단을 작성하여 순서에 따라 조현하도록 하였지만, 군국 기무에 관련된 긴급한 사안은 예외였다. 백관의 경우 복장 규정과 출입 규정이 상세히 정해져 특별히 황제의 지정을 받지 않으면 어전에 들지도 못하였다.《明太祖實錄 卷156 洪武16年 9月 28日, 卷165 洪武17年 9月 6日》 실제 홍무제 시기 황제의 권위를 높이기 위한 각종 의식이 강화되어 내실 있는 조현보다 의례화되었으며, 그나마 황제를 봉천전(奉天殿)에서 알현하는 경우는 영락제까지였으며, 이후 점차 형식적인 조현마저 시행되지 않았다. 홍무제는 시위하여 조현하는 백관의 반서(班序)를 아예 패(牌)로 만들어 두기도 하였다.《明太祖實錄 卷208 洪武24年 4月 17日》

트집을 잡아 지체시키고[4] 가로막아서[5] 즉시 인견(引見)하게 하지 않으면[6] 참형이다. 대신(大臣)[7]이 알고도 죄를 묻지 않으면 더불어 같은 죄이다. 몰랐으면 처벌하지 않는다.

직해 근시 관원(近侍官員)[8]이 임금 앞에 조현(朝見)하러 나와 있는 관원들을 갖은 핑계로써 친견(親見)하지 못하도록 막으면 참형이다. 대신이 알고서도 죄를 묻지 않으면 죄가 같고, 몰랐으면 처벌하지 않는다.

해설

신하가 황제를 알현하는 조현에서 농간을 부리지 못하게 하려는 것으로, 상하가 소통하는 데 어려움이 없으면 틈이 생기지 않는다는 취지에서 마련된 조문이다.

4 트집을 잡아 시키고 : ② 142 收支留難

5 가로막아서 : 원문 조당(阻當)의 조(阻)는 떼어 놓는 것이고 당(當)은 막는 것이다.〔吏文輯覽云 阻隔也 當塞也〕《언해 권14 51장》 지체시켜 막지 않으면 상하가 통달(通達)하여 틈이 없다.〔不致留阻 則上下通達無間〕《집설 권4 11장》

6 인견(引見)하게 하지 않으면 : 인견은 '임금이 신료를 만나 보다', '인도하여 보이다' 등의 의미로 쓰이는데, 여기서는 《대명회전》의 용례를 따라서 후자를 취하였다. 각 방면의 대신이 내조(來朝)하면 홍려시에서 바로 모두 인견하게 한다.〔凡方面大臣來朝 鴻臚寺卽皆引見〕《회전 권44 百官朝見儀》 오른쪽 액문(掖門)으로 어전(御前)에 이르면 홍려시의 관원이 차례로 인견하게 한다. 어전에 이르면 홍려시의 관원이 인견하게 한다.〔由右掖門至御前 鴻臚寺官以次引見……仍至御前 鴻臚寺官引見〕〕《회전 권44 諸司朝覲儀》

7 대신(大臣) : 조정에 있는 사람을 두루 가리킨 것이다.〔泛指在朝者〕《집해 958쪽》

8 근시 관원(近侍官員) : 《대명률직해》의 여러 이본에 모두 근시 관원(近侍官員)으로 되어 있다. 율문의 텍스트가 '시의관(侍儀官)'에서 '의례사관(儀禮司官)'으로 바뀌었으나 직해에서 '근시 관원'을 그대로 유지한 것은 두 가지 해석이 가능하다. 첫째로 조선에서는 의례사(儀禮司)에 해당하는 관청이 없었기 때문에 직해를 수정하지 않았을 가능성이 있고, 둘째로 율문의 개정을 직해에 철저히 반영하지 않은 결과일 수도 있다. 조선에서 의례를 관장하는 관청은 건국 초에 합문(閤門)을 설치하였다가 통례문(通禮門)으로 바꾼 이래 1466년(세조12)에 통례원(通禮院)으로, 1895년(고종32) 다시 장례원(掌禮院)으로 개칭하였다.

190
황제에게 상서하거나 진언함
上書陳言

190-1 국가 정령(政令)[1]의 득실, 군(軍)·민(民)의 이익과 병폐 등 일체의 이익을 일으키고 폐해를 제거하는 일은 모두 오군도독부(五軍都督府)[2]와 육부(六部)의 관원이 직접 황제에게 아뢰어 구처(區處)하거나, 감찰 어사(監察御史)와 제형안찰사(提刑按察司)[3]의 관원이 각각 소견을 진술하도록 하되 직언하여 숨김이 없게 한다.

190-2 중앙과 지방의 높고 낮은 관원은 소속 아문(衙門)에 부당한[4] 일이 있으면, 명백히 조목별로 진술하고 밀봉하여 바쳐서 황제의 재결을 얻도록 한다. 알면서도 말하지 않고 구차하게 세월을 지연시키면, 중앙에서는 감찰 어사가, 지방에서는 안찰사에서 규찰(糾察)한다.[5]

190-3 각종 기예인(技藝人)들이 말할 일[6]이 있으면 또한 직접 어전(御前)

1 정령(政令) : 정(政)은 정사이고, 영(令)은 명령이다.〔政 謂政事 令 謂命令〕《집해 961쪽》

2 오군도독부(五軍都督府) : 명 태조가 중국을 통일한 뒤에 설치한 대도독부(大都督府)를 1380년(홍무13) 전군(前軍)·후군(後軍)·좌군(左軍)·우군(右軍)·중군(中軍)의 다섯으로 나눈 것이다. 각 지방에 주둔한 군대를 통솔·관할한다.

3 제형안찰사(提刑按察司) : 원대에 설치하고 명·청이 계승한 관서로 제로(諸路)의 옥송(獄訟)을 관장하고 겸하여 권농 사무도 맡았다. 장관인 제형안찰사(提刑按察使)는 송(宋)의 제점형옥(提點刑獄)에 해당된다.

4 부당한 : 편(便)은 의(宜)이다.〔便ハ宜也〕《언해 권14 54장》

5 중앙과……규찰(糾察)한다 : 중앙과 지방의 높고 낮은 관원이 본 아문의 부당한 일을 알면서도 말하지 않았기 때문에 규찰을 받아 색출되면, 그 말하지 않은 관원은 일을 마땅히 아뢰어야 하는데 아뢰지 않은 경우의 율(① 63 講讀律令)에 따라서 장 80이다.〔若內外大小官員 知本衙門不便事件而不言 因被糾察得出 其不言官員 合依事應奏而不奏者律 杖八十〕《강해 238쪽》

6 말할 일 : 1항에서 말한 득실(得失), 이익과 병폐 등 이익을 일으키고 폐해를 제거하는 일 따위이다.〔可言之事ハ卽前條ノ得失利病興除等ノ事ノ類ヲ云也〕《언해 권14 55장》

에 이르러[7] 주문(奏聞)하도록 한다. 그 말이 쓸 만하면 즉시 해당 관사에 회부하여 시행하게 한다.[8] 각 아문에서 만약 가로막는 자가 있으면 국문(鞫問)하여 죄상이 명백하면 참형이다.

190-4 의견을 진술하는 도리는 모두 직언으로 간략하고 평이하게 해야 한다. 일마다 각각 전건(前件)을 조목조목 진술하되,[9] 허위로 꾸미거나 번잡한 글은 허락하지 않는다.[10]

190-5 종횡가(縱橫家)의 무리[11]가 상서(上書)를 가탁하여 교언영색(巧言令色)으로 등용되기를 바라면 장 100이다.[12][13]

7 직접 어전(御前)에 이르러 : 우선 통정사(通政司)에 가서 사유를 고하면 통정사의 관원이 데리고 어전에 들어가서 일을 아뢰게 한다.〔先ツ通政司ニ至テ事ノ由ヲ告テ通政使官ニ引キ入レラレテ御前ニ至テ事ヲ奏スル也〕《언해 권14 55장》

8 해당……한다 : 부역(賦役)은 호부에 회부하고, 형사 사건은 형부에 회부하는 따위이다.〔付所司施行 如賦役則付戶部 刑名則付刑部之類〕《집해 961쪽》

9 일마다……진술하되 : 어떤 일은 어떻게 시행하며, 어떤 일은 어떻게 재혁(裁革)할 것인가 하는 따위를 명백히 나열하는 것이다.〔各開前件 謂明開某事 如何施行 某事 如何裁革之類〕《집해 961쪽》 개(開)는 조목조목 진술하는 것이다. 일마다 앞서의 일은 이러이러하다고 자세히 조목조목 진술하여 지금 현안은 이렇게 처리해야 한다고 말하는 것이다.〔開ハ條陳也條條ヲ陳說スル也每事皆前カタノ件件ハ如此如此ト具ニ開說シテコレニ因テ今言フス所ノ事理如此ニ處置スヘシト陳言スベキ也〕《언해 권14 56장》

10 의견을……않는다 : 의견을 진술하면서 직언으로 간략하고 평이하게 하지 않고 허위로 말하거나 글을 번잡하게 하는 것과 같은 경우에 위령률(違令律)(④ 409 違令)에 의거하여 태 50이다.〔謂如陳言事理 不依直言簡易 虛衍繁文者 依違令律笞五十〕《강해 238쪽》

11 종횡가(縱橫家)의 무리 : 전국 시대의 소진(蘇秦)·장의(張儀)처럼 뛰어난 말솜씨로 시비나 이해를 논설하여 황제를 현혹시키는 무리를 말한다.〔後世私智ヲ用ヒ辯口ヲ騁テ是非利害ヲ論說シテ人主ノ聽ヲ傾ケ動カスコト蘇秦張儀カ輩ノ如キ者ヲ縱橫之徒ト云也〕《언해 권14 57~58장》

12 장 100이다 : 홍무30년율에는 이 뒤에 "마찬가지로 억울하고 잘못된 일을 하소연한다고 핑계를 대고서, 군이나 민의 관사에서 인신(印信)이 찍힌 봉투를 빌려서 체송(遞送) 체계에 들이면 빌린 자와 빌려준 자 모두 참형이다.〔○ 若稱訴冤枉 於軍民官司 借用印信封皮入遞者 借者及借與者 皆斬〕"라는 항이 추가되어 있다.

13 종횡가(縱橫家)의……100이다 : 합종연횡(合縱連橫)은 교언영색으로 그른 것을 옳다 하고 옳은 것을 그르다고 하여 정치에 무익하므로 이로써 등용되기를 바라는 자는 장 100이다.〔謂合從連橫之術 巧言令色 以非爲是 以是爲非 無益於政治 希求進用者 杖一百〕《강해 239쪽》

직해 국가 정령의 득실과 군·민의 이익과 폐해 등 일체의 이익을 일으키고 폐해를 제거하는 일을 도평의사(都評議使)·대성(臺省)·육조(六曹)의 관원이 직접 아뢰어 재결을 기다리며, 도평의사·대성·육조의 관원이 각각 소견을 직접 진술한다.

(○) 서울과 지방의 높고 낮은 관원이 각각 담당 관사에서 온당하지 않은 일을 명백히 조목조목 진술하여 밀봉하여 바치고 왕지(王旨)를 기다린다. 각 담당 관원이 알면서도 말하지 않고 여러 달 지체하면 서울은 사헌부가, 지방은 안렴사(按廉使)가 규찰한다.

(○) 온갖 종류의 장인들도 각각 말할 만한 일을 직접 임금 앞에 아뢰되, 그 말이 쓸 만하면 즉시 해당 관사에 내려보내어 시행하게 한다. 각 관사에서 이를 가로막으면, 방해한 자를 심문하여 명백하면 참형이다.

(○) 진술하는 일의 뜻을 모두 직언하며 간략히 하되 일마다 조건(條件)을 각각 낱낱이 기록하고, 빈말로 꾸미거나 번잡한 글은 허락하지 않는다.

(○) 한사인(閑事人)이 등용되려고 이름을 빌려 글을 올려 교언영색하면 장 100이다.

191

현임 관원이 멋대로 자신의 비를 세움

見任官輒自立碑

현임 관원이 실제로 치적이 없는데도 멋대로 자신의 비를 세우거나 사당을 지으면 장 100이다.[1] 사람을 시켜서 자신의 선정(善政)을 거짓으로 칭송하게 하거나[2] 위에[3] 보고하도록 청하게 하면 장 80이다. 사주를 받은 사람은 각각[4] 1등급을 줄인다.

1 현임……100이다 : 비(碑)는 공(功)을 기념하는 것이고 사당은 공에 보답하는 것으로, 반드시 백성에게 베푼 공이 있어서 임지를 떠난 후에 백성이 잊지 못하여 그를 위해 세우고 짓는 것이다. 현재 재임하고 있을 때라면 비록 치적이 있어 백성들이 그를 위해 비를 세우거나 사당을 지으려 하더라도 이를 말려야 하며, 치적이 없으면 당연히 비나 사당을 세울 수 없다.〔碑以紀功 祠以報功 必有功於民 去任之後 民不能忘而爲之建立 可也 若方在任之時 縱有政跡 而民欲爲之立碑建祠 尤當止之 況無政跡而自立自建者乎〕《석의 권12 7장》 비나 사당은 철거하고, 신문(申文)·입안(立案)은 행하지 않는다.〔碑祠拆毁 申文立案不行〕《집설 권4 13장》《집해 966쪽》《전석 권12 8장》

2 자신의……하거나 : 《집설》, 《집해》, 《전석》, 《GMC》 등에서는 망칭기선(妄稱己善)과 신청어상(申請於上)이 병치된 것으로 보았고, 《집주(상) 403쪽》, 《언해 권14 60장》 등에서는 '망칭기선하여 신청어상'하는 것으로 보았다. 여기서는 전자를 따랐다.

3 위에 : 상(上)을 《GMC 116쪽》에서는 황제(the throne)로 보았고, 《언해 권14 60장》에서는 윗사람(上ノ人)으로 보았다. 황제에게 요청하는 것이라면 신(申) 자를 쓰지 않으므로, 여기서는 후자로 보았다.

4 각각 : 각(各) 자가 무엇과 무엇을 가리키는지에 대해 주석서에 따라 차이가 있다. 《소의》에서는 비를 세운 것과 사당을 세운 것을 가리켜 말한 것이라고 보았고,〔各字 指立碑建祠而言〕《소의(상) 608쪽》《강해》는 '중앙과 지방의 관원이 관할 관원이나 백성을 사주하여 비를 세우게 하는 것'과 '사주를 받아 위에 보고하도록 청하게 한 관원이나 백성'을 각각으로 보았다.〔受遣之人 各減一等 謂如內外百司官 實無政跡 崇飾虛詞 諷諭所部 輒爲立碑者 各杖九十 若所部受遣 爲其申請於上者 各杖七十 故謂之各減一等〕《강해 239쪽》 반면 《집설》·《집해》·《전석》에서는 '현임 관원의 선정을 거짓되이 칭하는 이(里)의 노인(老人)·보장(保長)'과 '이를 위에 보고하여 청하는 해당 이전(吏典)'으로 보아 '각감일등(各減一等)'이 둘째 문장에만 해당한다고 하였다.〔各減一等 只承遣人一邊 觀文勢 自見 蓋妄稱己善 卽令里老保 稱賢能之事 而申請於上 則當該吏典之所爲 故曰各減〕《집설 권4 13장》《집해 965~966쪽》《전석 권12 6장》

직해 현임 관원이 다스림이 능하지 않은데도 공이 있는 것처럼 비를 세우거나 사당을 세우면 장 100이다. 사람을 시켜서 선정을 베푼 것처럼 보고하게 하면 장 80이고, 사주를 받은 사람도 각각 1등급을 줄여 죄를 결단한다.

192
영접과 전송을 금지함
禁止迎送

상급 관사의 관원[1]이나 사객(使客)[2]이 지나가거나, 감찰 어사(監察御史)나 안찰사(按察司)의 관원이 나가 순행하거나 정무 처리를 감찰하는데, 소재지 각 아문의 관리가 외성(外城)[3]을 나가 영접하거나 전송하면 장 90이다.[4] 영접이나 전송을 용인·지시하거나, 거론하여 문책하지 않으면 죄가 또한 같다.

직해 안렴사 및 절제사, 임금의 명을 받든 사객 등이 순행하여 살펴 다스릴 때, 각 소재지 주·군의 관원이 교외 먼 곳에 나가 영접하거나 전송하면 장 90이다. 순행 나간 자가 고의로 알면서도 문책하지 않고 영접하거나 전송하게 하면 죄가 같다.

1 상급 관사의 관원 : 상사(上司)란 본래 관할하는 상급 관사로서 휘하의 관사들을 통속(統屬)하는 관계가 있는 아문이 관원이다.〔上司 是本管上司統屬衙門官〕《집해 967쪽》 예를 들어 포정사(布政司)는 지부(知府)의, 지부는 지주(知州)의, 도사(都司)는 위(衛)의, 위는 천호(千戶)의 상사이다.《언해 권14 61장》 휘하의 관사를 통섭하는 것은 모두 상사이다.〔凡本管統攝者 皆爲上司〕《집주(상) 403쪽》

2 사객(使客) : 황제의 명을 받든 자를 두루 말한다.〔使客 泛言凡奉欽命者 皆是〕《집해 967쪽》 비록 봉명 사신(奉命使臣)이라도 지나가는 객에 불과하므로 사객이라 부른다. 감찰 어사나 안찰사도 상사이지만 단지 지나가는 것과 나가 순행하는 것은 같지 않다. 하나는 공무(公務) 없이 해당 지역을 지나가는 것이라면 하나는 공무로 인하여 나와서 순행하는 것이다.〔雖爲奉命之使 止是經過之客 故曰使客 御史按察 亦是上司 但經過與出巡不同 一無事 一因公也〕《집주(상) 403쪽》

3 외성(外城) : 두 겹의 성이 있을 때 안의 것을 성(城)이라 하고 바깥의 것을 곽(郭)이라 한다. 성 바깥의 모든 구조물을 곽이라고 하기도 한다.〔內ヲ城ト云外ヲ郭ト云城外ノ總カマヘヲ郭ト云也〕《언해 권14 61장》

4 상급……90이다 : 하급 관원이 외성을 나가 상급 관원을 영접하거나 전송하면, 한편 하급 관청의 정무 수행에 방해가 되고 다른 한편 상급 관원이 자신의 존귀함을 믿고 교만하게 되므로 이를 금지하는 것이다.

193
공무로 차출된 인원이 장관을 업신여기고 모욕함
公差人員欺陵長官

공무로 차출된 인원(人員)[1]이 지방에 있으면서 예법을 따르지 않고,[2] 수어관(守禦官)[3]이나 지부(知府) · 지주(知州)를 업신여기고 모욕하면[4] 장 60이다.[5] 부과(附過)하고 본래의 역으로 되돌린다.[6] 교위(校尉)[7]가 기한을 독촉

1 공무로 차출된 인원(人員) : 서울에서 차출하는 임시 관리를 가리켜 말한 것으로, 국자감의 감생(監生)이나 이전(吏典)인 승차(承差)와 같은 따위이다.〔公差人員 指在京差使者言 如監生承差之類〕《집설 권4 14장》

2 예법을 따르지 않고 : 법도를 따르지 않는 것이지 법을 범한 것은 아니다.〔不循禮法 猶云不遵規矩 非謂犯法也〕《집주(상) 405쪽》

3 수어관(守禦官) : 각 위(衛)의 지휘(指揮), 수어천호소(守禦千戶所)의 천호와 같은 따위로, 으뜸이 되는 정관(正官)이다.〔守禦官 卽各衛所指揮之類 亦指掌印正官而言〕《집설 권4 14장》〔守禦官 如各衛指揮守禦千戶所千戶之類〕《소의(상) 610쪽》

4 업신여기고 모욕하면 : 예와 법을 따르지 않는 것으로, 차사(差使)의 세력에 의지하여 말하는 데 피함이 없고 예의를 차리는 데 공손하지 않으며 더없이 오만한 것이다.〔欺淩 卽是不循禮法 謂其倚恃差使之勢 言語不避 禮貌不恭 傲慢而無狀也〕《집주(상) 404쪽》

5 수어관(守禦官)이나……60이다 : 공무로 차출된 인원이 현의 장관이나 부 · 주의 좌이관(佐貳官)을 업신여기고 모욕하는 데 따른 처벌에는 두 가지 설이 있다. 첫째는 부 · 주의 좌이관이나 지현(知縣)을 업신여기고 모욕하는 것에 대해 그 죄를 말하지 않았으나 만약 부 · 주의 좌이관이나 지현을 구타하면 당연히 공사인(公使人)이 유사(有司)를 구타한 율(③ 329 毆制使及本管長官)에 따른다고 하였다.〔欺淩 只是傲慢之意 故欺府州佐二與縣官 皆不言其罪 若至毆打則自有公使人毆打有司之律〕《석의 권12 8장》 둘째는 조문명에서 기릉장관(欺淩長官)이라 하였으나 율문에서 지부 · 지주라고 하였으므로, 지현이나 부 · 주의 좌이관은 모두 지부 · 지주와 똑같이 논할 수 없다고 본 것이다. 이들은 맡은 임무가 적고 직위가 낮기 때문인데, 중앙에서 파견된 인원은 공무로 그 지방에 있는 것이어서, 지현이나 부 · 주의 좌이관을 업신여기고 모욕하는 것은 오히려 작은 과오이므로 이를 생략하였을 뿐이나 지현이나 부 · 주의 좌이관을 업신여기고 모욕하면 논죄해야 하며, 410조 불응위의 율을 적용해야 한다고 보았다.〔題曰欺淩長官 律曰知府知州 則知縣及佐貳 皆不得同論矣 以其任偏職下所差之人 終有公事 在其地方 而所謂欺淩 猶是小過 故略之耳 然有犯者 亦難勿論 似當酌擬不應〕《집주(상) 405쪽》

하면서 업신여기고 모욕하는 죄를 범하면 장 70이다.[8] 지후(祗候)나 금자(禁子)[9]가 범하면 장 80이다.[10]

직해 공무로 인해 사신으로 나간 인원들이 지방으로 내려가 예법을 준행하지 않고 방어 군관(防禦軍官) 및 각 촌의 관원 등을 업신여기면 장 60이고, 죄명을 기록하며 본래의 역으로 되돌려 정한다. 사령(使令) 및 나장(螺匠)[11] 등이 각박한 독촉을 하면서 그로 말미암아 업신여기면, 사령은 장 70이고 나장은 장 80이다.

6 부과(附過)하고……되돌린다 : 〈명례율(名例律)〉 8조 문무관범사죄(文武官犯私罪)에서 "유품(流品)에 들지 못한 관원과 이전(吏典)이 장죄(杖罪)를 범하면 직과 역을 파하고 서용하지 않는다."라고 하였는데, 이 조문에서는 "장 60으로 처벌하고 부과(附過)하고 본래의 역으로 되돌린다."라고 하여 〈명례율〉과 같지 않다. 〈명례율〉 34조 본조별유죄명(本條別有罪名)에서 "본조 자체에 죄명이 있는데 〈명례율〉의 죄와 같지 않으면 본조에 따라 과단한다."라는 것은 이를 말한 것이다.

7 교위(校尉) : 금의위(錦衣衛)에 소속되어 있으며, 국자감의 감생이나 이전인 승차와는 같지 않다.〔校尉 錦衣衛所管 與監生承差不同〕《석의 권12 8장》 금의위에 소속되어 천자의 보련(寶輦)을 들거나 제왕(帝王)의 의장 용구(儀仗用具)인 치선(雉扇)을 드는 따위의 일을 하는 사람이다.〔錦衣衛 屬役天子寶輦擡雉扇持類事使用人也〕《언해 권14 64장》

8 교위(校尉)가……70이다 : 신분이 낮고 미천한 자가 세력을 믿고 장관을 업신여기고 모욕하였기 때문에 1등급을 가중하는 것이다.

9 지후(祗候)나 금자(禁子) : 지후는 각 아문에서 부리는 조례(皁隷)의 부류이다.〔祗候 各衙門聽用之人 卽皁隷之類〕《집해 338쪽》 지후와 금자는 가장 낮은 역을 지는 천한 자들로 교위와 같지 않다.〔祗候禁子 又與校尉不同〕《석의 권12 8장》

10 교위(校尉)가……80이다 : 교위, 지후, 금자 모두 본래의 역으로 되돌린다는 말을 하지 않은 것은 위 문장을 이어받아 말한 것으로 본래의 역으로 되돌린다는 문장을 생략하였을 뿐이다.〔校尉祗候禁子 俱不言還役者 蒙上文而言 省文耳〕《집설 권4 14장》

11 나장(螺匠) : 나장(羅將)과 같다. 의금부에 속한 형관(刑官)의 졸도(卒徒)이다. 조선 시대 칠반천역(七般賤役)의 하나로 죄인을 잡아들이거나, 이를 문초할 때 매를 때리는 일을 맡아보았으며, 귀양 가는 죄인을 압송하는 일도 하였다.

194
의복이나 건물의 법식을 어김
服舍違式

194-1 관(官)이나 민(民)의 건물・수레・의복・기물 등에는 각각 등급이 있다.[1] 법식을 어기고[2] 참람하게 사용할 경우, 관직이 있으면 장 100에 파직하여 서용하지 않고, 관직이 없으면 태 50이다. 가장(家長)을 처벌한다. 공장(工匠)도 모두[3] 태 50이다.

194-2 금지된 용이나 봉황 문양을 참람하게 사용하면,[4] 관원이나 백성은 각각 장 100 도 3년이다. 공장은 장 100이고, 해당 집[5]의 처・첩을 연루시켜 징발해서 서울로 보내어 국(局)의 장인[6]으로 입적시킨다.

1 관(官)이나……있다 : 건물・수레・의복・기물 등의 등급은 대명령(大明令)에 상세히 보인다.〔房舍車服器物等項等第 詳見大明令〕《집해 971~972쪽》

2 법식을 어기고 : 의복・수레・건물 등을 사용할 때 서민이 품관(品官)의 등급에 해당하는 것을 사용하거나 낮은 관원이 높은 관원의 등급에 해당하는 것을 사용하는 따위이다.〔違式謂違大明令等書所定之式樣也〕《직인 265쪽》 이를테면 관원으로 임기가 차거나 치사(致仕)한 사람은 현임관과 같게 본다는 것, 부나 조부가 관직을 갖고 있다가 사망하였는데 제명불서(除名不敍)의 죄를 범한 것이 아니면 자손이 그 부나 조부의 집에 사는 것을 허락하고 의복・수레・말도 부나 조부에 견주어 같게 본다는 것, 자손이 관직을 갖고 있으면 그 품급(品級)에 따른다는 것 등의 규정을 어기는 것이다.〔上可以兼下 下不可僭上 官員任滿致仕與現任同 其父祖有官身沒 非犯除名不敍 子孫許居父祖房屋 衣服車馬 比父祖同 有官者 依品級 其御賜及軍官軍人服色 不在禁限〕《석의 권12 10장》

3 모두 : 그 공장이 관을 위해 건물 등을 만들었는지 민을 위해 만들었는지 묻지 않고 모두 태 50이다.〔其工匠 不問爲官民之家造作 竝笞五十〕《전석 권12 9장》

4 금지된……사용하면 : 용이나 봉황 문양은 황제가 쓰는 물건으로 관원이나 백성이 소유할 수 있는 것이 아닌데 참람하게 사용하기 때문에 '금령을 어긴 것'이라고 이른다.〔龍鳳文 御用之物 非官民所宜有而僭用之 故曰違禁〕《집해 972쪽》

5 해당 집 : 죄를 범한 공장(工匠)의 일가(一家)를 가리킨다.〔當房ハ罪ヲ犯シタル工匠ノ一家內ヲ指テ云也〕《언해 권14 67장》

6 국(局)의 장인 : 공부(工部) 직염국(織染局)에서 역(役)에 종사하는 장인을 말한다.〔局匠ハ織染局ノ內ニ在テ役ヲツトムル者ナリ〕《언해 권14 67장》

194-3 금령을 어긴 물건은 모두 관에 들인다.[7]

194-4 직접 출두하여 고발한 자는 관에서 상으로 은 50냥을 준다.[8]

194-5 공장이 자수하면 죄를 면해 주고, 똑같이 상을 준다.[9]

직해 직책이 있는 관원 및 군인이나 백성이 집·의복·기물 등에 각각 등급의 차이가 있는데 예를 어기고 참람히 사용하면, 직책이 있는 관원은 장 100이고 정직시키며, 직책이 없는 자는 태 50이고 가장에게 죄준다. 각 담당 장인은 태 50이다.

○ 국령(國令)을 따르지 않고 용이나 봉황 문양을 참람하게 사용하면, 직책이 있는 관원·군인·백성을 가리지 않고 장 100 도 3년이다. 물건을 만든 공장은 장 100이고, 동거하는 처자식은 모두 서울로 잡아 올려 장인의 명단에 채워 넣는다.

○ 금령을 어긴 물건은 관에 몰수한다.

○ 먼저 관에 고하면 은 50냥을 상으로 준다.

(○) 공장인(工匠人)이 먼저 고하면 죄를 면해 주고 한가지로 상을 준다.

해설

복식·가옥·수레·각종 기물 등의 사용에 신분적 차별을 규정한 조문이다. 구체적인 내용은 대명령(大明令)을 따르며, 법식을 어기면 관원과 관

7 금령을……들인다 : 금령을 어긴 물건을 참람하게 사용하면 관에 들이지만, 이 조문 1항의 법식을 어기고 참람하게 사용한 것은 관에 들이는 규정을 적용하지 않는다. 그러나 입거나 사용하는 것을 허용하지 않고 법식에 따라 개조하도록 한다.〔謂僭用違禁之物 則入官 其違式僭用者 不在入官之限 仍不許服用 令其依式改造〕《강해 241쪽》

8 고발한……준다 : 금령을 어긴 물건을 고발하면 상금을 주지만, 이 조문 1항의 법식을 위반하여 참람하게 사용한 자를 고발할 경우 상금을 지급하는 규정을 적용하지 않는다.〔謂首告違禁之物 則給賞 其首告違式僭用者 不在給賞之限〕《강해 241쪽》

9 공장이……준다 : 금령을 어긴 경우 공장이 자수하면 죄를 면해 주고 상을 주지만, 이 조문 1항의 법식을 어긴 경우 자수하면 비록 상은 주지 않더라도 죄는 면해 줄 수 있다.〔違禁者 工匠自首 免罪給賞 若違式 自首 雖不給賞 亦得免罪〕《집해 974쪽》

원이 아닌 자를 구분하여 처벌한다. 금령(禁令)을 어긴 물건, 예컨대 용이나 봉의 문양을 관원이나 백성이 참용(僭用)하면 그것을 만든 공장까지 처벌하며, 금령을 어긴 물건은 모두 관에 들인다.

195
승이나 도사가 부모에게 절하도록 함
僧道拜父母

195-1 승(僧)·여승(女僧)·도사·여관(女冠)[1]은 모두 부모에게 절하고 조상에게 제사 지내도록 한다. 상복의 등급[2]은 모두 일반인과 같게 한다. 어기면[3] 장 100에 환속시킨다. 승과 도사는 변방 먼 곳으로 보내 충군한다.
195-2 승과 도사의 의복은 명주[4]와 무명만 허용하고 저사(紵絲)[5]와 능라(綾羅)[6]는 쓰지 못하게 한다. 어기면 태 50에 환속시키며, 의복은 관에 들인다. 가사(袈裟)와 도복(道服)은 금지 규정을 적용하지 않는다.
직해 비구·비구니·도사 등을 모두 부모에게 절하게 하며, 제사 및 상복

1 여관(女冠) : 여자 도사이다. ①45 稱道士女冠

2 상복의 등급 : 승·여승·도사·여관이 고조·부모·백숙·형제자매의 상을 당하면 참최 3년, 기년, 대공, 소공, 자최 5개월, 시마 3개월 등의 상복을 입는 것이다.〔謂僧尼道士女冠凡遇高祖父母伯叔兄姊喪 斬衰三年 期年 大功 小功 齊衰五月 緦麻三月 謂之各有等第〕《변의 139쪽》

3 어기면 : 부모에게 절하지 않거나 조상에게 제사 지내지 않거나 본래 등급의 상복을 입지 않는 것이다. 승·여승·노사·여관이 비록 출가하였더라도 모두 돌아가서 그 부모에게 절하고 조상에게 제사 지내게 하고 상복의 등급을 일반인과 동일하게 한 것은 이교(異敎)라고 해서 예를 폐할 수 없음을 보인 것이다.〔謂不拜父母 不祭祖先 不服本等喪服也 此見僧尼道士女冠 雖已出家 竝令歸拜其父母 祭祀其祖先 而喪服等第與常人同 不得以異教廢禮〕《집해 978쪽》 승·여승·도사·여관이 스스로 출가하였다고 일컬으면서 부모에게 절하지 않고 조상에게 제사 지내지 않으며 상복도 모두 폐한다면, 허깨비 같은 것을 숭상하여 어버이를 버리고 인륜을 멸하여 인도(人道)가 끊어지게 되므로 이 율을 만들고 또 그 의복을 제한하는 규정을 둔 것이다.〔僧尼道士女冠 自謂出家 有於父母不拜 祖先不祀 喪服皆廢者 崇尙虛無幻渺而棄親滅倫 則人道絶矣 故設此律 而竝及其衣服禁限〕《집주(상) 412쪽》

4 명주 : 주(紬)는 굵은 명주이며, 견(絹)은 생명주이다.

5 저사(紵絲) : 저사는 모시이나, 여기서는 중국에서 나는 여름 옷감으로 올이 얇고 성긴 비단이다. 보통 저사(紵紗)로 적는다.

6 능라(綾羅) : 능(綾)은 두꺼운 비단이며, 나(羅)는 얇은 비단이다.

의 등급 차이를 모두 속인(俗人)과 한가지로 하게 한다. 이를 어기면 장 100이고 환속시키며 승과 도사는 먼 곳에 충군한다.

○ 승의 의복은 오직 명주와 무명만 사용하게 하고 비단옷은 일절 금지한다. 이를 어기면 태 50이며 환속시키고 의복은 관에 몰수한다. 가사와 도복은 금지 규정을 적용하지 않는다.

해설

비록 종교적 이유로 출가한 신분일지라도 부모에게 절하고 조상에게 제사 지내도록 함으로써, 국가에서 지향하는 유교 윤리를 보편적으로 받아들이도록 강제한 규정이다.

196
천문 현상을 잘못 점침
失占天象

천문(天文)[1]이 현상[2]을 나타내 보일 때, 흠천감(欽天監)의 관원이 천문을 관측하여 재이(災異)나 기후의 변화를 제대로 살피지 못하고 주문(奏聞)하면 장 60이다.[3]

직해 천문이 현상을 드러냈는데, 서운관(書雲觀)의 담당 관원이 기운과 징후를 살피는 일을 그르쳐 잘못된 내용을 아뢰면 장 60이다.

1 천문(天文) : 해, 달, 금성, 목성, 수성, 화성, 토성, 이십팔수(二十八宿) 따위이다.〔天文如日月五緯二十八宿之屬〕《집해 979쪽》

2 현상 : 햇무리가 지는 것, 구름이 오색(五色)을 띠는 것, 묘성(昴星), 혜성, 상서로운 별과 오색 구름, 일식, 월식 따위와 같은 것으로, 천문이 현상을 나타냄으로써 상서(祥瑞)와 재이(災異)를 보이는 것이다.〔垂象 如日重輪雲五色及旄頭彗勃景星慶雲日月珥蝕之類 此見天文垂象以示祥異〕《집해 979~980쪽》

3 흠천감(欽天監)의……60이다 : 재이를 만나 주문하면 두려워하여 몸을 닦고 반성하며, 상서를 만나 주문하면 더욱 힘써 덕을 닦으니, 조정에 관계된 것이 작지 않다. 만약 흠천감에서 천문을 관측하여 재이나 기후의 변화를 살펴 주문하는 것을 제대로 하지 못하면 이는 관직을 설치한 뜻이 아니며 직무를 등한히 하는 것이므로 장 60이다.〔遇異奏聞 則知恐懼修省 遇祥奏聞 則知益勉修德 關於朝廷者不小 若欽天監失於占候奏聞 則非設官之意而有曠職矣 故杖六十〕《집해 980쪽》

197
술사가 화복을 거짓되게 말함
術士妄言禍福

음양 술사(陰陽術士)[1]가 높고 낮은 문무 관원의 집에서 화복(禍福)[2]을 거짓되게 말하는 것을 허락하지 않는다. 어기면 장 100이다.[3] 경(經)에 의거하여 성명(星命)을 추산(推算)하거나[4] 점치는 것[5]은 금지 규정을 적용하지

1 음양 술사(陰陽術士) : 높고 낮은 문무 관원이 초청한 음양 술사는 주로 흠천감(欽天監) 누각과(漏刻科) 관원이나 지방 음양 관원이다.〔大小文武官員 延請的陰陽術士 自然 是以欽天監漏刻科官員 或地方陰陽官員爲主〕《평양지리천비(平洋地理闡秘) 심일당(心一堂) 편 7쪽》

2 화복(禍福) : 국가와 관련된 화복이다.〔禍福 以關於國家言〕《집해 981쪽》

3 음양 술사(陰陽術士)가……100이다 : 음양 술사가 말하는 길흉화복의 이치는 많은 경우 허황되고 사람을 미혹시키기 쉽다. 중앙과 지방의 높고 낮은 문무 관원의 집은 일반 백성과 달라서 더욱 금지해야 하므로 어기면 음양 술사는 장 100이다. 작은 조짐을 막아 그것이 점점 커지는 것을 방지하려는 뜻이다.〔禍此見陰陽術數之士 其言禍福休咎之理 多涉妄誕 易於惑人 而內外大小文武官員之家 與凡民不同 尤當禁絶 故違者 杖一百 亦防微杜漸之意〕《집해 981쪽》 화복을 거짓되게 말하는 것은 혹세무민하는 것으로 국가와 관련되는 일이다. 술사가 화복과 관련된 말을 거짓되게 하면 사람들은 이를 피하려는 마음을 가지게 된다. 예로부터 조신(朝臣)이 술사에게 해를 입는 일이 많았으므로 이를 금지한 것이다.〔妄言禍福 謂惑世誣民 干涉國家之事者 術士妄作禍福之言 凡人卽起趨避之念 古來朝臣爲術士所累害者多矣 故禁絶之 違者 術士杖一百〕《집주(상) 413쪽》

4 경(經)에……추산(推算)하거나 : 성(星)은 태어난 때에 해당하는 별로써 길흉을 알아보는 것이고, 명(命)은 태어난 연·월·일·시의 간지(干支)를 이르는데 이것이 팔자(八字)의 본명(本命)이다. 태어난 때에 해당하는 별과 태어난 본명의 간지를 추산하여 길흉화복을 알아내는 것을 '성명을 추산한다'라고 하며, 《명감(命鑑)》, 《삼세상(三世相)》, 《자평대전(子平大全)》 등의 책이 모두 성명을 추산하는 것을 논하고 있다.〔星ハ値ル所ノ星ヲ以テ吉凶ヲ考ル也 命ハ生タル年月日時ノ支干ヲ云 是ヲ八字ノ本命ト云也生タル時ニ値リタル星ト生レタル本命ノ支干トヲ推算シテ吉凶禍福ヲ知ヲ推算星命ト云也命鑑三世相子平大全等ノ書ノ類皆星命ヲ推算スルコトヲ論ス〕《언해 권14 81장》

5 점치는 것 : 원문 복과(卜課)의 과(課)는 편(篇), 정(程)으로 권과(勸課), 고과(考課)의 '과' 자와 같은 뜻이다. 복서(卜筮)하여 괘효(卦爻)를 평정(評定)하고 그 괘(卦)에 의거하여 길흉을 추단(推斷)하는 것이다. 복서에 의거하여 수(數)를 찾고 수를 추정하여 괘를 평정한다는 뜻으로서 복과라고 한다.〔課ハ篇也程也 勸課考課ノ課字ノ意也卜筮シテ卦爻ヲ課

않는다.[6]

직해 음양 술사 등이 높고 낮은 문무 관원의 각 집에서 거짓 일로 화복을 거짓되게 말하면 장 100이고, 성경(星經)에 따라 명을 추산하거나 점치는 것은 금지 규정을 적용하지 않는다.

해설

음양 술사가 국가의 화복에 대해 거짓되게 말하는 것을 금지한 규정이다. 중앙의 흠천감(欽天監) 누각과(漏刻科)의 음양 술사와 지방 관아의 음양생(陰陽生)은 풍수(風水), 택길(擇吉), 성명점복(星命占卜), 기우(祈雨) 등의 일을 맡아보는데, 이들이 국가의 화복에 대해 함부로 말하여 백성을 동요시키지 못하도록 하려는 취지이다. 181조 금지사무사술(禁止師巫邪術), 279조 조요서요언(造妖書妖言)과 참조하여 볼 필요가 있는데, 이 두 조문에 비하면 여기서의 처벌은 매우 가벼운 편이다. 요언(妖言)을 함부로 말하는 것을 막기 위한 규범은 멀리 《예기》에서도 볼 수 있으며, 진・한대(秦漢代)를 거쳐 당률의 조요서요언조로 정식화되었고 이 조문이 《송형통(宋刑統)》과 명률에도 계승되었다. 그러나 관원들이 자신의 앞길과 명운을 알고 싶어서 술사와 사귀어 화복을 점치는 것을 막을 법조문이 특별히 없었기에, 명률에서 특별히 이 조문을 만든 것이다.

シ其卦ニ據テ吉凶ヲ斷スル也ト筮ニ依テ數ヲ索メ數ヲ推テ卦ヲ課ルト云意ニテト課ト云也〕《언해 권14 81~82장》

6 경(經)에……않는다 : 이 행위를 처벌하지 않는 이유에 대해, 《집주》에서는 경에 의거하여 별점을 치는 것은 비록 길흉을 예언하는 것이지만 국가와 무관하므로 화복을 거짓되게 말하는 것의 범위에 들지 않는다고 하였고,〔其依經星卜 雖預言休咎 無關國家 不在妄言禍福之限〕《집주(상) 413쪽》《소의》, 《언해》에서는 근거가 있기 때문이라고 하였다.

198
부모나 남편의 상을 숨김
匿父母夫喪

198-1 부모나 남편의 사망 소식을 듣고도 숨기고 거애(擧哀)[1]하지 않으면 장 60 도 1년이다. 아직 상제(喪制)[2]가 끝나지 않았는데 상복을 벗고 평상복을 입거나, 슬픔을 잊고 음악을 연주하거나,[3] 연회에 참여하면 장 80이다. 기친 존장(期親尊長)[4]의 상을 듣고도 숨기고 거애하지 않으면 역시 장 80이다. 아직 상제가 끝나지 않았는데 상복을 벗고 평상복을 입으면 장 60이다.

198-2 관리가, 부모가 사망하여 정우(丁憂)[5]해야 하는데, 조부모·백숙부모·고모·형·손위 누이의 상이라고 사칭하면서 정우하지 않으면 장

1 거애(擧哀) : 오복친(五服親)의 사망 소식을 들으면 통곡하여 슬픔을 표시하고 그 연유를 묻는 것이다. 《예기(禮記)》 〈분상(奔喪)〉에 상세한 내용이 기술되어 있고 발애(發哀), 발곡(發哭), 봉애(奉哀), 통곡(慟哭)이라고도 한다. 부모의 은혜는 높은 하늘과 같아서 다 갚을 수가 없다. 고통이 아무리 심하여도 어찌 부모의 사망 소식을 듣는 것과 같겠는가. 부인은 남편을 하늘로 삼으니 남편상의 슬픔은 부모상의 슬픔과 같다. 사망 소식을 들으면 즉시 통곡해야 하니, 어찌 날을 가리고 때를 기다리겠는가. 만약 숨기고 곧장 거애하지 않으면 유 2000리이다.〔父母之恩 昊天莫報 荼毒之極 豈若聞喪 婦人以夫爲天 哀類父母 聞喪卽須哭泣 豈得擇日待時 若匿而不卽擧哀者 流二千里〕〕《당률 120조 匿父母夫喪》

2 상제(喪制) : 참최(斬衰)·기년(期年)·대공(大功)·소공(小功)·시마(緦麻)의 다섯 등급 상제법(喪制法), 특히 복상 기간을 말한다. 《언해 권14 83장》

3 부모나……연주하거나 : 부모가 죽었다는 소식을 듣고도 숨기고 거애하지 않거나 상복을 벗고 평상복을 입거나 음악을 연주하면 십악(十惡) 가운데 일곱 번째인 불효(不孝)이며, 남편이 죽었다는 소식을 듣고도 숨기고 거애하지 않거나 상복을 벗고 평상복을 입거나 음악을 연주하면 십악 가운데 아홉 번째인 불의(不義)이다.

4 기친 존장(期親尊長) : 조부모·백숙 부모·형·재실(在室) 고모·시집가지 않은 손위 누이 따위로,〔期親尊長 謂祖父母伯叔父母兄姑未嫁姊之類〕《집해 983쪽》 13개월 동안 상복을 입어야 하는 자신의 친속 중 손위 어른을 말한다.

5 정우(丁憂) : ① 13 無官犯罪

100에 직역을 파하고 서용하지 않는다. 상이 없는데 상이 있다고 사칭하거나, 혹 과거의 상을 새로 당한 상이라고 사칭하면 죄가 같다. 규피(規避)[6]한 것이 있으면 무거운 쪽으로 논한다. 아직 상제가 끝나지 않았는데 슬픔을 감추고 관직에 나아가면[7] 장 80이다.

198-3 해당 관사가 알고도 관직에 나아가는 것을 허락하면 각각 더불어 같은 죄이다. 몰랐으면 처벌하지 않는다.

198-4 먼 곳에서 벼슬하다가 정우하는 자는 상의 소식을 들은 날을 시작일로 삼는다. 상중에 애모하는 정을 뺏고 기복(起復)하면[8] 이 율(律)을 적용하지 않는다.

직해 부모상이나 남편상을 알고도 은닉하여 애통해하며 상을 행하지 않으면 장 60 도역(徒役) 1년이다. 복상 기간이 끝나지 않았는데 상복을 벗고 길복(吉服)을 입거나, 슬픔을 잊고 즐거워하거나, 연회에 참석하면 장 80이다. 기복친(期服親) 동성 삼촌의 상을 숨기고 상복을 입지 않으면 역시 장 80이다. 또 복상 기간이 끝나지 않았는데 상복을 벗고 길복을 입으면 장 60이다.

○ 관직이 있는 관원 및 아전 등이 부모상을 예에 따라 정우해야 하는데 조부모·백숙 및 숙모·자매의 상이라고 거짓으로 칭하고 정우하지 않으면 장 100이고 정직하여 서용하지 않는다. 상이 없는데 상이 있다고 사칭하거나 과거의 상을 새로 당한 상이라고 거짓으로 칭하면 죄가 같다. 다른 일을 회피하려고 거짓으로 칭하면 중죄로 논한다. ○ 상을 끝내지 않고 속이고 관직에 나아가면 장 80이다.

6 규피(規避) : ① 34 本條別有罪名

7 슬픔을……나아가면 : 복상 기간이 끝나지 않았는데 복상을 중단하고 벼슬을 수행하는 것이다. 《언해 권14 87장》

8 상중에……기복(起復)하면 : 탈정(奪情)이란 복상 기간 동안 다해야 할 애모(哀慕)의 정을 빼앗는 것이고, 기복이란 상을 당해 관직을 떠났던 관원을 다시 불러 관직에 앉히는 것이다. 복상 기간이 만료되어 기복하면 탈정이 아니지만 복상 기간이 만료되기 전에 기복하면 탈정이다. 다만 황제는 관리에게 탈정하여 기복하도록 할 수 있다. 《언해 권14 87장》

○ 담당 관사가 사정을 알고도 관직에 나아가 것을 들어주면 죄가 같다. (○) 멀리 떨어진 변방에서 벼슬하는 사람은 정우를 상의 소식을 들은 날부터 시작하게 한다. 국가에서 부득이하게 발탁·서용하여 기복한 것은 이 율문에 구애되지 않는다.

해설

부모 상기(喪期) 중에는 반드시 휴직하고 집에서 복상(服喪)해야 하며 벼슬을 구하는 것을 허락하지 않았다. 만약 벼슬과 녹봉에 연연하여, 휴직하고 귀향해서 거상(居喪)하는 것을 원치 않고 관직에 나아가려는 사람이 있으면 십악(十惡) 가운데 불효(不孝)로 간주하여 처벌하였다. 당률 120조 익부모부상(匿父母夫喪)에 거의 동일한 조문이 있는데, 처벌 수위가 《대명률》보다 높다.

199
부모를 버리고 임지로 떠남
棄親之任

199-1 조부모나 부모의 나이가 80 이상이거나, 독질(篤疾)[1]이며, 따로 자신 다음의 시정(侍丁)[2]이 없는데도 부모를 버리고 임지로 떠나거나,[3] 조부모나 부모가 늙거나 병들었다고 거짓으로 칭하고 돌아가서 모시기를 구하면,[4] 모두 장 80이다.

199-2 조부모나 부모 및 남편이 사죄(死罪)를 지어 수금(囚禁)되어 있는데 연회를 열거나[5] 음악을 연주하면 죄가 또한 같다.[6]

직해 조부모나 부모의 나이가 80 이상이거나, 또는 독질로 움직일 수 없거나, 자신 이외에 다음으로 모실 동복(同腹)이 없는데도 돌아보지 않고 버리고 간 경우와, 거짓 일로 조부모·부모가 늙거나 병들었다고 이르고 돌아가 모시기를 구하면, 모두 장 80이다.

1 독질(篤疾) : ① 21 老小廢疾收贖

2 시정(侍丁) : 늙은 부모를 봉양하게 하기 위하여 국가의 신역(身役)을 면제하여 준 장정이다. 명대에는 16세 이상을 성정(成丁)이라 하여 적(籍)에 기재하고 국역(國役)을 담당하도록 하였다.

3 조부모나……떠나거나 : 부모를 길에 오가는 사람처럼 여겨 섬기지 않으려는 악함이 있는 것이다.〔是以親爲路人 而有違親之惡〕《집설 권4 19장》

4 조부모나 부모가……구하면 : 이는 부모를 가지고 속이는 근본으로 삼는 것이니, 황제에게 몸을 바쳐 섬기는 의로움이 아니다.〔是以親爲詐本 而非致身之義〕《집설 권4 19장》 만약 이로 인하여 규피(規避)하는 일이 있으면 무거운 쪽으로 논한다.〔如有規避之事 亦從重論〕《집주(상) 418쪽》

5 연회를 열거나 : 비록 자기 집이 아니라 남의 집 연회에 참석하였을지라도 처벌한다.〔筵燕作樂 雖非本家 參預他家者 亦坐〕《소의(상) 622쪽》

6 조부모나……같다 : 자신에게 하늘이 되는 이의 고통스러움을 잊고 즐거움을 추구하는 것이 부모를 저버리는 것과 마찬가지이기에 똑같이 장 80으로 처벌하는 것이다.

○ 조부모나 부모 및 남편이 사죄를 범하여 갇혀 있는데 연회를 열거나 즐거워하면 죄가 같다.

해설

조부모나 부모가 늙거나 병들면 아들이나 손자가 받들어 모셔야 함을 말한 조문이다. 부모가 유고(有故)한데 부모를 버리고 벼슬길에 나아가면 이는 명예와 녹봉에 연연하여 부모를 중요하게 여기지 않는 불인(不仁)이므로 처벌한다. 부모가 무고(無故)한데 거짓으로 돌아가기를 구하는 경우 역시 부모를 거짓의 근본으로 삼아 임금을 소홀히 하는 불의(不義)이기 때문에 처벌한다. 부모나 남편이 사죄로 갇혀 있는데 자손이나 아내가 음악을 연주하며 즐거워하는 경우 즐거움을 추구하는 것이 부모를 저버리는 것과 마찬가지이기에 똑같이 처벌한다.

200
상을 당해 장사를 지냄
喪葬

200-1 상(喪)을 당한 집에서는 반드시 예(禮)에 따라[1] 안장(安葬)해야 한다. 풍수(風水)[2]에 현혹되거나 어떤 핑계를 대고, 관(棺)을 집에 두고 해가 지나도록 드러내어 둔 채[3] 장사 지내지 않으면 장 80이다.

200-2 존장(尊長)의 유언에 따라 시신을 태우거나 물속에 버리면 장 100이다.[4] 비유(卑幼)는 모두 2등급을 줄인다.[5] 존장이 먼 곳에서 사망하여 자손이 본래 살던 곳으로 모시고 가 장사 지낼 수 없어서 시신을 태우면 편의에 따르도록 해 준다.

200-3 상중에 있는 집에서 재(齋)를 지내거나 초제(醮祭)를 베풀면서[6] 남

1 예(禮)에 따라 : 예에 정해 놓은 장례의 달수에 의거하는 것이다.〔依禮者 據禮所定葬之月也〕《석의 권12 13장》 천자는 7일째에 염하고 7개월 후에 장사 지내며, 제후는 5일째에 염하고 5개월 후에 장사 지내며, 대부와 사서인(士庶人)은 3일째에 염하고 3개월 후에 장사 지내는 따위이다.《언해 권14 92상》

2 풍수(風水) : 용혈(龍穴)과 사수(沙水)의 법 및 간지(干支)와 상생(相生)·상극(相剋)에 관한 설 같은 것이다.〔風水 如近世龍穴沙水之法及支干生剋之說〕《집해 990쪽》

3 드러내어 둔 채 : 사람이 죽으면 장사 지내는 것을 편안하게 여기므로 '감춘다'라고 하는 것이니, 감추지 않는다는 것은 드러내어 두는 것이 된다.〔人死以葬爲安 故謂之藏 不藏者卽爲之暴露〕《석의 권12 13장》

4 존장(尊長)의……100이다 : 죽은 자가 비록 유언하였더라도 예제(禮制)에 따라야 하며, 예를 어지럽히는 명을 따라서는 안 된다. 유언에 따라 비유(卑幼)가 존장의 시신을 태우거나 물속에 버리면 장 100이고,〔死者 雖有遺言 當遵禮制 不可從其亂命 若聽從遺言 卑幼將尊長之屍 燒化棄置者 杖一百〕《집주(상) 418~419쪽》 유언이 없는데도 시신을 태우거나 버리면 299조 발총(發塚)에 따른다.〔若無遺言燒棄者 自依發塚律〕《집설 권4 21장》

5 비유(卑幼)는……줄인다 : 존장이 비유의 유언에 따라 시신을 태우거나 버리면 모두 장 80이다.〔卑幼竝減二等 謂尊長從卑幼遺言而將屍燒棄者 竝杖八十也〕《집해 990쪽》

6 재(齋)를……베풀면서 : 원문의 수재(修齋)는 승을 공양(供養)하는 것이고, 설초(設醮)는 도사(道士)를 접대하는 것이다.《언해 권14 94장》 뒤에서 승과 도사가 같은 죄라고 한 것

녀가 어지러이 섞여 술을 마시거나 고기를 먹으면[7] 가장은 장 80이다. 승과 도사는 같은 죄이고, 환속시킨다.

직해 상가(喪家)에서는 반드시 예에 따라 안장한다. 풍수에 현혹되거나 다른 이유 때문에 시체를 관에 넣어 집 안에 두고 해가 지나도록 드러나게 둔 채 매장하지 않으면 장 80이다.

(○) 웃어른의 유언에 따라 시체를 태우거나 물속에 버려두면 장 100이다. 손아랫사람의 경우는 2등급을 줄여 논죄한다. 먼 곳에 나갔다가 사망하였는데 자손들이 쉽게 본래 살던 곳으로 돌아가 장사 지내지 못하고 태우는 것은 편의에 따라 허락한다.

(○) 상가에서 재나 초제의 거행 때문에 남녀가 섞이게 하고 술을 마시거나 고기를 먹으면 가장은 장 80이고, 승·도사는 죄가 같으며 환속시킨다.

해설

상장례(喪葬禮)의 기한, 화장(火葬)과 수장(水葬)의 금지, 상가에서 남녀가 섞여 술과 고기 먹는 것을 금지하는 등의 내용을 담고 있다. 장례를 치르는 기간은 황제, 제후, 대부와 사서인(士庶人) 간에 차등이 있다. 화장이나 수장하는 것과 관련해서는 299조 발총(發塚)에 상세하고, 여기서는 유언에 따라 화장이나 수장하는 것에 대해서만 규정하였다.

은 바로 상중에 있는 집에서 재를 지내려고 온 승이나 초제를 베풀려고 온 도사를 말하는 것이다. ② 180 褻瀆神明

7 재(齋)를……먹으면 : 재를 지내거나 초제를 행한 것은 처벌하지 않고, 그 남녀가 어지럽게 섞여 술을 마시거나 고기를 먹는 것만 처벌할 뿐이다. 이는 모두 풍속을 바르게 하는 것이다.〔修齋設醮者不罪 罪其男女溷雜飮酒食肉者耳 此皆正風俗之事也〕《석의 권12 14장》

201
향음주례
鄕飮酒禮

향당(鄕黨)[1]의 나이에 따른 차례[2]와 향음주례(鄕飮酒禮)[3]에는 이미 정해진 법식이 있다.[4] 어기면[5] 태 50이다.[6]

1 향당(鄕黨) : 《예기(禮記)》에 1만 2500가(家)는 향(鄕)이고, 500가는 당(黨)이라 하였는데, 명대의 1현(縣) 1리(里) 또한 향당이라고 하였다.〔古者 萬二千五百家爲鄕 五百家爲黨 今一縣一里亦曰鄕黨〕《석의 권12 14장》《직인 272쪽》

2 나이에 따른 차례 : 향당서치(鄕黨敍齒)는 민간에서 세시(歲時)에 서로 보는 연회의 의례에서 나이를 서로 숭상해서 연장자는 앞에 위치하고 연소자는 뒤에 위치하는 것으로, 평상시에 자리하는 것을 가리켜 말한 것이다.〔鄕黨敍齒 謂民間歲時 相見宴會之禮 以齒相尙 長者居前 少者居後 指平日行坐而言〕《집해 993쪽》

3 향음주례(鄕飮酒禮) : 삼대(三代)부터 있던 예(禮)로, 한 고을의 사람 중에서 덕이 있는 노인을 빈객(賓客)으로 삼아 거행하는 의례이다.〔鄕飮酒ノ禮と云三代の時よりある禮なり 一鄕の人の內に德ある老人を賓客にしてとり行ふ禮なり〕《국자해 286～287쪽》 1372년(홍무5)에 중앙은 응천부(應天府)와 직례(直隸) 부·주·현에서 매년 1월 15일, 10월 1일에 유사(有司)와 학관(學官)이 사대부 가운데 노인을 인솔하여 학교에서 향음주례를 행하고, 지방은 행성(行省) 소속 부·주·현에서 경사(京師)의 향음주례를 취하여 본받도록 하였다.〔洪武五年定 在內應天府及直隸府州縣 每歲孟春正月 孟冬十月 有司與學官率士大夫之老者 行於學校 在外行省所屬府州縣 亦皆取法於京師〕《회전 권79 鄕飮酒禮》 향촌의 선비나 유생이 학교·서원 등에 모여 학덕과 연륜이 높은 이를 주빈(主賓)으로 모시고 술을 마시며 잔치를 하는 향촌 의례의 하나로, 어진 이를 존중하고 노인을 봉양하는 데 뜻이 있다.

4 향당(鄕黨)의……있다 : 이 조문은 이유정식(已有定式)의 구두(句讀)에 따라서 두 가지 해석이 가능하다. 직해와 《GMC》에서는 이유정식이 향당서치와 향음주례 모두에 해당된다고 보았다. 반면 《변의》에서는 "이미 정해진 법식이 있다는 것은 향음주례를 할 때 나이가 많고 덕이 있는 사람이 윗자리에 위치하는 것을 이른다."라고 하였고,〔已有定式 謂鄕飮之際 高年有德居於上〕《변의 141쪽》《집해》에서도 "만약 향당에서 나이 순서를 따르지 않고 향음주례에서 정해진 법식을 따르지 않으면"이라고 하여 이유정식이 향음주례에만 해당된다고 보았다.〔若鄕黨而不循齒序 鄕飮酒而不依定式者〕《집해 993～994쪽》

5 어기면 : 향당에서 나이에 따른 차례에 따르지 않고, 향음주례에서 예를 따르지 않는 것이다.〔鄕黨不序齒 鄕飮不循禮〕《주해 496쪽》

6 태 50이다 : 예에는 일정한 법식이 있다. 조정에서 반행(頒行)하면 천하 사람들은 준수해야

직해 향당의 좌석 차례 및 향음주례는 일정한 법식이 있는데, 이를 어긴 자는 태 50이다.

해설

향촌 사회에 유교적 윤리를 보급하기 위한 취지에서 제정한 조문이다. 향음주례는 본래《의례(儀禮)》의 편명에서 유래하였다. 이 조가 주석서에서는《홍무예제(洪武禮制)》,《제사직장(諸司職掌)》,《대명회전》등에 수록되어 있다고 하였으나 현존 판본에는《대명회전》에만 실려 있고,《홍무예제》의 내용은《대명률례언해》에 일부 소개되어 있다.

하므로 어기면 태형에 처하는 것이다.〔禮有一定之式 朝廷頒行 天下遵守 違者 笞之〕《집주(상) 420쪽》

옮긴이

한상권(韓相權)

1953년 충남 홍성에서 태어났다. 서울대학교 국사학과에서 〈18세기 말~19세기 초 場市 發達에 관한 基礎 硏究 : 慶尙道 地方을 중심으로〉로 석사 학위를, 〈朝鮮 後期 社會 問題와 訴冤 制度의 發達 : 正祖代 上言·擊錚의 分析을 중심으로〉로 박사 학위를 받았다. 한국역사연구회 회장을 지냈으며, 현재 덕성여대 사학과 교수로 재직하고 있다. 《朝鮮 後期 社會와 訴冤 制度》로 제23회 월봉저작상을, 〈17세기 중엽 해남 윤씨가의 노비 소송〉으로 제5회 영산(瀛山) 법사학(法史學) 우수학술상을 수상하였다.

구덕회(具德會)

1955년 충남 태안에서 태어났다. 서울대학교 국사학과에서 학사, 석사 학위를 받고 박사 과정을 수료하였다. 주로 조선 시대 정치사를 연구하면서 서울 소재 중고등학교에서 역사 교사로 재직하다가 정년퇴직하였으며, 현재 한국역사연구회 회원으로 활동하고 있다. 저서로 《조선 중기 정치와 정책》(공저), 《신보수교집록(新補受教輯錄)》(공역), 《수교집록(受教輯錄)》(공역), 《각사수교(各司受教)》(공역)가 있고, 주요 논문으로 〈宣祖代 후반(1594~1608) 政治 體制의 재편과 政局의 動向〉, 〈성종대 동반 경관직 인사 관리의 성격〉, 〈대명률과 조선 중기 형률상의 신분 차별〉 등이 있다.

심희기(沈羲基)

1956년 서울에서 태어났다. 서울대학교 대학원에서 〈조선 후기 토지 소유에 관한 연구〉로 박사 학위를 받았다. 법과사회이론학회 회장, 한국형사소송법학회 회장, 한국법사학회 회장을 역임하였고, 2017년부터 2019년까지 '조선 시대 결송입안 탈초와 역주팀'의 연구 책임을 맡고 있으며, 현재 연세대 법학전문대학원 교수로 재직하고 있다. 저서로 《한국법사연구》, 《한국법제사강의》, 《역주 흠흠신서(欽欽新書)》(공역)가 있고, 주요 논문으로 〈조선 시대 사송에서 제기되는 문서의 진정성 문제들〉, 〈一人償命 議論에 대한 再考〉, 〈율해변의·율학해이·대명률강해의 상호 관계에 관한 실증적 연구〉, 〈조선 시대 형사·민사일체형 재판 사례의 분석〉, 〈근세 조선의 민사 재판의 실태와 성격〉 등이 있다.

박진호(朴鎭浩)

1970년 서울에서 태어났다. 서울대학교 국문과에서 학사, 석사, 박사 학위를 받고, 한양대학교 국문과 전임 강사, 조교수를 거쳐, 현재 서울대학교 국문과 교수로 재직하고 있다. 한국어 문법을 일본어, 중국어 등 세계의 여러 언어와 대조하여 연구하고 있고, 차자 표기 자료를 바탕으로 고대 한국어 문법도 연구하고 있다. 저서로 《현대 한국어 동사 구문 사전》(공저), 《각필구결의 해독과 번역 1~5》(공저), 《인문학을 위한 컴퓨터》(공저), 《각사수교》(공역) 등이 있고, 주요 논문으로 〈시제, 상, 양태〉, 〈의미지도를 이용한 한국어 어휘 요소와 문법 요소의 의미 기술〉, 〈보조사의 역사적 연구〉, 〈유형론적 관점에서 본 한국어 대명사 체계의 특징〉, 〈언어에서의 전염 현상〉, 〈'-었었-'의 단절과거 용법에 대한 재고찰〉, 〈한·중·일 세 언어의 존재구문에 대한 대조 분석 : 언어유형론의 관점에서〉 등이 있다.

장경준(張景俊)

1969년 대전에서 태어났다. 연세대학교에서 수학하여 박사 과정까지 마치고 현재 고려대학교

국어국문학과 교수로 재직하고 있다. 저서로《유가사지론 점토석독구결의 해독 방법 연구》, 《각필구결의 해독과 번역 1~5》(공저), 《유가사지론 권20의 석독구결 역주》(공역) 등이 있고, 주요 논문으로 〈대명률직해의 계통과 서지적 특징〉, 〈조선 초기 대명률의 이두 번역에 대하여〉, 〈花村美樹의 대명률직해 교정에 대하여〉, 〈大明律直解, 大明律講解, 律解辯疑와 洪武律에 대한 試論〉 등이 있다.

김세봉(金世奉)

1958년 경기도 안성에서 태어났다. 단국대학교 사학과에서 〈17세기 호서 산림 세력 연구〉로 박사 학위를 받았다. 유도회 한문연수원 장학생반을 졸업하였고, 단국대학교 동양학연구원에서《한한대사전》 편찬에 참여하였다. 동양고전학회 회장을 역임하였고, 현재 유도회 한문연수원의 교수로 활동하고 있다. 저서로《조선 중기 정치와 정책》(공저), 《17세기 한국 지식인의 삶과 사상》(공저), 《신보수교집록》(공역), 《수교집록》(공역), 《각사수교》(공역)가 있다.

김백철(金伯哲)

1978년 부산에서 태어났다. 부산대학교 사학과를 졸업하고, 서울대학교 국사학과에서 석사, 박사 학위를 받았다. 조선 시대 법사학 및 정치사상을 연구하고 있다. 전북대학교 HK교수, 서울대학교 규장각한국학연구원 책임연구원 등을 거쳐, 현재 계명대학교 사학과 조교수로 재직하고 있다. 저서로《조선 후기 영조의 탕평 정치 : 속대전의 편찬과 백성의 재인식》, 《두 얼굴의 영조 : 18세기 탕평 군주상의 재검토》, 《법치 국가 조선의 탄생 : 조선 전기 국법 체계 형성사》, 《탕평 시대 법치주의 유산 : 조선 후기 국법 체계 재구축사》 등이 있다.

조윤선(趙允旋)

1963년 서울에서 태어났다. 성균관대학교에서 학사를, 고려대학교 한국사학과에서 석사, 박사 학위를 취득하였고, 서울대학교 BK21 법학연구단 한국법연구센터에서 박사후과정연구원으로 조선 시대 법제사를 공부하였다. 청주대학교를 거쳐 현재 한국고전번역원에 재직하고 있다. 저서로《조선 후기 소송 연구》, 《조선 시대 생활사 4》(공저), 《한국유학사상대계 법사상사편》(공저), 《조선 후기사 연구의 현황과 과제》(공저), 《推案及鞫案》(공역), 《影幀摹寫都監儀軌》(공역), 《승정원일기》(공역), 《포도청등록》(공역) 등이 있고, 주요 논문으로 〈英祖代 남형·혹형 폐지 과정의 실태와 欽恤策에 대한 평가〉, 〈조선 후기 영조 31년 乙亥獄事의 추이와 정치적 의미〉, 〈조선 시대 赦免·疏決의 운영과 法制的·政治的 의의〉, 〈영조 6년(庚戌年) 모반 사건의 내용과 그 성격〉 등이 있다.

대명률직해 2

한상권 구덕회 심희기 박진호
장경준 김세봉 김백철 조윤선 옮김

2018년 12월 20일 초판 1쇄 발행

발행인 신승운 | 발행처 한국고전번역원
등록 2008. 3. 12. 제300-2008-22호
주소 (03310) 서울시 은평구 진관1로 85
전화 02-350-4886 | 팩스 02-350-4899 | 홈페이지 www.itkc.or.kr

연구총괄 이기찬 | 연구기획 이제유

책임편집 정영미 | 편집진행 박정열
편집교정 김현태 송숙희 | 조판 정효진 | 제작 김형석
디자인 은희주 | 인쇄 반디컴

값 20,000원
ISBN 978-89-284-0576-3 94910
978-89-284-0574-9 (세트)
*이 책은 2018년도 교육부 고전번역사업비로 출간한 것임.